Indexes of Protestant Episcopal (Anglican) Church Registers of Prince George's County Maryland 1686-1885

—Volume 1—

King George Parish
(Records 1689-1801)

and

Queen Anne Parish
(Records 1686-1777)

Helen W. Brown

HERITAGE BOOKS
2006

HERITAGE BOOKS
AN IMPRINT OF HERITAGE BOOKS, INC.

Books, CDs, and more—Worldwide

For our listing of thousands of titles see our website
at
www.HeritageBooks.com

Published 2006 by
HERITAGE BOOKS, INC.
Publishing Division
65 East Main Street
Westminster, Maryland 21157-5026

Copyright © 1979 Helen W. Brown

Other books by the author:

*Indexes of Protestant Episcopal (Anglican) Church Registers of
Prince George's County, Maryland, 1686-1885
Volume 2: St. Paul's Parish at Baden (Records Begin 1831) and
Prince George's Parish (Known as Rock Creek Parish, Records 1711-1798)*

All rights reserved. No part of this book may be reproduced or transmitted in any form or by any means, electronic or mechanical, including photocopying, recording or by any information storage and retrieval system without written permission from the author, except for the inclusion of brief quotations in a review.

International Standard Book Number: 978-1-58549-109-8

FOREWORD

The American Bicentennial Celebration made thousands of citizens keenly aware and curious about their ancestral background. As a result, interest and research in genealogy is daily engaging more people and their numbers are growing rapidly.

To aid researchers, the Prince George's County Historical Society is pleased to publish these records of early Anglican (Episcopal) churches in Prince George's County, Maryland. These are vital statistics for the Colonial Period, since provincial law bound churches to keep records. Fortunately, most of the early records in our county have survived the ravages of time although they are not entirely complete.

We are indebted to compilers Helen W. Brown and the late Louise J. Hienton for painstakingly transcribing these records of four of our early churches from the original registers at the Hall of Records at Annapolis, Maryland, thus making them accessible to those researching their family heritage in our county.

For over 20 years, Mrs. Brown and Mrs. Hienton have contributed to research material on Prince George's County by recording tombstones, indexing naturalization records, and compiling other historical and genealogical material as well as the church records presented here. These indexes have been retyped from their original cards and are divided into two volumes.

We hope that our presentation of the information found in these early church registers will aid researchers in various parts of the country in establishing their ancestry in our southern Maryland county.

Prince George's County Historical Society

Frederick S. DeMarr, President
Alan Virta, Chairman Publications

Box 14,
Riverdale, Md. 20840

CONTENTS

FOREWORD iii

KING GEORGE'S PARISH
(also known as Piscataway or St. John's at Broad Creek)

History of King George's Parish vii
Index to Register of King Georges Parish:
Part I   1689-1801 1
Part II 1797-1878 85

QUEEN ANNE PARISH

Index to Register of Queen Anne Parish with History 161

HISTORY

When the Church of England was established in Maryland in 1692, Piscataway Parish was one of the thirty original parishes into which the province was divided. It extended north to the Pennsylvania line and west to the western boundary of the province. As population growth in the province necessitated the creation of new parishes, Piscataway became the mother parish of all the parishes in the Washington and upper Potomac areas.

For many years there was some haziness in connection with the name of the parish. When it was created in 1691 it was given the name of Piscataway Parish but when it was divided in 1726 and Prince George's Parish was carved from the northern part of the original parish, it seems that the people started to call the remainder of the original parish King George's Parish. However, in the vestry minutes it is called St. John's Parish. Nevertheless, in the Acts of the Assembly it was called King George's Parish until, beginning in 1763, the Assembly of Maryland referred to it as Saint John's (commonly call King Georges) Parish. (Archives of Md. LVIII, 411.) This confusion was ended in 1902 when the name was officially changed to King George's Parish.

At its meeting January 30, 1693, one of the first acts of the vestry was to authorize the purchase of the tract "Lisle Hall" on Broad Creek as a site for the parish church. The first church was built of wood in 1695, and replaced in 1713 by another of like material. The present church, the third to be erected on the same site, was built of b rick in 1723 and rebuilt and enlarged in 1767. This charming and well-beloved colonial church, St. John's at Broad Creek, has been restored and is in constant use as a parish church.

L.J.H.

KING GEORGE'S PARISH

PART I

---, Alvin, b. January 16, 1774 son of Alvin --- (p. 359)
---, Leonard, b. January 26, 1773 son of James & Katharine (p. 350)
ABERCROMBY, Robert m. August 5, 1787 Martha Smallwood (p. 262)
ABINGTON, Anne, b. August 10, 1720 dau. John & Mary (Hutchinson) (p. 247)
  John m. October 20, 1715 Mary Hutchison (p. 248)
  William b. October 1, 1718 son John & Mary (hutchinson) (p. 248)
ABLE, Sarah, b. September 9, 1765 dau. of William & Mary (p. 323)
ACTCHISON, Ann, b. June 23, 1712 dau. John Ninian & Constant (p. 257)
  Constant, b. May 1, 1709 dau. of John Ninian & Constant (p. 257)
  Elizabeth, b. April 25, 1715 dau. John Ninian & Constant (p. 257)
  John, b. February 15, 1721 son of Ninian & Constant (p. 257)
ACTON, Anne m. January 24, 1720 James Dunning (p. 153)
  Henry m. December 22, 1796 Mary Ann Pagett (p. 389)
  Mary Eleanor, b. April 21, 1772 dau. of Henry & Esther (p. 354)
  Nancey Smallwood bapt. January 19, 1766 of Henry & Ester (p. 328)
ADAMES, Charles bapt. March 23, 1766 son William & Jane (p.325) see also
ADAMS, Elizabeth, b. March 1, 1742 dau. of James & Mary (p. 276)
  Elisabeth Dement, b. December 30, 17-- dau. James & Susanna (p. 348)
  James, b. November 2, 1745 son of James & Mary (p. 276)
  James, bapt. June 19, 1768 son of William & Jane (p. 342)
  James m. November 24, 1789 Elizabeth Welch (p. 264)
  Jean Duglace, b. March 31, 1790 dau. of James & Elizabeth (p. 380)
  John, b. November 22, 1747 son of James & Mary (p. 276)
  John m. March 23, 1788 Susanah Brown (p. 263)
  Josias b. October 29, 1774 son of James & Susanna (p. 351)
  Judith m. June 7, 1792 John Barton (p. 391)
  Mary b. June 4, 1750 dau. of James & Mary (p. 276)
  Mary, b. February 9, 1786 dau. of James & Susanah (p. 365)
  Walter, b. April 8, 1775 son of Williams & Jane (p. 352)
  William, b. December 13, 1786 son of William & Jane (p. 363)

  William b. December 11, 1743 son of James & Mary (p. 276)
ADDAMS (see Adams), Ann b. January 30, 17-- dau. of Wm. & Jane (p. 348)
ADDISON, Ann, b. February 1711/12 dau. Thomas & Elinor (Smith) (p. 243)
  Anthony, b. April 25, 1754 son of Rev. Henry & Rachel (Dulany) (p. 298)
  Daniel Dulany b. October 10, 1756 son Henry & Rachel (Dulany) (p. 298)
  Elinor, b. March 20, 1705 dau. Thomas & Eliza. (Tasker) (p. 243)
  Elinor, b. July 8, 1759 dau. Rev. Henry & Rachel (Dulany) (p. 298)
  Rev. Henry, M. A. m. August 1, 1751 to Mrs. Rachel (Dulany) (p. 298)
  Knight, third son of Hon. Thomas Addison, Esq.
  Henry, confirmed November 23, 1793 (p. 383)
  Coll. John, father of Thomas Addison (p. 243)
  John, b. September 16, 1713 son Thomas & Elinor (Smith) (p. 243)
  John Carr, b. February 3, 1799, bapt. April 14, 1799 son of Thomas &
    Henretta (p. 397)
  Margaret Dulaney, b. December 31, 1798, bapt. April 21, 1799 dau. of
    Anthony & Rebeca (p. 403)
  Mary Grafton m. December 23, 1790 Samuel Rideout (p. 265)
  Rebeckah, b. ----3, 1703 dau. Thomas & Eliza. (Tasker) (p. 243)
  Thomas m. April 21, 1701 Eliza. Tasker son of Coll. John (p. 243)
  Thomas m. June 17, 1709 Elinor Smith (p. 243)
  Thomas b. May 26, 1715 son Thomas & Elinor (Smith) (p. 243)
ADKINS, Mary m. October 8, 1752 Miles (?) Armstrong (p. 274)

1

KING GEORGE'S PARISH

ALBY, Rebecah, b. March 7, 1792 dau. William & Casander (p. 374)
ALDER, Elizabeth Ketch bapt. Sept. --, 1763 dau. James & Elizabeth (p. 313)
  George, b. December 23, 1755, bapt. March 7, 1756 son of James & Elizabeth (p. 291)
  Markas, b. April 24, 1768, bapt. May 8, 1768 of James & Elizabeth (p. 342)
  Ruth Hawkins, bapt. May 25, 1766 (p. 325)
ALEY, John b. April 11, 1796 son Walter & Elizabeth (p. 402)
  Zachariah Smith, b. ----9, 1797 son of James & Ann (p. 402)
ALLDER (see Adler), Mary, b. January 17, 1775 dau. James & Elizabeth (p. 351)
ALLEN (also see Allin), Elizabeth m. September 4, 1786 to Wm. Arnold (p. 261)
  Francis Thomas b. January 9, 1801, bapt. March 18, 1801 son of Thomas & Jamima (p. 404)
  John m. October 12, 1786 to Ann Piles (p. 261)
  Lucy Henry b. July 28, 1792 dau Thomas & Jemima (p. 373)
  Mary, b. June 18, 1774 dau. of John & Dority (p. 355)
  Susannah m. February 27, 1791 John Downs Lanham (p. 265)
  Wm. b. September 24, 1787 son of Thomas & Jemimah (p. 367)
ALLEY, Robert Wilder, b. October 28, 1773 son Samuel & Sarah (p. 351)
ALLIN, John, bapt. January 22, 1764 son of John & Dorathey (p. 332)
  William, bapt. 1761 son of John & Dorathey (p. 303)
ALLON (also see Allin), Thomas bapt. June 14, 1767 son of John & Dorathey (p. 336)
ANDERSON, Horatio B. March 20, 1792 son of John & Jean (p. 373)
  John m. December 25, 1787 Jean Gibbs (p. 263)
  Joshua b. November 19, 1785 son of Joshua & Rhody (p. 361)
  Mimy, b. November 19, 1785 (twin of Joshua) dau. of Joshua & Rhody (p. 361)
ANDERWIG, Lancelot m. December 21, 1797 to Sarah Turner (p. 390)
ARMSTRONG, Miles(?) m. October 8, 1752 to Mary Adkins (p. 274)
  William m. December 21, 1797 Ann Athey (p. 390)
ARNOLD, William b. August 4, 1765 son of Christopher & Mary (p. 323)
  Wm. m. September 4, 1786 to Elizabeth Allen (p. 261)
ARTIS, Benjamin, bapt. May 15, 1768 son of Amealea (p. 337)
  Sushanna Thorn, bapt. March 9, 1766 dau. of Amealea (p. 329)
ARVIN(?), ? b. January 3, 1788 (?) dau. of Elias & Mary (p. 367)
  Mary Elinor, b. April 12, 1755 dau. Anthony & Ann (p. 288)
ASKEY(?), Lucy bapt. June 5, 1768 dau. of Elizabeth (p. 338)
ATCHESON, Henry, bapt. March 1, 1752 son of John & Ann (p. 275)
ATCHISON, Cloe m. December 6, 1790 Caleb Vernon (p. 266)
ATEN, Jimmima P. b. December 6, 1797 dau. Thomas & Jimmima (p. 397)
ATHAY, Hezikiah Levy, b. April 22, 1791 son Hezikiah & Elizabeth (p. 369)
  Rhoda m. November 30, 1788 to James Thompson (p. 264)
  Samuel, b. February 22, 1791 son of John & Winneford (p. 371)
  Zephaniah m. November 13, 1790 Lucy Duckett (p. 266)
ATHEY, Ann b. October 12, 1754 dau. of Joseph & Elizabeth (p. 287)
  Ann m. December 21, 1797 to William Armstrong (p. 390)
  Anne m. December ---, 1740 to Peter Robinson (p. 268)
  Atherelday bapt. October 13, 1765 dau. Thomas & Elinor (p. 326)
  Benjamin b. June 10, 1753 son of Walter & Sarah (p. 280)
  Benjamin b. July 16, 1754 son of Thomas & Edrei (p. 284)
  Elenor b. Sept. --, 1762 dau. of Thomas & Elenor (p. 307)
  Elijah, b. June 2, 1755 son of Elijah & Mary (p. 288)
  Elizabeth, b. Spril 2, 1746 dau. of Thomas & Elizabeth (p. 281)

KING GEORGE'S PARISH

Elizabeth, bapt. June 23, 1765 dau. of Esekial & Rebecca (p. 327)
Elizabeth, m. June 12, 1791 Archabald Ford (p. 266)
Geo. b. August 8, 1721 son of John & Margratt (p. 256)
Hanson m. April 9, 1798 to Mary Long (p. 390)
Hanson Stone, b. February 19, 1775 son Benjamin & Edith (p. 352)
Henewrilla m. December 25, 1753 Barnaby Kelly (p. 281)
Hezekel Mch. Clash, bapt. October 22, 1752 son George & Ann (p. 277)
John m. June 4, 1711 to Margratt Lewis (p. 256)
John b. November 10, 1712 son of John & Margratt (p. 256)
John Queen, b. May 24, 1756 son of Thomas & Elinor (p. 293)
Joseph m. September 10, 1791 to Ann Smith (p. 266)
Mary, b. December 13, 1714 dau. of John & Margratt (p. 256)
Mary, bapt. September 24, 1752 dau. Thomas & Sarah (p. 277)
Mary, bapt. February 11, 1753 dau. of Thos. & Judith (p. 277)
Mary Fenley, b. October 30, 1744 dau. Thomas & Elizabeth (p. 280)
Neamiah, bapt. June 2, 1765 son of Owen & Lusey (p. 327)
Olever, bapt. May 8, 1768 son Hesekiah & Rebecca (p. 342)
Penalapy, bapt. December 6, 1761 dau. of Hesekiah (p. 304)
Readey, bapt. April 17, 1768 dau. Owen & Lewcey (p. 342)
Rebeca, funeral October 15, 1793 (p. 398)
Sarah, b. September 2, 1742 dau. Thomas & Elizabeth (p. 281)
Thomas, b. February 14, 1717 son of John & Margratt (p. 256)
Zeffaniah, bapt. June 2, 1765 son of Owen & Lusey (p. 327)
ATHY, Joseph, b. September 2, 1785(?) son of Charles & Ann (p. 365)
AULDER, Bowles, b. January 5, 1732 son of Geo: & Eliza. (p. 267)
George m. December 16, 1729 Elizabeth Keech (p. 267)
    d. August 28, 1737
James, b. October 7, 1730 son of Geo. & Eliza. (p. 267)
Mary Lindzy, b. October 12, 1737 dau. Geo. & Eliza. (p. 267)
Ruth Hawkins, b. March 24, 1735 dau. of Geo: & Eliza. (p. 267)
BADEN, James Hanson Hunt, b. May 12, 1788 son William & Catherine (p. 382)
BAKER, Ann, confirmed November 23, 1793 (p. 383)
Mildred Eleanor, b. May 19, 1798, bapt. April 14, 1799 dau. of Samuel &
Elizabeth (p. 397)
Philip, confirmed November 23, 1793 (p. 383)
Priscilla, bapt. May 26, 1765 dau. of Samuel & Sarah (p. 334)
Samuel, confirmed November 23, 1793 (p. 383)
Samuell m. August 3, 1797 Elizabeth Paca (p. 389)
William, confirmed November 23, 1793 (p. 383)
BALARD, Mary m. November 15, 1715 to Samll. Barker (p. 242)
BALL, Ann Buacy m. January 31, 1783 to Richard Bryan (p. 381)
Druscilla m. December 2, 1790 Moses Jones (p. 266)
Eleanor m. January 14, 1790 to Saml. Philips (p. 265)
Elizabeth, b. April 12, 1772 dau. of Richard & Sarah (p. 350)
Henry, b. May 25, 1753 son of Richard & Elinor (p. 280)
Henry Jackson, b. January 13, 1799 son of Bennett & Ann (p. 397)
John, m. February 19, 17-- to Sarah Johnston (p. 271)
Levi, b. February 22, 1774 dau. of Richard & Sarah (p. 355)
Lisey Ann, bapt. June 12, 1763 dau. of Hilleary & Elizth. (p. 315)
Mickey, bapt. May 19, 1765 dau. of Hilleary & Elizabeth (p. 324)
Ratio, b. February 28, 1776 son of Richard & Sarah (p. 353)
Rosmond, b. February 15, 1772 son of Hilre & Elizabeth (p. 350)
Samuel Bucy, b. August 12, 1793 son Richard & Sarah (p. 373)
Sarah, confirmed November 23, 1793 (p. 383)
Sarah, b. November 5, 1796 dau. of Bennett & Ann (p. 401)

KING GEORGE'S PARISH

BANKES, Rebeccah, bapt. August 5, 1764 dau. of John & Mary (p. 319)
BARCLAY, William m. December 18, 1794 Mary Evans (p. 388)
BARCLEY, Henry m. November 23, 1788 Frances Nicholson (p. 264)
BARET, Henry, b. August 8, 1762 son of Robert & Sarah (p. 307)
   Mary Ann, bapt. May 3, 1767 dau. of Robert & Sarah (p. 336)
BARETT, Henry Anderson, b. March 18, 1788 son of Isaac & Lucy (p. 364)
   Sarah m. January 9, 1794 Isaac Loveless (p. 387)
BARKER, Chloe Tiller, b. December 8, 17-- dau. of Wm. & -- (p. 348)
   Eallenor b. January 24, 1727 dau. of Saml1. & Mary (p. 242)
   Eliza, b. March 14, 1720 dau. of Saml1. & Mary (p. 242)
   John, b. October 15, 1736 son of Charles & Christian (p. 258)
   Martha, b. February 1, 1729 dau. of Charles & Christian (p. 258)
   Mary, b. April 12, 1724 dau. of Saml1. & Mary (p. 242)
   Mary, b. August 6, 1736 dau. of Charles & Christian (p. 258)
   Mary m. October 5, 1752 Robert Power (p. 274)
   Nathanel, b. May 22, 1718 son of Saml1. & Mary (p. 242)
   Nathaniel, bapt. January 19, 1766 son of William & Ann (p. 328)
   Saml1. m. November 15, 1715 Mary Balard (p. 242)
   Saml1. b. November 11, 1721 son of Saml1. & Mary (p. 242)
   Sarah, b. January 3, 1725 dau. of Saml1. & Mary (p. 242)
   Susanna, bapt. December 10, 1752 dau. of Nathaniel & Susana (p. 277)
   Thomas, b. December 17, 1761 son of John & Mary (p. 304)
BARKLEY, Mary Willing, b. October 13, 1791 dau. of Rodham & Verlinder (p. 370)
BARNES, Ann m. February 2, 1790 to Adam Nigill (p. 265)
   Ann Stacey, b. October 20, 1753 dau. of Henry & Elizabeth (p. 283)
   Basil m. January 23, 1791 to Mary Lanham (p. 266)
   Comfort m. October 12, 1702 to Patrick Dyer (p. 242)
   Elizabeth, bapt. January 26, 1752 dau. of Henry & Elizabeth (p. 275)
   Elkanah, b. June 15, 1797 son of Henry & Ann Robey (p. 399)
   Felley, b. April 1, 1799, bapt. July 28, 1799 dau. of Basil & Mary (p. 403)
   Greenberry, b. July 14, 1765 son of Henry & Elizabeth (p. 326)
   Henry, b. January 18, 1753 son of Richard & Mary (p. 280)
   Henry, bapt. March 7, 1762 son of Henry & Elizabeth (p. 305)
   Henry m. February 4, 1790 to Ann Lanham (p. 265)
   John, b. November 2, 1755 son of Henry & Elizabeth (p. 291)
   Kitty, b. May 29, 1792 dau. of Green B & Joanna (p. 371)
   Polley, b. April 22, 1797 dau. of Basil & Mary (p. 399)
   Thomas Truman, b. August 28, 1796 son Greenbury & Joanna (p. 394)
BARNS, Benedick b. July 24, 1773 son of Henry & Elizabeth (p. 355)
BARRET (see Baret), Elizabeth, b. August 30, 1764, bapt. Oct. 30, 1764 dau. of Robert & Sarah (p. 317)
   Elizabeth, b. June 7, 178- dau. Jonathan & Margeret (p. 361)
   Elizabeth Ann, b. July 9, 1763 dau. Richard & Ann (p. 316)
   John Harris, b. April 6, 1787 son Jonathan & Margrett (p. 367)
   Joseph Lowden, bapt. September 14, 1766 son Richd. & Ann (p. 335)
BARRETT, Elizabeth m. March 7, 1793 John Williams (p. 392)
BARRON, Jennet, b. April 8, 1796 dau. of Daniel & Mary (p. 402)
   Treacy, b. January 5, 1794, dau. Oliver & Mary (p. 376)
BARROT (also see Barret), Mary Eleanor, b. September 14, 1769 dau. Richd. & Ann (p. 345)
   Sarah, b. December 12, 1773 dau. of Robert & Sarah (p. 355)
BARRY, Elizabeth, b. March 15, 1793 dau. of Zacheah & Elizabeth (p. 376)
BARSHEARS, Mrs. Eliza died October 26, 1797 (p. 398)

KING GEORGE'S PARISH

BARTIN, Elizabeth m. January 2, 1726/7 to Henry Brawner (p. 247)
BARTON, John m. Judith Adams June 7, 1792 (p. 391)
BARTTY (Barkley?)_, John, b. February 12, 1786 son of Rhodand & Violender (p. 362)
BATEMAN, Joseph, bapt. July 18, 1762 son of Joseph & Sarah (p. 310)
BATTS, Elizabeth b. October 10, 1730 dau. Humphrey & Mary (p. 256)
Humphrey m. April 6, 1727 to Mary Tyler (p. 256)
       d. December 12, 1756 (ship carpenter) (p. 297)
Marghayward, b. April 12, 1733 dau. Humphrey & Mary (p. 256)
BAYLY, Henry m. July 21, ---- to Martha Harrel (p. 276)
BAYLY, Mary m. January 12, 1792 to Aqualia John (p. 391)
BAYN, Mary, bapt. October --, 1762; Oct. 24, 1762 (Bayns) daughter of Christopher & Jane (p. 307, 310)
Mary S. confirmed November 23, 1793 (p. 383)
BAYNE (see Bayn), Amney bapt. May 8, 1764 dau. of George (p. 317)
Ann bapt. April 19, 1752 dau. of Ebsworth & Susana (p. 275)
Bayne or ----- b. Sept. 19, 1755 son of George & Mary (p. 291)
Chloe, conf. November 23, 1793 (Cloe) (p. 383)
    m. October 25, 1795 to Thomas Fenley (p. 389)
Colmour,b. April 22, 1774 son of William & Mary (p. 355)
Elinor, b. September 27, 1754 dau. of Ebsworth & Susanna (p. 287)
Elisabeth, b. September 19, 175- dau. of William & Mary (p. 286)
Elizabeth, b. June 2, 1773 dau. of Josias & Nancy (p. 355)
Elizabeth, b. December 6, 1773 dau. of Jacob & Jane (p. 355)
Elizabeth m. November 30, 1794 Lancelot Crow (p. 388)
Elizabeth Stone bapt. April 18, 1762 dau. Ebsworth & Susanah (p. 306)
Hearcort, b. April 23, 1764 dau. Ebesworth & Sushannah (p. 317)
Henneretta b. October 11, 1775 dau. of Samuel Hawkins & Ann (p. 353)
John b. October 6, 1793 son of Walter & Cordealy May (p. 375,378)
John b. June 1796 son of Samuel & Elizabeth (p. 394)
John died August 24, 1797 (p. 398)
Jno. Philips, b. Sept. 7, 1756 son of Thos. & Elizth. (p. 293)
Levi, b. ------- 1775 son of George & Mary (p. 356)
Martha Hawkins, b. September 6, 17--; Sept. 5, 1762 (Bayn) dau. of William & Mary (p. 286, 310)
Mary, b. April 28, 1776 dau. of William & Ann (p. 353)
Mary m. June 16, 1796 to Thomas Noland (p. 389)
Mary J. confirmed November 23, 1793 (p. 383)
Milly m. June 5, 1796 to Josias Tolburt (p. 389)
Nancy, b. May 23, 1774 dau. of Christopher & Jane (p. 359)
Priscall b. November 24, 1759 dau. Thomas & Elizabeth (p. 299)
Richard Swan b. February 15, 1747 son of Eliz: Baynes (p. 350)
Sarah b November 2, 1771 dau. of Josias & Ann (p. 350)
Sarah m. December 17, 1795 to George Moore (p. 389)
Sarah, b. March 4, 1795 dau. of Samuel & Elizabeth (p. 393)
Shallota bapt. June 1, 1766 dau. of Jane (p. 329)
Thomas Hawkins, b. February 6, 1787 son of Samuel Hawkins & Ann (p. 367)
Walter, b. September 2, 1750 son of Eliz: Bayne (p. 289)
Walter, b. Sept. --, 1775 son of Jacob Miller & Jane (p. 356)
Walter Fenley, b. Oct. 1, 175-; b. Oct. 1, 1754 (Baynes) son of William & Mary (p. 286, 284)
William m. November 4, 1753 to Mary Fenley (p. 286)
William b. December 24, 1768 son of William & Mary (p. 286)
William Jr. confirmed November 23, 1793 (p. 383)
William Sr. confirmed November 23, 1793 (p. 383)

KING GEORGE'S PARISH

William Granderson, b. September 30, 1764 son William & Mary (p. 320)
BAYNES, Daniel confirmed November 23, 1793 (p. 383)
Elizabeth, b. February 25, 1762 dau. of George & Mary (p. 306)
John m. August 20, 1749 to Mary Noble (p. 270)
  b. March 23, 1726 son of Daniel & Mary (p. 270)
Mary Fell m. December 16, 1792 to Philip Stuart (p. 392)
Samuel, b. July 20, 1762 son of Charles & Jane (p. 307)
BEALE, Sarah m. April 10, 1796 to Elisha Harrison (p. 389)
BEALL, ----- b. January 1, 1764 dau. of Josias & Millisent (p. 321)
Ann, bapt. March --, 1765 dau. of Roger & Ruth (p. 334)
Ann Elizabeth, b. May 2, 1781 dau. of Ann Boswell (born in house of Josias Beall) (p. 314)
Ann Fendall, b. December 18, 1768, bapt. December 25, 1768 second daughter of Josias & Millisent (p. 321)
Anna b. February 13, 1777 dau. of Ann Boswell (born in house of Josias Beall) (p. 314)
Anne, b. December 5, 1793 dau. of George & Elizabeth (p. 375)
Arey Ann, bapt. October --, 1762 dau. of John & Mary (p. 307)
Arya Elen Naomi b. March 9, 1799, bapt. April 22, 1799 (p. 403)
Benjamin, bapt. November 2, 1766 son of Benjamin & Sarah (p. 330)
Benjamin Bradly, b. April 13, 1771, bapt. April 14, 1771 (p. 321) fifth son of Josias & Millisent, conf. Nov. 23, 1793 (Bradley) (p. 383)
Bennett m. January 8, 1789 Ann Moriss (p. 264)
Catharine, bapt. June 16, 1765 dau. of Neamiah & Catharine (p. 334)
David Fendall (Fendel) b. July 23, 1775 son of Ann Boswell (p. 314) (born in house of Josias Beall) conf. Nov. 23, 1793 (Fendel) (p. 383)
Eleanor confirmed November 23, 1793 (p. 383)
Elizabeth died December 13, 1792 (p. 398)
Elizth. Brook, b. February 23, 1757 dau. of Patrick & Elinor (Goddard) (p. 292)
Elizabeth Brook bapt. August 29, 1762 dau. Roger & Ruth (p. 310)
James m. May 10, 1787 to Ann Mitchell (p. 262)
James Alexander, b. May 9, 1765, bapt. June 2, 1765, (p. 321) third son of Josias & Millisent; confirmed November 23, 1793 (p. 383)
Jane Bean bapt. July 17, 1768 dau. of Patrick & Elenor (p. 338)
Jean confirmed November 23, 1793 (p. 383)
John m. April 5, 1795 to Ann Fowler (p. 388)
John b. December 9, 1765 son of Patrick & Elenor (p. 329)
John Bradly, b. November 23, 1760, bapt. December 7, 1760 (p. 321) first son Josias & Millisent; conf. November 23, 1793 (Bradley) (p. 383)
John Fendal m. April 10, 1787 to Margaret Beall Hanson (p. 262)
John Fendall m. September 27, 17-- to Mary Wilkinson (p. 337)
Jno. Junr. died October 28, 1756 (p. 297)
Jonathan m. May 8, 1794 Elizabeth Williams (p. 388)
John Fendall Junr. b. January 12, 1767 of John Fendall & Mary (Wilkinson) (p. 337)
Josias Fendall (Fendel) b. August 31, 1762, bapt. Sept. 12, 1762 (p. 321) second son of Josias & Millisent, conf. November 23, 1793 (p. 383)
John Godson, b. August 8, 1759 son Patrick & Elinor (Goddard) (p. 292)
Josias Bradly, b. May 23, 1797 son Robert Augustus & Elizabeth (p. 399) also listed May 22, 1797 (p. 403)
Levin, b. February 22, 1764, bapt. May 20, 1764 of Patrick & Elenor (p. 317)
Lucey, b. July 31, 1762 dau. of Patrick & Elinor (Goddard) (p. 292) bapt. September 6, 1761 (p. 303)

KING GEORGE'S PARISH

Lucy confirmed November 23, 1793 (p. 383)
Martha bapt. November 14, 1764 dau. Thomas & Elizabeth (p. 320)
Mary m. May 10, 1753 to William Whitmore (p. 279)
Mary bapt. November 22, 1761 dau. of Benjamin & Sara (p. 303)
Millisent b. January 5, 1733/4 dau. of Robert & Ann Bradly d. April 21, 1772 (p. 321)
Patrick m. March 1756 Elinor Goddard (p. 292)
       confirmed November 23, 1793 (p. 383)
Pegga, b. April 26, 1785 dau. of Andrew & Mary (p. 362)
Richard, bapt. August 18, 1765 son Richard & Rebecca (p. 334)
Richard m. December 30, 1794 to Casander Hillery (p. 388)
Robert B. m. January 6, 1791 to Elizabeth Berry (p. 266)
Robert Augustus b. January 7, 1767, bapt. January 12, 1767 (p. 321) fourth son of Josias & Millisent, conf. November 23, 1793 (p. 383)
Sarah, b. June 29, 1773 dau. of James & Elizabeth (p. 355)
Sarah m. January 23, 1794 to Humphery Williams (p. 387)
Sarah died December 10, 1795 (p. 398)
Thomas, b. November 19, 1753 son of Ninian (p. 284)
Walter m. May 1, 1794 to Jean Waring (p. 388)
Walter Evins, b. February 26, 1774 son of Patrick & Eleanor (p. 355)
William Marshall b. February 13, 1799 son Robert Augustus & Elizabeth (p. 403)
William Wilkinson, b. September 5, 1765 son of John Fendall and Mary (Wilkinson) (p. 337)
William Wilkinson, b. August 5, 1789, bapt. Sept. 20, 1789 son of John Fendel & Margrat (p. 380)
Zedock bapt. August 31, 1766 son of Robert & Jane (p. 330)
Zedock bapt. November 15, 1767 son of Ninian & Catharine (p. 340)
BEAN, Daniel Jenkins, bapt. July 4, 1762 son Thomas & Elizabeth (p. 309)
   George b. December 26, 1767, bapt. June 26, 1768 son Geo. & Mary (p. 343)
BEAN, George m. December 23, 1790 Armintta Jones (p. 266)
   Mary, b. October 11, 1786 dau. of Thomas & Rachel (p. 366)
   Prisiller m. January 19, 1790 to Thos. Berkly (p. 265)
BEANE (see Bayne), Catharine bapt. July 12, 1767 dau. of Christopher & Jane (p. 340)
   Elizabeth b. May 4, 1796 dau. of Daniel & Ann (p. 401)
BEANES (see Bayn), John, bapt. March --, 1765 son of Christopher & Jane (p. 334)
   John H. m. May 24, 1795 to Harriet Clagett (p. 388)
   John Hancock m. February 19, 1786 Henrietta Dyer (p. 261)
   Mary m. October 3, 1746 to John Sutton (p. 271)
BEARRY, Elizabeth Ann Smallwood bapt. May 1, 1791 dau. of Thomas & Susanna (p. 380)
BEAVAN, John m. December 6, 1796 to Verlinda Gibbons (p. 389)
BEAYN, Neamiah bapt. February 21, 1762 son of Wineford (p. 304)
BEAYNES (see Bayne), Sarah, b. June 29, 1766 dau. of Ebesworth & Sushanna (p. 335)
BECKETT, Marshen m. December 25, 1790 Ann Higgins (p. 266)
BECKUT(?), Curnelia b. January 13, 1794 son of Stephen & Mary (p. 376)
BEEN, Daniel m. February 5, 1795 Ann Pope (p. 388)
   Elizabeth m. May 20, 1793 to Philip Lewin Webster (p. 388)
BEENES, Samuel m. December 21, 1794 to Elizabeth ------ (p. 388)
   Elizabeth, b. September 15, 1794 dau. of Basil & Mary (p. 393)
BELL, James b. March 28, 1732 son of James & Anne Bell (p. 255)
   John, b. January 28, 1729 son of James & Anne Bell (p. 255)

KING GEORGE'S PARISH

Mary, b. January 24, 1738/9 dau. of James & Ann (p. 267)
Rebeckah, bapt. December 5, 1762 dau. of James (p. 308)
Sarah, funeral September 27, 1793 (p. 398)
Seryphena, bapt. May 3, 1752 dau. of Ann (p. 277)
BELT, Ester, bapt. December 19, 1762 dau. of Thomas & Prisila (p. 308)
  Joseph, b. June 16, 1762 son of Guy & Kesander (p. 307)
  Margaret m. January 26, 1794 to Thomas Bowie (p. 387)
  Ruth, bapt. December 19, 1762 dau. of Thomas & Prisila (p. 308)
BENER, Elisabeth m. March 2, 1701 to John Pritchett (p. 239)
  d. February 22, 1712 (p. 239)
BERKLEY, George b. July 4, 1775 son of Henry & Elizabeth (p. 360)
  William, b. July 5, 1772 son of Elizabeth & Henry (p. 350)
BERKLY, Thos. m. January 19, 1790 to Prisiller Bean (p. 265)
BERREY, Margreat m. March 22, 1795 to Thomas Waring (p. 388)
BERRY, Benjamin, b. February 21, 1756 son of Sam.l (p. 301)
  Deborah m. December 31, 1797 to Thomas Hodge (p. 390)
  Eleanor m. October 3, 1791 to Benjamin Jiffries (p. 266)
  Elizabeth, bapt. April 10, 1768 dau. of Bassil & Jemima (p. 343)
  Elizabeth m. January 6, 1791 to Robert B. Beall (p. 266)
  Elizabeth, b. March 15, 1793 dau. of Zachariah & Elizabeth (p. 374)
  Joseph, b. August 7, 1751 son of Samuel (p. 301)
  Judson Heard, b. November 25, 1786 son of James Smallwood and Elizabeth Heard (p. 363)
  Kezia, b. August 15, 1787 dau. of Wm. & Mary Ann (p. 368)
  Mary Ann, b. May 7, 1758 dau. of Saml. (p. 301)
  Samuel, b. January 2, 1753 son of Saml. (p. 301)
  William m. December 19, 1797 to Mary Cole (p. 390)
BERSHEARS, Rebecca m. January 3, 1792 to Walter Ray (p. 391)
  Elizabeth m. December 22, 1797 to James Warters (p. 391)
BESHARES (Bushears), John Walker, b. December 5, 1772 son of Ann & John (p. 350)
  m. September 14, 1794 to Easther Soper (p. 388)
BESHEARS, Anthony, b. February 7, 1775 son John Pottenger & Ann (p. 356)
BIGGS, Henry bapt. December 12, 1762 son of Henry & Mary (p. 308)
  Mary Ann Hawkins, b. February 12, 1798 dau. of John & Susanna (p. 400)
  Samuel, bapt. December 25, 1765 son of Henry & Mary (p. 326)
  Susanna, b. -------- 1794(?) dau. of John & Susanna (p. 378)
  Thiley(?) Beens, b. Sept. 5, 1795 dau. of John & Susanna (p. 394)
BIRCH, Francis m. July 20, 1720 to Alee Owin (p. 248)
  Hester m. March 4, 1712 to John Holly (p. 248)
  James, bapt. October 22, 1752 son of John & Mary (p. 277)
  John, b. October 18, 1721 son of Francis & Alee (p. 248)
BIRCH, Margaret, b. May 26, 1757 dau. of Jonathan & Elizth. (p. 293)
  Mary Elinor, b. May 14, 1754 dau. of John & Mary (p. 284)
BIRD, Francis m. November 5, 1724 to Jane Littleton (p. 256)
  Francis, b. February 21, 1731 son of Francis & Jane (p. 256)
  John, b. October 9, 1727 son of Francis & Jane (p. 256)
  Thomas, b. December 24, 1729 son of Francis & Jane (p. 256)
BLACKBURN, John m. February 5, 1787 to Elizabeth Magruder (p. 262)
  John Richard, b. December 29, 1789, bapt. January 10, 1790 son of John & Elizabeth (p. 369)
BLACKLOCK, Benja. b. August 20, 1787 son Nicholas & Elizabeth (p. 380)
  Nicholas Frederick, b. March 9, 1790 son Nicholas & Elizabeth (p. 380)
  Richard, b. November 6, 1773 son of Richard & Mary (p. 355)

KING GEORGE'S PARISH

Thomas, m. ---- 15, 1738 to Charity Lanham (p. 267)
Thomas Sidney, b. December 14, 1789 son Nicholas & Elizabeth (p. 380)
BLACKMORE, Lloyd Beall, bapt. February 23, 1766 son Thadeus & Mary (p. 323)
BLACKWOOD, Elizabeth bapt. March --, 1765 dau. William & Elenor (p. 334)
BLAKE, Elizabeth m. December 14, 1790 to Henry Nichols (p. 266)
BLANFORD, Mary m. February 9, 1719 to Thomas Edelen (p. 246)
BOLTON, James, b. December 27, 1754 son of James & Susanna (p. 287)
Thomas, bapt. January 14, 1753 son of James & Susanna (p. 277)
BONAFANT, Keziah m. October 13, 1795 to William Tounzhand (p. 388)
BOND, Thomas m. October 22, 1795 to Mary Hall (p. 389)
BONIFANT, Elizabeth m. December 31, 1793 to Joshua Davis (p. 387)
BONIFIELD, John, b. December 9, 1774 son of Samuel & Sarah (p. 360)
Keziah, b. July 26, 1772 dau. of James & Joanna (p. 350)
Samuel, b. April 1, 1772 son of Samuel & Sarah (p. 359)
BONNIFENT, Martha b. September 8, 1753 dau. of James & Mary (p. 283)
BONNIFIELD, Ann m. December 6, 1787 to Basil Riston (p. 263)
BOOTH, Jane, b. February 18, 1720 dau. of Robt. & Sarah (Filmoore) (p. 241)
John, b. September 2, 1718 son of Robt. & Sarah (Filmoore) (p. 241)
Robert m. to Sarah Filmoore (p. 241)
BOSWELL, Ann, b. November 16, 1750 dau. of John & Elizabeth Boswell (p. 314) went to live in the house of Josias Beall Jan. 12, 1774 and there continued until her death August 29, 1781
Ann, confirmed November 23, 1793 (p. 383)
Bartin, b. May 7, 1774 son of Richard & Mildred (p. 351)
Charles Lloyd, b. February 18, 1801, bapt. March 22, 1801 son of Horatio & Sarah (p. 404)
Eleanor m. February 19, 1789 to Charles Tippett (p. 381)
Elhanah m. January 3, 1790 to Ann Morland (p. 264)
Elizabeth, bapt. November 17, 1765 dau. of Mathew & Catharine (p. 328)
Elizabeth, bapt. June 19, 1768 dau. of James & Priscilla (p. 342)
Elizabeth, b. June 12, 1790 dau. of Peter & Ann (p. 369)
Elizabeth F. b. March 8, 1784 dau. of Peter & Ann (p. 369)
Horatio, b. ---- 1775(?) son of John B. & Rebeccah (p. 352)
Horatio m. January 18, 1798 to Sarah Dement (p. 390)
John b. Dec. --, 1767, bapt. January 24, 1768 son of Mathew & Catharine (p. 342)
Martha F. b. March 5, 1786 dau. of Peter & Ann (p. 369)
Peter confirmed November 23, 1793 (p. 383)
Philip m. November 17, 1791 to Charlote Fauser(?) (p. 266)
William, b. March 21, 1799 son of Horatio & Sarah (p. 403)
BOUCH, Susannah and her sister, funeral October 17, 1793 (p. 398)
BOWIE, Thomas m. January 26, 1794 to Margaret Belt (p. 387)
BOWLER, Silas, b. January 7, 1763 son of Joseph & Sarah (p. 313)
BRADFORD, Mary m. May 28, 1713 to Evan Jones (p. 239)
William, b. September 14, 1713 son of John & Joyce (p. 240)
BRAMELL, James, b. March 9, 1711 son of James & Mary (p. 244)
Mary, b. July 29, 1709 dau. of James & Mary (p. 244)
BRAMWELL, Margaret, b. August 15, 1773 dau. of Zachariah & Parthenea (p. 354)
BRANDT, Randal, b. January 6, 1773 son of Richard & Margaret (p. 354)
BRANT, Elizabeth Lucy Ann, b. July 13, 1797 of Richard & Lucy Ann (p. 403)
Richard, b. February 8, 1799 son of Richard & Lucy Ann (p. 403)
BRASHEARS, Ann, bapt. August 2, 1767 dau. Rebecca & Benjamin (p. 340)
Samuel, bapt. November 6, 1768 son of Morris (p. 344)
Thomas, b. March 2, 1766 son of Morris & Mary (p. 330)

KING GEORGE'S PARISH

BRAWNER, Elizabeth, b. November 30, 1717 dau. of John & Mary (p. 241)
    Henry, b. December 16, 1717 son of Wm (p. 257)
    Henry, m. January 2, 1726/7 to Elizabeth Bartin (p. 247)
    John, m. January 8, 1716 to Mary Dunning (p. 241)
               to Mary Downing (p. 258)
    Mary, b. October 9, 1721 dau. of John & Mary (p. 241, 258)
    William, b. September 16, 1719 son of John & Mary (p. 241)
        b. November 30, 1719 (p. 258)
BRAYAN, Lucy Ann, b. January 3, 1794 dau. of Thomas & Ann (p. 375)
BRECE(?), Aquila m. April 5, 1795 to Ann Robinson (p. 388)
BRESHEERS, John, died October 14, 1792 (p. 398)
BRICE, James, b. October 25, 1797 son of Aquila & Jean (p. 400)
    Sarah m. November 19, 1761 to Richard Henderson (p. 331)
    second daughter of John Brice Esqr.
BRISCOE, Richard Sothern m. November 29, 1796 to Theadoria Stone (p. 389)
BROOKES, Jessey, bapt. June 17, 1764 son of Jessey & Elizabeth (p. 332)
BROWN, Amelia, b. November 16, 1769 dau. of Elisha & Margaret (p. 345)
    Ann m. June 4, 1786 to Samuel Hutchinson (p. 261)
    Elizabeth m. February 15, 1795 to Richard King (p. 388)
    Letitia m. December 13, 1792 to John Wheeler (p. 392)
    Lusey, bapt. November 22, 1761 dau. of John & Elenor (p. 303)
    Priscilla m. January 15, 1789 to John Hunt (p. 264)
BROWN, Richard Nicles, b. March 19, 1787 son of Elizabeth (p. 362)
    Robert m. April 30, 1795 to Elizabeth Madack (p. 388)
    Sarah m. January 8, 1789 to William Manley (p. 264)
    Susanah m. March 23, 1788 to John Adams (p. 263)
    William, b. January 5, 1772 son of Elisha & Margaret (p. 358)
BROYAN (see Bryan), Phillop bapt. March 22, 1767 son William & Diana (Gutteridge) (p. 336)
    Rebeccah, bapt. May 6, 1764 dau. of William & Diana (p. 332)
BRYAN, Amelia confirmed November 23, 1793 (p. 383)
    Ann, b. August 21, 1785 dau. of George & Ann (p. 361)
    Deborah Harrriss, b. March 11, 1799 dau. of Richard & Mary (p. 403)
    Edward, b. July 4, 1779 son of Thomas & Ann (p. 380)
    Eleanor, b. November 6, 1788 dau. Richard & Ann Buacy (Ball) (p. 381)
    Elizabeth, b. May 22, 1755 dau. of William & Diana (p. 288)
    Henry Richd. m. January 30, 1757 to Rachel Lanham (p. 297)
    John, b. February 19, 1775 son of George & Ann (p. 356)
    John Fendal, b. March 3, 1790 son of Thos. & Ann (p. 380)
    Joseph, b. October 19, 1782 son of Thos. & Ann (p. 380)
    Josias, b. August 30, 1 787 son of George & Ann (p. 367)
    Lucy Ann, b. January 3, 1794 dau. of Thomas & Ann (p. 378)
    Rachel m. December 13, 1791 to Joseph Wheet (p. 391)
    Richard, b. September 6, 1757 son of William & Diana (p. 301)
    Richard, m. January 31, 1783 to Ann Buacy Ball (p. 381)
    Richard, m. October 3, 1796 to Mary Steele (p. 389)
    Richard, b. June 8, 1773 son of George & Ann (p. 355)
    Richard, b. March 15, 1793 son of Richard & Ann Buay (Ball) (p. 381)
    Sarah, b. February 5, 1795 dau. of Richard & Ann Bruce (p. 394)
    Sarah, b. April 14, 1797 dau. of Thomas & Ann (p. 399)
    Sarah Ann, bapt. 1761 dau. William & Diana (p. 303)
          m. March 6, 1791 to Paul Talbert (p. 265)
    Thomas bapt. August 25, 1751 son William & Diana (p. 275)
    Wm. m. May 4, 1750 to Diana Gutteridge (see Broyan, Bryon) (p. 270)
    William, b. December 9, 1786 son Richard & Ann Buacy(Ball) (p. 381)

KING GEORGE'S PARISH

BRYON, Rachel, b. February 5, 1772 dau. William & Diana (p. 358)
BURCH, Ann, b. November 3, 1775 dau. of Leonard & Monaca (p. 352)
   Ann died April 26, 1798 (p. 398)
   Barbary Eleanor, b. Dec. 13, 1797 dau. of Thomas & Violinder (p. 399)
   Colmore, b. February 19, 1775 son of Olipher & Verlinder (p. 356)
   Elizabeth, b. September 2, 1773 dau. of Thomas & Ann (p. 355)
      m. November 18, 1794 to Lewin Simpson (p. 388)
   Francis, b. November 30, 1786 son of Benjamin & Mary (p. 366)
   Henry m. June 27, 1791 to Susanna Suit (p. 266)
   Jonathan Junr. m. January 15, 1764 Ann Newton (p. 340)
   Jonathan Tirus, b. December 12, 1790 son Benjamin & Mary (p. 382)
   Joseph Newton, b. October 22, 1766 son Jonathan Junr. & Ann (Newton) (p. 340)
   Mary, m. June 24, 1752 to Nathaniel Suit (p. 349)
   Mary b. December 3, 1764 dau. Jonathan Junr. & Ann (Newton) (p. 340)
   Mary, bapt. February 5, 1764 dau. of John & Mary (p. 318)
   Nolley Harriss, b. January 25, 1801, bapt. March 18, 1801 son of Zachariah & Mildred (p. 404)
   Thomas m. September 7, 1794 to Virlinder Harvey (p. 388)
   Thomas N. b. February 23, 1791 son of Joseph & Eleanor (p. 382)
   Verlinder, wife of Olipher (p. 356)
   Zachariah m. December 27, 1786 to Mildred Robey (p. 261)
BURGESS, Ann, b. June 3, 1772 dau. of Thomas & Sarah (p. 350)
   Ann White, b. May 29, 1793 dau. of Wm. & Eleanor (p. 373)
   Charles, b. July 4, 178- son of William & Eleanor (p. 361)
   Edward, b. January 20, 1757 son of James & Ann (p. 293)
   Henry, b. August 13, 1755 son of James & Ann (p. 291)
   Henry, b. March 8, 1794 son of Arnol & Ann (p. 378)
   John M. m. February 27, 1794 to Elizabeth Coolidge (p. 387)
   Massey m. January 2, 1791 to James Stewart (p. 266)
   Rebeckah, b. December 18, 1787 dau. of Arnold & Ann (p. 364)
BURGIS (see Burgess), Eleanor, b. March 8, 1791 dau. of William & Eleanor (p. 382)
BURK, Vileta, bapt. February 7, 1762 dau. of Benjamin & Margaret (p. 304)
BURKLEY, George, b. July 4, 1775 son of Henry & Elizabeth (p. 360)
BURREL, Christian, b. January 20, 1719 dau. of Fra: & Jane (p. 257)
   Elizabeth, b. September 11, 1707 dau. of Fra: & Jane (p. 257)
   Henarita, b. December 11, 1717 dau. of Fra: & Jane (p. 257)
   Jane, b. July 26, 1720(?) dau. of Fra: & Jane (p. 257)
   Peter, b. September 8, 1710 son of Fra: & Jane (p. 257)
   Rebecca, b. March 7, 1712 dau. of Fra: & Jane (p. 257
BURRELL, Alexander m. August 19, 1759 to Elenor Dent (p. 312)
   Alexander Hawkins, b. November 2, 1763 son Alexander & Elenor (p. 312)
   Allen m. March 20, 1789 to Susannah Wood (p. 264)
   Daniel, b. October 17, 1761 son Alexander & Elenor (p. 304, 312)
   Elenor, b. September 1, 1768 dau. of Alexander & Elenor (p. 312)
   Eliza. b. September 11, 173- dau. of Alix & Ellinor (p. 260)
   Elizabeth Dent, b. December 17, 1759 dau. of Alexander & Elenor (p. 304)
   George, b. May 5, 1765, bapt. June 2, 1765 son of Alexander & Elenor (p. 312)
   Heneritta, b. December 11, 17-- dau. Alix & Ellinor (p. 260)
   John, b. June 20, 1766 son Alexander & Elenor (p. 312)
   Peter, b. September 8, 17-- son of Alix & Ellinor (p. 260)
   Rebecca, b. September 12, 17-- dau. of Alix & Ellinor (p. 260)
BURTON, Lucy, b. November 6, 1774 dau. of James & Katherine (p. 351)

KING GEORGE'S PARISH

BUSEY, Mary m. December 21, 1794 to Caleb Vermilion (p. 388)
BUTLER, Henry, bapt. April 18, 1762 son of John (p. 306)
   Lewin Smith, bapt. January 18, 1767 of John & Mary (p. 335)
   Thomas, b. June 14, 1707 son of James & Joyce (p. 240)
   Violinda, b. September 16, 1764, bapt. October 30, 1764 daughter of John & Mary Ann (p. 317)
BUTT, Zadoc m. November 10, 1787 to Margret Grantt (p. 262)

CAMPTON, Elizabeth, b. November 27, 1725 dau. of John & Mary (p. 255)
   Mary, b. February 22, 1727 dau. of John & Mary (p. 255)
CANE, Mary Fletcher, bapt. May 17, 1752 dau. of Jeremiah & Mary (p. 277)
CARALL, James, bapt. May 24, 1768 son of William & Elenor (p. 342)
   Patrick, bapt. May 26, 1765 son of Patrick & Elizth. (p. 334)
CARR, Eleanor B. m. April 28, 1795 to Samuel Carr (p. 388)
   Elizabeth, confirmed November 23, 1793 (p. 383)
   Elizabeth Boucher confirmed November 23, 1793 (p. 383)
   Martha Ann, b. February 21, 1799, bapt. May 13, 1799 dau. of Samuel & Eleanor (p. 403)
   Overton, confirmed November 23, 1793 (p. 383)
   Samuel m. April 28, 1795 to Eleanor B. Carr (p. 388)
CARROL, Patrick m. January 1, 1795 to Elizabeth Hays (P. 388)
CARROLD, James m. April 7, 1792 to Susanna Galwith (p. 391)
CARROLL, Horatio, b. January 4, 1794(?) son of James & Susanna (p. 375)
CASTEEL, Cassindra, b. January 8, 1753 dau. Edmund & Rebecca (p. 280)
   Delila, b. April 1, 1797 dau. of Edward & Ann (p. 399)
   Henry, bapt. August 25, 1765 son of John & Rebeccah (p. 328)
   Rebeccah, b. November 18, 1772 dau. of Mesheck & Katharine (p. 354)
CATON, Elizabeth, b. August 28, 1775 dau. of Stephen & Eleanor (p. 356)
   James S., b. January 29, 1773 son of Steven & Eleanor (p. 350)
   Jessey, b. April 20, 1762 son of Charles & Jemima (p. 306)
   John, b. December 7, 1758 son of Charles & Jemima (p. 301)
CATTATON, Michal, b. February 16, 1787 son of John & Lucretia (p. 366)
CAWOOD, John m. January 1, 1786 to Elizabeth Warde (p. 261)
   John Smallwood, b. March 20, 1788 son of Stephen & Catharine Hepsebeth (p. 364)
   Mary, died September 15, 1795 (p. 398)
   Mary Buckman, b. April 26, 1791(?) dau. Stephen & Catharine (p. 369)
   Moses Fendall Alexander, b. August 18, 1794 son of Stephen & Elizabeth (p. 377)
   Smallwood m. June 18, 1787 to Elizabeth Smallwood (p. 262)
   Stephen m. October 20, 1786 to Catharine Hebsabah Emerson (p. 261)
   Stephen m. June 14, 1792 to Elizabeth Ann Fendall (p. 392)
   Stephen Fendall Alexander, b. ------1793(?) son Stephen & Elizabeth (p 372)
   Susanah Philips b. January 4, 1788 dau. Thomas & Cloe (p. 364)
CECIL, Eleanor m. April 8, 1787 to John Dent (p. 262)
CERBY, Ann, b. March 7, 1785 dau. of Francis & Elisabeth (p. 362)
CHANY, Phaneta, b. July 17, 1785 dau. Hezekiah & Eleoner (p. 362)
CHARTOR, Thomas, b. July 24, 1723 son Thomas & Eliza.. (p. 258)
CHEW, Rev. Thomas John m. November 14, 1793 to Margaret Crab (p. 387)
CHRISTMAS, Charles m. February 9, 1742 to Barbary Welsh (p. 271)
   Millinder, b. February 26, 1756 dau. of Charles & Barbary (p. 291)
   Zacha. bapt. February 9, 1752 son Charles & Barbary (p. 275)
CISELL, Daniell b. February 27, 1717 son of Donkin Cisel (p. 252)
   William b. September 27, 1715 son of Donkin Cisell (p. 252)

KING GEORGE'S PARISH

CISSELL, Joshua m. December 29, 1787 to Mary Readen (p. 263)
CISSILL, William m. December 5, 1793 to Margret Cole (p. 387)
CLAGETT, Ann m. October 29, 1795 to Thomas Marshall (p. 389)
   Elizabeth confirmed November 23, 1793 (p. 383)
   Harriot conf. November 23, 1793; m. May 24, (p. 384)
      m. May 24, 1795 John H. Beans (p. 388)
   Hector, confirmed November 23, 1793 (p. 383)
   Henry, confirmed November 23, 1793 (p. 384)
CLAGETT, Horatio, confirmed November 23, 1793 (p. 384)
   Judson, confirmed November 23, 1793 (p. 383)
   Judson Magruder, b. August 29, 1769 son of Thomas & Mary Meek (Magruder) (p. 346)
   Martha confirmed November 23, 1793 (p. 384)
   Mary m. June 7, 1789 to Patrick McEldery (p. 264)
   Mary m. January 7, 1796 to Thomas Ducket (p. 389)
   Mary Meek, b. February 24, 1771 dau. of Thomas & Mary Meek (Magruder) (p. 346)
      confirmed November 23, 1793 (p. 383)
   Nathaniel, confirmed November 23, 1793 (p. 384)
   Sarah Magruder, confirmed November 23, 1793 (p. 383)
   Thomas m. October 11, 1768 to Mary Meek Magruder (p. 346)
   Thomas, confirmed November 23, 1793 (p. 383)
   Thomas Henry, confirmed November 23, 1793 (p. 384)
   William Cane(?) confirmed November 23, 1793 (p. 384)
CLARK, Chloe, b. June 6, 1753 dau. of Benjamin & Mary (p. 280)
   Grace, b. May 22, 1764, (p. 317), bapt. June 17, 1764 dau. of Hannah (p. 332)
   James(?) b. February 26, 1725 son Daniel & Margrett Clark (p. 250)
   Jefferson, b. April 5, 1716 son of Daniel & Margrett (p. 250)
   Mary m. September 22, 1707 to Francis Tolson dau. Robt. Clark (p. 244)
   Mary (?) b. January 10, 1723 dau. of Daniel & Margrett (p. 250)
   Thomas, bapt. June 23, 1751 son of Benjamin & Mary (p. 275)
   Thomas, b. November 8(?), 1793, bapt. February 6, 1794 son of James & Margaret Rusell (p. 357)
   William, b. January 26, 1728 son of Daniel & Margrett (p. 250)
CLARKE, Willey m. August 26, 1790 to John Pyle (p. 265)
CLARKSON, Edwd. b. October 6, 1721 son of William & Elizabeth (p. 242)
   Eliza. b. October 5, 1719 dau. of William & Elizabeth (p. 242)
   Mary, b. October 18, 1717 dau. of William & Elizabeth (p. 242)
   Thomas, b. September --, 1714 son William & Elizabeth (p. 242)
   William m. November 22, 1713 to Elizabeth Hagian (p. 242)
   William, b. February 10, 1716 son of William & Elizabeth (p. 242)
CLARVO, Anne m. January 26, 1718 to Enoch Jenkins (p. 246)
CLEGITT, George Parker bapt. December 16, 1764 son of Richard & Ann Hutchinson Clegitt (p. 331)
   John, b. February 13, 1763 son of Richard & Ann Hutchinson (p. 313)
CLEMENTS, Ann m. February 28, 1790 to Zach. Clements (p. 265)
   Henry bapt. December 8, 1751 son of John & Mary (p. 275)
   John, b. March 7, 1753 son of William & Ann (p. 283)
   Mary m. February 10, 1788 to John Gittins (p. 263)
   Ralph Fisher, b. November 14, 1753 son of John & Mary (p. 280)
   Zac. h m. February 28, 1790 to Ann Clements (p. 265)
CLEMMENTS, Abadngo m. June 4, 1797 to Elizabeth Marlow (p. 389)
CLEMONS, Elener Ann bapt. July 10, 1768 dau. of John & Mary (p. 344)
CLIFFORD, Reason bapt. June 6, 1763 son of Rachill (p. 311)

KING GEORGE'S PARISH

CLUB, John b. November 13, 1793 son of Samuel & Mary Ann (p. 378)
 Leven m. September 3, 1786 to Rhoda Short (p. 261)
 Mathew m. November 21, 1793 to Drucilla White(?) (p. 387)
 Sally Ann, b. December 7, 1786 dau. of Samuel & Mary Ann (p. 366)
 Thomas, b. May 16, 1791 son of William & Eleanore (p. 371)
CLUBB, William bapt. June 19, 1768 son of John & Kesiah (p. 342)
 William m. January 3, 1797 to Ann Nothey (p. 389)
CLYDE, Christian died February 17, 1718 (p. 252)
 Elizabeth, b. January 2, 1717 dau. of Robt. & Christian Clyde (p. 252)
 John, b. August 1, 1713 son of Robt. & Christian (p. 252) died September 14, 1715 (p. 252)
 Robt. August 31, 1710 son of Robt. & Christian Clyde (p. 252) died August 10, 1715 (p. 252)
COATS, Jesse b. March 29, 1753 son of Michael & Amey (p. 284)
COE, Ann, b. June 12, 1761 daughter of John & Mary (p. 303)
 Ann Margreat b. September 22, 1794 of Richard & Margreat (p. 393)
 Elizabeth, b. July 29, 1787 dau. of Richard & Margret (p. 364)
 James Wood, b. February 17, 1797 son of Richard & Margreat (p. 402)
 John, b. September 11, 1775 son of Samuel & Phebe (p. 352)
 John confirmed November 23, 1793 (p. 383)
 Margaret Edgar confirmed November 23, 1793 (p. 384)
 Mary m. November 1, 1789 to Mordecai Jacob (p. 264)
 Phebe (Pheby) confirmed November 23, 1793 (p. 383)
 Richard b. December 7, 1753 son of John & Mary (p. 283)
 Richard confirmed November 23, 1793 (p. 383)
 Samuel b. November 30, 1785 son of Samuel & Pheby (p. 365)
 Samuel confirmed November 23, 1793 (p. 383)
 Wm Tylar, b. February 19, 1785(?) son of Richard & Mary (p. 365)
COHAGAN, Amelia m. February 1, 1791 to John White (p. 265)
 Anne, b. February 27, 1772 dau. of Jeremiah & Susanna (p. 358)
COGHLAN, Bridgett m. December 12, 1727 to William Mardurt (p. 250)
COLE, Margret m. December 5, 1793 to William Cissill (p. 387)
 Mary m. December 19, 1797 to William Berry (p. 390)
 Sarah bapt. June 12, 1768 dau. of Joseph & Rachel (p. 343)
 Sarah m. February 16, 1792 to Reason Low (p. 391)
 Thomas, bapt. August 4, 1751 son of Joseph & Rachel (p. 275)
COLEY, Horatio, b. ---1773 son of Robert & Margaret (p. 354)
 James, b. April 4, 1756 son of Robert & Margaret (p. 293)
COLLARD, Mrs. funeral June 13, 1793 (p. 398)
 Samuel m. October 31, 1762 to Agnes Ouchterloney (p. 299)
COOLIDGE, Elizabeth m. February 27, 1794 to John M. Burgess (p. 387)
COLLINGS, Elizabeth m. November 26, 1789 to Chas. Wise (p. 264)
COLLINS, Richd. b. May 26, 173- son of Thomas & Margratt (p. 260)
 Sarah, b. October 13, 173- dau. of Thomas & Margratt (p. 260)
COLLIS, Anne, b. February 6, 1775 dau. of John & Martha (twin) (p. 351)
 Equila Johnson, b. May 8, 1774 son of Thomas & Theodorha (p. 351)
 George Tomas, bapt. January 24, 1768 son Thomas & Dorothey (p. 342)
 Hephzibah, b. August 3, 1762 dau. Thomas & Theadosea (p. 307)
 Hezekiah, b. May 19, 1772 son of Thomas & Theodosha (p. 351)
 James Thomas, b. August 1, 1772 son of John & Martha (p. 354)
 John, b. February 6, 1775 son of John & Martha (twin) (p. 351)
 Mary, bapt. December 4, 1763 dau. of Thomas & Theadore (p. 314)
 Rodey, bapt. August 25, 1765 dau. of Thomas & Dorathey (p. 328)
CONN, Rachel m. September 29, 1789 to William Williams (p. 264)
CONNER, Ann, b. November 30, 1775 dau. of Owen & Charity (p. 352)

KING GEORGE'S PARISH

Margret, b. February 19, 1763 dau. of James & Ann (p. 311)
Richd., b. December --, 1769 son of James & Ann (p. 345)
Sarah m. May 13, 1787 to Gilbert Whitney (p. 262)
CONNOR, Thomas, b. September 2, 1765 son of James & Ann (p. 323)
CONOR, William m. February 7, 1796 to Elizabeth Harriss (p. 389)
COOK, Anna, b. April 12, 1787 dau. of Jeremiah & Mary (p. 368)
Elizabeth, bapt. December 1, 1765 dau. of George & Sarah (p. 323)
Joseph, bapt. July 7, 1765 son of Joseph & Martha (p. 334)
Moses Beasley, b. January 25, 1763 son of Joseph & Martha (p. 311)
Thomas, bapt. July 20, 1766 son of Benjamin & Martha (p. 339)
COOLEY, James, bapt. June 1, 1766 son of Letis (p. 329)
COOTS, Charles, b. October 19, 1712 son of Alexr. & Eliza. (p. 240)
CORYTON, Josiah m. October 25, 1795 to Catharine Lynn (p. 389)
COSTER, Alice, b. October 14, 1749 dau. of John & Sarah (p. 270)
Ann m. January 24, 1797 to John Sancer (p. 389)
COTTS, Cassandria, bapt. September 29, 1751 dau. of Michael & Aine (p. 275)
CONLEY, Jeremiah, bapt. August 30, 1767 son of Robert & Mary (p. 341)
COURTS, Eleanor confirmed November 23, 1793 (p. 383)
Richard Herley confirmed November 23, 1793 (p. 383)
COWLEY, Jeane, bapt. June 2, 1765 dau. of Robert & Margret (p. 327)
COX, Charles m. December 7, 1794 to Ann King (p. 388)
Charles Bivin, b. March 14, 1772 son of Richard & Mary Ann (p. 354)
Elizabeth, b. March 5, 1797 dau. of William & Sharlotta (p. 401)
Elizabeth died January 9, 1798 (p. 398)
Francis, b. Sept. 26, 1795, bapt. September 28, 1795 son of Charles & Ann (p. 295, 393)
Hugh Thomas, b. November 2, 1773 son of Richard & Mary Ann (p. 351)
James, b. March 15, 1797 son of Charles & Ann (p. 401)
Jesse, b. February 21, 1773 son of Abraham & Mary (p. 354)
Samuel Harrison, b. October 15, 1793 son of Francis & Elizabeth (p. 377)
Thomas, b. February 5, 1788 son of Jacob & Mary (p. 364)
William m. May 26, 1796 to Charlotte Taylor (p. 389)
William W., b. May 15, 1796 son of Charles & Sarah (p. 394)
Wm. White, b. February 22, 1786 son of John & Elizabeth (p. 365)
Zachariah, b. September 26, 1774 son of Abraham & Mary (p. 351)
COXEN, George, b. March 31, 1776 son of Zachariah & Elizabeth (p. 353)
COXON, Ann, bapt. December 9, 1764 dau. of Josias & Margret (p. 320)
Jno. b. July 10, 1755 son of Ann Coxon (p. 293)
CRAB, Margaret m. November 14, 1793 to Rev. Thomas John Chew (p. 387)
CRAMPHIN, Mary m. May 12, 1788 to John Scot (p. 263)
CRANDELL, Elizabeth m. June 30, 1795 to Thomas Fry (p. 388)
CRAWFORD, Alexander, bapt. June 24, 1764 son of Thomas & Rachill (p. 319)
Andrewson, bapt. April 1, 1764 son of James & Ann (p. 318)
Jacob, m. June 14, 1787 to Elizabeth Prator (p. 262) - see Croford
James, bapt. September 13, 1767 son of Adam & Elizabeth (p. 340)
James m. December 26, 1791 to Margaret Wilson (p. 391)
Levy, b. August 19, 1772 son of Thomas & Rachel (p. 358)
Mary, bapt. February 19, 1764 dau. of Joseph & Mary (p. 318)
Mary, m. December 26, 1791 to Josiah Sprigg (p. 391)
Zachariah, bapt. June 8, 1766 son of Thomas (p. 323)
CROFORD, Johnson, b. June 13, 1796 son of Jacob & Elizabeth (p. 402)
Ozburn, b. July 27, 1796 son of James & Margaret (p. 399)
CROFT, John Anderson, bapt. December 22, 1765 son of James (p. 323)
CROOKS, John m. December 25, 1797 to Casander Gray (p. 390)
CROSS, Ann m. August 26, 1790 to Giles Vermilion (p. 265)

KING GEORGE'S PARISH

Richd. bapt. November 2, 1766 son of Richd. & Ann (p. 330)
CROW, Lancelot m. November 30, 1794 to Elizabeth Bayne (p. 388)
CROWN, Elizabeth m. October 7, 1787 to Benjamin Graves (p. 262)
CUMBERLAND, James, b. February 28, 1721 son John & Mary Cumberland (p. 252)
  John, b. November 22, 1713 son of John & Mary Cumberland (p. 252)
  William, b. November 11, 1711 son of John & Mary Cumberland (p. 252)
CURTAIN, Kitty, b. December 24, 1798(?), bapt. March 29, 1799 daughter of Edward & Lidia (p. 403)
CURTIN, Catherine m. August 28, 1797 to Thomas Stamp (p. 389)
  Dennis m. March 11, 1787 to Ann Freeman (p. 262)
DANCY, John m. November 27, 1786 to Rebecca Hardy (p. 261)
DARCEY, Mary m. January 31, 1793 to William Willing (p. 392)
DARNALL(?), Elizabeth m. August 2, 1791 to John King (p. 266)
  Elizabeth Tomas bapt. October 30, 1764 dau. Thomas & Susannah (p. 333)
  Maria, b. January 5, 1799, bapt. May 13, 1799 dau. Henry & Elizabeth (p. 403)
  Rebecca, b. August 16, 1797 dau. of Garrad & Harritta (p. 379)
DARNALL, Samuel Smith bapt. February 13, 1763 son of Thomas Darnall (p. 311)
DARSEY, John, b. June 15, 1766 son of John & Elizabeth (p. 339)
DASEY, Joseph, bapt. February 17, 1764 son of John & Elizabeth (p. 318)
DAVIDSON, Mary H. funeral January 28, 1796 (p. 398)
DAVINSON, Lancelot, bapt. May 15, 1768 son of John & Elizabeth (p. 337)
DAVIS, Aaron, bapt. October 22, 1752 son of Richard & Charity (p. 277)
  Charles Burgess, b. May 27, 1753 son of Charles (p. 284)
  Delila, b. May 15, 1794 dau. of John & Mary (p. 378)
  Henry m. October 26, 1790 to Mary Norman Morris (p. 266)
  Jesse, bapt. December 1, 1751 son of John & Barbary (p. 275)
  John Wilder, b. January 8, 1798 son of John & Sarah (p. 400)
  Jonathan, b. February 11, 1758 son of Henry & Susanna (p. 301)
  Joshua m. December 31, 1793 to Elizabeth Bonifant (p. 387)
  Mary Etherton, b. November 25, 1775 dau. of Samuel & Ann (p. 360)
  Nicholas, bapt. August 1763 son of Henry & Susanna (p. 315)
  Sarah, b. December 25, 1754 dau. of Richard & Charity (p. 287)
  Sarah, b. April 15, 1755 dau. of Henry & Susanna (p. 291)
  William, b. September 14, 1764, bapt. October 30, 1764 son of Robert & Deborah (p. 333)
  William, bapt. October 12, 1766 son of William & Sarah (p. 330)
DAVISON, Ann b. July 26, 1761, bapt. October 4, 1761 dau. of Henry & Martha (p. 303)
DAWSON, Ann, bapt. October --, 1763 dau. of Thomas & Mary (p. 316)
  Elizabeth, bapt. July 4, 1762 dau. of Lawrance (p. 310)
  George, b. March 10, 1750 son of Nicholas & Sarah (p. 271)
  John, bapt. July 12, 1752 son of John & Ann (p. 277)
  John, b. February --, 1775 son of George & Martha (p. 352)
  John Edwards, b. July 11, 1765 son of Thomas & Mary (p. 326)
DAWSON, Nicholas Lowe, bapt. November 5, 1752 son Thomas & Elizabeth (p. 277)
  Richard Edelen, b. January 10, 175- son Nicholas & Sarah (p. 271)
  Samuel, b. November 9, 1787 son of Nicholas & Elizabeth (p. 367)
  William Fitchitt, b. November 27, 1761 son Thomas & Mary (p. 304)
DAY, Ballard bapt. 1761 son of Edward & Elenor (p. 303)
  Catherine, b. May 4, 1742 dau. of Leonard & Catherine (p. 290)
  Clement Sanders, b. September 9, 1772 son Matthew & Ann (p. 353)
  Diana, b. June 17, 1740 dau. of Leonard & Catherine (p. 290)
  Drusillor, bapt. June 14, 1767 dau. of William & Mary (p. 336)

KING GEORGE'S PARISH

Edward, b. October 13, 1729 son of Leonard & Catherine (p. 290)
Edward, m. January 15, 1793 to Sarah How (p. 392)
Elinor, b. May 1, 1736 dau. of Leonard & Catherine (p. 290)
Elizabeth, b. April 6, 1762 dau. of William & Mary (p. 306)
Fielder, b. December 28, 1797 son of Luke & Mary (p. 400)
Hesekiah, b. March 31, 1762 son of Mathew & Ann (p. 310)
Jane, b. June 13, 1732 dau. of Leonard & Catherine (p. 290)
Jno Armstrong, b. November 5, 1744 son of Leonard & Catherine (p. 290)
Leonard, master of indentured orphans Jno. & Nathaniel Johnson (p. 290)
Leonard, b. January 20, 1737 son of Leonard & Catherine (p. 290)
Lloyd, b. July 5, 1794 son of Luke & Mary (p. 378)
Luke, bapt. July 4, 1767 son of Mathew & Ann (p. 336)
   m. October 6, 1789 to Mary How (p. 264)
Mary, b. April 20, 1730 dau. of Leonard & Catherine (p. 290)
Masse Ann, b. June 15, 1794 dau. of Elizabeth (p. 394)
Mathew, b. June 8, 1751, bapt. June 23, 1751 son of Edward & Elinor (p. 279, 275)
Meeky, b. May 11, 1791 dau. of Luke & Mary (p. 371)
Sarah, b. August 1, 1734 dau. of Leonard & Catherine (p. 290)
Sarah, b. December 7, 1785 dau. of Matthew & Ann (p. 361)
Sushanna, bapt. January 19, 1766 dau. Mathew Junr. & Ann (p. 328)
Susannah m. July 12, 1789 to John Bean Lanhan (p. 264)
Sushannah, b. February 27, 1763 dau. of Lenard & Tabitha (p. 313)
Truman, b. February 14, 1764 son of William & Mary (p. 322)
William, b. July 25, 1768 son of William & Mary (p. 338)
William, b. February 8, 1775 son of Matthew & Ann (p. 352)
Zacharias, b. March 13, 1755 son of Edward & Elinor (p. 288)
DECK, Mary m. February 1, 1797 to John Laird (p. 389)
DECRAGOE, --- b. February 23, 1723 dau. William & Elizabeth (p. 259)
Mary, b. July 26, 1730 dau. of William & Elizabeth (p. 259)
Sarah, b. July 12, 1726 dau. of William & Elizabeth (p. 259)
DELEHUNT, Edward m. March 15, 1795 to Frances Simpson (p. 388)
DELOSER, Asey, b. April 16, 1762 son of Edward & Ann (p. 306)
Roadey, bapt. October 13, 1765 dau. of Edward & Ann (p. 326)
DELOZEAR, Thomas, b. June 2, 1724 son of Daniel (p. 257)
DEMANT, Charles, b. September 5, 1773 son of Charles & Sarah (p. 354) - see Dimand
DEMENT, Charles m. December 27, 1797 to Mary Mudd (p. 390)
Charles Fenley, b. May 1, 1797 son of William & Elizabeth (p. 402)
Charles Robey b. May 4, 1766 son of William & Susannah (p. 368)
Eleanor m. December 31, 1797 to James Tubman (p. 390)
George, b. April 18, 1790 son of William & Elizabeth (p. 380)
Richard, b. February 4, 1788 son of William & Elizabeth (p. 367)
Richard, b. May 14, 1797 son of John & Sarah (p. 402)
Sarah confirmed November 23, 1793 (p. 384)
Sarah m. January 18, 1798 to Horatio Boswell (p. 390)
Susanna, b. October 23, 1794 dau. of William & Elizabeth (p. 393)
William, bapt. April 26, 1752 son of John & Sarah (p. 275)
William, b. February 2, 1792 son of William & Elizabeth (p. 372)
Zilla, b. July 5, 17-- dau. of Charles & Sarah (p. 348) - see Dimand
DENNES, John, b. December 8, 1774 son of Ignatius & Lucresy (p. 356)
DENT, Ann confirmed November 23, 1793 - crossed out (p. 384)
Chloe Hanson, bapt. May 25, 1766 dau. Walter & Elizabeth (p. 325)
Eleanor m. July 2, 1786 to George Hatton (p. 261)
Elener m. August 19, 1759 to Alexander Burrell (p. 312)

KING GEORGE'S PARISH

Elizabeth(?) b. April 23, 1727 dau. of Peter & Mary (p. 256)
George Columbus b. February 23, 1793 son of George & Ann Margret (p. 372)
John m. April 8, 1787 to Eleanor Cecil (p. 262)
John b. February 15, 1792 son of Thomas Marshell & Ann (p. 372)
John Simpson husband of Mary (p. 369)
Joseph bapt. December 16, 1764 son of Peter & Ann (p. 331)
Lucy m. February 11, 1753 to George Hardey (p. 296)
Martha bapt. September 28, 1766 dau. of Peter & Ann (p. 341)
Mary Ann, b. March 13, 1793 dau. of Thomas M. & Ann (p. 372)
Mary Elenor bapt. February 27, 1763 dau. of Peter & Ann (p. 313)
Peter b. June 10, 1728 son of Peter & Mary (p. 256)
Theodosha bapt. --- 1761 dau. of Peter & Ann (p. 303)
Thomas b. October 17, 1791 son of John Simpson & Mary (p. 369)
Thomas Marshall b. October 22, 1761 son of John & Sarah (p. 304)
Walter b. January 7, 1765 son of Walter & Elizabeth (p. 327)
William b. August 8, 1730 son of Peter & Mary (p. 256)
William b. March 4, 1756 son of Peter & Mary Elinor (p. 291)
William b. February 4, 1773 son of Peter & Ann (p. 350)
DERSEY, Ann m. November 26, 1791 to Nathan Soper (p. 391)
DEVALL, Clarke Skinner b. May 16, 1766 son of Benjamin & Ann (p. 335)
Nancey Skinner, b. August 12, 1768 dau. of Benjamin (p. 338)
DEVAUGHN, Edward Roberts, b. December 12, 1785 son of James & Lydia (p. 361)
DEVAUL, Nancy, b. October 27, 1772 dau. of Lewis & Jemimah (p. 353)
DEVENPORT, Catharine, b. August 4, 1765 dau. of Abraham & Mary (p. 323)
Nancey, bapt. August --, 1767 dau. of Abraham & Mary (p. 340)
Samuel Stone, b. October 29, 1774 son of Stephen & Verlinder (p. 351)
DICKINSON, Henry m. --- to Sushanah Saratt (p. 245)
John, b. February 1720/1 son of Henry & Sushanah (p. 245)
Mary m. February 14, 1708 to John Lanham Junr. (p. 245)
DIMAND, John, bapt. April 13, 1766 son of Charles & Sarah (p. 328)
DIMANT, Mary bapt. July 10, 1768 dau. of Charles & Sarah (p. 344)
DIMENT, Charles b. May 29, 1744 son of Jno & Sarah (p. 272)
George, b. November 5, 1749 son of Jno & Sarah (p. 272)
Susanna, b. December 19, 1746 dau. of Jno & Sarah (p. 272)
Willm. b. April 23, 1752 son of Jno & Sarah (p. 272)
DIXON, Anne, b. April 14, 1710 dau. of George & Mary (p. 252)
Edward, b. September 14, 1772 son George Junr. & Mildred (p. 354)
Elenor bapt. June 2, 1765 dau. of George & Sarah (p. 327)
Elizabeth, b. July 10, 1721 dau. of George & Mary (p. 252)
Elizabeth, b. December 5, 1794 dau. of George & Mildred (p. 393)
George m. January 22, 1708 to Mary Petty (p. 252)
George bapt. May 24, 1752 son of George & Sarah (p. 277)
Martha b. June 17, 1715 dau. of George & Mary (p. 252)
Mary b. November 15, 1713 dau. of George & Mary (p. 252)
Sarah, b. March 8, 1718/9 dau. of George & Mary (p. 252)
DOD, James m. January 15, 1790 to Ann Marthes (p. 265)
DODSON, Sarah Smooth, b. April 17, 1793 dau. of John & Sarah (p. 373)
DORITY, Mary, b. March 22, 1773 dau. of Robert & Mary (p. 358)
DORSETT, Samuel m. January 21, 1794 to Mary Skinner (p. 387)
DOTTS, Mary b. September 3, 1773 dau. of Boston & --- (p. 355)
DOUGLASS, Benjamin m. February 16, 1775 to Ann Middleton (p. 349)
Samuel Middleton b. April 30, 1776 son of Benjamin & Ann (Middleton) (p. 349)
DOVE, Aletha, b. September 15, 1785 dau. of Samuel & Martha (p. 361)
Anne, b. August 30, 1794 dau. of Mary (p. 393)

KING GEORGE'S PARISH

Mary m. February 4, 1790 to Jno Steowt (p. 265)
Mary Elenor, b. June 16, 1770 dau. of Samuel & Martha (p. 346)
DOWELL, Major, bapt. June 23, 1751 son of Hannel & Susannah (p. 275)
DOWNES, John, b. December 3, 1765 son of William & Rebeccah (p. 328)
Rebecca, bapt. November 13, 1768 dau. of William & Elizth. (p. 344)
DOWNING, Cloe m. November 20, 1793 to John Peacock (p. 387)
Elizabeth Keech, b. April 2, 1775 dau. of Henry & Sarah (p. 352)
James, b. February 16, 1756 son of James & Susanna (twin) (p. 291)
John, b. February 16, 1756 son of James & Susanna (twin) (p. 291)
Mary m. January 8, 1716 to John Brawner (p. 258) - see Dunning
DOWNS, Ann, b. July 20, 1755 dau. of Benjamin & Mary (p. 291)
Catherine bapt. March 1, 1752 dau. of John & Elizth. (p. 275)
Daniel, b. February 12, 1775 son of William & Heneritta (p. 352)
George, b. April 12, 1798 son of Josias & Mary (p. 397)
James Gordon bapt. April 25, 1751 son of William & Ann (p. 275)
John m. December 15, 1789 to Elisabeth Underwood (p. 264)
Josias b. December 14, 1771 son of William & Elizabeth (p. 354) - see Downes
Katharine, b. February 7, 1773 dau. of William & Henneritta (p. 354)
Latitia, b. April 1, 1776 dau. of Eleanor (p. 352)
Lucy bapt. May 24, 1752 dau. of Benjamin & Mary (p. 277)
Lucy Ann confirmed November 23, 1793 (crossed out) (p. 384)
Theophilus b. July 27, 1774 son of William & Elizabeth (p. 351) - see Downes
Doyal, --- bapt. July 24, 1763 son of John & Amealia (p. 316)
DRAYEN, Eliza m. October 4, 1719 to George Hardie (p. 241)
DUCKET, James Moore b. January 12, 1787 son of Samuel & Ann (p. 362)
Thomas m. January 7, 1796 to Mary Clagett (p. 389)
DUCKETT, Jane m. March 30, 1794 to Stephen Waters (p. 388)
Lucy m. Novmeber 13, 1790 to Zephaniah Athey (p. 266)
DUCKITT, Thomas Warron bapt. December 22, 1765 son of Richard & Martha (p. 323)
DUEL, Elinor b. March 8, 1755 dau. of William & Elinor (p. 288)
DULANEY, Walter bapt. October 23, 1763 son Samuel & Ann (p. 312)
DUNING, Eliza. m. January 10, 1713 to Phill: Mayson (p. 253)
Henry Acton b. November 26, 1766 son of James & Sarah (p. 325)
Mary died October 15, 1795 (p. 398)
Wm. bapt. December 21, 1766 son of Catharine (p. 335)
DUNNING, Elizabeth m. November 19, 1717 to John Hopkins (p. 247)
Hannah, b. January 13, 172- dau. James & Anne (Acton) (p. 253)
James m. January 24, 1720 to Anne Acton (p. 253)
Mary m. January 8, 1716 to John Brawner (See Downing) (p. 241)
DUVALL, Mereen, bapt. September 27, 1767 son of Benjamin & Ann (p. 336)
DYAR, Eliza. m. July 26, 1727 to James Greene (p. 268)
James (see Dyer) b. August 15, 1773 son of Thomas & Sarah (p. 354)
Philip Gibbs (see Dyer) b. February 16, 1776 of Thomas & Sarah (p. 352)
DYER, Edwd. b. December 29, 1719 son of Patrick & Comfort (p. 242)
Eliza b. January 22, 1711 dau. of Patrick & Comfort (p. 242)
Elizabeth, bapt. June 2, 1765 dau. of Thomas & Sarah (p. 327)
Henrietta m. February 19, 1786 to John Hancock Beanes (p. 261)
James b. October 4, 1717 son of Patrick & Comfort (p. 242)
Patrick m. October 12, 1702 to Comfort Barnes (p. 242)
Rebecca, b. March 12, 1714 dau. of Patrick & Comfort (p. 242)
Sushanna bapt. October 2, 1768 dau. of Thomas & Sarah (p. 344)
Thomas b. December 12, 1715 son of Patrick & Comfort (p. 242)
Thomas bapt. January 30, 1763 son of Thomas (p. 313)

KING GEORGE'S PARISH

EARL, Charlote King b. July 4, 1769 dau. of Elizabeth (p. 345)
EARLY, Benjamin b. December 8, 1771 son of Benjamin & Katherine (p. 358)
  Samuel b. April 19, 1787 son of Benjamin & Ellamenta (p. 364)
EASTERN, Eliza. supposed to be mother of Elizabeth by Jno Smith son of Samuel Smith, given to John Johnson (p. 299)
EDELEN, Mrs. died November 5, 1795 (p. 398)
  Anne b. September 1, 1710 dau. of Christopher & Jane (Jones) (p. 254)
  Benjamin, b. December 5, 1720 son of Christopher & Jane (Jones) (p. 254)
  Christopher m. --- 1707 to Jane Jones (p. 254)
  Elizabeth b. October 10, 1708 dau. of Christopher & Jane (p. 254)
  Elizabeth m. February 5, 1732/3 to Clemant Wheeler (p. 259)
  James b. April 14, 1710 son of Edward & Eliza. (p. 255)
  Jane b. December 12, 1718 dau. of Christopher & Jane Jones (p. 254)
  John, b. December 16, 1712 son of Christopher & Jane Jones (p. 254)
  Mary, bapt. May 3, 1752 dau. of Jno & Sarah (p. 277)
  Richd. b. August 4, 1715 son of Christopher & Jane Jones (p. 254)
  Sarah, b. February 18, 1705 dau. of Edward & Eliza. (p. 255)
    m. February 27, 1723 to Samuel Queen (p. 255)
    m. February 25, 1735 to Edwd. Pye (p. 255)
  Thomas m. February 9, 1719 to Mary Blanford (p. 246)
  Thomas b. November 12, 1720 son of Thomas & Mary (p. 246)
EDEN, Mary b. May 14, 1775 daughter of Thomas & Esther (p. 356)
EDGAR, Elizabeth m. February 18, 1728 to Richard Wade (p. 267)
    d. July 2, 1735 (p. 267)
ELLISS, Jane bapt. July 19, 1752 dau. of Robert & Mary (p. 277)
EMBERSON, John m. December 9, 1790 to Rebecca Simpson (p. 266)
  William m. December 27, 1789 to Mary Ann Simson (p. 264)
EMERSON, Catharine Hebsabah m. October 20, 1786 to Stephen Cawood (p. 261)
  Henry b. February 1, 1774 son of John & Penelope (p. 351)
  James bapt. October 11, 1763 son of John & Penalopy (p. 313)
  John bapt. August 21, 1768 son of John & Penalopy (p. 344)
  John, b. January 22, 1774 son of George & Mary (p. 351)
  Lucy, b. March 8, 1754 (?) dau. of John & Mary (p. 283)
  Mary, b. February 18, 1772 dau. of George & Mary (p. 354)
  Penalopey bapt. March 28, 1762 dau. of Elizabeth (p. 305)
  Richard b. February 28, 1776 son of George & Mary (p. 352)
  William bapt. March 3, 1765 son of John & Penelopey (p. 327)
EMMERSON, Aquila m. December 16, 1792 to Susanna Simpson (p. 392)
  Daniel b. January 23, 1801 son of Leonard & Catherine (p. 404)
  Horatio Harrison, b. January 1, 1796 son William & Ann (p. 402)
  James Shadwrich Buchman b. March 21, 1794 son James & Elizabeth (p. 377)
  Milly Alley b. December 13, 1793 dau. William & Ann (p. 375)
  Penceley b. June 20, 1792 dau. of James & Elizabeth (p. 380)
  Pheby Grimes b. October 24, 1793 dau. Aquila & Susanna (p. 375)
  Priscilla b. June 20, 1792 dau. of James & Elizabeth (p. 400)
  Soloan Ann b. April 11, 1794 dau. of John & Rebeca (p. 377)
  William Brook b. March 5, 1796 son of John & Rebecah (p. 402)
ESTHER, Margaret b. May 28, 1773 dau. of Charles & Mary (p. 359)
EVANS, Ann b. April 21, 1788 dau. of Robert & Lucy (p. 368)
  Cassindra b. September 23, 1755 dau. of Philip & Mary (p. 291)
  Elizh. m. June 9, 1750 to Phil. Locker (p. 270)
  Ellinor m. January 13, 1716 to Thomas Locker (p. 246)
  John m. December 21, 1786 to Verlinda Willcoxon (p. 261)
  John b. November 21, 1753 son of Philip & Mary (p. 283)

KING GEORGE'S PARISH

Mary b. January 16, 1752, bapt. January 19, 1752 dau. of Philip Junr. & Mary (p. 271, 275)
Mary m. December 18, 1794 to William Barclay (p. 388)
Philip m. January 12, 1786 to Mary Hurley (p. 261)
Robert m. March 18, 1787 to Lucy Jones (p. 262)
Sarah m. December 20, 1787 to John Hurly (p. 263)
Thomas b. December 4, 1721 son of Phill: & Anne Evans (p. 254)
EVENS, Jessee b. April 12, 1793 son of Philip & Mary (p. 373)
EVERSON, James m. December 16, 1787 to Elizabeth Nothay (p. 263)
EVES, Ann b. September 30, 1774 dau. of John & Elizh (p. 356)
EVINS, Alexander bapt. February 5, 1764 son Zachariah & Elizabeth (p. 318)
  Denison b. January 15, 1775 son of Samuel & Ann (p. 359)
  Elizabeth, wife of Henry and mother of Mary (p. 354)
  John b. November 13, 1775 son of John & Elizabeth (p. 360)
  Mary b. August 26, 1772 dau. of Henry & Elizabeth (p. 354)
  Rebecah b. December 10, 1794 dau. of Robert & Lucy (p. 378)
  Roburt, b. May 18, 1797 son of Philip & Mary (p. 399)
EVONS, Jean bapt. March 14, 1762 dau. of Zachariah & Elizabeth (p. 305)
  Jeremiah bapt. April 10, 1768 son of Samuel & Ann (p. 343)
  Phillop b. August 26, 1764 son of Phillop & Mary (p. 334)
  Walter bapt. August 29, 1762 son of Phillop & Mary (p. 310)
FARGISON, Elizabeth b. May 3, 173- dau. of Dunkin & Cathrine (p. 258)
  Mary b. August 25, 1732 dau. of Dunkin & Cathrine (p. 258)
  Thomas b. June 16, 1735 son of Dunkin & Cathrine (p. 258)
FARR, Ann Bennet b. October 28, 1796 dau. of Bennet & Elizabeth Hall (p. 402)
  Mary Ann b. November 29, 1797 dau. of Bennet & Elizabeth Hall (p. 400)
  Priscilla m. January 5, 1788 to Benjamin Vermillian (p. 263)
FAURGESON (see Farginson), Vialindo bapt. August 10, 1766 dau. John & Bathshabey (p. 330)
FAUSER(?), Charlote m. November 17, 1791 to Philip Boswell (p. 266)
FELL, Mildred b. July 12, 1797 dau. of Richard & Mary (p. 399)
FENALY, Ann b. October 17, 1715 dau. Charles & Elizabeth (p. 259)
  Charles m. April 11, 1711 to Elizabeth Harris (p. 259)
  Elizabeth, b. May 26, 1720 dau. of Charles & Elizabeth (p. 259)
  Sarah, b. February 27, 1717 dau. of Charles & Elizabeth (p. 259)
FENDALL, Elizabeth Ann m. June 14, 1792 to Stephen Cawood (p. 392)
FENDLEY (see Fenley) Elizabeth bapt. June 5, 1768 dau. William & Mary (p. 338)
  Mary b. September 1, 1775 dau. of Charles & Mary (p. 356)
FENELY, Elizabeth b. May 6, 1753 dau. of Charles Jun. & Martha (p. 280)
FENLEY, Ann b. May 25, 1757 dau. of Charles & Martha (p. 302)
FENLEY, Charles Bayne b. September 1, 1755 son of Charles & Martha (p. 291)
  bapt. September 22, 1755 (p. 302)
  Eliz: b. May 6, 1753 dau. of Charles & Martha (p. 302)
  Elizabeth m. December 21, 1797 to John Sutton (p. 390)
  James b. April 14, 1770 son of Charles & Martha (p. 302)
  James bapt. January 26, 1766 son of William & Mary (p. 329)
  John Bayne (Fendley) b. January 28, 1764 son of Charles & Martha; (p. 302) see also page 332
  Martha confirmed November 23, 1793 (p. 383)
  Martha Bayne b. March 25, 1759 dau. of Charles & Martha (p. 302)
  Martha Hawkins b. March 19, 1766 dau. Charles & Martha (p. 302)
  Mary m. November 4, 1753 to William Bayne (p. 286)
  Mary b. May 4, 1757 dau. of John & Nancy (p. 293)

KING GEORGE'S PARISH

Mary b. September 9, 1775 dau. of Charles & Martha (p. 302)
Mary confirmed November 23, 1793 (p. 383)
    married December 23, 1794 to Joseph Gill (p. 388)
Sarah bapt. September 9, 1764 dau. of William & Mary (p. 333)
Thomas, b. February 8, 1768 son of Charles & Martha (p. 302)
    bapt. April 3, 1768 (Fendley) (p. 337)
Thomas m. October 25, 1795 to Chloe Bayne (p. 389)
Tracy Ann b. July 9, 1774 dau. of William & Lydda (p. 356)
Virlinder b. September 14, 1754 dau. of John & Ann (p. 284)
Walter b. March 22, 1751 son of Charles & Martha (p. 302)
William, b. October 24, 1761 son of Charles & Martha (p. 302)
FENLY, Patty m. August 13, 1786 to Lancelot Wade (p. 261)
FENTON, Leonora m. March 29, 1795 to Samuel Smallwood (p. 388)
FERGUSON, Jennett m. April 30, 1795 to Henry Wirt (p. 388)
FERRELL, Elizabeth m. August 2, 1791 to John Milany (p. 266)
FERRIL, Rebecca b. June 16, 1755 dau. of Daniel & Ruth (p. 291)
FIELDS, Lettie m. March 8, 1791 to Benjn. Tarman (p. 265)
FIGGET, Margat b. November 2, 1751 dau. of Thos. & Margaret (p. 273)
    Mary b. July 7, 1753 dau. of Thomas & Mary (p. 280)
FIGGETT, Charles, b. June 5, 1755 son of Thomas & Catherine (p. 288)
FILMORE, Sarah m. --- to Robert Booth (p. 241)
FILPOT, Benjamin b. February 21, 1766 son of Barton & Martha (p. 325)
    Charles b. October --, 1769 son of Barton & Martha (p. 345)
    Martha Keech, b. January 12, 1764 dau. of Barton & Martha (p. 332)
    Mary Barton b. November 1, 1762 dau. of Barton & Martha (p. 332)
FINLY, Charles b. January 4, 1722 son of Charles & --- (p. 271)
    Isaac, b. March 23, 1738/9 son of Charles & --- (p. 271)
    James, b. April 15, 1728 son of Charles & --- (p. 271)
    John, b. June 8, 1725 son of Charles & --- (p. 271)
    Mary b. November 22, 1735(?) dau. of Charles & --- (p. 271)
    Richard, b. August 14, 1736 son of Charles & --- (p. 271)
    William, b. October 21, 1730 son of Charles & --- (p. 271)
FISH, James b. August 30, 1772 son of Robert & Priscilla (p. 358)
FISHER, Mary Anne b. October 2, 1726 dau. of Ralph & Jane (p. 242)
FITSGARREL, Sarah b. October 4, 1763 dau. of William & Elizabeth (p. 311)
FLETCHER, Elizabeth King, bapt. October 23, 1763 dau. of John & Sarah (p. 312)
FOARD, Mary Eleanor b. September 21, 1796 dau. James & Ann (p. 401)
FOORD, Allison m. March 27, 1760 to Winnefred Wheeler (p. 300)
FORD, Ann m. April 6, 1786 to Thomas Latimore (p. 261)
    Archabald m. June 12, 1791 to Elizabeth Athey (p. 266)
    Area Elizabeth b. December 29, 1786 dau. of John & Winiford (p. 363)
    Charity Joy m. January 6, 1789 to Hezekiah Young (p. 264)
    Edward Brook b. February 20, 1774 son of William & Susanna (p. 351)
    Eliz. Fendal Fry m. February 9, 1790 to Jno Marshall (p. 265)
    George Noble b. March 2, 1772 son of Allerson & Hepsibah (p. 354)
    John Beall b. February 5, 1767 son of Alison & Hepshabeth (p. 341)
    Joseph bapt. June 19, 1768 son of William & Sushanna (p. 342)
    Mary, b. October 27, 1763, bapt. March 11, 1764 dau. of William & Sushannah (p. 322)
    Mary Berries m. October 18, 1787 to Henry Main (p. 262)
    Robert bapt. December 6, 1761 son of John & Mary (p. 304)
    William Fendall b. April 26, 1798 son of James & Ann (p. 403)
FORRESTOR, Mary b. April 1, 1755 dau. of James & Elinor (p. 288)
FOSTER, Margaret bapt. May 12, 1751 dau. of John & Mary (p. 275)

KING GEORGE'S PARISH

FOX, Sarah m. April 28, 1735 to Ebenezer Mors (p. 260)
FOWLER, Ann m. April 5, 1795 to John Beall (p. 388)
FRANCIS, Elizabeth b. --- 1793(?) dau. of Alexander & Milly Ann (p. 375)
Margrett, b. November 1, 1786 dau. of Alexander & Mildred (p. 366)
FRANKLING, Elizabeth b. February 19, 1791 dau. of John & Eleanor (p. 369)
FRASER, Alaye Ann Kittura b. February 4, 1787 son of John & Elenor (crossed out) (p. 366)
Andrew m. January 1, 1792 to Catherine Lanham (p. 391)
Ann, b. March 26, 1762 dau. of John & Agnus (p. 309)
Daniel, b. August 14, 1725 son of Daniel & Barbra (p. 257)
Daniel confirmed November 23, 1793 (p. 383)
Elizabeth confirmed November 23, 1793 (p. 383)
Elizabeth Ann confirmed November 23, 1793 (p. 383)
Elizabeth Christain b. December 26, 1793 dau. John & Mary (p. 375)
Henry bapt. December 24, 1752 son of Hannah (p. 277)
Henry b. November 1, 1755 son of Alexander & Susanna (p. 301)
John Lanham b. February 27, 1795 son of John & Mary (p. 378)
Margaret confirmed November 23, 1793 (p. 383)
Mary, b. September 3, 1796 dau. of John & Mary (p. 394)
Patrick Dyer bapt. December 5, 1762 son of Alexander (p. 307)
Rebeccah b. January 2, 1764 bapt. August 5, 1764 dau. John & Agnes (p. 319)
Simon Alexander bapt. November 3, 1765 son Daniel & Elizabeth (p. 326)
Susannah m. February 17, 1731 to John Hawkins (p. 240)
William b. May 9, 1759 son of John & Jane (p. 300)
Wm Lanham bapt. June 28, 1752 son of Daniel & Elizabeth (p. 277)
FRASIER, John m. October 25, 1789 to Mary Lanham (p. 264)
Rebecca m. September 19, 1790 to Thomas Lindsey (p. 265)
FRAY, Bethshaby bapt. December 19, 1762 dau. of James & Susannah (p. 308)
FRAZER, James Luin b. February 12, 1776 son of Henry & Verlinder (p. 353)
James Riley b. November 13, 1775 son of Robert & Eleanor (p. 360)
Sarah Ann b. April 3, 1792 dau. of Henry & Verlinder (p. 371)
William b. July 4, 1792 son of John & Mary (p. 371)
FREE, Mary m. December 14, 1791 to James Luais (p.391)
Nicl. m. February 2, 1790 to Catherine Nigill (p. 265)
FREEMAN, Ann m. March 11, 1787 to Dennis Curtin (p. 262)
Elizabeth b. January 16, 1788 dau. of James & Anna (Webster) (p. 346)
James m. April 8, 1787 to Ann Webster (p. 262)
FROY, Elenor b. September 12, 1764 dau. of Thomas & Elizabeth (p. 320)
FRY, Ann b. October 11, 1752 dau. of Joseph & Elizabeth (p. 297)
Ann b. September 20, 1762 dau. of Thomas & Elizabeth (p. 307)
Benj. b. December 15, 1753 son of James & Susana (p. 274, 283)
Colmore b. October 14, 1789 son of Thos & Susanna (p. 369)
Elizabeth b. September 3, 1773 dau. of Thomas & --- (p. 355)
George, b. October 27, 1751 son James & Susana (p. 274)
James, b. October 20, 1746 son of Thomas & Elizabeth (p. 274)
Joseph b. January 27, 1746 son of James & Susana (p. 274)
Leonard Trueman, b. June 1, 1749 son of Joseph & Elizabeth (p. 297)
Mary, b. June 24, 1749 dau. of James & Susana (p. 274)
Rachel, b. --- 1741 dau. of James & Susana (p. 274)
Sabrah, b. January 19, 1772 dau. of Ann (p. 350)
Thomas b. October 13, 1739 son of James & Susana (p. 274)
   bapt. November 24, 1751 (p. 275)
Thomas m. June 30, 1795 to Elizabeth Crandell (p. 388)
Thos. Lewis b. June 1, 1746 son of Joseph & Elizabeth (p. 297)

KING GEORGE'S PARISH

FRYBANK, Nelley b. July 18, 1763 dau. of George & Mary (p. 312)
FULLER, Ann b. September 27, 1754 dau. of Robert & Susan (p. 291)
  James b. August 1, 1770 son of William & Elisabeth (p. 348)
GALWITH, Mary m. June 5, 1787 to Isaac Jenkins (p. 262)
  Susana m. April 7, 1792 to James Carrold (p. 391)
GALWORTH, Rachel m. February 3, 1788 to Joseph Simpson (p. 263)
GANT, Eleanor Stodert b. February 18, 1797 dau. Geo. & Elizabeth (p. 401)
  Henry Wright bapt. October 23, 1763 son of John & Margret (p. 312)
  John Makall b. May 14, 1762 son of Thomas & Susanah (p. 309)
  Mary b. September 13, 1765 dau. of Thomas & Sushanna (p. 323)
  Richard b. August 2, 1767 son of Thomas & Sushanna (p. 340)
GANTBE, Liney m. February 7, 1793 to Perry Jones (p. 392)
GANTT, Edward m. April 23, 1795 to Letitia Lovejoy (p. 388)
  Herriet Ann Truman, b. May 21, 1798, bapt. May 20, 1799 daughter of Edward & Letitia (p. 404)
  John James Stodertt, b. April 22, 1799, bapt. June 6, 1799 son of George & Elizabeth (p. 404)
  Margret, b. July 11, 1761, bapt. October 25, 1761 dau. of John & Margret (p. 303)
GARDNER, Elizabeth m. December 27, 1797 to William Poston (p. 390)
GARELL, Mary b. July 11, 1761, bapt. September 6, 1761 dau. of Richard & Elisabeth (p. 303)
GARVIN, Ann confirmed November 23, 1793 (p. 383)
GATTING, Azariah m. June 23, 1794 to Mary Selby (p. 388)
GATTON, Annjelene b. March 11, 1774 dau. of Azariah & Elizabeth (p. 359)
  Eligah Hezeriah b. November 30, 1794 son Horatio & Mary (p. 393)
  Nancy b. November 1771 dau. of Azariah & Elizabeth (p. 358)
  Sally Ann b. March 5, 1776 dau. of Azariah & Elizabeth (p. 353)
GAUFF, Mary m. May 13, 1787 to Basil Smallwood (p. 262)
GENNING, Thomas m. January 13, 1754 to Charity Partee (p. 281)
GENTLE, Stephen b. March 17, 1755 son of Stephen & Mary (p. 288)
  Thomas b. April 9, 1757 son of Stephen & Mary (p. 301)
GIBBONS, Alexander m. October 8, 1792 to Rebecca Keith (p. 392)
  Verlinda m. December 6, 1796 to John Beaven (p. 389)
GIBBS, Ann Chattan, b. December 11, 1792 dau. of Elizabeth (p. 373)
  Betsy Ann b. May 8, 1773 dau. of Charles & Jane (p. 355)
  Betsy Ann b. June 1, 1774 dau. of Charles & Jane (p. 356)
  Charity, b. January 16, 1741 dau. of Andrew (p. 276)
  Charles, b. October 7, 1742 son of James & Ann (p. 276)
  Charles Fendley, b. October 11, 1782 son John Harriss & Mary (p. 357)
  Elizabeth b. September 17, 1766 dau. William & Ann Jenkins (p. 333)
  Elizabeth b. April 2, 1740 dau. of James & Ann (p. 276)
  Elizabeth m. February 1, 1755 to Thomas Williams (p. 290)
  Elizabeth m. May 4, 1794 to Alvin Ozburn (p. 388)
  George Fielder, b. September 15, 1784 son John Harriss & Mary (p. 357)
  James b. December 31, 1743 son of Andrew (p. 276)
  James b. April 9, 1750 son of James & Ann (p. 276)
  James, b. April 21, 1779 son of John Harriss & Mary (p. 357)
  Jean m. December 25, 1787 to John Anderson (p. 263)
  John Harris b. June 22, 1753 son of James & Ann (p. 276)
    b. June 20, 1753 son of James & Ann (p. 280)
  Lewin, b. April 9, 1750 son of James & Ann (p. 276)
  Mary b. March 16, 1744/5 dau. of James & Ann (p. 276)
  Thos. b. January 1, 1781 son of John Harriss & Mary (p. 357)
  Violinda, b. August 2, 1747 dau. of James & Ann (p. 276)

KING GEORGE'S PARISH

Walter Johnson b. July 4, 1786 son John Harriss & Mary (p. 357)
William b. October 17, 1737 son of James & Ann (p. 276)
William m. October 17, 1765 to Ann Jenkins (p. 333)
GIDDONS, Jasper bapt. August 4, 1751 son John & Valender (p. 275)
Thomas died March 29, 1798 (p. 398)
GIDINS, John bapt. March 28, 1762 son of Thomas & Mary (p. 305)
GILBERT, Elizabeth b. June 11, 1765, bapt. July 14, 1765 dau. of Francis & Mary Ann (p. 328)
GILL, Joseph m. December 23, 1794 to Mary Fenley (p. 388)
Walter Fenley b. February 18, 1796 son of Joseph & Mary (p. 401)
GILPIN, Benjamin bapt. May 6, 1764 son of Edward & Ann (p. 332)
Charity b. July 31, 1773 dau. of Edward & Ann (p. 355)
James bapt. August 14, 1766 son of Jane (p. 335)
GIRTING, Leonard bapt. February 4, 1753 son of Thomas & Elizth. (p. 277)
GIRTON, Notley m. March 27, 1768 to Mary Tewill (p. 343)
GITTINS, Amealea b. December 27, 1761 dau. of Benjamin & Ann (p. 304)
Colmore bapt. February 19, 1764 son of Jeremiah & Jane (p. 318)
Elizabeth bapt. October 14, 1764 dau. of Thomas & Elizabeth (p. 322)
Elizabeth bapt. December 1, 1765 dau. of Benjamin & Ann (p. 323)
John m. February 10, 1788 to Mary Clements (p. 263)
Thomas bapt. April 17, 1768 son of Thomas & Mary (p. 342)
Verlinder b. October 1, 1761 dau. of Jeremiah & Jane (p. 303)
Vialinda, b. December 9, 1763, bapt. January 29, 1764 dau. of Benjamin & Ann (p. 318)
GLAIZE, Elinor b. September 21, 1753 dau. of John & Charity (p. 283)
GODDARD, Elinor m. March 3, 1756 to Patrick Beall (p. 292)
John m. August 5, 1787 to Susannah Thorn (p. 262)
Benjamin b. February 27, 1793 son of John & Susanna (p. 373)
GOHTLE, Ann m. May 26, 1728 to Charles Robinson (p. 257)
GOLOP, Richard bapt. May 20, 1764 son of John & Susannah (p. 319)
GOODMAN, Anna b. February 4, 1772 dau. of John & Jemima (p. 350)
GORDAN, --- b. December 28, 1721 son of Robert & Mary (p. 250)
Rebecca (?) b. February 15, 1725 dau. of Robert & Mary (p. 250)
Robert (?) b. January 6, 1723 son of Robert & Mary (p. 250)
GORDON, Elinor bapt. May 26, 1751 dau. of James & Sarah (p. 275)
Elizabeth m. February 12, 1795 to John Wilson (p. 388)
Elizabeth funeral October 31, 1796 (p. 398)
Latitia b. February 3, 1775 dau. of Robert & Sarah (p. 352)
Mary b. August 19, 1757 dau. Robert & Rebecca (p. 301)
GORMAN, Ellenor b. October 17, 1710 dau. of Stephen & Ellenor (p. 257)
John b. January 16, 1715 son of Stephen & Ellenor (p. 257)
Ruth b. October 29, 1721 dau. of Stephen & Ellenor (p. 257)
Sarah b. February 6, 1704(?) dau. Stephen & Ellenor (p. 257)
Stephen, b. April --, 1714 son of Stephen & Ellenor (p. 257)
GRANTT, Margret m. November 10, 1787 to Zadoc Butt (p. 262)
GRAVES, Benjamin b. February 9, 1770 son of Luis & Elenor (p. 346)
Benjamin m. October 7, 1787 to Elizabeth Crown (p. 262)
Elisabeth b. February 24, 1770 dau. of John & Sarah (p. 346)
John Downs b. February 24, 1773 son John Copher & Sarah (p. 354)
GRAY, Casander m. December 25, 1797 to John Crooks (p. 390)
Mary Amney bapt. January 19, 1766 dau. of Richd & Mary (p. 328)
Sarah Flury b. November 24, 1792 dau. of Thomas & Martha (p. 373)
Susanna b. May 27, 1794 dau. of Hugh & Eleanor (p. 378)
GREEN, Sarah b. November 6, 1717 dau. Thomas & Elizabeth Walker (p. 252)
Thomas m. August 10, 1716 to Elizabeth Walker (p. 252)

KING GEORGE'S PARISH

William b. February 15, 1719 son of Thomas & Elizabeth (p. 252)
GREENE, Catharine b. February 16, 1729 dau. James & Eliza (p. 268)
 Charity b. October 5, 1736 dau. of James & Eliza. (p. 268)
 Eliza b. May 7, 1734 dau. of James & Eliza (p. 268)
 James m. July 26, 1727 to Eliza Dyer (p. 268)
 James b. October 14, 1738 son of James & Eliza (p. 268)
 Mary b. March 30, 1732 dau. of James & Eliza (p. 268)
 Rebecca b. April 4, 1741 dau. of James & Eliza (p. 268)
 Thomas Edelen b. March 9, 1745/6 son of James & Eliza Dyar (p. 268)
GREENWELL, Thomas Biscow bapt. April 19, 1767 son James & Martha (p. 339)
GREGORY, Eleazer b. January 27, 1794 son of James & Ann (p. 375)
 James m. December 16, 1792 to Ann Jones (p. 392)
 Matilda b. April 4, 1797 dau. of James & Ann (p. 401)
 Sarah b. August 25, 1773 dau. Richard & his wife --- (p. 354)
 Susannah m. January 10, 1790 tp Hugh Lewis (p. 264)
GREGREY, Ann bapt. December 25, 1765 dau. of Voialetto & Richard (p. 326)
 Sushanna bapt. May 24, 1768 dau. of Richard & Vialetta (p. 342)
GRIFFIN, Elkanah Truman b. May 22, 1794 son of Mary (p. 378)
 Mary b. October 7, 1763 dau. of George & Mary (p. 316)
 Sarah Ann bapt. October 23, 1768 dau. James & Sarah Ann (p. 344)
 Sarah Walton bapt. September 14, 1766 dau. of Martha (p. 335)
 William bapt. December 21, 1766 son of James & Sarah (p. 325)
GRIFFIS, Anne b. January 14, 1776 dau. of Thomas & Eleanor (p. 352)
GRIFIN, Wm b. March 23, 1771 son of Patty (p. 349)
GRIMES, Ann b. December 1, 1788 dau. of Levin & Rodey (p. 382)
 Charles b. August 31, 1757 son of George & Catherine (p. 301)
 Horasha b. February 15, 1787 son of Levin & Rodey (p. 382)
 Jeremiah m. March 21, 1793 to Susanna Tabertt (p. 387)
 John m. January 6, 1789 to Sarah King (p. 264)
 Margreet K. b. January 20(?), 1798 dau. Eleven & Rody (p. 400)
 Mary b. August 25, 1793 dau. of John & Sarah (p. 375)
 Mary Cathrine b. March 2, 1790 dau. of Levin & Rodey (p. 382)
 Mary Elenor b. December 8, 1788 dau. Charles & Ann (p. 364)
 Thomas b. April 25, 1794 son of Jonathan & Susannah (p. 378)
 Tobias Tolburt b. July 24, 1796 son of Jaremiah & Susanna (p. 401)
GRIMSON, Benjamin bapt. May 3, 1752 son of John & Jane (p. 277)
GUTTERIDGE, Diana m. May 4, 1750 to Wm Bryan (p. 270)
GUY, Ann bapt. August 30, 1767 dau. of John & Cloe (p. 341)
 John White bapt. September 28, 1766 son William & Elizabeth (p. 341)
 Letishea bapt. May 20, 1764 dau. of William & Elizabeth (p. 319)
 Lucy Ann b. March 22, 1790 dau. of John & Cloe (p. 380)
 Margret bapt. March 28, 1762 dau. of Charles & Elizabeth (p. 305)
 Mary m. January 5, 1752 to Tho. Webster (p. 276)
 Reason Wilkerson b. August 6, 1794 son of John & Cloe (p. 377)
 William b. July 2, 178- son of Wm. & Elizabeth (p. 363)
 William bapt. February 11, 1765 son of John & Chloe (p. 327)
 William b. June 3, 1774 son of William Junr & Elizth (p. 351)
GYE, John confirmed November 23, 1793 (crossed out) (p. 384)
HAGERTY, Paul bapt. February 23, 1752 son of John & Sarah (p. 275)
HAGIAN, Elizabeth m. November 22, 1713 William Clarkson (p. 242)
HALES, John b. December 29, 1730 son of John & Jane (p. 258)
 Luke b. June 9, 1733 son of John & Jane (p. 258)
 Thomas b. February 26, 1728/9 son of John & Jane (p. 258)
HALL, Benjamin funeral December 10, 1793 (p. 398)
 Elizabeth b. May 3, 1774 dau. of William & Nancy (p. 359)

KING GEORGE'S PARISH

Frances Mattox b. December 17, 1771 son of John & Elizabeth (p. 350)
James bapt. December 5, 1762 son of John (p. 308)
Mary m. October 22, 1795 to Thomas Bond (p. 389)
Thomas b. July 29, 1774 son of John & Elizabeth (p. 356)
Verlinder bapt. December 12, 1762 dau. of Elizabeth & Robert Clarke Hall (p. 308)
William bapt. August 23, 1752 son of William & Sarah (p. 277)
HALLEY, Aimy b. January 2, 1774 dau. of John & Elizabeth (p. 351)
Eleanor b. March 21, 1774 dau. of William & Bathsheba (p. 351)
James Burch b. August 29, 1772 son of James Burch & Margaret (p. 354)
Nathaniel b. February 9, 1776 son of John & Elizabeth (p. 352)
Samuel b. March 23, 1772 son of John & Elizabeth (p. 354)
Samuel b. November 8, 1775 son of William & Shaba (p. 352)
HALLY, Elizabeth b. August 12, 1755 dau. of Nathaniel & Mary (p. 294)
Mary Elinor b. November 23, 1752 dau. of Nathaniel & Mary (p. 294)
William b. January 19, 1747 son of Nathaniel & Mary (p. 294)
HAMELTON, Andrew b. March 7, 1763 son of Andrew & Mary (p. 311)
Elizabeth bapt. June 16, 1765 dau. of Andrew & Mary (p. 334)
Walter bapt. September 13, 1767 son of Andrew & Mary (p. 340)
HAMILTON, Andrew b. March 16, 1754 son of Thomas & Ann (p. 284)
Elizabeth m. April 10, 1792 to Zachariah Posey (p. 391)
Garven b. November 4, 1701 son of Andrew & Mary his first wife (p. 239)
Gavin confirmed November 23, 1793 (p. 384)
George b. August 7, 1754 son of Andrew & Mary (p. 284)
Jane Evins b. June 24, 1772 dau. of Andrew & Mary (p. 358)
Jemimah b. April 19, 1774 dau. of William & Ruth (p. 359)
Mary b. November 24, 1705 dau. of Andrew & Mary Hamilton (p. 239)
Samuel bapt. March 15, 1752 son of Thos. & Ann (p. 275)
Thomas b. May 21, 1710 son of Andrew Hamilton & Mary Hamilton, his second wife (p. 239)
HAMSON, Bryan m. February 13, 1793 to Lucy Hatton (p. 392)
HANAN, Elizabeth b. July 20, 1755 dau. of Thomas & Mary (p. 291)
HANDLEY, James m. May 22, 1787 to Mary Magruder (p. 262)
HANNAN, Ammela Ann b. March 28, 1791 dau. of Henry & Sarah (p. 369)
Henry b. November 27, 1796 son of Henry & Sarah (p. 401)
John b. December 3, 1763, bapt. March 4, 1764 son of John & Grace (p. 332)
Walter Warron, bapt. June 22, 1766 son of John & Grace (p. 329)
William Henderson b. May 20, 1794 son of Henry & Sarah (p. 377)
HANSON, Margaret Beall m. April 10, 1787 to John Fendal Beall (p. 262)
Rebecca confirmed November 23, 1793 (p. 383)
Samuel m. August 10, 1788 to Elizabeth Fendall Marshall (p. 264)
Sarah bapt. February 11, 1753 dau. of John & Elizabeth (p. 277)
Thomas confirmed November 23, 1793 (p. 383)
HARDEY, Ammey b. --- dau. of Ignatious & Rebecca (p. 300)
Ann b. December 9, 1753 dau. of George & Lucy (Dent) (p. 296)
Ann b. January 12, 1775 dau. of John & Mary (p. 359)
Anthony m. October 4, 1796 to Mary Green Hatton (p. 389)
Eleanor b. November 9, 1797 to George Hughes (p. 390)
Elizabeth b. October 17, 1755 dau. of Ignatious & Rebecca (p. 300); also listed as Hardy (p. 293)
Elizabeth bapt. May 13, 1764 dau. of John & Mary (p. 332)
Elizabeth m. January 14, 1796 to James Mulakin (p. 389)
Elizabeth Burrell b. April 2, 1764, bapt. April 8, 1764 dau. of George & Lucy Dent (p. 296)
George m. February 11, 1753 to Lucy Dent (p. 296)

KING GEORGE'S PARISH

George Dent b. March 15, 1762 son of George & Lucy Dent (p. 296)
Harrey b. July 22, 1768, bapt. August 7, 1768 son of George & Lucy Dent (p. 296)
Henry b. October 16, 1774 son of Baptist & Rachel (p. 356)
Henry W. b. --- 9, 1796 son of Jesse & Sarah (p. 402)
Jessey, b. --- son of Ignatious & Rebecca (p. 300)
John b. April 28, 1759 son of Ignatious & Rebecca (p. 300)
John confirmed November 23, 1793 (p. 383)
Letta, b. June 23, 1770 dau. of George & Lucy (p. 346)
Levoy b. March 24, 1763 son of John & Mary (p. 311)
Mary b. January 8, 1773 dau. of Thomas & Susanna (p. 350)
Mary confirmed November 23, 1793 (p. 383)
Mary Dent, b. November 2, 1757 dau. of George & Lucy Dent (p. 296)
Matilda b. November 23, 1796 dau. of Jonathan & Rachel (p. 394)
Noah bapt. November 6, 1768 son of John & Mary (p. 344)
   m. January 14, 1794 to Mary Stone (p. 387)
Rachel b. September 26, 1773 dau. of Ignatius & Elizabeth (p. 359)
Rebeca confirmed November 23, 1793 (p. 383)
Rebecca b. --- dau. of Ignatious & Rebecca (p. 300)
Rebecca m. February 22, 1792 to William Scott (p. 391)
Rebeccah bapt. October 30, 1774 dau. of Thomas & Susanna (p. 359)
Richard b. November 1(?), 1765 bapt. November 17, 1765 son of George & Lucy Dent (p. 296)
Sarah b. April 5, 1776 dau. Baptist & Rachel (p. 353)
Susanah, b. --- 1762 dau. of Ignatious & Rebecca (p. 300)
Susanah bapt. April 11, 1762 dau. of Ignatious & Elizabeth (p. 305)
Thomas b. August 11, 1755 son of George & Lucy Dent (p. 296)
Thomas bapt. December 19, 1762 son of Thomas & Diana (p. 308)
HARDIE, --- b. February 27, 1729 dau. of George & Elizabeth (p. 259)
---abeth, b. December 27, 1726 dau. of George & Elizabeth (p. 259)
---ry, b. July 23, 1732 son of George & Elizabeth (p. 259)
George m. October 4, 1719 to Eliza Drayen (p. 241)
George b. March 7, 1723 son of George & Eliza (p. 241)
George b. January 2, 1717 son of William & --- (p. 259)
Henry b. April --, 1722 son of William & --- (p. 259)
--ry Ann b. June 27, 1727 dau. of William & --- (p. 259)
William b. August 8, 1720 son of George & Eliza (p. 241)
   d. August 11, 1720 (p. 241)
William b. April 7, 1722 son of George & Eliza (p. 241)
Wm(?) b. February 9, 1720 son of William & --- (p. 259)
HARDY, b. November 5, 1753 -- Ann dau. George Jun. & Lucy (p. 284)
   bapt. September 22, 1754
Baptist b. July 16, 1753 son of Ignatius & Rebecca (p. 280)
   m. February 19, 1786 to Ester Osborn (p. 261)
John Baptist, b. July 13, 1787 son of Baptist & Ester (p. 367)
Jesse m. November 3, 1789 to Sarah Wheat (see Hardey) (p. 264)
Jonathan bapt. August 31, 1766 son of John & Mary (see Hardey) (p. 330)
Rebecca m. November 27, 1786 to John Dancy (p. 261)
Solomon b. June 26, 1785 son of George & Eleoner (p. 362)
HARN, Lucey Davis bapt. August 29, 1762 dau. of Charles & Mary (p. 310)
Sharlotta bapt. July 12, 1767 dau. of Charles & Mary (p. 340)
HARPER, Elizabeth bapt. November 29, 1767 dau. of William & Zella (p. 336)
HARREL, Martha m. July 21, ---- to Henry Bayly (p. 276)
HARRIS, Ann b. September 26, 1756 dau. of James & Ann (p. 276)
Ann m. January 28, 1779 to Lewin Jones (p. 347)

KING GEORGE'S PARISH

Basill b. March 27, 1763 son of James & Eady (p. 313)
Elizabeth m. April 11, 1711 to Charles Fenaly (p. 259)
Elizabeth b. August 4, 1773 dau. of Benjamin & Sarah (p. 354)
George Stone, b. February 25, 1773 son of William & Susanna (p. 354)
Hepshabeth b. July 2, 1762 dau. of Benjamin & Sarah (p. 310)
Hezekiah b. January 21, 1776 son of Benjamin & Sarah A. (p. 352)
James b. December 2, 1775 son of William & Susana (p. 352)
John Alexander b. December 4, 1767, bapt. January 24, 1768 son of Benjamin & Sarah Ann (p. 342)
Mildared bapt. January 19, 1766 dau. Benjamin & Sarah Ann (p. 328)
Robert b. August 16, 1774 son of John & Winefred (p. 351)
Sarah bapt. January 15, 1764 dau. of Benjamin & Sarah (p. 322)
HARRISON, Colmore confirmed November 23, 1793 (p. 383)
Elisha m. April 10, 1796 to Sarah Beale (p. 389)
Joseph confirmed November 23, 1793 (p. 383)
Overton b. February 17, 1794 son of Joseph & Rachel (p. 376)
Rachel confirmed November 23, 1793 (p. 383)
Robert Wade b. March 4, 178- son of Elisha & Mary (p. 361)
Sarah Ann b. June 1, 1799 dau. of Henry & Sarah (p. 403)
HARRISS, Benjamin (see Harris) b. October --, 176- son Benj. & Sarah Ann (p 344)
Eady confirmed November 23, 1793 (p. 384)
Elizabeth m. February 7, 1796 to William Conor (p. 389)
George Stone b. December 6, 1796 son of Basil & Sarah (p. 401)
John confirmed November 23, 1793 (p. 383)
Josias m. August 10, 1797 to Elizabeth Logan (p. 389)
Nathan b. October 4, 1785 son of Josias & Catharine (p. 365)
Nathaniel b. January 27, 1794 son of John & Eleanor (p. 397)
Robert m. February 7, 1796 to Elizabeth Morland (p. 389)
Sarah confirmed November 23, 1793 (p. 383)
Sarah m. April 13, 1797 to Josias Marshall (p. 389)
Sarah Ann (see Harris) b. November 9, 1787 dau. William & Susanah (p. 364)
Teresa b. November 24, 1787 dau. of Josias & Catharine (p. 364)
Theodery Bradly b. July 19, 1794 son of Basil & Sarah (p. 377)
Wm Alexander b. December 17, 1785 son of James & Hennering (p. 365)
HARVEY, Mrs. funeral September 26, 1793 (p. 398)
Eleanor b. December 19, 1797 dau. of Thomas & Elizabeth Ann (p. 399)
Elizabeth b. December 25, 1774 dau. of James & Mary Ann (p. 356)
George b. January 29, 1773 son of James & Mary Ann (p. 350)
Henry m. April 24, 1791 to Sarah McDaniel (p. 265)
James Simpson b. February 1, 1795 son Thomas & Elizabeth Ann (p. 393)
Rebeccah b. February 16, 1772 dau. of John & Mary (p. 358)
Samuel bapt. April 19, 1767 son of Samuel & Elizabeth (p. 339)
Sarah b. June 6, 1764 dau. of Samuel & Elizabeth (p. 317)
Thomas m. April 20, 1794 to Elizabeth Ann Simpson (p. 388)
Thomas Mac b. January 29, 1795 son of Henry & Sarah (p. 378)
Virlinder m. September 7, 1794 to Thomas Burch (p. 388)
HARVIN, Edward b. May 22, 1764 son of Antoney & Ann (p. 320)
Sarah bapt. December 10, 1752 dau. William & Stacy (p. 277)
HARVY, Elizabeth b. February 9, 1755 dau. of William & Mary (p. 287)
Henry b. October 1, 1755 son of Thomas & Elinor (p. 291)
James Summers b. June 26, 1796 son of James & Mary (p. 371)
Margret b. January 28, 1788 dau. of James & Mary Ann (p. 382)
HASWELL, (see Haswell), Sarah bapt. December 1, 1751 dau. of William & Rebecca (p. 275)

KING GEORGE'S PARISH

Benoni b. May 27, 1759 son of Wm & Rebecca (p. 301)
Samson b. December 2, 1753 son of William & Rebecca (p. 283)
HATHEY, Barbery bapt. October 2, 1768 dau. of Benjamin & Eadey (p. 344)
HATTON, Cordele bapt. July 12, 1752 dau. of Joseph & Mary (p. 277)
Elizabeth Penalipy b. --- 16, 1729 dau. of Joseph & Lucy (p. 260)
George m. July 2, 1786 to Eleanor Dent (p. 261)
Henry b. February 6, 1755 son of Joseph & Mary (p. 287)
John b. August 9, 173- son of Joseph & Lucy (p. 260)
Joseph m. October 17, 1710 to Lucy Marbury (p. 239)
Joseph b. June 3, 1721 son of Joseph & Lucy (p. 252)
Josiah b. July 1, 1757 son of Joseph & Mary (p. 301)
Lucy m. February 13, 1793 to Hamson Bayne (p. 392)
Mary b. April 19, 1713 dau. Joseph & Lucy Hatton (p. 239)
Mary b. December 25, 1715 dau. of Joseph & Lucy (p. 252)
Mary Elizabeth b. August 22, 1795 dau. of Josias & Mary (p. 403)
Mary Green m. October 4, 1796 to Anthoney Hardey (p. 389)
Nathaniel b. March 3, 1723 son of Joseph & Lucy (p. 249, 260)
Richard b. August 2, 1726 son of Joseph & Lucy (p. 249, 260)
Willm. died August 2, 1713 - father of Joseph Hatton (p. 239)
William b. April 13, 1718 son of Joseph & Lucy (p. 252)
HAVERNER, James Bonnafant b. January 21, 1794 son of Adam & Sarah (p. 377)
HAVIGAL, Mary b. February 23, 1756 dau. of Nathaniel & Sarah (p. 291)
HAVINER, Thomas b. December 18, 1795 son of Adam & Sarah (p. 402)
HAWARD, Robert E. b. April 7, 1793 son of John & Sarah (p. 372)
HAWKINS, Ann Fraser b. October 3, 1736 dau. John & Susannah Fraser (p. 240); d. June 30, 1738 (p. 240)
Chola b. July 28, 1790 dau. of Thos. & Winiferd (p. 369)
Elizabeth b. April 18, 1774 dau. of John & Rebecah (p. 351)
George Fraser confirmed November 23, 1793 (p. 383)
Giles Blizzard b. November 27, 1732 son John & Susannah Fraser (p. 240)
James b. October 25, ---- son of William & Sarah (p. 260)
James confirmed November 23, 1793 (p. 384)
John b. August 15, 1713 son of John & Elizabeth (p. 240)
John m. February 17, 1731 to Susannah Fraser (p. 240)
John Stone b. July 18, 1734 son of John & Susannah Fraser (p. 240)
Margaret m. November 25, 1790 to Nathaniel Washington (p. 266)
Mary Ellenor b. November 17, 1730 dau. of William & Sarah (p. 260)
Noble b. --- 28, 17-- son of William & Sarah (p. 260); d. March 4, 1750 (p. 260)
Ruth m. January 9, 1798 to William Hay (p. 390)
Susanna b. January 21, 1776 dau. of John & Rebeccah (p. 352)
William m. May 13, --- to Sarah Noble (p. 260)
HAY, Robert m. March 13, 1791 to Anna Magruder (p. 265)
William m. January 9, 1798 to Ruth Hawkins (p. 390)
HAYS, Verlinder b. January 12, 1773 dau. of Thomas & Edith (p. 358)
HEARBOT, John m. December 16, 1791 to Lucy Sherwood (p. 391)
HEARD, Frances m. September 14, 1714 to Francis Marbury (p. 245)
HEAVENER, Sarah m. November 3, 1792 to James Peters (p. 392)
HEAYS, Elizabeth bapt. May 31, 1767 dau. of Thomas & Eadey (p. 339)
HEDERICK, Anthony bapt. December 1, 1751 son of Robert & Mary (p. 275)
Ellinder b. March 8, 1756 dau. of Robert & Mary (p. 291)
Robert b. June 9, 1758 son of Robert & Mary - twin (p. 299)
Thomas, b. June 9, 1758 son of Robert & Mary - twin (p. 299)
Virlinder b. January 8, 1761 dau. of Robert & Mary (p. 299)
HEDRICK, Cloea b. February 18, 1763 dau. of Robert & Mary (p. 308)

30

KING GEORGE'S PARISH

Mary b. September 26, 1765 dau. of Robert & Mary (p. 326)
Peache bapt. April 3, 1768 son of Robert & Mary (p. 337)
Sushannah bapt. September 9, 1764 dau. Robert & Mary (p. 317)
HELLEM, Sarah b. July 28, 1774 dau. of John & Katherine (p. 359)
HENDERSON, Ariana b. December 20, 1766 dau. Richard & Sarah (Brice) (p. 331)
Janet b. September 2, 1765 dau. of Robert & Sarah (Brice) (p. 331)
Rev. Richard, Minister of the Parish of Blantyre in the Shire of Lanerk in Scotland (p. 331)
Richard m. November 19, 1761 to Sarah Brice, third son of Rev. Richard Henderson by Janet Cleland, his wife (p. 331)
Richard b. November 1, 1762 son of Richard & Sarah Brice (p. 331)
Sarah b. May 15, 1764 dau. of Richard & Sarah Brice (p. 331)
HENRY, Priscilla bapt. April 19, 1767 dau. of John & Martha (p. 339)
HERBERT, Alexander died September 11, 1754 (p. 289)
HIGDON, Benjamin Downing b. October 8, 1775 son of Benj. & Ann (p. 352)
Elenor Downing bapt. March 3, 1765 dau. of Benj. & Ann (p. 324)
Phebe Eleanor confirmed November 23, 1793 (p. 384)
Pheby Eleanor m. December 22, 1793 to John B. Lambert (p. 387)
HIGGINS, Ann m. December 25, 1790 to Marshew Beckett (p. 266)
HILL, Thomas bapt. December 12, 1762 son of John & Margret (p. 308)
HILLARY, John m. February 24, 1791 to Verlinda Williams (p. 265)
Zachariah b. April 8, 1791 son of John & Mary (p. 369)
HILLERY, Casander m. December 30, 1794 to Richard Beall (p. 388)
Eleanor b. September 2, 1772 dau. of John & Mary (p. 350)
Mary b. June 28, 1793 dau. of John & Mary (p. 375)
HILTON, Amelia Ann m. August 17, 1786 to Joseph Spires Swayne (p. 261)
Elizabeth Marey b. November 12, 1774 dau. Samuel & Elizabeth (p. 351)
Luke bapt. June 25, 1766 son of James & Monakey (p. 325)
Samuel bapt. January 25, 1766 son of John & Margret (p. 329)
Sarah bapt. May 23, 1762 dau. of James & Monakey (p. 309)
Trueman bapt. February 4, 1753 son of Andrew & Judith (p. 277)
Trueman b. March 7, 1758 son of James & Moneky (p. 297)
Wm. Cavinet b. March 8, 1756 son of James & Moneky (p. 297)
James bapt. May 6, 1764 son of James & Monakey (p. 332)
HINNISS, Benjamin m. January 20, 1791 to Lucy Swain (p. 266)
HINSON, Elizabeth b. April 13, 1754 dau. of John & Margaret (p. 284)
HINSTON, Dorman b. October 2, 1723 (p. 257)
John b. April 16, 1728(?) (p. 257)
HITCH, Bartholomew b. July 18, 1753 son of Christopher & Susana (p. 280)
Barton bapt. April 10, 1768 son of Christopher & Sushanna (p. 343)
Nathan bapt. April 10, 1768 son of Christopher Jun. & Rebecca (p. 343)
HOBBS, Charlotte m. July --, 1791(?) to Joshua Jefferies (p. 266)
HODGE, Thomas m. December 31, 1797 to Deborah Berry (p. 390)
HODGKIN, Perry Green b. October 10, 1773 son of Ralph & Mary (p. 355)
HODKINS, Walter b. October 30, 1775 son of Ralph & Mary (p.356)
HOLEY, Sushanna bapt. June 23, 1765 dau. of Nathaniel & Mary (p. 327)
Thomas b. August 23, 1762 son of Nathaniel & Mary (p. 307)
Thomas bapt. February 9, 1766 son of John & Elizabeth (p. 328)
HOLING, John b. January 23, 1711 son of William & Mary Holing (p. 239)
Mary m. August 3, 1709 to Willing Holing (p. 239)
William m. August 3, 1709 to Mary (p. 239)
William b. October 11, 1713 son of William & Mary (p. 239)
HOLINSHEAD, Benjamin bapt. July 4, 1762 son of John & Sushannah (p.310)
HOLLAND, Susanna m. October 23, 1796 to William King (p. 389)
HOLLANDHEAD, Jane b. August 30, 1759 dau. of John & Hannah (twin) (p. 299)

KING GEORGE'S PARISH

Thos. b. August 30, 1759 son of John & Hannah (twin) (p. 299)
HOLLEY, John bapt. April 17, 1768 son of John & Elizabeth (p. 342)
  Mary m. July 30, 1791 to Thos. Long (p. 266)
  Mary Elinor b. November 21, 1753 dau. of Nathaniel & Mary (p. 283)
HOLLY, Elisabeth bapt. 1761 dau. of Thomas & Elizabeth (p. 303)
  John m. March 4, 1712 to Hester Birch (p. 248)
  Thomas b. December 17, 1713 son of John & Hester (Birch) (p. 248)
HOPKINS, James b. September 28, 1718 son of John & Elizabeth (Dunning) (p. 247)
  John m. November 19, 1717 to Elizabeth Dunning (p. 247)
  John b. December 26, 1719 son of John & Elizabeth (Dunning) (p. 247)
  Joseph b. January 2, 1721 son of John & Elizabeth (Dunning) (p. 247)
HOW, Mary bapt. June 5, 1768 dau. of Thomas (p. 338); m. October 6, 1789 to Luke Day (p. 264)
  Sarah m. January 15, 1793 to Edward Day (p. 392)
HOWEN, John b. January 24, 1776 son of Elias & Mary (p. 352)
HUDSON, Mary bapt. January 14, 1753 dau. of Peter & Judith (p. 277)
HUGAR, Ann m. January 8, 1786 to Wm Morris (p. 261)
HUGHES, George m. November 9, 1797 to Eleanor Hardey (p. 390)
  Lloyd bapt. June 8, 1766 son of Thomas & Ann (p. 323)
HUMFREY, Deborah b. February 21, 1755 dau. of Henry & Sarah (p. 288)
  Henry b. February 7, 1747 son of Henry & Sarah (p. 282)
  John b. January 23, 1757 son of Henry & Sarah (p. 293)
  John b. January 14, 1774 son of Henry & Elizabeth (p. 355)
  Thos Talbot b. February 22, 1759 son of Henry & Sarah (p. 301)
HUMFRY, Elizabeth bapt. May 3, 1752 dau. of Henry & Sarah (p. 277)
HUMPHERIES, Mary m. December 3, 1797 to Thomas Wise (p. 390)
HUMPHERYS, Mary m. February 5, 1797 to James Scott (p. 389)
HUMPHREY, Joseph m. September 25, 1748 to Anne Jenkins (p. 269)
HUMPHRY, Henry bapt. October 3, 1763 son of Dorathey & Francis (p. 316)
HUNT, Ann bapt. July 4, 1762 dau. of Jonathan & Susannah (p. 310)
  James m. January 13, 1793 to Unice Loveless (p. 392)
  John m. January 15, 1789 to Priscilla Brown (p. 264)
  Sarah b. June 28, 1797 dau. of James & Uney (p. 399)
HUNTER, Elizabeth bapt. 1761 dau. of Thomas & Isabell (p. 303)
  Elizabeth b. April 6, 1787 dau. of John & Cordelilia (p. 368)
  John Morriss b. August 20, 1792 son of John & Cordelilia (p. 368)
  Joseph Hatton b. October 27, 1789 son of John & Cordelilia (p. 368)
  Margreat Morris b. March 20, 1794 dau. of John & Cordelilia (p. 368)
  Mary Wade b. January 17, 1796 dau. of John & Cordelia (p. 401)
  Robert Wade b. July 17, 1788 son of John & Cordelilia (p. 368)
HURLEY, Alina bapt. October 17, 1762 dau. of Rachel & Edmond (p. 307)
  Arnold b. March 23, 1773 son of William & Rachel (p. 350)
  Basil bapt. June 12, 1768 son of William & Rachel (p. 343)
  Bathsheba bapt. June 6, 1762 dau. of Cornelus & Mary (p. 309)
  Colmore Baynes b. November 13, 1793 son of Curnelus & Verlinder (p. 376)
  Cornelius m. April 4, 1795 to Linney Wade (p. 388)
  Daniel b. August 15, 1760 son of William & Rachel (p. 332)
  Daniel b. June 9, 1762 son of Thomas & Jane (p. 310)
  Daniel d. April 25, 1793; funeral April 25, 1793 (p. 398)
  Daniel m. September 10, 1797 to Mary Jones (p. 390)
  Elizabeth b. May 18, 1791 dau. of Carnelus & Verlinder (p. 370)
  Esekiel b. February 5, 1776 son of Thomas & Jane (p. 353)
  George b. June 20, 1793 son of Daniel & Amelea (p. 376)
  Henry b. September 30, 1774 son of William & Rachel (p. 359)

KING GEORGE'S PARISH

Isaac b. September 24, 1775 son of Isaac & Tanar (p. 360)
Joel b. April 8, 1773 son of Cornelius & Mary (p. 358)
John bapt. May 16, 1762 son of William & Rachill (p. 306)
Joshua bapt. July 15, 1764 son of Edmond & Rachill (p. 320)
Joshua b. March 4, 1773 son of Thomas & Jane (p. 358)
Lucy b. March 9, 1797 dau. of Salim & Amelia (p. 400)
Mary m. January 12, 1786 to Philip Evans (p. 261)
Nathan b. January 12, 1766 son of William & Rachill (p. 330)
Peter b. March 5, 1796 son of William & Rebecah (p. 402)
Rachel b. March 9, 1772 dau. of Cornelius & Mary (p. 358)
Rodey bapt. November 15, 1767 dau. of Cornelus & Mary (p. 340)
Rhody m. April 11, 1793 to Samuel Taylor (p. 387)
Sushanna Beane bapt. August 10, 1766 dau. Edmond & Rachel (p. 330)
William b. February 5, 1765 son of William & Rachell (p. 324)
William bapt. April 25, 1765 son of Thomas & Jane (p. 324)
William bapt. May 26, 1765 son of Cornelus & Mary (p. 334)
HURLY, Basil m. February 8, 1789 to Mary Soper (p. 264)
John m. December 20, 1787 to Sarah Evans (p. 263)
Mary b. August 30, 1769 dau. of William & Rachel (p. 347)
Mary Ann b. June 21, 1793(?) dau. of Basil & --- (p. 374)
Samuel b. September 4, 1791 son of William & Sarah (p. 371)
Wm married January 5, 1790 to Sarah Taylor (p. 264)
William m. December 23, 1790 to Rebecca Soaper (p. 266)
HURREY(?), Mrs. John died February 15, 1798 (p. 398)
HURT, Susanna Barret b. July 6, 1770 dau. Edward & Elisabeth (p. 346)
HUSE, John b. January 30, 1755 son of William & Mary (p. 287)
William bapt. December 3, 1752 son of William & Mary (p. 277)
HUSK, John Randel bapt. October 2, 1768 son of Edward & Elizabeth (p. 344)
HUST, Lucy Barret b. May 6, 1774 dau. of Edward & Elizabeth (p. 351)
HUTCHINSON, Samuel m. June 4, 1786 to Ann Brown (p. 261)
HUTCHISON, Mary m. October 20, 1715 to John Abington (p. 248)
HYTEN, Cloe b. September 28, 1773 dau. of Joseph & Sarah (p. 354)
IGLEHEART, Elizabeth b. April 18, 1775 dau. of Jeremiah & Mary (p. 360)
IVINGTON, Ann bapt. March 1, 1752 dau. of John & Elizabeth (p. 275)
JACKSON, Henreatta Pemelia b. March 6, 1791 dau. William John & Mary (p. 370)
JACOB, Mordecai m. November 1, 1789 to Mary Coe (p. 264)
JACOBS, Thomas b. July 1, 1785 son of Nathan & Hannah (p. 362)
JAMES, Anna Statia b. December 30, 1771 dau. of Thomas & Nancy (p. 358)
Charles b. October 7, 1772 son of William & Elizabeth (p. 358)
Elizabeth b. February 11, 1774 dau. of Thomas & Nancy (p. 359)
Mary b. October 26, 1761 dau. of John & Elizabeth (p. 304)
JANES, Edward bapt. April 19, 1752 son of Edward & Ann (p. 275)
Elinor b. June --, 1757 dau. of William & Martha (p. 301)
Henry b. September 13, 1750 son of Wm. & Martha (p. 282)
John b. November 17, 1754 son of Wm. & Martha (p. 282, 287)
John m. January 2, 1760 to Elizabeth Welling (p. 296)
Wm Paine b. --- bapt. December 10, 1752 son Wm & Martha (p. 282, 277)
JARBER, Mary Ann Randy, (twin) b. December 4, 1775 dau. James & Martha (p. 353)
Thomas Jason Lanham, (twin) b. December 4, 1775 son James & Martha (p. 353)
JARMAN, Elizabeth m. December 27, 1790 to Michael Robey (p. 266)
JEANES, Martha Ann bapt. Septmber 9, 1764 dau. of William & Ruth (p. 333)
Samuel bapt. March 7, 1762 son of William & Martha (p. 305)

KING GEORGE'S PARISH

JEFFERIES, Joshua m. July 00, 1791(?) to Charlotte Hobbs (p. 266)
JEFFERSON, Hepsabah b. September 6, 1793 dau. Thomas & Holley (p. 372)
   Sarah b. April 19, 1792 dau. of Joshua & Lottie (p. 380)
       b. April 18, 1792 dau. of Joshua & Lottie (p. 400)
JEFFERYS, Thomas m. January 27, 1791 to Hally Baney Robey (p. 266)
   William bapt. June 12, 1768 son William & Elizabeth (p. 343)
JEFFRESS, Lucy Sprigg b. September 27, 1772 dau. Alexander & Ann (p. 358)
JEFFREYS, Benjamin Berrey bapt. August 10, 1766 Alexander & Ann (p. 339)
JENES, William b. October 30, 1767 son of William & Jane (p. 340)
JENKINS, Amelia b. July 20, 1774 dau. of Bartholemew & Mary (p. 359)
   Ann m. October 17, 1765 to William Gibbs (p. 333)
   Ann b. October 14, 1764 dau. of John & Frances (p. 320)
   Anne m. December 7, 1721 to William Thomas (p. 247)
   Anne m. September 25, 1748 to Joseph Humphrey (p. 269)
   Bartholemew bapt. October 12, 1766 son of Bartholemew & Mary (p. 330)
   Catherine bapt. August 23, 1752 dau. Barthow. & Mary (p. 277)
   Daniel b. August 26, 1761, bapt. October 25, 1761 son of Bartholemew &
     Mary (p. 303)
   Elizabeth Galwith b. January 3, 1793 dau. Isaac & Mary (p. 373)
   Enoch m. January 26, 1718 to Anne Clarvo (p. 246)
   Enock bapt. June 24, 1764 son of Bartholemew & Mary (p. 319)
   Francis b. April 21, 1721 son of Enoch & Anne (Clarvo) (p. 246)
   Isaac m. June 5, 1787 to Mary Galwith (p. 262)
   James b. October 29, 1761 son of John & Frances (p. 304)
   Joseph b. May 22, 1755 son of John & Frances (p. 288)
   Lucy bapt. June 9, 1751 dau. of John & Rachel (p. 275)
   Margaret b. February 13, 1772 dau. Bartholemew & Mary (p. 358)
   Mary b. May 23, 1755 dau. of Zachariah & Sarah (p. 288)
   Sarah Ann bapt. October 13, 1765 dau. of Zachariah & Martha (p. 326)
   Susanah bapt. February 7, 1762 dau. of Zachariah & Sarah (p. 304)
   William bapt. April 10, 1768 son of John & Frances (p. 343)
JENNINGS, Frances b. December 15, 1737 dau. Thomas & Elizabeth (p. 269, 281)
JENNINS, Mary b. March 19, 1775 dau. of Charles & Elizabeth (p. 360)
JIFFRIES, Benjamin m. Octoberr 3, 1791 to Eleanor Berry (p. 266)
JININS, Ezekal b. June 16, 1785 son of Charles & Elizabeth (p. 362)
JINKINS, Ann m. November 20, 1794 to Josey Harrison Turton (p. 388)
   Bennedick b. September 14, 1794 son of William & Darcus (p. 399)
   Colmore b. May 25, 1797 son of William & Darcus (p. 399)
   Eleanor confirmed November 23, 1793 (p. 383)
   Sarah b. August 13, 1765 dau. of Isaac & Mary (p. 401)
   Winifird m. January 14, 1794 to Nathan Mathes (p. 387)
JOHNS, Aqualia m. January 12, 1792 to Mary Bayly (p. 391)
JOHNSON, Benjamin b. December 5, 1715 son of Robert & Elizabeth (p. 258)
   Elizabeth b. March 23, 1709(?) dau. of Robert & Elizabeth (p. 258)
   Elizabeth b. December --, 1758, bapt. September 30, 1759 supposed to be
     dau. of Jn Smith, son of Sam Smith by Eliz: Eastern - gives to John
     Johnson (p. 299)
   Elizabeth m. January 24, 1794 to Richard Tucker (p. 387)
   Elizabeth Carlile b. March 26, 1799 - bapt. August 11, 1799 dau. of
     Hezekiah & Francis (p. 404)
   Francis b. February 19, 1718 son of Robert & Elizabeth (p. 258)
   Isaac bapt. May 3, 1752 son of Joseph & Elizabeth (p. 277)
   James bapt. June 14, 1767 son of John & Jamima (p. 336)
   Jno. orphan identured to Leonard Day April 9, 1754- 3 yrs (p. 290)
   Joseph b. December 5, 1715 son of Robert & Elizabeth (p. 258)

KING GEORGE'S PARISH

Masse b. July 11, 1773 dau. of Thomas & Margery (p. 359)
Nathaniel b. April 4, 1753 son of Mary (p. 283)
Nathaniel, orphan 1 year old, indentured to Leonard Day April 9, 1754 (p. 290)
Philip Alexander b. November 24, 1796 son of Hezekiah & Frances (p. 394)
Sarah b. October 7, 1756 dau. of John & Elizabeth (p. 293)
Sarah bapt. December 12, 1762 dau. of Benjamin & Sarah (p. 308)
Sarah b. June 12, 1775 dau. of Thomas & Margery (p. 360)
William Womsley b. April 8, 1776 son of James & Martha (p. 353)
Zacharish b. March 18, 1772 son of Jane & Matthew (p. 350)
JOHNSTON, Ann m. March 30, 1719 to Paul Talbutt - dau. of Robt. (p. 258)
Anne, m. --- to Paull Talburt (p. 241)
Grisell m. April 9, 1707 to William Lloyd (p. 241)
Sarah m. February 19, 17-- to John Ball (p. 271)
Wiseman, b. November 3, 1784, bapt. July 3, 1785 son of Margery (p. 362)
JONES, Alexis m. February 2, 1796 to Susanna Martin (p. 389)
Altheau b. December 2, 1764 dau. of Edward & Elenor (p. 324)
Ann b. August 17, 1748 dau. of Wm. & Mary (p. 289)
Ann b. September 30, 1762 dau. William & Sarah (Lanham) (p. 300, 307)
Ann b. April 17, 1763 dau. of Phillop & Penalopey (p. 315)
Ann m. December 16, 1792 to James Gregory (p. 392)
Anne m. January 8, 1789 to Elisha Lovelace (p. 264)
Armintta m. December 23, 1790 to George Bean (p. 266)
Basell bapt. April 18, 1762 son of Edward (p. 306)
Bayne b. June 21, 1770 son of Phillip Luin & Rebecca (p. 346)
Benit b. September 15, 1761, bapt. October 18, 1761 son of John & Cassander (p. 303)
Butler b. November 6, 1758 son of William & Mary (p. 279)
Butler m. February 9, 1790 to Eliz. Linsay (p. 265)
Charity b. June 8, 1756 dau. of Wm & Mary (p. 293)
Charles Becket b. August 30, 1760 son of Henry & Ann (p. 345)
Clement b. March 7, 1766 son of William & Mary (p. 329)
Clement b. December 19, 1779 son of Lewin & Ann (Harris) (p. 347)
Colmore b. September 23, 1773 son of Henry & Ann (p. 355)
Ebitius Hanson b. March 23, 1789 son of Sarah (p. 379)
Edward b. October 31, 1773 son of Edward & Monaca (p. 355)
Edward b. May 27, 1762 son of Edward & Elizabeth (p. 309)
Elijah b. December 17, 1788 son of Notly & Ann (p. 382)
Elinor b. January 11, 1755 dau. of Philip & Penelopy (p. 287)
Elisha b. December 29, 1788 son of Thomas & Susanah (p. 367)
Elisha confirmed November 23, 1793 (p. 383)
Elisha b. August 28, 1797 son of John & Mary (p. 400)
Elizabeth bapt. November 24, 1765 dau. Henry & Ann (p. 326)
Elizabeth confirmed November 23, 1793 (p. 383)
Elizabeth b. January 2, 1799 dau. of Moses & Drusilla (p. 397)
Ellenor m. February 21, 1720 to Ralph Lanham (p. 248)
Errable b. September 21, 1775 dau. of Benjamin & Elizabeth (p. 356)
Evan m. May 28, 1713 to Mary Bradford (p. 239)
George m. January 31, 1788 to Elizabeth Wilson (p. 263)
George b. September 24, 1797 son of Thomas & Amelia (p. 400)
Hariat b. October 6, 1794 dau. of Moses & Drucilla (p. 393)
Hatton Middleton b. March 1, 1774 son of Philip & Penelope (p. 351)
Henry b. April 3, 1761 son of William & Mary (p. 279)
Henry b. October 4, 1772 son of Philip Luin & Charity (p. 353)
Henry Swan b. July 16, 1765 son of Knotley & Elenor (p. 326)

KING GEORGE'S PARISH

James Truman b. February 1, 1789 son of George & Elizabeth (p. 379)
Jane m. --- 1707 to Christopher Edelen (p. 254)
John b. October 2, 1713 son of Edwd & Eliz. (p. 258)
John bapt. December 15, 1751 son of Edward & Mary (p. 275)
John b. February 12, 1753 son of William & Mary (p. 279)
John bapt. May 24, 1768 son of Phillop & Penelapey (p. 342)
John b. October 9, 1775 son of Notly & Ann (p. 353)
John b. October 9, 1785 son of George & Ann (p. 362)
John Baptise b. April 21, 1799 son of Joseph & Letty (p. 397)
John Bowles bapt. June 14, 1767 (p. 336); m. December 2, 1792 to Mary Badgett (p. 392)
John Luin b. April 2, 1773 son of Edward & Elizabeth (p. 350)
John Wheeler b. November 24, 1763, bapt. January 29, 1764 son of John & Kasey (p. 318)
Jos. m. January 28, 1790 to Viliter Padgett (p. 265)
Joseph Walker b. April 17, 1770 son of Benjamin (p. 346)
Kesander b. October 8, 1765 dau. John & Kasander (p. 323)
Leonard b. November 17, 1753, d. November 24, 1753 son of Edward & Mary (p. 280)
Lewin b. September 24, 1746 son of Wm & Mary (p. 289)
Lewin m. January 28, 1779 to Ann Harris (p. 347)
Lewin b. September 19, 1781 son Lewin & Ann (Harris) (p. 347)
Linney bapt. October 24, 1765 dau. of Phillop & Penolopey (p. 335)
Lloyd b. November 5, 1788 son of Lewin & Ann Harris (p. 347)
Lucey bapt. December 6, 1767 dau. of Henry & Ann (p. 340)
Lucy m. March 18, 1787 to Robert Evans (p. 262)
Mary b. March 23, 1748(?) dau. of William & Mary (p. 279)
Mary m. September 10, 1797 to Daniel Hurley (p. 390)
Mary b. October 12, 1795 dau. of Thomas & Amelia (p. 393)
Mary Ann Lewin bapt. June 22, 1766 dau. of Elizabeth (p. 329)
Mary Harriss b. January 12, 1786 dau. of Lewin & Ann Harris (p. 347)
Moses bapt. November 29, 1767 son of Edwd & Monakey (p. 341)
Moses bapt. August 28, 1768 son of John (p. 338)
Moses m. December 2, 1790 to Druscilla Ball (p. 266)
Notley b. September 6, 1746 son of William & Mary (p. 279)
Perry m. February 7, 1793 to Liney Gantbe (p. 392)
Philip b. October 16, 1719 son of Edwd & Eliz (?) (p. 258)
Rebecca b. May 10, 1755 dau. of Edward (p. 288)
Rebecca b. January 3, 1759 dau. of Jno & Elizabeth (p. 301)
Samuel b. November 17, 1753 son of William & Mary (p. 283, 289)
Sarah b. July 9, 1755 dau. of William & Mary (p. 279, 291)
Sarah bapt. September 9, 1764 dau. of William & Sarah (p. 317)
Sarah b. October 9, 1775 dau. of Philip Luin & Charity (p. 353)
Sarah Ann b. December 9, 1774 dau. of John & Eleanor (p. 356)
Sarah Ann Duglass b. November 6, 1783 dau. Lewin & Ann Harrispage (p. 347)
Shalota Brooks bapt. February 8, 1767 dau. Edward & Elenor (p. 335)
Susanah b. January 1, 1787 dau. of Charles & Mary (p. 367)
Susanna funeral October 22, 1793 (p. 398)
Thos. b. October 23, 1743 son of William & Mary (p. 279)
Thomas b. January 23, 1757 son of Philip & Penelopy (p. 293)
Thomas bapt. February 6, 1763 son of Benjamin & Elizth. (p. 315)
Thomas b. March 7, 1772 son of Thomas & Susanna (p. 358)
Thos. m. December 27, 1789 to Winiferd Thorn (p. 264)
Vialetta b. March 12, 1763 dau. of William & Mary (p. 308)
Vilitter m. February 11, 1790 to Charles Robinson (p. 265)

KING GEORGE'S PARISH

Violender b. November 3, 1754 dau. of Edward & Mary (p. 287)
William m. January 31, 1737/8 to Mary Pammer (p. 258)
Wm b. April 17, 1716 son of Edwd & Eliz (?) (p. 258)
Wm b. April 1, 1723 son of Hannah (p. 256)
William b. January 23, 1738/9 son of William & Mary (p. 258)
  b. January 23, 1738 son of William & Mary (p. 279)
William b. August 12, 1751, bapt. December 1, 1751 son of William & Mary (p. 275)
William b. October 11, 1765 son of Edward & Elizabeth (p. 335)
William b. March 25, 1797 son of Charles & Mary (p. 399)
William m. June 16, 1791 to Dorkey Mocker (p. 266)
William m. March 1, 1762 to Sarah Lanham (p. 300)
William m. February 12, 1793 to Sabreat King (p. 392)
William Walker b. October 20, 1796(?) son Joseph & Violinder (p. 401)
Zachariah b. August 28, 1757 son of Edwd & Mary (p. 301)
KEATON, Charles b. August 20, 1733 son of John & Eliza. (p. 250)
  Elizabeth b. October 28, 1731 dau. of John & Eliza (p. 250)
  John b. June 1, 1735 son of John & Eliza Keaton (p. 250)
  Lidia b. August 30, 1737 dau. John & Eliza (p. 250)
  Mary b. January 30, 1729 dau. John & Elizabeth (p. 250)
KEDWELL, Adra Ann d. November 6, 1785 dau. of Jesse & Sarah Webster (p. 353)
  Jesse m. February 1, 1785 to Sarah Webster (p. 353)
KEECH, Elizabeth m. December 16, 1729 to George Aulder (p. 267)
  George Hanson b. June 18, 1790 son of Garred & Elizabeth (p. 369)
KEITH, Rebecca m. October 8, 1792 to Alexander Gibbons (p. 392)
KELLY, Barnaby m. December 25, 1753 to Henewrilla Athey (p. 281)
  James bapt. November 29, 1767 son of Edward & Margret (p. 336)
KENDRICK, Charles bapt. May 15, 1764 son of Thomas & Sarah (p. 317)
  John b. May 27, 1756 son of Thomas & Sarah (p. 293)
  Rebeckah b. December 22, 1761 dau. Thomas & Sarah (p. 304)
  Ruth bapt. April 19, 1752 dau. of Thos & Sarah (p. 275)
KERBEY, Samuel b. June 29, 1799, bapt. July 28, 1799 son of Francis & Elizabeth (p. 403)
KERBY, Charles b. November 4, 1773 son of John & Ann (p. 355)
  William b. May 9, 1776 son of John & Ann (p. 360)
KEWOOD, Elizabeth Phillops bapt. March 9, 1766 dau. Benj. & Mary (p. 329)
KEYTON, Aron bapt. November 30, 1766 son of John & Elizabeth (p. 325)
  Mary bapt. December 16, 1764 dau. of John & Elizabeth (p. 331)
  Moses bapt. November 30, 1766 son of John & Elizabeth (p. 325)
KIDWELL, Benjamin bapt. June 5, 1768 son of Thomas & Ann (p. 338)
  Elizabeth m. December 6, 1796 to Hezekiah Mobley (p. 389)
  James Burroughs b. December 16, 1787 son of Jesse & Sarah (p. 364)
  Margret m. December 25, 1784 to John Webster (p. 348)
KINDECK, Ann b. January 11, 1717 dau. of Thomas (p. 242)
  Mary b. February 25, 1719 dau. of Thoms (p. 242)
  Rebecca b. October 12, 1715 dau. of Thoms (p. 242)
  Sarah b. March 25, 1722 dau. of Thoms (p. 242)
KING, Alexander m. January 14, 1798 to Anne Stonestreet (p. 390)
  Amealia bapt. July 10, 1768 dau. of James & Sarah (p. 344)
  Amelia m. December 24, 1797 to George Upton (p. 390)
  Ann bapt. December 29, 1765 dau. of Thomas & Elenor (p. 328)
  Ann bapt. September 28, 1766 dau. of Edwd & Ann (p. 325)
  Ann b. September 31, 1776 dau. of Elisha & Lydia (Webster) (p. 360)
  Ann m. December 7, 1794 to Charles Cox (p. 388)
  Ann b. March 14, 1794 dau. of James & Eleanor (p. 377)

37

KING GEORGE'S PARISH

Anne b. April 20, 1776 dau. of James & Eleanor (p. 352)
Charles bapt. October --, 1763 son of James & Sarah (p. 313)
Charles b. August 25, 1787 son of Elisha & Lydia Webster (p. 360)
Charles b. July 22, 1797 son of William & Susanna (p. 399)
David b. May 19, 1775 son of Richard & Eleanor (p. 360)
Elinor bapt. February 19, 1764 dau. of John & Elenor (p. 318)
Elisha m. December 11, 1775 to Lydia Webster (p. 360)
Elisha b. December 7, 1798 son of Elkanah & Anne (p. 397)
Elizabeth bapt. January 26, 1766 dau. of John & Elenor (p. 329)
George B. b. February 17, 1787 son of Jonathan & Verlinder (p. 366)
James b. April 23, 1776 son of Edward & Ann (p. 353)
James b. February 3, 1782 son of Elisha & Lydia Webster (p. 360)
James died April 11, 1793 (p. 398)
John b. December 11, 1783 son of Elisha & Lydia Webster (p. 360)
John b. August 2, 1791 to Elizabeth Darnall (?) (p. 266)
John Duckett b. January 28, 1772 son of William & Latitia (p. 358)
Lloyd b. October 23, 1788 son of Jonathan & Violinder (p. 382)
Mary b. October 11, 1759 dau. of Frans & Sarah (p. 299)
Mary bapt. January 19, 1766 dau. of James & Sarah (p. 328)
Mary b. December 23, 1773 dau. of Edward & Ann (p. 351)
Mary b. September 13, 1774 dau. of John & Eleanor (p. 356)
Precilla b. February 23, 1772 dau. of Thomas & Eleanor (p. 354)
Richard bapt. August 26, 1764 son of Richard Junr & Elenor (p. 320)
Richard m. February 15, 1795 to Elizabeth Brown (p. 388)
Richard m. March 8, 1795 to Anamina Weaver (p. 388)
Ruth bapt. July 4, 1762 dau. of John & Elenor (p. 310)
Ruth m. April 10, 1787 to Thomas Simpson (p. 262)
Sabreat m. February 12, 1793 to William Jones (p. 392)
Samuel P. b. November 27, 1798 son of John & Elizabeth (p. 404)
Sarah b. September 11, 1778 dau. of Elisha & Lydia Webster (p. 360)
Sarah m. January 6, 1789 to John Grimes (p. 264)
Sebra b. July 1, 1774 dau. of James & Sarah (p. 351)
Susanna b. October 26, 1769 dau. of Tho & Elener (p. 345)
Susannah b. January 8, 1764 dau. of Edward & Ann (p. 322)
Violender b. August 6, 1785 (?) dau. of Elisha & Lydia (p. 360)
   d. November 8, 1786
William b. May 24, 1762 son of Richard & Elener (p. 309)
Wm b. April 20, 1786 son of James & Elenor (p. 363)
William m. October 23, 1796 to Susanna Holland (p. 389)
KINGSBERRY, Elizabeth bapt. July 8, 1764 dau. of Domilon & Elizabeth (p. 317)
Margret b. January 11, 1762 dau. of Demilon & Elizth (p. 309)
KINSBURY, Judson b. January 2, 1797 son of James & Rebecah (p. 394)
KNEEGLE, Loy'd Carlton Tawney Hilton b. October 20, 1771 son of James (p. 358)
KNIGHT, Mrs. Rachel (Dulany) m. August 1, 1751 to Rev. Henry Addison M.A. dau. of the of Honble Daniel Dulaney Esq. of Annapolis, relict of Mr.William Knight of Cecil County (p. 298)
KNITE, Heneritta bapt. March 9, 1766, dau. of Mary (p. 329)
LAIRD, John m. February 1, 1797 to Mary Deck (p. 389)
LAMBERT, Ann b. December 15, 1797 dau. of John & Phebey E. (p. 400)
   John B. m. December 22, 1793 to Pheby Eleanor Higdon (p. 387)
LANAM, James Boswell bapt. June 26, 1768 son of Jacob & Elizabeth (p. 338)
LANGLEY, John Noble b. September 28, 1773 son of William & Sarah (p. 354)
LANGLY, Eleanor m. February 13, 1787 to Benjamin Whitmore (p. 262)

KING GEORGE'S PARISH

LANHAM, Abraham b. April 13, 1740 son of James & Elinor (p. 278)
Aldred b. September 8, 1753 dau. of Edward & Catherine (p. 280)
Ann m. February 4, 1790 to Henry Barnes (p. 265)
Ann Wheat b. April 28, 1777- dau. of Ralph & Charity (p. 250)
Anna Roby b. January 20, 1772 dau. of Josias & Elizabeth (p. 350)
Aquila m. January 29, 1788 to Ann Thompson (p. 263)
Asa b. October 3, 1784(?) son of Hezekiah & Bersheba (p. 363)
Bathsheba b. April 26, 1755 virgin dau. of Elizth. (p. 288)
Benjamin b. October 18, 1721 (twin) son of William & Alice (p. 257)
Calmore b. June 23, 1787 son of George & Ann (p. 367)
Catherine m. January 1, 1792 to Andrew Fraser (p. 391)
Charity m. ---- 15, 1738 to Thomas Blacklock (p. 267)
Charlote b. March 11, 1779 dau. of Hezekiah & Bersheba (p. 363)
Drusilla b. March 10, 1757 dau. of John & Catherine (p. 301)
Edwd b. February 28, 1732 son of Edwd (p. 257)
Edward b. August 18, 1762 son of Edwd & Catharine (p. 307)
Elizabeth b. December 21, 1727 dau. of John & Mary Dickinson (p. 245)
Elias b. May 11, 1789 son of Elisha & Ann (twin) (p. 382)
Eliazar b. January 3, 1723 son of John & Mary Dickinson (p. 245)
Elisabeth b. June 20, 1770(?) dau. of Shadrick & Sarah (p. 347)
Elisha b. June 23, 1725 son of Jno & Mary Dickinson (p. 245)
Elisha b. May 11, 1789 son of Elisha & Ann - twin of Elias (p. 382)
Elizabeth b. September 22, 1720 dau. Jno & Mary Dickinson (p. 245)
Elizabeth b. October 14, 1722 dau. Ralph & Ellenor Jones (p. 248)
Elizth b. April 10, 1732 dau. of Thomas & Margaret (p. 278)
Elizabeth b. February 23, 1793 dau. Hillery & Elizabeth (p. 374)
Elizabeth b. August 31, 1794 dau. of John & Susanna (p. 377)
Eliz Ann m. February 23, 1790 to Ozband Tucker (p. 265)
Elizabeth Wilder b. June 11, 178- dau. of Josias & Elizth (p. 365)
Ellinor b. April 10, 1724 dau. of Thoms & Sarah (p. 250)
--enma b. April 3, 1742 dau. of Thomas & Margaret (p. 278)
George bapt. February 7, 1762 son of Ely (p. 305)
George funeral July 18, 1793 (p. 398)
Henry b. March 30, 1739 son of Thomas & Margaret (p. 278)
Henry b. or bapt. May 28, 1761 son Shadrick & Sarah (p. 303)
Henry Wilder bapt. April 28, 1751 son of Josias & Mary (p. 275)
Hunter b. March 15, 1739/40 son of John & Mary (p. 268)
Isaac b. June 27, 1752 bapt. August 23, 1752 son of James & Elinor
  (p. 277, 278)
Jacob b. August 22, 1745 son of James & Elinor (p. 278)
Jesey Brookes bapt. June 17, 1764 son of Jesey & Elizabeth (p. 317)
Jesse b. January 2, 1733 son of Thomas & Margaret (p. 278)
John b. August 14, 1712 son of Jno & Mary (p. 245)
John b. December 30, 1722 son of Edwd (p. 257)
John b. December 12, 1723 son of William & Alice (p. 257)
John b. December 3, 1772 son of Elias & Ann (p. 350)
John b. April 6, 1776 son of Samuel & Charity (p. 360)
John b. March 3, 1783 son of Hezekiah & Bersheba (p. 363); d. November 27, 1783
John Junr m. February 14, 1708 to Mary Dickinson (p. 245)
John ye 3d, m. January 16, 1738/9 to Mary Piles (p. 268)
John Bean m. July 12, 1789 to Susannah Day (p. 264)
John Dickinson b. December 25, 1748 son of Thomas & Margaret (p. 278)
John Downs b. August 13, 1758 son of Josias & Elizabeth (p. 301); m.
  February 27, 1791 to Susannah Allen (p. 265)

KING GEORGE'S PARISH

Joseph b. October 18, 1721 (twin) son of William & Alice (p. 257)
Joseph b. November 18, 1754 son of Benjamin & Sarah (p. 287)
Josias b. September 2, 1728 son of Edwd (p. 257)
Josias m. February 14, 1790 to Cloe Mason (p. 262)
Josias Wilder bapt. February 11, 1765 son Josias & Elizabeth (p. 327)
Josias Wilder b. May 4, 178- son of Solomon & Charity (p. 361)
Katharine b. April 5, 1772 dau. of Allen & Lene (p. 350)
Lena (?) bapt. March 29, 1752 dau. of Edwd (p. 275)
Margaret Lee bapt. February 7, 1762 dau. of Jessy (p. 304)
Martha b. November 3, 1745 dau. of Thomas & Margaret (p. 278)
Mary b. January 3, 1714 dau. of Jno. & Mary (p. 245)
Mary b. January 29, 1726 dau. of Edwd (p. 257)
Mary b. July 3, 1728 dau. of Thomas & Sarah (p. 250)
Mary b. February 17, 1736 dau. of Thomas & Margaret (p. 278)
Mary bapt. October 3, 1763 dau. of Eley & Christean (p. 316)
Mary m. February 22, 1735 to John Palmer (p. 258)
Mary b. October 9, 1773 dau. of Josias & Elizabeth (p. 351)
Mary m. October 25, 1789 to John Frasier (p. 264)
Mary m. January 23, 1791 to Basil Barnes (p. 266)
Mary Ann b. April 13, 1763 dau. of Shedrick & Sarah (p. 311)
Mary Ann m. Sept. -- 1790? to Samuel Upton (p. 266)
Mildred b. November 15, 177-? dau. Hezekiah & Bersheba (p. 363)
Mildred m. November 16, 1794 to Jesse Tolbot (p. 388)
Notley b. March 27, 1770 son of Ralph & Charity (p. 250)
Nottley b. October 11, 1724 son of Edwd (p. 257)
Oratio b. August 11, 178- son of Josias & Elizabeth (p. 365)
Rachall b. May 10, 1739 dau. of Edwd & Susane ? (p. 267)
Rachel m. January 30, 1757 to Henry Richd Bryan (p. 297)
Ralph m. February 21, 1720 to Ellenor Jones (p. 248)
Richd b. July 16, 1737 son of Edwd & Susane ? (p. 267)
Robert Poore bapt. July 14, 1765 son of Edward & Catharine (p. 328)
Sarah b. May 9, 1735 dau. of William & Alice (p. 257)
Sarah b. May 9, 1735 dau. of Edwd (p. 257)
Sarah b. July 24, 1748 dau. of James & Elinor (p. 278)
Sarah b. April 8, 1755 dau. of Shadrach & Sarah (p. 288)
Sarah m. March 1, 1762 to William Jones (p. 300)
Sarah Leoresa b. August 14, 1781 dau. Hezekiah & Bersheba (p. 363)
Senca Ann Wilder b. December 16, 1795 dau. Moses & Elizabeth (p. 402)
Solomon b. January 2, 1753 son of Josias & Mary - recorded 2nd time on same page as b. January 2, 1754 (p. 283)
Stephen b. May 28, 1726 son of Thomas & Sarah (p. 250)
Susana b. May 7, 1731 dau. of Edwd (p. 257)
Tabitha bapt. September 4, 1768 dau. of Shedrick & Sarah (p. 343)
Terressha b. September 28, 1773 dau. of Jesse & Elizabeth (p. 355)
Thomas b. March 7, 1709 son of Jno & Mary (p. 245)
Thomas b. January 25, 1757 son of William & Cassindra (p. 293)
Thomas bapt. March 16, 1766 son of Shedrick & Sarah (p. 330)
Thomas b. July 2, 1774 son of Samuel & Charity (p. 355)
Thos. m. August 22, 1791 to Ann Shaw (p. 266)
Thomas Hunter Piles bapt. November 24, 1765 son of Jesey & Elizabeth (p. 326)
Violetta Spiek b. May 8, 1775 dau. of Elias & Ann (p. 352)
William b. September 21, 1717 son of Jno. & Mary (p. 245)
William m. January 15, 1720 to Alice Tolburt (p. 257)
William bapt. February 4, 1753 son of John & Catherine (p. 277)

KING GEORGE'S PARISH

Zachariah b. March 13, 1768, bapt. May 15, 1768 (p. 250)
  son of Ralph & Charity (p. 337)
LANSDALE, Catharine dau. of Charles & Catharine - twin (p. 348)
  Charles m. April 20, 1767 to Catherine Wheeler (p. 268)
    m. April 19, 1767 to Catherine Wheeler (p. 348)
  Charles Gates b. April 9, 1778 son of Charles & Catharine (p. 348)
  Elizabeth Ann b. November 12, 1769 dau. of Charles & Catharine (p. 348)
  Henry b. July 18, 1771 son of Charles & Catharine (p. 268, 348)
  Henry m. March 6, 1790 to Aminta Wilson (p. 265)
  Isaac m. March 27, 1792 to Kitty Mordock (p. 391)
  Susannah b. June 12, 1776 dau. of Charles & Catharine (p. 348)
LATEMORE, Elizabeth bapt. October 14, 1764 dau. of Mark & Mary (p. 322)
LATIMORE, Mary Pen b. March 11, 1775 dau. of Samuel & Lydda (p. 352)
  Thomas m. April 6, 1786 to Ann Ford (p. 261)
LAWRANCE, John m. August 28, 1749 to Mary Plafay (p. 270)
  Margarett b. July 12, 1750, bapt. July 13, 1750 daughter of John & Mary (p. 270)
LAWSON, Elizabeth bapt. June 19, 1768 dau. of Thomas & Elizabeth (p. 342)
  Elizabeth b. December 28, 1773 dau. of James & Amela (p. 351)
LEAK, Doratha b. August 31, 1792 dau. of Basil & Mary (p. 373)
  Elizabeth Ann b. January 29, 1786 dau. of Basiel & Mary (p. 361)
LEE, Anne b. February 7, 1721/2 dau. of Wm & Jane (p. 242)
  Christopher b. January 1, 1725/6 son of Wm & Jane (p. 242)
  Clement b. August 21, 1725 son of Wm & Jane (p. 242)
  James b. February 12, 1719 son of Wm & Jane (p. 242)
  John b. June 8, 1710 son of Wm & Jane (p. 242)
  Margratt b. October 1, 1712 dau. of Wm & Jane (p. 242)
  Mary b. January 26, 1714 dau. of Wm & Jane (p. 242)
  William b. May 1, 1718 son of Wm & Jane (p. 242)
  William b. January 26, 1755 son of John & Ann (p. 287)
LEECKE, Benjamin bapt. May 18, 1766 son of Andrew & Rebecca (p. 330)
LEEMASTER, Jacob bapt. February 13, 1763 son of Thomas & Letis (p. 311)
LEMAN, Cavy m. December 18, 1794 to Daniel Reader (p. 388)
LEMASTER, Catherine b. November 20, 1754 dau. of Abraham & Ann (p. 288)
LETHCOE, Winson Flandagen b. March 25, 1775 son of Thomas & Mary (p. 356)
LEWIS, Anne m. June 27, 1710 to Robt. Pooer (p. 246)
  Daniel bapt. January 18, 1767 son of Thomas & Elizabeth (p. 335)
  Elizabeth Thomas bapt. April 18, 1762 dau. of John (p. 306)
  Hugh (Hughet) m. January 10, 1790 to Susannah Gregory (p. 264)
  Kezia Pigman b. December 30, 1755 dau. of John & Sarah (p. 291)
  Margratt m. June 4, 1711 to John Athey (p. 256)
  Sarah b. August 20, 1759 dau. of Charity (p. 299)
  Sarah bapt. August 10, 1766 dau. of John & Sarah (p. 339)
  Susanna b. April 19, 1797 dau. of Hughet & Susanna (p. 399)
  Thomas b. January 25, 1764 bapt. March 11, 1764 son of John & Sarah (p. 332)
LILES, Dennis M. b. September 30, 1793 son of Wm. & Meaky (p. 375)
  Enoch Magruder confirmed November 23, 1793 (p. 383)
  Meeke Magruder confirmed November 23, 1793 (p. 383)
  Sidney b. March 7, 1792 dau. of William & Sarah (p. 371)
  William confirmed November 23, 1793 (p. 383)
  William Henry confirmed November 23, 1793 (p. 383)
LINDSEY, Charles m. December 15, 1796 to Hannah Moody (p. 389)
  John b. March 15, 1758 son of Samuel & Sarah (p. 301)
  Nancy m. December 20, 1753 to Henry Lowe (p. 281)

KING GEORGE'S PARISH

Thomas m. September 19, 1790 to Rebecca Frasier (p. 265)
Thomas Pandell bapt. 1761 son of Samuel & Sarah (p. 303)
LINDY, Samuel Dawny b. August 24, 1787 son of John & Cathorine (p. 367)
LINSAY, Eliz. m. February 9, 1790 to Butler Jones (p. 265)
LINSEY, Elizabeth Elener b. March 20, 1766 dau. of Samuel & Sarah (p. 329)
George bapt. January 1, 1764 son of Samuel & Sarah (p. 316)
Sushanna b. March 22, 1768, bapt. June 26, 1768 dau. of Samuel & Sarah (p. 338)
LINZEY, Eleanor b. January 11, 1794 dau. of Thos. & Rebecca (p. 375)
LISBEY, Horatio b. March 30, 1799 son of John & Martha (p. 397)
Noah b. March 27, 1797 son of John & Martha (p. 402)
Sushannah bapt. June 17, 1764 dau. Samuel & Sushannah (p. 317, 332)
Thomas bapt. April 18, 1762 son of Samuel (p. 306)
Thomas b. February 8, 1795 son of John & Martha (p. 378)
LISBY, Elenor bapt. March 22, 1767 dau. of Samuel & Sushanna (p. 336)
LITHGO, Elizabeth b. October 24, 1764 dau. of James & Mary (p. 320)
LITTLETON, Jane m. November 5, 1724 to Francis Bird (p. 256)
  d. April 14, 1733 (p. 256)
LLOYD, Anne b. October 23, 1709 ? dau. of William & Grisell (p. 241)
Benjamin bapt. July 14, 1763 son of John & Margret (p. 328)
James b. December 30, 1766 son of Denis (p. 336)
Jane b. March 16, 1718 dau. of William & Grisell (p. 241)
John m. September 2, 1791 to Mary Marthes (p. 266)
Mary b. December 12, 1714 ? dau. of William & Grisell (p. 241)
Thomas b. February 10, 1709 son of William & Grisell (p. 241)
William m. April 9, 1707 to Grisell Johnston (p. 241)
LOCKER, Abigail bapt. December 25, 1752 dau. of John & Ann (p. 277)
Amelia b. December 31, 1794 dau. of David & Sarah (p. 394)
Ann bapt. January 18, 1767 dau. of Phillop & Elizabeth (p. 335)
Ann b. January 30, 178- dau. of Philip & Margret (p. 361)
Ann b. December 4, 1791 dau. of David & Sarah (p. 394)
Barbery, b. November 4, 1787 dau. of Anna (p. 367)
Benjamin b. December 5, 1715 son of Thomas & Elizabeth (p. 258)
Butler bapt. May 19, 1765 son of William & Elizabeth (p. 324)
David b. March 12, 1757 son of Philip & Elizabeth (p. 293)
David m. July 31, 1794 to Sarah Payne (p. 388)
Demeleon bapt. December 11, 1763 dau. of Phillop & Elizth (p. 316)
Elizabeth b. May 31, 1759 dau. of Philip & Elizabeth (p. 299)
Elizabeth m. February 1, 1791 to John Payne (p. 265)
Elizabeth Evines b. May 3, 1792 dau. of Thomas & Rebecah (p. 371)
Francis b. February 19, 1718 son of Thomas & Elizabeth (p. 258)
Grissell b. February 28, 1715 dau. of Thomas & Ellinor (p. 246)
Grissel m. September 26, 1732 to Samuel Smith (p. 267)
Henry b. February 16, 1794 son of Thomas & Rebecca (p. 378)
Isaac, b. January 3, 1752, bapt. February 23, 1752 son of Philip & Elizabeth (p. 272, 275)
Isaac m. January 15, 1795 to Sarah Milis (p. 388)
James b. March 11, 1755 son of Philip & Elizabeth (p. 288)
James b. October 14, 1787 son of Thomas & Rebeckah (p. 367)
Jean b. August 4, 1792 dau. of Philip & Margret (p. 373)
John m. August 31, 1713 to Magdlen Ray (p. 254)
John b. December 5, 1714 son of John & Magdlen (p. 254)
John b. February 26, 1717 son of Thomas & Ellinor (p. 246)
John b. February 22, 1788 son of Philip & Margrett (p. 382)
Joseph b. December 5, 1715 son of Thomas & Elizabeth (p. 258)

KING GEORGE'S PARISH

Mary b. January 13, 1760 dau. of William & Elizabeth (p. 299)
Mary Ann Speak b. November 22, 1785 dau. of Thomas & Rebecca (p. 361)
Phil. (Philip, Phillop) m. June 9, 1750 to Elizh. Evans (p. 270)
Philip b. June 29, 1753 son of Philip & Elizabeth (p. 280)
Philip b. December 10, 1719 son of Thomas & Ellinor (p. 246)
Richard Henley b. April 24, 1797 son of David & Sarah (p. 399)
Sarah Ann bapt. July 4, 1762 dau. of William & Elizabeth (p. 310)
Thomas m. January 13, 1716 to Ellinor Evans (p. 246)
Thomas b. March 11, 1719 son of John & Magdlen (p. 254)
Thomas bapt. 1761 son of Philip & Elisabeth (p. 303)
Thomas b. 1722 husband of Elizabeth (p. 258)
Walter b. June 4, 1714 son of Thomas & Ellinor (p. 246)
William b. June 22, 1717 son of John & Magdlen (p. 254)
LOCKYER, Abigell b. April 25, 1710 son of Thomas & Elinor (p. 239)
Ann b. September 1, 1707 dau. of Thomas Junr & Elinor (p. 239)
Mary b. March 23, 1708 dau. of Thomas & Elinor (p. 239)
Sarah m. February 2, 1696 to John Talburt (p. 244)
Thomas b. September 24, 1712 son of Thomas & Elinor (p. 239)
LOGAN, Elizabeth m. August 10, 1797 to Josias Harriss (p. 389)
Jno Vinson b. August 13, 1748 son of John & Elizabeth (p. 302)
Rebecca b. July 30, 1752 dau. of John & Elizabeth (p. 302)
Sarah b. May 30, 1745 dau. of John & Elizabeth (p. 302)
Walter b. March 4, 1756 son of John & Elizabeth (p. 302)
LONG, Antoney bapt. January 15, 1764 son of Locker & Elinor (p. 322)
Elener bapt. June 15, 1766 dau. of Locker (p. 325)
John b. May 15, 1787 son of John & Venas (p. 367)
Jonathan b. April 8, 1794 son of Thos & Mary (p. 375)
Lenard bapt. June 15, 1766 son of Mary (p. 325)
Mary m. April 9, 1798 to Hanson Athey (p. 390)
Nancy Ann b. May 15, 1787 dau. of John & Venas (p. 367)
Thos. m. July 30, 1791 to Mary Holley (p. 266)
Thomas died September 1, 1795 (p. 398)
LONGDON, Alphamore b. August 27, 1775 son of Edward & Lorahamah? (p. 356)
LONGLY, Rachel m. September 26, 1789 to Archilbald Ozburn (p. 264)
LOUDON, Joseph m. September 26, 1789 to Elizabeth Williams (p. 264)
LOVE, Ann b. July 6, 178- dau. of Samuel & Elizabeth twin (p. 363)
Mary b. July 6, 178- dau. of Samuel & Elizabeth twin (p. 363)
LOVEJOY, Letitia m. April 23, 1795 to Edward Gantt (p. 388)
LOVELACE, Elisha m. January 8, 1789 to Anne Jones (p. 264)
Johanna m. January 1, 1797 to Josias Pagett (p. 389)
LOVELESS, Cresaann b. March 1, 1786 dau. of Wm & Elenor (p. 365)
Elijah b. March 2, 1787 son of Ignatius & Mary Ann (p. 366)
Elizabeth b. February 28, 1796 dau. of Ignatius & Mary Ann (p. 394)
Isaac m. January 9, 1794 to Sarah Barett (p. 387)
Joseph Harrison b. December 6, 1798, bapt. March 31, 1799 son of Isaac & Sarah (p. 403)
Judson b. February 18, 1798 son of William Walker & Milly Ann (p. 400)
Masse Ann b. October 15, 1794 dau. of Isaac & Sarah (p. 393)
Rebeckah b. November 1, 1787 dau. of Wm. & Elener (p. 367)
Una b. September 2, 1774 dau. of Luke & Mary Ann (p. 356)
Unice (Uney) m. January 13, 1793 to James Hunt (p. 392)
William Walker husband of Milly Ann (p. 400)
LOW, Ann b. May 30, 1761 dau. of John (p. 303)
Ann m. February 26, 1793 to John Urgurt (p. 392)
Charles F. m. October 27, 1795 to Mary Sutton (p. 389)

43

KING GEORGE'S PARISH

Dennis (see Lowe) bapt. August 24, 1766 son Henry Junr & Ann (p. 335)
Henry m. April 8, 1792 to Peggy Low (p. 391)
Kesiah bapt. July 4, 1762 dau. of William & Elenor (p. 309)
Neamiah bapt. November 6, 1768 son Zedock & Sarah (p. 344)
Nicholas (see Lowe) b. April 6, 1768, bapt. June 5, 1768 son of Henry & Ann (p. 338)
Nickelous b. July 22, 1796 son of Reason & Sarah (p. 394)
Peggy m. April 8, 1792 to Henry Low (p. 391)
Rachel m. March 5, 1788 to John Willm Smith (p. 263)
Reason bapt. April 11, 1762 son of Nathan & Mary (p. 305)
Reason m. February 16, 1792 to Sarah Cole (p. 391)
Rebeccah (see Lowe) bapt. April 18, 1762 dau. Henry & Ann (p. 305)
Walter Stonstreet b. September 3, 1769 son of Ths & Verlinder (p. 345)
Warran b. July 23, 1792 son of Barton & Susanna (p. 374)
LOWDEN, Rachal b. October 4, 1722 dau. of Thomas (p. 259)
Rachel b. October 4, 1721 dau. of Thomas & Eliza (p. 242)
Thomas m. to Eliza Walker no date (p. 242)
LOWE, Ann b. March --, 1755 dau. of John & Ann (p. 287)
Anthony b. --- 1776 son of Henry & Ann (p. 353)
Bassil b. March 21, 1758 son of Henry & Ann (p. 301)
Charles Fendley bapt. February 8, 1767 son Thomas & Verlindo (p. 335)
Elizabeth b. April 18, 1756 dau. of Henry Junr & Ann (p. 293)
Frances b. March 9, 1772 son of Henry Junr & Ann (p. 358)
George b. November 6, 1775 son of Richard & Sarah (p. 360)
Henry m. December 20, 1753 to Nancy Lindsey (p. 281)
James m. July 31, 1790 to Elizabeth Wig (p. 265)
John bapt. April 6, 1752 son of John & Mary (p. 275)
John Hawkins m. January 3, 1788 to Barbara Magruder (p. 263)
John Tolson b. September 30, 1754 son of Henry Junr & Ann (p. 287)
Keziah m. June 19, 1788 to Basil Talbot (p. 264)
Lethe b. March 8, 1773 dau. of Nicholas & Sarah (p. 350)
Mary bapt. May 15, 1764 dau. of Henry Junr & Ann (p. 317)
Mary b. March 12, 1774 dau. of Richard & Sarah (p. 359)
Mary Ann b. September 7, 1753 dau. of Henry & Ann (p. 280)
Nathan b. July 27, 1773 son of Nathan & Mary (p. 359)
Sam: b. September 2, 1751, bapt. December 1, 1751 son of Henry & Ann (p. 271, 275)
Samuel (see Low) b. October 31, 1772 son of Zadock & Sarah (p. 358)
Thomas b. April 21, 1772 son of Thomas & Vilender (p. 350)
Winifred b. October --, 1775 dau. of Nicholas & Sarah (p. 353)
Zephaniah b. March 12, 1754 son of Samuel & Sephina (p. 284)
LOWNDES, Anne Margaret b. June 15, 1748 dau. Christopher & Elizabeth (p. 269)
Benjamin b. December 30, 1749 son of Christopher & Elizabeth (p. 282)
Elizabeth b. April 7, 1755 dau. of Christopher & Elizabeth (p. 282)
Francis b. October 19, 1751 son of Christopher & Elizabeth (p. 282)
Samuel b. July 20, 1753 son of Christopher & Elizabeth (p. 282)
Sarah b. April 7, 1755 dau. of Christopher & Sarah (p. 288)
LOWNDS, Christopher b. May 28, 1799, bapt. August 4, 1799 son of Benjamin & Dorthey (p. 404)
LUAIS, James m. December 14, 1791 to Mary Free (p. 391)
LUCAS, John Fendle b. November 1, 1795 son of John L. & Elizabeth (p. 393)
LUHEL?, Basil Huell b. August 12, 1794 son of Samuel & Ann (p. 376)
LUICE (see Lewis), John Augustus Fredrick, b. April 19, 1792 son of Hugh & Susanna (p. 371)

KING GEORGE'S PARISH

Theodora H. b. April 1, 1794 son of Hugh & Susanna (p. 375)
LUKE, John b. July 16, 1764, bapt. September 9, 1764 son of John & Jane (p. 317)
William Fraser b. April 15, 1762 son of John & Jane (p. 306)
LYLES, Mary Clagett b. May 13, 1796 dau. of George N. & Elizabeth (p. 394)
William b. January 24, 1795 son of George N. & Elizabeth (p. 394)
LYNN, Catharine m. October 5, 1795 to Josiah Coryton (p. 389)
Mary m. October 12, 1786 to John Stone Webster (p. 261)
LYSBA (see Lisbey), Robert b. March 14, 1772 son of Samuel & Susanna (p. 350)
MACATEE, Colmore Wade b. February 14, 1775 son of John & Charity (p. 352)
MACCA, Elizabeth Ann b. January 17, 1774 dau. of Ann (p. 355)
MacDONALD, James Steward bapt. August 11, 1765 son Alexander & Stacey (p. 326)
MacDANULL, John Atchinson bapt. August 31, 1766 son of Jarrard (p. 330)
MacGILL, Ann m. December 21, 1788 to John McClanan (p. 264)
MACHCLASH, William bapt. February 2, 1752 son of Robert & Sarah (p. 275)
MACHLEE, John b. March 5, 1744 son of widow Elizth (p. 274)
William b. January 23, 1746 son of widow Elizth (p. 274)
MACKLENANE, Hester m. June --, 1721 to John Robinson (p. 247)
Mary b. February 10, 1720 dau. of Brice & Hester (p. 247)
Rebeccah b. December 3, 1718 dau. of Brice & Hester (p. 247)
MACKNEW, Anne b. November 8, 1710 ? dau. of Jeremia & Sarah (p. 247)
Edward Marley b. August 14, 171- son of Jeremia & Sarah (p. 247)
Lucy b. February 8, 1709 dau. of Jeremia & Sarah (p. 247)
Sarah m. April 7, 1716 to Thimithy Mauhane (p. 247)
William b. August 14, 1715 son of Jeremia & Sarah (p. 247)
MACQUEEN, John b. October 9, 1719 son Timithy & Jane (p. 242)
William b. August 18, 1716 son of Timithy Macqueen (p. 242)
MADACK, Elizabeth m. April 30, 1795 to Robert Brown (p. 388)
MADDOX, Ann confirmed November 23, 1793 (p. 383)
MAGNESS, James m. August 12, 1787 to Hannah Wise (p. 262)
MAGRIGER, Catherine b. August 20, 17-- dau. of Alexdr & Ellenor (p. 260)
Daniel b. August 22, 17-- son of Alexdr & Ellenor (p. 260)
Eliza b. March 29, 17-- dau. of Alexdr & Ellenor (p. 260)
Ellenor b. December 28, 17-- dau. of Alexdr & Ellenor (p. 260)
John b. December 3, 17-- son of Alexdr & Ellenor (p. 260)
Mary b. (August) May 20, 17-- dau. of Alexdr & Ellenor (p. 260)
MAGRUDER, Anna m. March 13, 1791 to Robert Hay (p. 265)
Barbara m. January 3, 1788 to John Hawkins Lowe (p. 263)
Easter Beall bapt. December 19, 1764 dau. of Haswell (p. 320)
Elizabeth m. February 5, 1787 to John Blackburn (p. 262)
Elizabeth b. March 31, 1793 dau. of Frances & Barbary (p. 374)
Jane Sprigg bapt. June 6, 1763 dau. of Haswell & Charity (p. 311)
Margret Sprigg b. July 1, 1783 dau. of Edward & Elizabeth (p. 361)
Mary m. May 22, 1787 to James Handley (p. 262)
Mary Meek m. October 11, 1768 to Thomas Clagett (p. 346)
Sarah m. January 15, 1788 to John Ozbern (p. 263)
William b. July 3, 1773 son of Haswell & Charity (p. 359)
MAHALL, Edwd b. September 24, 1746 son of Timothy & Mary (p. 269)
Timothy m. --- 17, 1745 to Mary Stephens (p. 269)
MAHEW, Patsay b. December 4, 1797 dau. of John & Massey (p. 379)
Rayd. funeral November 20, 1796 (p. 398)
MAHUE, Elisha Lloyd b. December 2, 1787 son of Elisha & Elizabeth (see Mayhew) (p. 382)

KING GEORGE'S PARISH

MAIL, Elizabeth b. April 27, 1797 dau. of Thomas & Winnefert (p. 400)
MAIN, Henry m. October 18, 1787 to Mary Berries Ford (p. 262)
MANDER, Basill b. April 10, 1762 son of Elizabeth (p. 309)
MANDERS, Elisha Lanhan b. February 25, 1788 son of Basil & Mary (p. 382)
MANLEY, Mary b. March 25, 1792 dau. of William & Sarah (p. 370)
   William m. January 8, 1789 to Sarah Brown (p. 264)
MANSELL, George m. March 7, 1714 to Sarah Norwood (p. 240)
MARBURY, Ann b. December 15, 1738 dau. of Wm & Martha (p. 281)
   Elisabeth m. July 29, 175- to Ignatius Wheeler (p. 345)
   Elizabeth b. October 9, 1742 dau. of Wm & Martha (p. 281)
   Elizabeth m. November 27, 1796 to Henry Sothern (p. 389)
   Ellender b. October 17, 1740 child of Wm & Martha (p. 281)
   Francis died June 6, 1792 (p. 398)
   Francis m. September 14, 1714 to Frances Heard (p. 245)
   Francis Heard b. January 3, 1746/7 child of Wm & Martha (p. 281)
   Henry b. --- son of Francis & Frances Heard (p. 245)
      d. November 23, 1720 (p. 245)
   Henry b. March 3, 1753 son of Wm & Martha (p. 281)
   Joseph b. November 22, 1744 son of Wm & Martha (p. 281)
   Leonard b. January 31, 1708 son of Francis & Mary (p. 245)
   Lucy m. October 17, 1710 to Joseph Hatton (p. 239)
   Luke b. March 10, 1710 son of Francis & Mary (p. 245)
   Martha b. July 16, 1751 dau. of Wm & Martha (p. 281)
   Marthay Anne b. September 11, 1715 dau. Francis & Frances (p. 245)
   Mary, wife of Francis died February 11, 1713 (p. 245)
   Mary b. February 8, 1713 dau. of Francis & Mary (p. 245)
   Mary Eleanor b. January 5, 1794 dau. of Henry & Ann (p. 377)
   Sarah b. June 18, 1760 dau. of Wm & Martha (p. 281)
   Susanna b. April 4, 1757 dau. of Wm & Martha (p. 281)
   Sushanah b. February 5, 1721 dau. of Francis & Frances (p. 245)
   William b. February 24, 1718 son of Francis & Frances (p. 245)
   William b. December 6, 1748 son of Wm & Martha (p. 281)
   William b. November 7, 1762 son of Wm & Martha (p. 281)
MARDURT, William m. December 12, 1727 to Bridgett Coghlan (p. 250)
MARLOE, Ann bapt. October 29, 1752 dau. of John & Lydia (p. 277)
   Ann b. February 21, 1756 dau. of John & Mary (p. 291)
   Thomas Dorsett b. June 21, 1755 son of John & Elinor (p. 291)
MARLOW, Amey Ann bapt. 1761 dau. of John & Elenor (p. 303)
   Amey Ann b. February 21, 1761 dau. of John & Lidea or Elenor (p. 337)
   Ann b. July 1, 1752 dau. of John & Lidea or Elenor (p. 337)
   Ann m. December 20, 1796 to James Richards (p. 389)
   Butler D. m. September 1, 1796 to Elizabeth Webster (p. 389)
   Elizabeth m. June 4, 1797 to Abadngo Clemments (p. 389)
   John b. June 3, 1757 son of John & Lidea or Elenor (p. 337)
   John b. June 14, 1762 son of James & Mary (p. 310)
   Mary b. August 17, 1762 dau. of Joseph & Mary (p. 307)
   Mary confirmed November 23, 1793 (p. 384)
   Middleton, b. September 21, 1746 son of John & Lidea or Elenor (p. 337)
   Samuell m. January 19, 1797 to Mary Richards (p. 389)
   Smallwood Cogill b. October 14, 1749 son of John & Lidea (p. 337)
   Thomas Dorset b. June 24, 1755 son of John & Lidea or Elenor (p. 337)
   William b. May 15, 1759 son of John & Lidea or Elenor (p. 337)
   William Berrey bapt. April 5, 1767 son of Richard & Lidea (p. 341)
   William Berry m. February 13, 1796 to Delilah Strong (p. 389)
MARLOY, Ann b. August 19, 1731 dau. Ralph & Anne (Middleton) (p. 254)

KING GEORGE'S PARISH

Eliza m. October 15, 1712 to Thomas Pickrell (p. 254)
Elizabeth b. February 28, 1717/18 dau. of Ralph & Anne (p. 254)
Elenor b. August 12, 1733 dau. of Ralph & Anne (p. 254)
John b. December 27, 1726 son of Ralph & Anne Middleton (p. 254)
Martha b. July 22, 1719 dau. of Ralph & Anne (p. 254)
Mary b. February 26, 1724 dau. of Ralph & Anne (p. 254)
Middleton b. June 18, 1721 son of Ralph & Anne Middleton (p. 254)
Ralph m. May 22, 1717 to Anne Middleton (p. 254)
Rebecca b. April 3, 1739 dau. of Ralph & Anne Middleton (p. 254)
Samuel Middleton b. October 20, 1741 son of Ralph & Ann (p. 254)
Sarah b. September 5, 1729 dau. of Ralph & Anne Middleton (p. 254)
Susanah b. December 13, 1736 dau. of Ralph & Anne (p. 254)
MARSHALL, Ann b. September 27, 1797 dau. of John & Elizabeth (p. 400)
Elizabeth bapt. February 11, 1765 dau. Thomas Henson & Rebecca Marshall (p. 327)
Elizabeth Fendall bapt. April 13, 1766 dau. Thomas & Mary (p. 325)
Elizabeth Fendall m. August 10, 1788 to Samuel Hanson (p. 264)
John bapt. July 3, 1763 son of Josias & Mary (p. 311)
John m. December 27, 1787 to Rachel Wigfield (p. 263)
Jno m. February 9, 1790 to Eliz Fendal Fry Ford (p. 265)
Josias bapt. May 8, 1768 son of Thomas & Mary (p. 342)
Josias m. April 13, 1797 to Sarah Harriss (p. 389)
Mary bapt. June 7, 1767 dau. Thomas Henson & Rebecca (p. 341)
Mary m. May 15, 1787 to Philip Steuart (p. 262)
Priscilla Mariah Beall b. March 10, 1798 dau. of Josias & Sarah (p. 397)
Thomas m. October 29, 1795 to Ann Clagett (p. 389)
MARSHELL, Mary b. March 16, 1793 dau. of Richard & Margret (p. 374)
Mary Hepsaba b. June 9, 1793 dau. of John & Elizabeth (p. 372)
MARTHES, Ann m. January 15, 1790 to James Dod (p. 265)
Mary m. September 2, 1791 to John Lloyd (p. 266)
MARTIN, Ann b. February 17, 1775 dau. of Henry & Elizabeth (p. 352)
Clo Tilder b. February 17, 1772 dau. of Michael & Mary (p. 354)
Elizabeth b. January 9, 1772 dau. of Thomas & Rosamund (p. 350)
George bapt. January 15, 1764 son of Thomas & Rosemund (p. 322)
Henry b. August 25, 1786 son of Henry & Elizabeth (p. 363)
James bapt. July 14, 1765 son of Thomas & Rosemand (p. 328)
James b. January 14, 1774 son of Thomas & Rosamond (p. 351)
Josias Lanham b. October 13, 1767, bapt. November 1, 1767 son of Michill & Mary (p. 341)
Mary bapt. October 2, 1768 dau. of Henry & Elizabeth (p. 344)
Michael b. January 22, 17-- son of Henry & Elisabeth (p. 348)
Mildred b. November 22, 176- dau. of Ths (p. 344)
Samuel m. December 25, 1796 to Amma Peacock (p. 389)
Smithey bapt. November 1, 1767 son of Thomas & Rosemond (p. 341)
Susanna b. March 30, 1776 dau. of Thomas & Rosamond (p. 352)
Susanna m. February 2, 1796 to Alexis Jones (p. 389)
Zeph b. April 2, 1793 son of Smith & Elizabeth (p. 372)
Zephaniah b. March 2, 1773 son of Henry & Elizabeth (p. 354)
Zephaniah m. December 30, 1795 to Sarah Elizth. Ferd Robinson (p. 389)
MASON, Cloe m. February 14, 1790 to Josias Lanham (p. 262)
Elizabeth b. March 9, 1756 dau. of Samuel & Sarah (p. 314)
John b. November 2, 1749 ?, bapt. April 14, 1750 son of Samuel & Sarah (p. 314)
Mary Ann b. June 30, 1760 dau. of Samuel & Sarah (p. 314)
Philop b. April 8, 1759 son of Samuel & Sarah (p. 314)

KING GEORGE'S PARISH

Samuel died September 28, 1763 (p. 314)
Sarah b. July 14, 1763 dau. Samuel & Sarah (p. 314, 316)
Sarah Ann b. September 24, 1794 ? dau. Philip & Elizabeth (p. 377)
Thomas b. August 1, 1761 son of Samuel & Sarah (p. 314)
Virlender fair b. December 25, 1753 dau. of Samuel & Sarah (p. 314)
MASTERS, Elizabeth b. May 9, 174- dau. of Martha (p. 273)
Ezekial m. September 13, 1789 to Casandra Norton (p. 264)
Ezekill bapt. December 12, 1762 son of William (p. 308)
George died December 12, 1797 (p. 398)
Joshua m. April 3, 1791 to Elizabeth Selby (p. 265)
MATHES, Elizabeth b. March 6, 1793 dau. of Ezekiel & Elizabeth (p. 374)
Nathan m. January 14, 1794 to Winifird Jinkins (p. 387)
MAUHANE, Mary b. July 10, 1717 dau. Timithy & Sarah Macknew (p. 247)
Mary b. March 7, 1718 dau. of Timithy & Sarah Macknew (p. 247)
Thimithy m. April 7, 1716 to Sarah Macknew (p. 247)
Timithy b. September 26, 1720 son of Thimithy & Sarah Macknew (p. 247)
MAYHEW, Ann b. March 27, 1762 dau. of William & Sarah Ann (p. 307)
Aron bapt. 1761 son of James & Jamima (p. 303)
Elija Lloyd b. April 28, 1797 son of Elisha & Elizabeth (p. 399)
Elizabeth b. August 15, 1763 dau. of John & Mary Ann (p. 312)
Francis bapt. May 18, 1766 son of John & Mary Ann (p. 330)
Henry b. March 6, 1760 son of William & Sarah Ann (p. 307)
James Constantine b. Dec. --, 1763 son of James & Jamima (p. 318)
John b. October 14, 1764 son of John & Mary Ann (p. 320)
Leonard Richard b. December 6, 1793 son of Elisha & Elizabeth (p. 377)
Mary bapt. March --, 1765 dau. of Wm & Sarah Ann (p. 334)
Moses b. September 11, 1765 son of James & Jemime (p. 323)
Reason Luckus bapt. December 6, 1767 son of James & Jamima (p. 340)
MAYHUE, Henry b. November 20, 1775 son of Samuel & Lydda (p. 353)
Leven b. May 13, 1774 son of James & Jemima (p. 359)
Mildred b. August 9, 1774 dau. of John & Mary Ann (p. 359)
MAYOH, Ann m. February 7, 1790 to Elisha Riston (p. 265)
MAYSON, Frances b. March 10, 1715 dau. Phill & Eliza Duning (p. 253)
Phill: m. January 10, 1713 to Eliza Duning (p. 253)
Phill b. July 12, 1718 son of Phill & Eliza Duning (p. 253)
Richard b. December 14, 1714 son of Phill & Eliza (p. 253)
McATEE, Ann m. May 8, 1793 to Thomas Owen (p. 387)
Barbery Henderson b. March 29, 1788 dau. John & Charity (p. 382)
Charity confirmed November 23, 1793 (p. 383)
Elizabeth Meek confirmed November 23, 1793 (p. 383)
Haraot Noble b. October 3, 1785 dau. of John & Charity (p. 361)
Sarah Ann b. December 20, 1793 dau. of Thomas & Rebecca (p. 377)
McCASLLIN, Mary m. December 14, 1791 to James Shorte (p. 391)
McCLANAN, John m. December 21, 1788 to Ann MacGill (p. 264)
McCLEAN, Mary bapt. May 12, 1751 dau. William & Mary (p. 275)
Susanna b. March 29, 1753 dau. of William & Mary (p. 280)
McCLISH, Absolom B. b. December 7, 1791 son Robert & Cathrine (p. 374)
McDANIAL, Sarah m. April 24, 1791 to Henry Harvey (p. 265)
Elizabeth Gibbs, b. October 12, 1772 dau. of John & Sarah (p. 354)
John confirmed November 23, 1793 (p. 383)
John Dennes, b. March 30, 1778 son of John & Sarah (p. 357)
Mary b. February 21, 1776 dau. of John & Mary (p. 352)
Mary confirmed November 23, 1793 (p. 383)
Mrs. died October 22, 1795 (p. 398)
Reuben b. March 28, 1776 son of Reuben & Katherine (p. 353)

KING GEORGE'S PARISH

William b. September 18, 1775 son of William & Mary (p. 352)
William b. February 6, 1774 son of Reuben & Katherine (p. 355)
William Gibbs b. February 3, 1775 son of John & Sarah (p. 352)
McDONALD, Elenor Gannet b. August 17, 1788 dau. of Elizabeth (p. 368)
Eliz: Dennis b. January 9, 1754 dau. Dunkin & Elinor (p. 272, 283)
John b. October 19, 1750 son of Dunkin & Elinor (p. 272)
Mary Elinor Webster b. December 24, 1755 dau. of Dunkin & Elinor (p. 272)
McDOWALL, John - funeral January 1, 1797 (p. 398)
McELDERRY, Horasha Clagett b. April 17, 1792 son Patrick & Mary (p. 372)
Thomas b. June 27, 1790 son of Patrick & Mary (p. 372)
Mary Meeke confirmed November 23, 1793 (p. 383)
Patrick m. June 7, 1789 to Mary Clagett (p. 264)
McKINZEY, John m. March 20, 1794 to Solomy Tolbert (p. 388)
McPHERSON, Letty Dent b. June 22, 1774 dau. of Walter & Mary (p. 351)
Mary m. January 21, 1798 to Thomas Sothorn (p. 390)
Samuel b. April 1, 1776 son of Walter & Mary (p. 352)
MECKE, Susanah Castele b. July 14, 1787 dau. of Thonas & Elizabeth (p. 367)
MEEDS, Elizabeth b. July 16, 1787 dau. of Wm & Elizth (p. 368)
MEEKES, Benjamin Thorn b. January 9, 1801, bapt. March 22, 1801 son of Catherine (p. 404)
MEEKINS, bapt. April 26, 1751 dau. of Jno & Mary (p. 275)
MEGRUDER, Sophia (see Magruder) b. February 29, 1771 dau. of Haswell & Charity (p. 358)
MEKINNON, Daniel bapt. June 7, 1767 son of Daniel & Catharine (p. 341)
MELONY, Ann m. November 25, 1794 to Gilbert & Whitney (p. 388)
MENRIES ?, William b. February 3, 1776 son of John & Dorathy (p. 353)
MENUS, John b. March 22, 1774 son of John & Dority (p. 359)
MESSENGER, John Fearon b. November 25, 1777, bapt. November 26, 1777 son of Rev. Joseph & Mary (twin of William) (p. 381)
  confirmed November 23, 1793 (p. 383)
Mary b. January 14, 1776, bapt. April 7, 1776 dau. Rev. Joseph & Mary (p. 381)
Mary confirmed November 23, 1793 (p. 383)
William b. November 25, 1777, bapt. November 26, 1777 son of Rev. Joseph & Mary (twin); confirmed November 23, 1793 (p. 381, 383)
MICHELL, --- m. December 1, 1791 to Mr. Stalions (p. 266)
MIDDLETON, Ann m. February 16, 1775 to Benjamin Douglass (p. 349)
Anne m. May 22, 1717 to Ralph Marloy (p. 254)
Hatton b. December 9, 1705 son of Thomas & Penelipeo (p. 244)
Horatio m. May 25, 1775 to Susanna Stoddert (p. 349)
Hitchinson b. December 8, 1775 son of Hugh & Rachael (p. 352)
Ignatius b. December 10, 1772 son of Hugh & Rachel (p. 354)
Mary b. February 24, 1709 dau. of Thomas & Penelipeo (p. 244)
Penelipeo Weston b. March 29, 1712 dau. of Thomas & Penelipeo (p. 244)
Samuel b. March 31, 1776 son of Horatio & Susanna Stoddert (p. 349)
Thomas b. January 29, 1707 son of Thomas & Penelipeo (p. 244)
MILANY, John m. August 2, 1791 to Elizabeth Ferrell (p. 266)
MILIS, Sarah m. January 15, 1795 to Isaac Locker (p. 388)
MILLER, John Jacob, bapt. August 29, 1762 son of Charles & Mary (p. 310)
MILLS, Alexander b. September 2, 1762 son of Alexander & Mary (p. 307)
Alexander b. November 11, 1718 son of Alexander & Elizabeth (p. 255)
Alexander b. November 11, 1723 son of Alexander & Elizabeth (p. 250)
Anne b. November 19, 1719 dau. of Alexander & Elizabeth (p. 250)
John b. April 14, 1755 son of Alexander & Mary (p. 288)
Sushannah b. June 20, 1716 dau. of Alexander & Elizabeth (p. 250)

KING GEORGE'S PARISH

William b. September 1, 1720 son of Alexander & Eliza (p. 255, 257)
William b. September 30, 1720 son of Alexander & Eliza (p. 250)
MINNER(?), Mary Jean b. July 5, 1769 dau. of John & Dorothy (p. 345)
MITCHEL, Eleanor b. April 15, 1773 dau. of Benjamin & Priscilla (p. 359)
  Judson b. August 5, 1794 son of Thomas & Eleanor (p. 376)
  Middleton, m. April 21, 1792 to Rebecca Riston (p. 391)
  Singleton b. April 19, 1794 son of Thomas Lee & Elizabeth (p. 376)
MITCHELL, Ann m. May 10, 1787 to James Beall (p. 262)
  Benjamin b. March 19, 1775 son of Benjamin & Ossilla (p. 360)
  Eleanor b. December 31, 1796 dau. of James & Elizabeth (p. 402)
  Elizabeth Marbury b. June 8, 1762 dau. Joseph & Elizabeth (p. 310)
  Enoch b. March 25, 1762 son of William & Sarah (p. 309)
  Mary b. May 12, 1797 dau. of Thomas Ley & Elizabeth (p. 400)
  Massey Ann m. October 12, 1797 to Joseph Mulican (p. 390)
  Mordeca b. March 7, 1775 dau. of James & Keziah (p. 360)
  Thomas Lee m. September 30, 1792 to Elizabeth Wilson (p. 392)
  Usly m. August 28, 1794 to John Wise (p. 388)
  William b. July 15, 1772 son of James & Kesiah (p. 358)
  William m. December 11, 1792 to Mary White (p. 392)
MITCHILL, Benjamin b. May 21, 1762 son of John & Mary (p. 303)
MOBBERLY, Elizabeth m. January 24, 1797 to Luke Windsor (p. 389)
MOBLEY, Hezekiah m. December 6, 1796 to Elizabeth Kidwell (p. 389)
MOCABOY, John Speek b. September 10, 1773 son of Zachariah & Ann (p. 359)
MOCKABY, Humphrey m. April 24, 1791 to Verlinder Stalions (p. 265)
MOCKEBIE, Alexander b. March 23, 1778 first son of Zadoc & Ann (p. 379)
  Ann b. June 21, 1792 dau. of Zodoc & Ann (p. 379)
  Mary b. February 18, 178? dau. of Zadoc & Ann (p. 379)
  Philip Soper b. August 31, 178- son of Zadoc & Ann (p. 379)
  Thomas M. b. May 2, 178? son of Zadoc & Ann (p. 379)
  Walter Evens b. August 13, 1789 son of Zadoc & Ann (p. 379)
  William b. April 29, 1780 son of Zadoc & Ann (p. 379)
MOCKER, Dorkey m. June 16, 1791 to William Jones (p. 266)
MOLLINS, Sarah b. September 6, 1794 dau. of Luke & Elizabeth (p. 393)
MONROW, Ann bapt. November 30, 1766 dau. of John & Mary (p. 325)
  Mary b. February 1, 1774 dau. of John & Mary (p. 351)
  Sarah bapt. October 14, 1764 dau. of John & Mary (p. 322)
MOODY, Hannah m. December 15, 1796 to Charles Lindsey (p. 389)
  John m. January 27, 1791 to Brilliana Thomas (p. 266)
  William died June 14, 1792 (p. 398)
MOORE, Alexander Clayland b. April 3, 1763 son of Peter & Easter (p. 311)
  Asa m. March 7, 1791 to Elizabeth Thomas (p. 265)
  Easey b. May 19, 1765 son of Peter & Ester (p. 324)
  George m. December 17, 1795 to Sarah Bayne (p. 389)
  James Draden b. October 12, 1773 son of James & Ann (p. 359)
  Thomas b. February 24, 1754 son of James & Sarah (p. 291)
MORDOCK, Kitty m. March 27, 1792 to Isaac Lansdale (p. 391)
MORIS, Elizabeth b. September 17, 1726; m. April 23, 1747 to Wm. Windam (p. 300)
MORRISS, Ann m. January 8, 1789 to Bennett Beall (p. 264)
MORLAND, Ann m. January 3, 1790 to Elhanah Boswell (p. 264)
  Elizabeth m. February 7, 1796 to Robert Harriss (p. 389)
  Hanson b. October 6, 1800, bapt. March 18, 1801 son of Elias & Lettey (p. 404)
MORRIS, Ann bapt. June 22, 1766 dau. of Daniel & Mary (p. 329)
  Elizabeth Page b. November 21, 1756 dau. of Jno & Elizabeth (p. 293)

KING GEORGE'S PARISH

George b. January 27, 1763 son of John & Elizabeth (p. 315)
Mary Dent bapt. May 15, 1768 dau. of Daniel & Mary (p. 337)
Mary Dent m. April 20, 1788 to John Simpson (p. 263)
Mary Norman m. October 26, 1790 to Henry Davis (p. 266)
Susanna Page b. November 11, 1754 dau. of John & Elizabeth (p. 288)
Thos. B. m. January 19, 1790 to Casandra Thrall (p. 265)
Violetter b. April 16, 1774 dau. Thomas Bartin & Mary (p. 355)
Wm. m. January 8, 1786 to Ann Hugar (p. 261)
MORRISS, Martha Ann b. November 24, 1758 dau. Jno & Eliz: (p. 301, 408)
Owen b. February 12, 1757 son of Morriss & Ann (p. 293)
MORS, Debrah b. June 18, ---- (p. 260)
Ebenezer b. April 28, 1735 to Sarah Fox (p. 260)
Hannah b. August 6, ---- (p. 260)
Obidiah b. February 2, ---- (p. 260)
MUDD, Ann Telting b. May 22, 1763 dau. of John & Mary (p. 315)
James Martin b. March 25, 1797 son of Smith & Elizabeth (p. 402)
John b. June 9, 1769 son of John & Mary (p. 345)
Mary m. December 27, 1797 to Charles Dement (p. 390)
MULAKIN, James m. January 14, 1796 to Elizabeth Hardey (p. 389)
MULICAN, Elizabeth b. November 17, 1786 dau. of Wm & Ann (p. 362)
Joseph m. October 12, 1797 to Massey Ann Mitchell (p. 390)
MULLAKIN, Archippa b. December 13, 1753 son of Lewis & Mary (p. 283)
Eliz. bapt. March 15, 1752 dau. of Lewis & Mary (p. 275)
James b. January 7, 1772(?) son of Samuel & Katharine (p. 355)
John bapt. March 15, 1752 son of Lewis & Mary (p. 275)
MULLICAN, Nathan b. March 12, 1798 son of James & Elizabeth (p. 397)
MULLIKIN, James b. January 17, 1772 (crossed out) son of Samuel (p. 351)
Joseph b. December 29, 1773 son of Samuel (twin of Mary) (p. 351)
Joseph b. December 29, 1774 son of Samuel & Ruthania - twin (p. 356)
Lucy m. January 3, 1788 to Richard Thralls (p. 263)
Mary b. December 29, 1773 dau. of Samuel (twin of Joseph) (p. 351)
Mary b. December 29, 1774 dau. of Samuel & Ruthania - twin (p. 356)
MULWIKIN, Benjamin Bett b. March 4, 179- son of Samuel & Ruth Ann (p. 371)
Elizabeth b. March 4, 179? dau. of Samuel & Ruth Ann (p. 371)
MUNROE, Thomas m. September 25, 1796 to Milly Wilkerson (p. 389)
MUNROW, George b. January 29, 1788 son of John & Mary (p. 364)
MURFEY, Elizabeth b. October 10, 1761 dau. of Zachariah (p. 304)
Mary bapt. April 13, 1766 dau. of Zachariah & Sushanna (p. 325)
Sushanna Attaway bapt. July 10, 1768 dau. Zachariah & Susanna (p. 344)
MURPHY, Sharlotte b. July 12, 1775 dau. Zachariah & Susanna (p. 352)
MUSGROVE, Lydia Margaret bapt. October 22, 1752 dau. Benjn. & Mary (p. 277)
NALLEY, Ann m. January 7, 1798 to Thomas Notley (p. 390)
Mary b. October 19, 1774 dau. of Samuel & Sarah (p. 351)
NASH, Mary m. February 6, 1791 to Archabald White (p. 265)
NAYLOR, Benjamin Turner b. September 25, 1761 son of Samuel (p. 306)
Rebeccah bapt. October 16, 1763 dau. of George & Verlender (p. 316)
NEAL, Elizabeth b. September 27, 1775 dau. of Richard & Sarah (p. 356)
Nathaniel bapt. June 5, 1768 son of Richard & Sushanna (p. 338)
Samuel bapt. June 23, 1765 son of Richard & Sara (p. 327)
Thomas Richard b. November 5, 1772 son Thomas & Elizabeth (p. 358)
William Arter Sasser b. February 14, 1773 son Richard & Sarah (p. 350)
Zachariah, b. July --, 1763 son Richard & Sarah (p. 313)
NEALE, John bapt. October 12, 1762 son of Richard & Sarah (p. 307)
Mary bapt. April 8, 1764 dau. of Thomas & Elizth. (p. 319)
NEALL, Katherine m. November 25, 173- to William Shelston (p. 269)

51

KING GEORGE'S PARISH

NEEDAM, William m. May 17, 1736 to Martha Throne (p. 249)
  William b. March --, 1736 son of William & Martha Throne (p. 249)
NEEL, Richard bapt. May 3, 1767 son of Richard (p. 336)
NEGRO JACK m. June 12, 1791 to Negro Peggy (p. by consent of Mrs. Chapman) (p. 266)
NELSON, Elizabeth b. February 13, 1787 dau. of Richard & Elizabeth (p. 363)
NEWMAN, Butler Stonestreet b. March 29, 1763 son Butler & Verlinder (p. 315)
  Elizabeth bapt. November 29, 1767 dau. of Butler & Verlinder (p. 341)
  George b. October 23, 1760 son of Butler & Verlinder (p. 326)
  Jane b. April 28, 1773 dau. of Butler & Verlinder (p. 355)
  Mary Elenor bapt. May 19, 1765 dau. of Butler & Verlinder (p. 324)
NEWTON, Ann b. February 9, 1727 dau. of Joseph & Ann (p. 267)
  Ann m. January 15, 1764 to Jonathan Burch Junr (p. 340)
  Eliza b. April 19, 1730 dau. of Joseph & Ann (p. 267)
  Elizabeth d. April 26, 1798 (p. 398)
  John b. January 28, 1763 son of John & Diannah (p. 311)
  Joseph m. ---- to Ann Scott (p. 267)
  Mary b. July 12, 1723 dau. of Joseph & Ann (p. 267)
  Nathaniel b. August 1, 1736 son of Joseph & Ann (p. 267)
  Rachel m. January 31, 1794 to Ignatius Wheeler (p. 387)
  Sarah b. August 28, 1721 dau. of Joseph & Ann (p. 267)
NICHOLES, Massey b. December 21, 1761 dau. of Basill & Margrey (p. 304)
NICHOLLS, Easter bapt. August --, 1763 dau. of Basell & Margery (p. 312)
NICKOLS, Gilbert bapt. April 19, 1767 son of Nassil & Margrey (p. 339)
NICHOLS, Henry m. December 14, 1790 to Elizabeth Blake (p. 266)
NICOLS, Christopher b. November 4, 1753 son of Catherine (p. 284)
  Joseph b. December 24, 1753 son of John & Martha (p. 284)
NICHOLSON, Frances m. November 23, 1788 to Henry Barcley (p. 264)
NIGILL, Adam m. February 2, 1790 to Ann Barnes (p. 265)
  Catherine m. February 2, 1790 to Nicl Free (p. 265)
NIXON, Amey b. May 9, 1763 dau. of Jonathan & Mary (Scaritt) (p. 333)
  Elizabeth b. April 10, 1756 dau. of Jonathan & Mary Scaritt (p. 333)
  Hugh b. May 8, 1745 son of Jonathan & Mary Scaritt (p. 333)
  Jonathan m. July 29, 1738 to Mary Scaritt (p. 333)
  Jonathan b. May 6, 1754 son of Jonathan & Mary Scaritt (p. 333)
  Jonathan b. May 6, 1756, bapt. May 16, 1756 son Jonathan & Mary (p. 293)
  Joshua b. September 1, 1747 son of Jonathan & Mary Scaritt (p. 333)
  Mary b. May 17, 1750 dau. of Jonathan & Mary Scaritt (p. 333)
  Richard b. May 6, 1752 son of Jonathan & Mary Scaritt (p. 333)
NOBLE, Ann b. May 14, 1747 dau. of Francis (p. 269)
  Anne b. February 16, 1725/6 dau. George & Charity Wheeler (p. 249)
  Catherine b. November 14, 1721 dau. Joseph & Mary Wheeler (p. 251)
  Charity Fendall b. March 1, 1752 dau. George & Elizabeth (p. 295)
  Clement b. February 24, 1748/9 son Joseph & Martha Tarvin (p. 251)
  Elisabeth b. January 11, 1743/4 dau. of Joseph & Martha Tarvin (p. 251)
  Elizabeth b. May 3, 1712 dau. of Joseph & Mary Wheeler (p. 251)
  Elizabeth b. January 23, 1722 dau. George & Charity (p. 249)
    d. September 17, 1735
  Elizabeth m. April 30, 1796 to Walter B. Smallwood (p. 389)
  Francis b. December 27, 1719 son of Joseph & Mary (p. 251)
  George m. January 27, ---- to Charity Wheeler (p. 249)
  George d. September 14, 1735? (p. 249)
  George b. January 16, 1729 son of George & Charity Wheeler (p. 249)
  b. September 3, ---- son of George & Charity Wheeler (p. 249)
  d. October 26, 1735 John son's name

KING GEORGE'S PARISH

John b. February 5, 1732 son of Joseph & Mary Wheeler (p. 251)
Joseph b. April 17, 1689 son of Joseph & Cathrine (p. 251)
   m. December 2, 1708 to Mary Wheeler (p. 251)
   d. December 14, 1749 (p. 251)
Joseph b. April 15, 1715 son of Joseph & Mary Wheeler (p. 251)
   m. March 5, 1738/9 to Martha Tarvin (p. 251)
Mark b. September 5, 1749 son of Francis (p. 269)
Mary b. May 31, 1727 dau. of Joseph & Mary Wheeler (p. 251)
Mary m. August 20, 1749 to John Baynes (p. 270)
Nancy m. November 3, 17-- to Zachariah Wade (p. 292)
Richard bapt. July 21, 1751 son of Joseph & Martha (p. 275)
Salome b. April 23, 1724 dau. of Joseph & Mary Wheeler (p. 251)
Sarah b. November 8, 1709 dau. of Joseph & Mary Wheeler (p. 251)
Sarah m. May 13, ---- to William Hawkins (p. 260)
Thomas b. April 19, 1727 son of George & Charity (p. 249)
Thomas b. March 5, 1756 son of Thomas & Mary (p. 291)
William Dent b. March 10, 1739/40 son of Joseph & Martha (p. 251)
William Fraser b. November 8, 1735 son Joseph & Mary (p. 251)
NOLAND, Thomas m. June 16, 1796 to Mary Bayne (p. 389)
NORTON, Alexander b. March 16, 1760 son of William & Elinor (p. 299)
Alexander b. April 23, 1775 son of Robert & Cloe (p. 356)
Casandra m. September 13, 1789 to Ezekial Masters (p. 264)
Eleanor b. May 2, 1776 dau. of Thomas & Katherine (p. 360)
Elizabeth b. January 29, 1772 dau. of Robert & Cloe (p. 350)
Frances bapt. May 6, 1764 dau. of William & Eleanor (p. 332)
Henry Willson bapt. August 10, 1766 son of John & Elizth (p. 330)
James bapt. May 15, 1768 son of William & Elenor (p. 337)
Jane b. July 1, 1773 dau. of John & Elizabeth (p. 359)
Margery b. October 31, 1774 dau. of Thomas & Katherine (p. 360)
Martha bapt. April 18, 1762 dau. of William & Elenor (p. 305)
Mary b. August 5, 1772 dau. of William & Eleanor (p. 350)
Mary b. January 27, 1774 dau. of Nimcah & Elizabeth (p. 359)
Mille Ann b. June 27, 1773 dau. of Robert & Cloe (p. 355)
Nathaniel b. March 18, 1766 son of William & Elenor (p. 329)
Nehemiah b. October 12, 1774 son of Jacob & Mary (p. 359)
Norman b. January 21, 1775 son of William & Eleanor (p. 356)
Sarah b. January 20, 1759 dau. of William & Elinor (p. 299)
NORWOOD, Sarah m. March 7, 1714 to George Mansell (p. 240)
NOTHAY, Elizabeth m. December 16, 1787 to James Everson (p. 263)
NOTHEY, Ann m. January 3, 1797 to William Clubb (p. 389)
OBRYAN, Edwd b. September 12, 172- son Terrance & Mary Tewell (p. 255)
Ellinor b. April 13, 172- dau. Terrance & Mary Tewell (p. 255)
Katherine Bridt b. January 6, 172- dau. Terrance & Mary (p. 255)
Rebecca b. June 11, 1729 dau. of Terrance & Mary Tewell (p. 255)
Terrance m. May 4, 1720 to Mary Tewell (p. 255)
O'CONNER, William bapt. December 4, 1763 son of Patrick & Jane (p. 314)
ODEN, Francis Ann bapt. May 12, 1751 dau. of Thomas & Sarah (p. 275)
OGDEN, Catharine m. September 25, 1788 to Nathaniel Weden (p. 264)
Josias b. January 7, 1754 son of Gordon & Christian (p. 284)
OGLE, Elinor b. April 10, 1753 dau. of Thomas & Sarah (p. 280)
Wm b. August 11, 1788 son of Benjamin & Bathsheba (p. 364)
OLDER, Elizabeth confirmed November 23, 1793 (p. 384)
Elizabeth b. August 6, 1796 dau. of James & Rebecah (p. 401)
ONEALIS, Ellinor b. December 1, 1726 dau. Anthony & Elizh (p. 249)
ORSBORN, Sharlota bapt. December 19, 1762 dau. of William (p. 308)

KING GEORGE'S PARISH

Stephen bapt. August 10, 1766 son of John & ---- (p. 339)
OSBERN, Uslity m. December 27, 1786 to James Pomphrey (p. 261)
OSBORN, Ester m. February 19, 1786 to Baptist Hardy (p. 261)
OUCHTERLONEY, Agnus m. October 31, 1762 to Samuel Collard (p. 299)
OWEN, Ann confirmed November 23, 1793 (p. 383)
    Elizabeth Speek McAtee b. --- 1795? dau. of Thomas & Ann (p. 393)
    Henry b. December 10, 1710 son of John & Elizth (p. 240)
    John b. December 18, 1706 son of John & Elizth Owen (p. 240)
    Martha bapt. March 15, 1767 dau. of Thomas & Sarah (p. 341)
    Sabina bapt. March 28, 1762 dau. of Thomas & Sarah (p. 305)
    Sauley bapt. February 26, 1764 dau. of Thomas & Sarah (p. 322)
    Spicer b. January 14, 1708 Note: listed with John & Henry (p. 240)
    Thomas m. May 8, 1793 to Ann McAtee (p. 387)
        confirmed November 23, 1793 (p. 383)
OWIN, Allec m. July 20, 1720 to Francis Birch (p. 248)
OZBERN, John m. January 15, 1788 to Sarah Magruder (p. 263)
OZBURN, Alvin m. May 4, 1794 to Elizabeth Gibbs (p. 388)
    Archilbald m. September 26, 1789 to Rachel Longly (p. 264)
    Dinnis b. March 2, 1798 son of Archabald & Rachall (p. 400)
    Dreucila b. April 8, 1793 dau. of Francis & Charity (p. 374)
    John Noble b. March 4, 1796 son of Archabald & Rachel (p. 402)
    Kitty b. December 26, 1793 dau. of Dennis & Lucy (p. 375)
    Sarah b. December 15, 1797 dau. of Alvina & Elizabeth (p. 397)
    Sharlotee b. October 22, 1792 dau. of Archabald & Rachel (p. 373)
PACA, Elizabeth m. August 3, 1797 to Samuel Baker (p. 389)
PADGET, Moses Henza b. May 8, 1787 son of John & Drusilah (p. 364)
PADGETT, Mary m. December 2, 1792 to John Bowls Jones (p. 392)
    Nancy b. September 5, 1797 dau. Josias & Joanna (p. 400)
    Viliter m. January 28, 1790 to Jos. Jones (p. 265)
PAGE, ( )hall b. December 31, 1733 dau. of Dan'll & Mary (p. 259)
PAGE, ( )hanah b. January 16, 1732 dau. of Dan'll & Mary (p. 259)
( )y b. August 20, 1729 dau. of Dan'll & Mary (p. 259)
PAGETT, Josias m. January 1, 1797 to Johanna Lovelace (see Padgett) (p. 389)
    Mary Ann m. December 22, 1796 to Henry Acton (p. 389)
PAGGET, Benjamin b. February 4, 1799, bapt. April 21, 1799 son of Josias & Ann (p. 397)
PAIN, Mary Prince b. March 31, 1772 dau. of John & Mary (p. 350)
PAINE, Ann b. February --, 1746 dau. of Eliz: (p. 270)
PALMER, John m. February 22, 1735 to Mary Lanham (p. 258)
    Rachel b. November 30, 1737 dau. of John & Mary (p. 258)
    Sarah b.March 6, 1785 bapt. July 3, 1785 dau. of Mary (p. 362)
    Susanah b. November 30, 1781, bapt. July 3, 1785 dau. of Mary (p. 362)
    Wm. b. January 23, 1752? son of Jno & Mary (p. 273)
PAMMER, Mary m. January 31, 1737/8 to William Jones (p. 258)
PANE, Sarah b. April 12, 1774 dau. of John & Mary (p. 355)
    Silvanous bapt. September 27, 1767 son of John & Mary (p. 336)
    Thomas bapt. March --, 1765 son of Annonias & Easter (p. 327)
PARKER, Elizabeth m. December 18, 1796 to Leonard Townshand (p. 389)
PARMER, Ann b. April 30, 1772 dau. of John & Mary (p. 350)
    Anne b. January 23, 1776 dau. of James & Jane (p. 352)
    Eliakin b. August 26, 1773 son of John & --- (p. 355)
PARTEE, Charity m. January 13, 1754 to Thomas Genning (p. 281)
PATRICK, Wm. bapt. March 22, 1752 son of John & Mary (p. 275)
    PAYN, Elisabeth b. October 24, 1769 dau. John & Mary (see Pane) (p. 345)
PAYNE, John m. February 1, 1791 to Elizabeth Locker (p. 265)

KING GEORGE'S PARISH

Sarah m. July 31, 1794 to David Locker (p. 388)
PEACOCK, Amma m. December 25, 1796 to Samuel Martin (p. 389)
  Cloe b. May 30, 1754 dau. of John & Mary (p. 284)
  Hannah, b. October 10, 1781? dau. of John & Mary (p. 368)
  Hezekiah b. December 18, 1773 son of Benjamin & Casandria (p. 351)
  John bapt. September 28, 1766 son Benjamin & Kesander (p. 341)
  John m. November 20, 1793 to Cloe Downing (p. 387)
  John King b. January 24, 1778 son of John & Mary (p. 368)
  John Wolley b. April 18, 1793 son of William & Tenney (p. 372)
  Joshua bapt. March 29, 1752 son of John & Mary (p. 275)
  Selah Ann b. January 24, 1772 dau. of John Holden & Jane (p. 354)
PEAKE, Margrett m. September 1, 1724 to Charles Weathers (p. 258)
PEARCE, John b. November 8, 1730 son of John & Mary (p. 256)
  Peter b. April 8, 1732 son of John & Mary (p. 256)
PECOCK, George b. April 23, 1785 son of John & Mary (p. 362)
PELMORE, Ann Harrison b. March 4, 1774 dau. of James & Jane (p. 351)
PERKINS, Andrew b. September 19, 1755 son of John & Mary (p. 291)
  Elizabeth bapt. October 23, 1763 dau. of Mary (p. 312)
  John Gibbs bapt. January 1, 1764 son of James (p. 316)
  Sarah b. April 1, 1750 dau. of John (p. 275)
  Susanna bapt. August 23, 1752 dau. of John & Elinor (p. 277)
  Thomas b. January 14, 1755 son of John & Ann (p. 287)
PERRY, Constatia b. June 4, 1773 dau. of John & Sebe (p. 354)
  William b. September 24, 1775 son of John & Sabitha (p. 352)
PETERS, James m. November 3, 1792 to Sarah Heavener (p. 392)
PETTY, Mary m. January 22, 1708 to George Dixon (p. 252)
PHELPES, Jessey bapt. August 28, 1768 son of Robert & Sarah (p. 338)
  Jesse m. September 3, 1795 to Sarah Pumphrey (p. 388)
  Walter bapt. March 9, 1766 son of Robert & Sarah (p. 329)
PHELPS, Basil Mulakin b. March 31, 1799, bapt. May 13, 1799 son of
  Benjamin & Priscilla (p. 403)
  Benjamin m. December 13, 1795 to Priscilla Wheat (p. 389)
  Robert funeral March 24, 1794 (p. 398)
  Robert Watts b. February 6, 1775 son of Robert & Sarah (p. 356)
PHILBERT, Patsy b. January 15, 1787 dau. of Joseph & Cloe (p. 363)
PHILIPES (see Phillips) Elizabeth b. December 12, 1767 dau. of Phillop &
  Lurana (p. 338)
PHILIPS, Abigail b. February 13, 1753 dau. of Thomas & Ann (p. 280)
  Mary m. December 30, 1790 to James Tompson (p. 266)
  Richard b. April 13, 1791 son of Samuel & Eleanor (p. 370)
  Samuel b. in 1764, bapt. February 21, 1794 son of Jonathan & Susanna
    (p. 368)
  Saml m. January 14, 1790 to Eleabor Ball (p. 265)
  Stephen b. in 1768 bapt. March 22, 1794 son of Jonathan & Susanna (p. 368)
  Stephen m. November 12, 1795 to Rachall Pumphery (p. 389)
PHILLIPS, Amos b. January --, 1766 son of Phillop & Lewranea (p. 323)
  Sarah m. December 8, 1789 to Josias Simpson (p. 264)
PHILLOPS, Bedder husband of Verlinder (p. 326)
  John Dawson b. September 30, 1765 son of Bedder & Verlinder (p. 326)
  Vialinder bapt. November 6, 1768 dau. of Lurana & Bedder (p. 344)
PHILPES, Benjamin (see Phelpes) bapt. April 1765 of Robert & Sarah (p. 324)
PHILPOTT, Elizabeth Waring (see Filpot) b. December 15, 1767, bapt.
  January 24, 1768 dau. of Barton & Martha (p. 342)
PHUPHERRE(?), Sarah b. February 17, 1790 dau. Saml & El---- (p. 369)
PICKERING, Lewranah b. February 19, 1763 dau. Ralph & Elizabeth (p. 315)

KING GEORGE'S PARISH

Samuel bapt. April 18, 1762 son of Thomas (p. 306)
PICKRELL, Joseph b. ---- 1721 (twin) son Thomas & Eliza (Marloy) (p. 254)
Mary b. ---- 1721 (twin) dau. of Thomas & Eliza (Marloy) (p. 254)
Ralph b. May 3, 1719 son of Thomas & Eliza Marloy (p. 254)
Sarah b. May 7, 1715 dau. of Thomas & Eliza Marloy (p. 254)
Thomas m. October 15, 1712 to Eliza Marloy (p. 254)
PILES, Ann m. October 12, 1786 to John Allen (p. 261)
Elinor bapt. December 8, 1751 dau. of William & Margaret (p. 275)
Elizabeth bapt. August 3, 1766 dau. of Dorathey (p. 335)
Frances bapt. February 7, 1762 dau. Francis & Dorathey (p. 304)
Hunter b. May 30, 1721 son of John & Mary (p. 257)
John b. March 11, 1728 son of John & Mary (p. 257)
Lucy b. November 7, 1753 dau. of Francis & Dorothy (p. 283)
Mary b. January 18, 1722 dau. of John & Mary (p. 257)
Mary m. January 16, 1738/9 to John Lanham ye 3rd (p. 268)
Mary Dickinson b. May 28, 1755 dau. of Francis & Dorothy (p. 288)
Sarah b. August 24, 1757 dau. of Francis & Dorothy (p. 301)
Sarah b. August 2, 1774 dau. of Osburn & Mary (p. 359)
Thomas Richard b. January 17, 1729 son of John & Mary (p. 257)
Wm. b. December 24, 1724 son of John & Mary (p. 257)
William b. December 14, 1761 son of Doctor Richard & Elizabeth (p. 304)
PIRKIN, ---- b. December 2, ---- son of John (p. 259)
---- b. February 10, 172- dau. of John & Doraty (p. 259)
John ? b. January 19, 1728 son of John & Doraty (p. 259)
PIRKINS, Ann b. October 5, 1765 dau. of John & Ann (p. 326)
James bapt. August 11, 1765 son of James & Elizabeth (p. 326)
Rachill b. November 5, 1763 dau. of John & Ann (p. 316
Rebecca bapt. April 28, 1765 dau. of Richard & Lucey (p. 324)
Zilfa bapt. August 7, 1768 dau. of Richd & Lucey (p. 338)
PLAFAY, Mary m. August 28, 1749 to John Lawrance (p. 270)
POMFREY, Sarah b. August 14, 1774 dau. of Elizabeth & William (p. 356)
POMPHREY, James m. December 27, 1786 to Uslity Osbern (p. 261)
Mary b. August 22, 1772 dau. of William & Elizabeth (p. 358)
POOER, Elizabeth b. February 18, 1714 dau. of Robt. & Anne Lewis (p. 246)
Ellinor b. December 10, 1722 dau. of Robt. & Anne Lewis (p. 246)
Mary b. October 4, 1711 dau. Robt. & Anne Lewis (p. 246)
Robt m. June 27, 1710 to Anne Lewis (p. 246)
POOR, Rachel b. January 8, 1759 dau. of Robt & Mary (p. 301)
POPE, Amealea bapt. July 3, 1763 dau. of Nathaniel & Elizabeth (p. 311)
Amelia m. December 18, 1787 to Joseph Pope Junr (p. 263)
Ann b. August 31, 1775 dau. of Nathaniel & Elizabeth (p. 360)
Ann m. February 5, 1795 to Daniel Been (p. 388)
Els m. January 7, 1790 to Thos. Swearingen (p. 264)
Elizabeth b. April 18, 1773 dau. of Nathaniel & Elizabeth (p. 359)
Elizabeth b. November 6, 1773 dau. of Joseph & Elizabeth (p. 359)
Elizabeth m. July 31, 1794 to Philip Soper (p. 388)
Elizabeth confirmed November 23, 1793 (p. 383)
Joseph confirmed November 23, 1793 (p. 383)
Joseph died March 9, 1798 (p. 398)
Joseph Junr m. December 18, 1787 to Amelia Pope (p. 263)
Levi m. December 26, 1793 to Eleanor Stone (p. 387)
Margaret m. February 15, 1798 to Mareen Duvall Soper (p. 390)
Nathaniel bapt. July 3, 1768 son of Nathaniel & Elizabeth (p. 343)
Priscilla bapt. February 2, 1766 dau. of Nathaniel & Elizabeth (p. 323)
Priscilla m. December 24, 1789 to Zephaniah Stone (p. 264)

KING GEORGE'S PARISH

PORE, Elizabeth b. May 15, 1762 dau. of Robert & Mary (p. 309)
POSEY, Zachariah m. April 10, 1792 to Elizabeth Hamilton (p. 391)
POSTON, William m. December 27, 1797 to Elizabeth Gardner (p. 390)
POWEL, Ann bapt. January 1, 1769 dau. of John & Sarah (p. 345)
POWEL(?), Hennurilla bapt. March 29, 1752 dau. of Saml & Mary (p. 275)
    John Burrows bapt. February 12, 1764 son of John & Sarah (p. 332)
    William Palmer b. May 9, 1766 son of John & Sarah (p. 329)
POWER, Charlotte b. April 6, 1772 dau. of John & Elizabeth (p. 354)
    George b. March 16, 1775 son of John & Elizabeth (p. 352)
    Robert m. October 5, 1752 to Mary Barker (p. 274)
    William bapt. February 4, 1753 son of John & Jane (p. 277)
PRATER, Elizabeth m. June 14, 1787 to Jacob Crawford (p. 262)
    Thomas bapt. April 10, 1768 son of Zefaniah & Rachel (p. 343)
    Zephaniah m. May 12, 1791 to Nancy Tinkins (p. 266)
PRATHER, Eleanor m. February 18, 1797 to Jacob Thralls (p. 389)
PRICE, Benedict Beall bapt. May 10, 1767 son of Benoney & Mary (p. 339)
    Benjamin Neale b. January 13, 1798 son of William & Elizabeth (p. 399)
    Fredrick bapt. August 18, 1765 son of Benony & Mary (p. 334)
    Ignatius b. September 15, 1754 son of Benoni & Mary (p. 287)
    Loyd Beall bapt. October 23, 1763 son of Benoney & Mary (p. 312)
    Peter m. December 6, 1787 to Jane Wedgeworth (p. 262)
    Priscila b. March 20, 1792 dau. of Richard & Rachel (p. 370)
    Reason bapt. 1761 son of Benony & Mary (p. 303)
    William bapt. April 3, 1768 son of John & --- (p. 337)
    William m. December 3, 1793 to Elizabeth Verlimion (p. 387)
PRIGG, Margaret b. May 2, 1775 dau. of Josias & Mary (p. 360)
PRITCHETT, John m. March 2, 1701 to Elisabeth Bener - son of Michll (p. 239)
    John b. September 11, 1707 son of John & Elisabeth Bener (p. 239)
    Marey b. March 12, 1708 dau. of John & Elisabeth Bener (p. 239)
    Thomas b. March 15, 1710 son of John & Elisabeth Bener (p. 239)
    William b. October 2, 1703 son of John & Elisabeth Bener (p. 239)
PUMMERY, Sarah b. October 9, 1794 dau. of Francis & Janne (p. 393)
PUMPHERY, Rechall m. November 12, 1795 to Stephen Philips (p. 389)
    Sarah m. September 3, 1795 to Jesse Phelps (p. 388)
    William m. February 5, 1792 to Mary Rollings (p. 391)
PUMPHRY, Wm b. July 25, 1787 son of Samuel & Elizabeth (p. 367)
PURDEY, Henry b. April 23, 1762 son of Henry & Sarah (p. 309)
    John Hosey b. May 19, 1764, bapt. August 5, 1764 son of Henry & Sarah (p. 319)
    Sarah Ann bapt. April 10, 1768 dau. of Henry & Sarah (p. 343)
PURKINS, Samuel m. February 12, 1797 to Mary Warner (p. 389)
    Sarah b. February 9, 1799 dau. of Samuel & Mary (p. 397)
PYE, Edwd m. February 25, 1735 to Sarah Queen (p. 255)
    Eliza b. December 15, ---- dau. of Edwd & Sarah (p. 255)
QUEEN, Edward b. January 15, 1726 son of Samll & Sarah Edelen (p. 255)
    Henry b. October 14, 1729 son of Samuel & Sarah (p. 255)
    Katherine b. October 2, 1731 dau. of Samuel & Sarah (p. 255)
    Samll m. February 27, 1723 to Sarah Edelen (p. 255)
    Samll b. January 13, 1724 son of Samll & Sarah Edelen (p. 255)
    Sarah b. October 9, 1734 dau. of Samuel & Sarah (p. 255)
RAND, Mary m. April 25, 1721 to John Smith (p. 245)
RANSOM, Abigail (?) b. December 25, 1753 dau. of Richard & Abigail (p. 283)
RAY, Magdlen m. August 31, 1713 to John Locker (p. 254)
    Walter m. January 3, 1792 to Rebecca Bershears (p. 391)
READEN, Mary m. December 29, 1787 to Joshua Cissell (p. 263)

KING GEORGE'S PARISH

READER, Daniel m. December 18, 1794 to Cavy Leman (p. 388)
READY, Danil bapt. June 19, 1763 son of John & Easter (p. 313)
   Elenor bapt. October 6, 1765 dau. of John & Easter (p. 328)
REDDEN, Katherine b. January 14, 1775 dau. of John & Ruth (p. 356)
REDDING, John bapt. April 10. 1768 son of John & Ruth (p. 343)
REDEN, Harriat b. November 21, 1772 dau. of John & Ruth (p. 350)
REDMAN, Charles b. May 24, 1757 son of John & Sarah (p. 327)
   Charles King b. August 7, 1774 son of John & Clo (p. 356)
   Francis bapt. July 19, 1752 son of John & Sarah (p. 277)
   Jesey King b. October 31, 1760 son of John & Sarah (p. 327)
   Joseph b. June 6, 1755 son of John & Sarah (p. 288)
   Lewey b. August 12, 1763 son of John & Sarah (p. 327)
   Josias Wynn b. December 19, 1785 son of John & Cloey (p. 365)
REEVES, Elizabeth b. October 22, 1759 dau. of William & Ann (p. 299)
   Josias b. February 15, 1757 son of William & Ann (p. 299)
RENOLDS, Nathan Orme bapt. September 17, 1766 son of Charles & Ann (p. 335)
RHYON, Cloe m. February 14, 1790 to Gab Sinklar (p. 265)
RIAGES, Mary m. August --, 1722? to John Talburt (p. 241)
RICHARD, Leonard b. December 2, 1787 son of Ceser & Prissilla (p. 366)
RICHARDS, Creacy b. September 14, 1792 dau. of Richard & Doratha (p. 372)
   James m. December 20, 1796 to Ann Marlow (p. 389)
   James Slow n. November 26, 1793 son of William & Cloe (p. 377)
   Leonard Ranson b. May 7, 1794 son of Ceasar & Priscilla (p. 377)
   Mary m. January 19, 1797 to Samuel Marlow (p. 389)
   Reason b. March 27, 1796 son of Richard & Doratha (p. 401)
   Sarah Ann b. August 19, 1794 dau. of Samuel & Easter (p. 377)
   Wm m. January 27, 1790 to Cloe Smawood (p. 265)
   William b. February 14, 1797 son of William & Chole (p. 402)
RICHARDSON, James Smith b. October 16, 17-- son of Mark & Mary (p. 363)
   Josias Winn m. March 23, 1790 to Eleanor Vermilion (p. 265)
   William confirmed November 23, 1793 (p. 384)
RICHERSON, Mary b. January 12, 1791 dau. of Mark & Mary Ann (p. 369)
RIDDLE, Andrew bapt. May 27, 1764 son of Andrew & Jane (p.318)
   Elizabeth Lunn bapt. May 31, 1767 dau. of Jacob & Sarah (p. 339)
   Jacob b. May 26, 1764 bapt. August 5, 1764 son Jacob & Sarah (p. 319)
   Linney bapt. September 1763 dau. of Samuel & Sarah (p. 312)
RIDEOUT, Samuel m. December 23, 1790 to Mary Grafton Addison (p. 265)
RIDGEWAY, Basil b. June 11, 1797 son of Basil & Elizabeth (p.400)
   Charity confirmed November 23, 1793 (p. 384)
   Elizabeth confirmed November 23, 1793 (p. 384)
   James b. November 29, 1774 son of Richard & Charity (p. 356)
   James confirmed November 23, 1793 (p. 384)
   Jesse b. November 3, 1772 son of Robert & Martha (p. 358)
   Jonathan b. January 18, 1787 son of Richard & Charity (p. 368)
   Mordeca b. October 5, 1772 son of Richard & Charity (p. 353)
   Mordecai confirmed November 23, 1793 (p. 384)
   Mordicai m. November 30, 1794 to Eleanor Soper (p. 388)
   Zachariah b. January 5, 1776 son of Robert & Martha (p. 360)
RIDGWAY, Babba b. February 15, 178- dau. of Richard & Charity (p. 361)
   Elizabeth b. October 9, 1714 dau. of John (p. 256)
   Elizabeth m. July 24, 1792 to Benoni Soper (p. 392)
   John b. September 1, 1716 son of John (p. 256)
   Jonathan b. March 23, 1717 son of John (p. 256)
   Mary b. July 9, 1774 dau. of Robert & Martha (p. 359)
   Rebecca b. February 5, 1721 dau. of John (p. 256)

KING GEORGE'S PARISH

Robt. b. March 25, 1713 son of John (p. 256)
RIGHT, Thomas b. April 6, 1773 son of Thomas & Elizabeth (p. 350)
RIGWAY, Mary Ann bapt. November 15, 1767 dau. of William & Sarah (p. 340)
RIKRELL, Ellender b. February 20, 1754 dau. of Ralph & Elizabeth (p. 283)
RISTON, Basil m. December 6, 1787 to Ann Bonnifield (p. 263)
  Elisha m. February 7, 1790 to Ann Mayoh (p. 265)
  Rebecca m. April 21, 1792 to Middleton Mitchel (p. 391)
ROBERSON, Ann b. December 26, 1794 dau. of Hezikiah & Mary (p. 376)
  Benjamin b. September 28, 1795 son of George & Violinder (p. 393)
  Elizabeth Ann b. July 15, 1793 dau. of George & Verlinder (p. 375)
  Mary b. August 22, 1793 dau. of Charles & Letty (p. 375)
  Priscilla Foard b. October 26, 1795 dau. Benjamin & Sarah (p. 393)
ROBERTS, Elizabeth bapt. April 18, 1762 dau. of Robert (p. 305)
  Henry Evons bapt. March 30, 1766 son of Sushanna (p. 329)
ROBERTSON, Mildred m. December 6, 1787 to Thomas Wise (p. 263)
ROBEY, Alleathy b. February 18, 1791 dau. of Henry Barnes & Anne (p. 369)
  Elizabeth H. b. January 3, 1797 dau. of Townley & Ann (p. 401)
  Hally Baney m. January 27, 1791 to Thomas Jefferys (p. 266)
  Henley b. January 14, 1801 bapt. March 22, 1801 son of Charles & Ann (p. 404)
  Hezikiah b. February 26, 1794 son of George & Elizabeth (p. 377)
  Michael m. December 27, 1790 to Elizabeth Jarman (p. 266)
  Mildred m. December 27, 1738 to John Wynn Junr (p. 289); d. May 22, 1777 in the 54th year of her age (p. 290)
  Sarah Jarman b. September 14, 1794 dau. of Michel & Elizabeth (p. 378)
  Velinder b. December 7, 1761 dau. of Thomas & Dorathey (p. 304)
  William Harington b. May 12, 179-? son of John Harrys & --- (p. 371)
ROBINGSON, James bapt. January 30, 1763 son of Isaac (p. 313)
ROBINS, Thomas b. May 27, 1740 son of William & Anne (p. 269)
ROBINSON, Amelea b. November 22, 1775 dau. of James & Mary (p. 360)
  Ann m. April 5, 1795 to Aquilo Brecco (p. 388)
  Arthor Samuel b. February 18, 1775 son of John Crown & Verlender (p. 356)
  Catherine b. November 6, 1735 dau. of Charles & Ann Gohte (p. 268)
  Charity b. March 5, 1729 dau. of Charles & Ann Gohte (p. 257)
  Charity b. May 23, 1754 dau. of Charles & Ann (p. 284)
  Charles m. May 26, 1728 to Ann Gohtle (p. 257)
  Charles b. April 15, 1731 son of Charles & Ann Gohte (p. 268)
  Charles m. February 11, 1790 to Vilitter Jones (p. 265)
  Charles Downs b. February 9, 1785 son of Sarah (p. 361)
  Elenor b. June 20, 1738 dau. Charles & Ann Gohte (p. 268)
  Elinor b. December 9, 1753 dau. of Isaac & Eliz: (p. 283)
    b. December 10, 1753 dau. of Isaac & Eliz: (p. 302)
  Elizabeth b. April 13, 1741 dau. of Peter & Anne (p. 268)
  Elizabeth b. September 20, 1774 dau. of Basil & Martha (p. 259)
  Elizabeth Johnson b. April 1, 1772 dau. John & Crucilla (p. 354)
  Elizth Lewin b. January 23, 1756 dau. of James & Mary (p. 291)
  Henry b. July 20, 1772 son of Benjamin & Priscilla (p. 358)
  James b. July 6, 1733 son of Charles & Ann Gohte (p. 268)
  James b. July 5, 1742 son of Peter & Anne (p. 268)
  James b. August 27, 1762 son of John & Penalopey (p. 307)
  John m. June --, 1721 to Hestor Macklenane (p. 247)
  Jno b. October 30, 1756 son of Isaac & Elizth (p. 302)
  Leonard b. February 17, 1759 son of Isaac & Elizth (p. 302)
  Mary b. December 5, 1740 dau. of Charles & Ann Gohte (p. 268)
  Mary b. February 4, 1759 dau. of James & Mary (p. 301)

KING GEORGE'S PARISH

Mary b. August 6, 1764 dau. of Robert & Rachill (p. 319)
Mary b. October 24, 1772 dau. John Crown & Verlinder (p. 350)
Nancy b. March 9, 1773 dau. of Basil & Patty (p. 358)
Peter m. December --, 1740 to Anne Athey (p. 268)
Rachel b. February 24, 1774 dau. of James & Mary (p. 359)
Robert b. August 18, 1772 son of Nathan & Elizabeth (p. 358)
Sarah b. August 22, 1761, bapt. October 18, 1761 dau. of James & Mary (p. 303)
Sarah b. October 18, 1772 dau. of James & Mary (p. 358)
Sarah Elizabeth Ford b. March 2, 1775 dau. Benjn. & Priscilla (p. 356)
Sarah Elizth Ford m. December 30, 1795 to Zephaniah Martin (p. 389)
Thomas Sedgwick b. September 22, 1747 son of James Sen. (p. 273)
Verlinder b. April 10, 1753 dau. of James Junr & Mary (p. 280)
William bapt. June 30, 1765 son of Benjamin & Priscilla (p. 324)
William Calvert b. January 9, 1776 son of Basil & Martha (p. 353)
Wm Foorel b. October 26, 1756 son of Jno & Penelopy (p. 293)
Zachariah bapt. June 6, 1762 son of Robert & Rachell (p. 309)
ROBISON, James b. June 27, 1793 son of Elijah & Jamimi (p. 372)
ROBY, James m. January 5, 1796 to Mary Walker (p. 389)
Millisaint b. April 2, 1787 dau. of John & Letisher (p. 363)
Sarah Ann b. February 28, 1798 dau. of James & Mary (p. 400)
Therodora b. --- 1793 son of Henry Barnes & Ann (see Robey) (p. 375)
ROLAND, Elizabeth Martin bapt. April 7, 1768 dau. Thomas & Ann (p. 342)
Priscilla (see Rowland) bapt. March 23, 1766 dau. of George & Rebecca (p. 325)
ROLINGS, John b. May 15, 1792 son of Luke & Elizabeth (p. 371)
ROLLINGS, Elizabeth b.March 1, 1788 dau. of Luke & Elizabeth (p. 382)
Mary m. February 5, 1792 to William Pumphery (p. 391)
ROSS, Ariana m. December 16, 1791 to John Stewart (p. 391)
Elizabeth m. November 20, 1788 to William Wise (p. 264)
ROSTON, Elizabeth B. b. January 17, 1797 dau. Frederick & Elizabeth (p. 394)
Zadoc b. October 31, 1794 son of Zadoc & Elizabeth (p. 393)
ROW, Daniel bapt. March --, 1765 son of Thomas & Elizabeth (p. 327)
ROWE, William b. July 18, 1752, bapt. August 16, 1752 son of John & Christian (p. 274, 277)
William b. June 15, 1773 son of Anthony & Sarah (p. 354)
ROWLAND, Gordon bapt. January 14, 1753 son of George & Rebecca (p. 277)
John bapt. September --, 1763 son of George & Rebecca (p. 313)
Rhoderick b. November 13, 1754 son of George & Rebecca (p. 287)
ROWLING, Rebeccah b. May 1, 1774 dau. of Thomas & Ann (p. 351)
Robert b. September 1, 1772 son of Thomas & Ann (p. 354)
ROWLINGS, Drucilla b. May 7, 1773 dau. of Robert & Martha (p. 354)
John m. January 5, 1796 to Catharine Smallwood (p. 389)
RUSSELL, Elizabeth b. April 9, 1776 dau. of Abraham & Ann (p. 353)
RYLE, Delezer Mr Guyr ? b. June 7, 1793 dau. Thomas & Cassy (p. 373)
John m. August 26, 1790 to Willey Clarke (p. 265)
RYLEY, Nancey b. February 10, 1798 dau. of Thomas & Keziah (p. 397)
StCLARE, Dorothey b. February 4, 1761 dau. of Robert & Rebecca (p. 309)
ST.CLARE, George b. April 14, 1763 son of Robert & Rebeccah (p. 311)
SALTER, Thomas b. September 30, 1775 son of Thomas & Margaret (p. 360)
SAMMERS, Paul b. August 30, 1763 son of George & Elizabeth (p. 316)
SANCER, John m. January 24, 1797 to Ann Coster (p. 389)
SANSBURY, Alayiann Katurah Frazer b. November 22, 1786 dau. of John & Elenor (p. 366)
Arnold Middleton b. February 21, 1776 son of John & Eleanor (p. 353)

KING GEORGE'S PARISH

Mary Ann b. November 18, 1787 dau. of Francis & Jamima (p. 362)
Mary Ann b. October 27, 1787 dau. of Francis & Jemima (p. 368)
SARATT, Sushanah m. --- to Henry Dickinson (p. 245)
SARCE (see Searse), James bapt. September 4, 1768 son of John & Rachel (p. 341)
SCARCE, Elizabeth b.May 17, 1774 dau. of David & Casander (p. 359)
  James Norton b. September 26, 1774 son of Shadrach & Eleanor (p. 359)
  Rebecca m. February 27, 1794 to John Summers (p. 387)
  Sarah m. January 2, 1793 to Nathaniel Summers (p. 392)
SCARITT, Mary m. July 29, 1738 to Jonathan Nixon (p. 333)
SCISILL, Verlindo Thomas b. October 27, 1764 dau. Phillop & Elizabeth (p. 320)
SCOT, John m. May 12, 1788 to Mary Cramphin (p. 263)
  Samuel m. September 25, 1787 to Ann Tarlton (p. 262)
SCOTT, Amma b. --- 1759 dau. of Henry & Mary (p. 299)
  Ann m. --- to Joseph Newton (p. 267)
  Elenor bapt. July 4, 1762 dau. of John & Mary (p. 309)
  Elizabeth b. September 25, 1764 dau. of Zacharish & Elizabeth (p. 320)
  Elizabeth b. January 25, 1797 dau. William & Rebecah (p. 402)
  Henley Fenley b. March 25, 1798 son George & Verlinder (p. 397)
  Henry b. November 1771 son of Zachariah & Elizabeth (p. 350)
  James m. February 5, 1797 to Mary Humpherys (p. 389)
  James Wood bapt. September 16, 1766 son of Zachariah & Elizabeth (p: 335)
  John Simpson bapt. April 12, 1767 son of John (p. 336)
  John Smith bapt. August 31, 1766 son of Henry & Mary (p. 330)
  Mary Ann b. March 19, 1773 dau. of John & Mary (p. 354)
  Quila Ann b. February 17, 1774 dau. Zachariah & Elizh (p. 355)
  Rachel b. March 26, 1755 dau. of Henry & Mary (p. 288, 299)
  Ruth bapt. October 28, 1764 dau. of Zachariah (p. 320)
  Sarah b. February 2, 1764, bapt. March 4, 1764 dau. of John (p. 332)
  Sushanna bapt. November 24, 1764 dau. of John & Mary (p. 326)
  Thomas b. July 17, 1763 son of Zachariah & Elizabeth (p. 316)
  William bapt. May 15, 1768 son of Zachariah & Elizabeth (p. 337)
  William m. February 22, 1792 to Rebecca Hardey (p. 391)
  Zachariah b. January 14, 1763 son of John & Mary (p. 316)
SCUDAMORE, Virlinder b. August 4, 1757 dau. Baldwin & Elizabeth (p. 301)
SEARCE, Malindo Ann bapt. May 18, 1766 dau. of Nathan & Sushanna (p. 330)
  Robert bapt. August 10, 1766 son of David & Kesander (p. 339)
SELBY, Elizabeth m. April 3, 1791 to Joshua Masters (p. 265)
  John b. March 18, 1790 son of Henry & Violender (p. 380)
  Mary m. June 23, 1794 to Azariah Gatting (p. 388)
SELVY, Elizabeth b. October 4, 1787 dau. of Henry & Virlinder (p. 367)
SHANKS, William b. September 18, 1775 son of Thomas & Susana (p. 352)
SHAREWOOD, Bennet Slater b. June 1, 1788 son John Brown & Gatta (p. 366)
  Cloe b. May 26, 1787 dau. of Job & Cassandra (p. 367)
SHARIFF, Henderson b. June 4, 1794 son of Joshua & Rhody (p.394)
SHARPE, John Olever, b. July 8, 1763, bapt. March11, 1764 son of John & Mary (p. 322)
  Mary bapt. February 26, 1764 dau. of John & Mary (p. 322)
SHAW, Ann m. August 22, 1791 to Thos. Lanham (p. 266)
  Billy b. December 7, 1749 son of Jno. & Sarah (p. 270)
  Eliz. b. October 26, 1743 dau. of John & Sarah (p. 270)
  Elizabeth b. September 19, 1771 dau. of Josias & Mary (p. 360)
  James b. December 22, 1769 son of Josias & Mary (p. 360)
  Jno. b. September 17, 1755 son of Jno & Sarah (p. 270)

KING GEORGE'S PARISH

Joseph b. May 28, 1737 son of John & Eliz. (p. 270)
Joseph b. March 1, 1776 son of John & Jane (p. 352)
Joseph b. June 2, 1786 son of Wm & Priscilla (p. 363)
Luke Lucis b. August 2, 1796 son of William & Priscilla (p. 401)
Mary b. December 1, 1747 dau. of Jno & Sarah (p. 270)
Mary b. November 30, 1775 dau. of Bille & Sarah (p. 352)
Sarah b. October 28, 1751 dau. of John & Sarah (p. 270)
    bapt. December 8, 1751 (p. 275)
Sarah b. June 2, 1786 dau. of Wm. & Priscilla (twin-Joseph) (p. 363)
William b. September 8, 1767 son of Josias & Mary (p. 360)
SHAWOOD (see Sharewood), Hezekiah b. July 5, 1796 son John & Cassinder (p. 394)
SHEARWOOD, Rodey Swann bapt. February 12, 1764 dau. of Thomas & Ann (p. 332)
SHEKLE, Elizabeth b. October 23, 1774 dau. of Hezekiah & Hanna (p. 356)
SHELTON, Alice Coston bapt. December 19, 1762 dau. of Francis & Elizabeth (p. 308)
SHELSTON, M. b. July 16, 1742 dau. of William & Katherine (p. 269)
William m. November 25, 173- to Katherine Neall (p. 269)
Wm. Neall b. December 25, 1739 son of William & Katherine (p. 269)
SHERWOOD, Job bapt. December 15, 1751 son of Thomas & Ann (p. 275)
Lucy m. December 16, 1791 to John Hearbot (p. 391)
Thomas b. December 14, 1755 son of Thomas & Ann (p. 291)
SHESKLEY, John b. November 5, 1727 son of William & Mary (p. 250)
Thomas b. October 12, 1724 son of William & Mary (p. 250)
SHIDMORE (see Scudamore), Samuel b. October 12, 1763 son of Bauldin & Elizabeth (p. 316)
SHORT, Rhoda m. September 3, 1786 to Leven Club (p. 261)
SHORTE, James m. December 14, 1791 to Mary McCasllin (p. 391)
SHRIFF, John bapt. December 12, 1762 son of John & Elizabeth (p. 308)
SHUTT, Mary b. March 14, 1754 dau. of John & Judith (p. 284)
SIBROE, Sarah b. June 16, 1754 dau. of Samuel & Elizabeth (p. 288)
SIMMONS, Martha bapt. May 10, 1767 dau. of Samuel & Linney (p. 339)
Susanna b. September 7, 1775 dau. of Jonathan & Elizabeth (p. 360)
SIMMS, Elizabeth m. March 2, 1794 to Francis Tolson (p. 387)
SIMNER, Murrier b. October 8, 1799 dau. of Mary (p. 345)
SIMPSON, Andrew b. March 11, 1754 son of Andrew & Alice (p. 284)
Ann bapt. January 26, 1752 dau. of John & Sarah (p. 275)
Ann b. March 15, 1796 dau. of Lewin & Elizabeth (p. 394)
Bradly Hawkins b. January 19, 1797 son of John & Mary Dent (p. 401)
Eleanor King b. June 25, 1791 dau. of Thomas & ---? (p. 371)
Electious P. b. February 1, 1796 son of Thomas & Ruth (p. 402)
Elizabeth Ann m. April 20, 1794 to Thomas Harvey (p. 388)
Ellender b. February 23, 1755 dau. of John & Sarah (p. 287)
Frances m. March 15, 1795 to Edward Delehunt (p. 388)
Hansan Morriss b. November 26, 1792 son of John & Mary (p. 373)
Hezekiah b. September 10, 1753 son of John & Sarah (p. 280)
James King b. April 5, 1788 son of Thomas & Ruth (p. 382)
Jane bapt. August 2, 1752 dau. of Andrew & Alice (p. 277)
John b. March 18, 1760 son of John & Sarah (p. 299)
John b. June 4, 1765 son of James & Priscilla (p. 326)
John m. April 22, 1788 to Mary Dent Morris (p. 263)
John b. September 3, 1792 son of Josias & Sarah (p. 370, 373)
Joseph m. February 3, 1788 to Rachel Galworth (p. 263)
Josias bapt. August --, 1763 son of John & Sarah (p. 315)
Josias m. December 8, 1789 to Sarah Phillips (p. 264)

KING GEORGE'S PARISH

Lewin b. September 3, 1767 son of James & Priscilla (p. 341)
Lewin m. November 18, 1794 to Elizabeth Burch (p. 388)
Libby b. August 14, 1757 dau. of Gilbert & Mary (p. 301
Lloyd b. January 27, 1789 son of John & Mary Dent (p. 379)
Mary Ann bapt. April 18, 1762 dau. of Gilbert & Mary (p. 305)
Mary Ann b. October 26, 1769 dau. of John & Sarah (p. 344)
Mildred b. September 13, 1775 dau. of Joseph & Charity (p. 356)
Phillop Tenaley b. October 1, 1764 son of Joseph & Charity (p. 320)
Priscilla b. April 28, 1773 dau. of James & Priscilla (p. 355)
Priscilla M. b. November 13, 1794 dau. of John & Mary Dent (p. 397)
Priscilla Morriss b. January 5, 1799 dau. Lewin & Elizabeth (p. 403)
Rebecca m. December 9, 1790 to John Emberson (p. 266)
Sarah bapt. September 30, 1764 dau. of Gilbert & Mary (p. 317)
Sarah Ann b. November 6, 1775 dau. of James & Priscilla (p. 353)
Susanna b. June 24, 1772 dau. of John & Sarah (p. 350)
Susanna m. December 16, 1792 to Aquila Emmerson (p. 392)
Thomas b. October 5, 1763 bapt. November 13, 1763 (p. 316)
Thomas bapt. April 3, 1768 son of Thomas (p. 337)
Thomas b. October 5, 1768 son of Joseph & Charity (p. 338)
Thomas m. April 10, 1787 to Ruth King (p. 262)
SIMS, Elizabeth b. September 12, 1725 dau. of Alexander & Ruth (p. 250)
SIMSON, Mary Ann m. December 27, 1789 to William Emberson (p. 264)
  Verlinder (see Simpson) b. April 7, 1772 dau. of Gilbert & Mary (p. 350)
SINCLAIR, Archibald b. June 20, 1774 son of William & Lydda (p. 351)
SINKCLARE, John bapt. December 21, 1766 son of William & Ledea (p. 325)
SINKCLEAR, Elizabeth b. January 3, 1765 dau. of William & Lidea (p. 324)
SINKLAR, Gal m. February 14, 1790 to Cloe Rhyon (p. 265)
SINT CLARE, James bapt. July 3, 1763? son of William & Lidey (p. 311)
SISCILL, Elizabeth Solers bapt. May 26, 1765 dau. of Zefaniah (p. 334)
SISSILL, Zefaniah b. January 25, 1763 son of Phillip & Elizabth (p. 311)
SISSLE, Samuel b. December 24, 1773 son of Philip & Elizabeth (p. 359)
  Zachariah b. January 28, 1776 son of Philip & Elizabeth (p. 353)
SKINNER, Mary m. January 21, 1794 to Samuel Dorsett (p. 387)
SLATER, Jane b. March 24, 1773 dau. of Richard & Jane (p. 350)
  Mary b. March 3, 1776 dau. of Richard & Jane (p. 352)
  Reason b. February 20, 1792 son of John & Elizabeth (p. 372)
  Richard b. August 16, 1794 son of John & Elizabeth (p. 377)
SLOYWOOD, Sarah bapt. July 4, 1762 dau. of Robert & Kesander (p. 309)
SMALLWOOD, Ann Middleton b. June 25, 1755 dau. of John & Ann (p. 288)
  Anne m. February 5, 1717 to John Winn (p. 249)
  Basil m. May 13, 1787 to Mary Gauff (p. 262)
  Bayne bapt. March 1, 1752 son of Thomas & Mary (p. 275)
  Bean b. May 14, 1796 son of Hezekiah & Cathrine (p. 401)
  Catharine m. January 5, 1796 to John Rowlings (p. 389)
  Elizabeth m. June 18, 1787 to Smallwood Cawood (p. 262)
  Francis Heard bapt. May 25, 1766 son of James & Sushanna (p. 325)
  John b. January 2, 1763 son of Eliga & Sarah (p. 315)
  John m. December 16, 1787 to Cloe Wilson (p. 263)
  Martha m. August 5, 1787 to Robert Abercromby (p. 262)
  Mary Ann b. January 16, 1792 dau. Basil & Susanna (p. 400)
  Samuel m. March 29, 1795 to Leonora Fenton (p. 388)
  Sarah funeral August 20, 1792 (p. 398)
  Walter B. m. April 30, 1796 to Elizabeth Noble (p. 389)
SMAWOOD, Cloe m. January 24, 1790 to Wm. Richards (p. 265)
SMITH, Amelia b. April 10, 1793 dau. of John & Rachel (p. 374)

KING GEORGE'S PARISH

Ann b. September 2, 1768 dau. of James & Mary (p. 338)
Ann m. September 10, 1791 to Joseph Athey (p. 266)
Elenor bapt. April 22, 1764 dau. of Launder & Martha (p. 318)
Elenor b. November 22, 1762 dau. of John & Charety (p. 315
Elinor m. June 17, 1709 to Coll. Thomas Addison (p. 243)
Elinor b. October 15, 1737 dau. of Samuel & Grissel (p. 267)
Elizabeth bapt. October 11, 1763 dau. of John & Mary (p. 313)
Elizabeth bapt. July 7, 1765 dau. of David & Sarah (p. 334)
Elizabeth b. April 29, 1787 dau. of Cornelia & Susanah (p. 364)
Elizabeth Ann b. April 1, 1799 dau. of William & Mary (p. 403)
Fielder b. November 9, 1787 son of James & Rachel (p. 382)
Henry b. February 4, 1757 son of Jas & Mary (p. 282)
Henry b. February 2, 1768 son of John & Ann (p. 343)
James m. January 27, 1756 to Mary Welling (p. 282)
James b. September 5, 1759 son of Jas & Mary (p. 282)
Jamima m. February 27, 1794 to Levi Tolbert (p. 387)
John m. April 25, 1721 to Mary Rand (p. 245)
John b. December 15, 1735 son of Samuel Grissel (p. 267)
John bapt. August 18, 1765 son of John & Ann (p. 323)
Jno, son of Saml Smith, supposed to be father of Elizabeth by Eliza Eastern,, given to John Johnson (p. 299)
John Purkins b. April 10, 1796 son of James & Rechall (p. 401)
John Welling bapt. March 9, 1766 son of James & Mary (p. 329)
John Willm m. March 5, 1788 to Rachel Low (p. 263)
Kesandera b. May 6, 1762 dau. of Lander & Martha (p. 309)
Martha bapt. February 9, 1766 dau. of John & Elizth (p. 328)
Mary Ann bapt. June 9, 1765 dau. of J ohn & Charity (p. 324)
Neomi b. April 1, 1774 dau. of Orlander & Martha (p. 359)
Orlando b. February 17, 1766 son of Orlando & Martha (p. 330)
Robert b. June 29, 1768 son of John & Sarah (p. 338)
Robert Marten b. April 1, 1790 son of Thomas ? & Elizabeth (p. 380)
Sally b. March 5, 1772 dau. of Verlinder & Matthew (p. 358)
Samuel m. September 26, 1732 to Grissel Locker (p. 267)
Samuel b. April 8, 1755 son of Samuel & Grissel (p. 288)
Violender b. December 28, 1760 dau. of James & Mary (p. 294)
Whitfield bapt. April 10, 1768 son of Lander & Martha (p. 343)
William b. January 20, 1771 son of James & Mary (p. 346)
William m. May 14, 1791 to Mary Ann Webster (p. 266)
Zadoc bapt. May 12, 1751 son of Samuel & Grissel (p. 275)
SNELL, Elizabeth b. September 14, 1772 dau. of Leonard & Tracy (p. 354)
SOAPER, Elizth b. January 23, 1747 dau. of Jno & Martha (p. 292)
Mary b. December 31, 1753 dau. of John & Martha (p. 283)
Mary b. December 31, 1754 dau. of Jno & Martha (p. 292)
Rebecca m. December 23, 1790 to William Hurly (p. 266)
Sarah b. March 12, 1756 dau. of Jno & Martha (p. 292)
Susanna b. March 23, 1752, bapt. May 10, 1752 dau. of Jno & Martha (p. 292, 277)
Zadoc b. February 15, 1749 son of Jno & Martha (p. 292)
SOMMERS, Elizabeth m. July 21, 1791 to Ninian Willett (p. 266)
John Dent b. July 13, 1754 son of Thomas & Rachel (p. 284)
John Smith b. October 2, 1748, son of James & Mary (p. 271, 289)
Mary b. January 11, 1751 dau. of James & Mary (p. 289)
Sarah b. September 23, 1754 dau. of Dent & Maryan (p. 287)
Survina b. October 24, 1746 dau. James & Mary (p. 270, 271)
Virlinder b.July 11, 1753 dau. of James & Mary (p. 289)

KING GEORGE'S PARISH

Virlinder b. June 2, 1754 dau. of George & Elizabeth (p. 284)
SOPER, Mrs. died July 9, 1793 (p. 398)
Alexander b. March 7, 1772 son of Leonard & Elizabeth (p. 358)
Bassil bapt. April 19, 1767 son of John & Martha (p. 339)
Benjamin b. May 6, 1792 son of Nathan & Anna (p. 370)
Benomi b. January 15, 1775 son of Robert & Sarah (p. 359)
Benoni m. July 24, 1792 to Elizabeth Ridgway (p. 392)
Charles Bleadon bapt. October 23, 1763 son of Thomas & Sarah (p. 312)
Easther m. September 14, 1794 to John Walker Bushears (p. 388)
Eliza b. March 18, 1798 dau. of Philip & Elizabeth (p. 397)
James bapt. July 24, 1768 son of John & Ann (p. 343)
James d. November 23, 1795 (p. 398)
John b. September 2, 1773 son of Leonard & ELizabeth (p. 359)
John Oney b. June 17, 1793 son of Bena. Oney & Elizabeth (p. 376)
Joseph Belt bapt.July 26, 1767 son of Charles & Mary (p. 336)
Leven b. February 4, 1787 son of Leonard & Elizabeth (p. 362)
Mareen Duvall m. February 15, 1798 to Margaret Pope (p. 390)
Margery b. June 1, 1796 dau. of Philip & Elizabeth (p. 397)
Mary bapt. April 19, 1767 dau. of Lenard & Elizabeth (p. 339)
Mary m. February 8, 1789 to Basil Hurly (p. 264)
Nathan bapt. April 11, 1762 son of John & Martha (p. 305)
Nathan m. November 26, 1791 to Ann Dersey (p. 391)
Philip m. July 31, 1794 to Elizabeth Pope (p. 388)
Phillop Evans bapt. June 30, 1765 son of Alexander & Mary (p. 324)
Rebeccah b. April 20, 1764, bapt. June 24, 1764 dau. of John & Martha (p. 319)
Robert bapt. August 1763 son of Alexander & Mary (p. 315)
Robert b. October 2, 1796 son of Benoni & Elizabeth (p. 394)
Samuel bapt. January 1, 1769 son of Bassil & Massey (p. 345)
Sarah m. December 3, 1795 to Jesse Wheat (p. 389)
Thomas bapt. August 18, 1765 son of Thomas & Sarah (p. 334)
William Fredrick bapt. April 11, 1762 son of Thomas & Sarah (p. 305)
SOTHERN, Henry m. November 27, 1796 to Elizabeth Marbury (p. 389)
SOTHORN, Thomas m. January 21, 1798 to Mary McPherson (p. 390)
SPARKES, Jane bapt. November 6, 1768 dau. of Mathew & Margrey (p. 344)
Josias b. August 26, 1761 son of Mathew & Elenor (p. 303)
True Love b. July 21, 1764 dau. of Mathew & Elenor (p. 334)
SPARKS, Elizabeth bapt. November 2, 1766 dau. of Mathew & Margrey (p. 330)
Sarah b. May 23, 1753 dau. of Matthew & Elinor (p. 280)
SPEAK, Sarah b. August 10, 1761, bapt. September 6, 1761 dau. of Robert & Luckresha (p. 303)
SPOLLUXFIELD, Eliphelet b. January 8, 1757 son of James & Israel (p. 293)
SPRIGG, Josiah m. December 26, 1791 to Mary Crawford (p. 391)
Leven bapt. March 14, 1762 son of James & Elizabeth (p. 305)
Mary bapt. September 4, 1768 dau. of James & Elenor (p. 343)
Reason bapt. August 31, 1766 son of James & Elizabeth (p. 330)
STALIONS, Mr. m. December 1, 1791 to Michell (p. 266)
Verlinda m. April 24, 1791 to Humphrey Mockaby (p. 265)
STALLYONS, Jacob bapt. August 4, 1751 son of Joseph & Elizabeth (p. 275)
STAMP, Thomas m. August 28, 1797 to Catherine Curtin (p. 389)
STANDAGE, Merier b. January 8, 1794 dau. of Eleazer & Mary (p. 376)
STEAL, Mildred b. November 5, 1773 dau. of Alexander & Lydda (p. 351)
STEEL, Lydia bapt. October 22, 1752 dau. of John & Elizabeth (p. 277)
STEELE, Mary m. October 3, 1796 to Richard Bryan (p. 389)
STEPHENS, Mary m. --- 17, 1745 to Timothy Mahall (p. 269)

65

KING GEORGE'S PARISH

Robert bapt. March 28, 1762 son of Robert (p. 305)
Thomas b. August 1, 1745 son of William & Rebecca (p. 269)
William confirmed November 23, 1793 (p. 384)
STEOWT, Jno m. February 4, 1790 to Mary Dove (p. 265)
STEUART, Philip m. May 15, 1787 to Mary Marshall (p.262)
STEVENS, Elizabeth b. April 15, 1773 dau. of Thomas & Eleanor (p. 354)
  George Gardner b. February 11, 1773 son of William & Elizabeth (p. 354)
  Joanner C. m. October 13, 1764 to John Webster (p. 347)
  Lowey b. March 25, 1753 dau. of Henry & Blanch (p. 280)
  Martha bapt. March 1, 1752 dau. of Edward & Frans (p. 275)
  Mary Darnall b. --- 1774 dau. of Thomas & Eleanor (p. 351)
  William Darnall b. January 13, 1775 son of William & Elizabeth (p. 351)
STEWARD, John bapt. January 18, 1767 son of Edward & Charity (p. 335)
STEWART, James m. January 2, 1791 to Massey Burgess (p. 266)
  John m. December 16, 1791 to Ariana Ross (p. 391)
  Sarah b. January 21, 1797 dau. of James & Masse Ann (p. 399)
STEWERT, John b. January 19, 1797 son of John & Mary Eleanor (p. 401)
STODART, Mary Amney Truman b. January 12, 1764 dau. Kenalam Truman Stodart (p. 314)
STODDART, John Truman b. July 18, 1732 son John & Marianne Truman (p. 240)
STILES, John bapt. October 3, 1762 son of William & Vialender (p. 310)
STILLINGS, James Sprigg b. February 28, 1786son of Thomas & Elener (p. 362)
STODART, Ann Truman b. November 25, 1761 dau. Kenalam Truman Stodart (p. 304)
STODDART, James b. October 19, 1728 son of John & Marianna Truman (p. 240)
  Kenhelm Truman b. September 11, 1739 son of John & Marianne Truman (p. 240)
  Mary Truman b. November 28, 1744 dau. of John & Marianne Truman (p. 240)
  Richard Truman b. March 5, 1741/2 son of John & Marianne Truman (p. 240)
  Thomas Truman b. February 8, 1733/4 son of John & Marianne Truman Stoddart (p. 240)
  Walter Truman b. April 30, 1747 son of John & Marianne (p. 240)
  William Truman b. March 15, 1736/7 son of John & Marianne (p. 296)
STODDERT, Johana Truman b. August 30, 1765 dau. of William & Elizabeth (p. 296)
  Susanna m. May 25, 1775 to Horatio Middleton (p. 346)
  Susanna Trueman b. December 4, 1759 dau. of William & Elizabeth (p.396)
  Thomas James John b. February 19, 1763 son of William Truman & Elizabeth (p. 296)
STOE, Sarah bapt. June 7, 1767 dau. of Alexander & Lidea (p. 341)
STONE, Ann b. August 25, 1761 dau. of Joseph & Elizabeth (p. 304)
  Anne b. March 31, 1774 dau. of James & Martha (p. 355)
  Eleanor b. August 21, 1772 dau. of David & Susanna (p. 358)
  Eleanor m. December 26, 1793 to Levi Pope (p. 387)
  Elenor b. July 6, 1764 dau. of Joseph & Elizabeth (p. 319)
  Elizabeth b. October 4, 1790 dau. of Zepha? & Prissila twin (p. 370)
  Henry b. October 19, 1768 son of Joseph & Elizabeth (p. 338)
  Henry Evins b. April 19, 1775 son of John & Jemimah (p. 356)
  John b. October 4, 1790 son of Zepha? & Prissila twin (p. 370)
  Joseph b. February 15, 1776 son of Joseph & Elizabeth (p. 353)
  Mary m. January 14, 1794 to Noah Hardey (p. 387)
  Mary Clavert b. March 9, 1774 dau. Joseph & Elizabeth (p. 355)
  Sarah b. September 30, 1785 dau. of Joseph & Elizabeth (p. 361)
  Theadocia m. November 29, 1796 to Richard Sothern Briscoe (p. 389)
  Thomas bapt. September 16, 1766 son of Joseph & Elizabeth (p. 335)

KING GEORGE'S PARISH

William m. January 1, 1795 to Elizabeth Watkins (p. 388)
Zephaniah m. December 24, 1789 to Priscilla Pope (p. 264)
STONESTREET, Anne b. March 23, 1710 dau. Tho. & Christian (p. 248)
Anne m. January 14, 1798 to Alexander King (p. 390)
Bassil Williams b. March 18, 1755 son Edward & Elinor (p. 288)
Butler b. August 26, 1703 son of Tho. & Christian (p. 248)
Butler Edelen b. February 3, 1756 son of Butler (p. 272)
Catherine b. April 8, 1747 dau. of Butler (p. 272)
Edwd b. December 23, 1705 son of Tho. & Christian (p. 248)
Edward bapt. January 14, 1753 son of Edward & Elinor (p. 277)
Eliza b. June 6, 1714 dau. of Tho. & Eliza Stonestreet (p. 248)
Elizabeth b.March 27, 1773 dau. of John & Ann (p. 350)
Ellender b. April 4, 1749 child of Butler (p. 272)
Henry b. September 11, 1752 son of Butler (p. 272)
Jane m. February 25, 1759 to Clement Wheeler (p. 302)
Richard b. May 26, 1754 son of Butler (p. 272)
Thomas b. June 7, 1708 son Tho. & Christian (p. 248)
Virlinder b. April 12, 1744 dau. of Butler (p. 272)
STONSTREET, Anna Williams b. October 20, 1775 dau. of Basil & Elizh (p. 352)
Mary Ann b. April 16, 1776 dau. of Joseph & Alse (p. 353)
STRONG, Delilah m. February 13, 1796 to William Berry Marlow (p. 389)
Susanna b. March 16, 1774 dau. of John & Ann (p. 355)
STUART, Philip m. December 16, 1792 to Mary Fell Baynes (p. 392)
STUEART, Horatio b. January 25, 1794 son John & Mary Eleanor (p. 375)
SUIT, Ann b. August 13, 1762 dau. of Nathaniel & Mary Burch (p. 349)
Edward b. August 15, 1760 son of Nathaniel & Mary Burch (p. 349)
Elisabeth b. March 25, 1758 dau. of Nathaniel & Mary Burch (p. 349)
Jessee Burch b. September 27, 1753 son of Nathaniel & Mary Burch (p. 349)
John Smith b. September 4, 1764 son of Nathaniel & Mary Burch (p. 349)
Mary b. March 15, 1767 dau. of Nathaniel & Mary Burch (p. 349)
Mary m. February 6, 1792 to Feilder Wilson (p. 391)
Mary b. April 28, 1792 dau. of John Smith & Eleanor (p. 370, 374)
Nathaniel m. June 24, 1752 to Mary Burch (p. 349)
Nathaniel b. March 10, 1756 son Nathaniel & Mary Burch (p. 349)
Oliver Burch b. August 1, 1773 son of Nathaniel & Mary (p. 359)
Susanna m. June 27, 1791 to Henry Burch (p. 266)
Susanna b. December 26, 1770 dau. Nathaniel & Mary Burch (p. 349)
Susanna b. December 24, 1796 dau. of Oliver B. & Eleanor (p. 394)
SULAVIN, Charlotte bapt. November 6, 1768 dau. of Daniel & Ann (p. 344)
Isaac bapt. February 26, 1764 son of Thomas & Judey (p. 322)
SULOVAN, Judey bapt. April 18, 1762 dau. of Thomas & Judey (p. 305)
SUMERS, Ann b. March 16, 1761 dau. of George & Elizabeth (p. 306)
Gorge b. August 26, 1759 son of Gorge & Elizabeth (p. 306)
SUMMERS, Ann bapt. May 17, 1752 dau. of George & Elizabeth (p. 277)
Ann bapt. --- 1761 dau. of George & Elizabeth (p. 303)
Ann Verlinder Coxson b. December 6, 1791 dau. of Eleven & Elizabeth (p. 370, 372)
Benjamin b. October 13, 1783 son of Jonathan & Ann (p. 357)
Grace bapt. July 20, 1766 dau. of Benjamin & Grace (p. 339)
James b. July 18, 1761 son of James & Mary (p. 303)
James Dent bapt. --- 1761 son of Dent & Mary Ann (p. 303)
John m. February 27, 1794 to Rebecca Scarce (p. 387)
John Gwynn b. February 12, 1786 son of Jonathan & Ann (p. 357)
John Lutten bapt. April 4, 1764 son of Benjamin & Grace (p. 318)
John Smith b. October 2, 1748 son of John & Mary (p. 271)

KING GEORGE'S PARISH

Joseph b. August 31, 1793 son of Paul & Susanna (p. 375)
Judson b. March 3, 1796 son of Eleven & Elizabeth (p. 401)
Letisha Lewis b. September 25, 1796 dau. of Nathan & Sarah (p. 401)
Levin (see Eleven) m. December 31, 1786 to Elizabeth Willcoxon (p. 261)
    funeral December 15, 1796 (p. 398)
Mary b. January 7, 1750 dau. of John & Mary (p. 271)
Nathaniel b. December 27, 1772 son Josias & Jeremiah (p. 358)
Nathaniel m. January 2, 1793 to Sarah Scarce (p. 392)
Reason Scarce b. June 7, 1795 son John & Rebecah (p. 393)
Thos. Hanson b. August 5, 1793 son of William & Anne (p. 375)
William b. May 3, 1792 son of William & Ann (p. 371)
William Bowie b. April 7, 1797 son of John & Rebecah (p. 402)
SUMMONS, Hanson b. February 24, 1798 son of Joannah (p. 397)
SUMMORS, John bapt. May 10, 1767 son of Nathan & Mary (p. 339)
SURBELY, William bapt. August 30, 1752 son William & Elizabeth (p. 277)
SUTAS, George b. December 3, 1763 bapt. February 19, 1764 son of Thomas & Ester (p. 320, 318)
  John bapt. December 1, 1765 son of Thomas & Ester (p. 323)
SUTTON, Heneretta b. March 29, 1773 dau. William & Elizabeth (p. 356)
  Henrietta confirmed November 23, 1793 (p. 383)
  John m. October 3, 1746 to Mary Beanes (p. 271)
  John b. March 5, 1775 son of William & Elizabeth (p. 356)
  John m. December 21, 1797 to Elizabeth Fenley (p. 390)
  Mary m. October 27, 1795 to Charles F. Low (p. 389)
  Mary Elisabeth b. December 19, 174- dau. of John & Mary (p. 271)
  Sarah Ann b. September 24, 175- dau. of John & Mary (p. 271)
  William b. May 8, 175- son of John & Mary (p. 271)
SWAIN, Eleanor b. September 4, 1772 dau. of Joshua & Alse (p. 358)
  Elija b. September 10, 1769 son of Josua & Ayls (p. 347)
  Lucy m. January 20, 1791 to Benjamin Hinniss (p. 266)
SWANN, Henritta Sarah b. February 24, 1797 dau. Henry & Lamentius (p. 399)
SWAYNE, Joseph Spires m. August 17, 1786 to Amelia Ann Hilton (p. 261)
SWEANEY, Drewsila b. March 8, 1761 bapt. September 6, 1761 dau. of Zachariah & Darkus (p. 303)
SWEARINGEN, Thos. m. January 7, 1790 to Els Pope (p. 264)
SWILLAVER, Adkey b. December 23, 1755 son of Thomas & Judey (p. 299)
  Ann b. August 17, 1754 dau. of Thomas & Judey (p. 299)
  Daniel b. November 19, 1760 son Thomas & Judey (p. 299)
  Isaac b. January 4, 1764 son of Thomas & Judey (p. 299)
  Judey b. March 4, 1762 dau. of Thomas & Judey (p. 299)
  Lidea b. April 3, 1766 dau. of Thomas & Judey (p. 299)
  Mary b. January 7, 1752 dau. of Thomas & Judey (p. 299)
  Rebecker b. April 29, 1759 dau. of Thomas & Judey (p. 299)
  Thomas b. August 15, 1757 son of Thomas & Judey (p. 299)
SWINK, George b. March 28, 1772 son of William & Mary (p. 358)
  John b. February 6, 1774 son of William & Mary (p. 355)
  Mary b. February 28, 1776 dau. of William & Mary (p. 353)
SYLVY, Lloyd West b. October 10, 1787 son of Meriah (p. 367)
TALBERT, Alanr. b. March 17, 17-- son of Thomas & Easter (p. 379)
  Ann b. April 14, 1773 dau. of Paul & Martha (p. 350)
  Basil b. September 24, 17-- son of Thomas & Easter (p. 379)
  Eleanor b. November 21, 1782 dau. of Thomas & Easter (p. 379)
  Elizabeth b. August 3, 1763 dau. of Paul & Martha (p. 316)
  Elizabeth b. October 17, 1775 dau. of Josias & Mary (p. 356)
  Elizabeth b. January 22, 1794 dau. of Thomas & Easter (p. 378)

KING GEORGE'S PARISH

Paul m. March 6, 1791 to Sarah Ann Bryan (p. 265)
Peter b. --- 4, 1788 son of Tobias & Sarah (p. 379)
Sarah Clareland b. August 29, 1791 dau. of Thomas & Easter (p. 379)
Wm. b. August 17, 1787 son of Thomas & Ester (p. 367)
TALBERTT, Susanna m. March 21, 1793 to Jeremiah Grimes (p. 387)
TALBOT, Basil m. June 19, 1788 to Keziah Lowe (p. 264)
 Bassil b. December 29, 1754 son of Thomas & Elinor (p. 283)
 Casandrew b. June 22, 1768 dau. of Paul & Martha (p. 338)
 Elizabeth Fendley bapt. July 26, 1767 dau. Basill & Sarah (p. 336)
 J---- b. March 1, 1757 son of Jno. & Mary (p. 293)
 James bapt. May 3, 1767 son of Thomas & Elizabeth (p. 336)
 Joseph b. March 7, 1754 son of Benjamin & Elizabeth (p. 284)
 Nancey bapt. December 6, 1767 dau. of Thomas & Elenor (p. 340)
 Nathan b. April 4, 1763 son of William & Sarah (p. 315)
 Notley b. September 13, 1757 son of Thomas & Elinor (p. 301)
 Osborne b. March 3, 1755 son of Thomas & Margt. (p. 287)
 Paul b. February 18, 1766 son of Paul & Martha (p. 329)
 Selomi bapt. May 19, 1751 dau. of Thomas & Mary (p. 275)
 Solomey bapt. August 28, 1768 dau. of Tobias & Sarah (p. 338)
 Thomas Athey b. February 4, 1763 son of Basill & Sarah (p. 315)
TALBOTT, Henry b. June 29, 1753 son of William & Sarah (p. 280)
 Rachel bapt. March 15, 1752 dau. of Willm. & Sarah (p. 275)
TALBURT, Alice b. August 31, 1703 dau. John & Sarah Lockyer (p. 244)
 Ann b. May 3, 1712 dau. of John & Sarah Lockyer (p. 244)
 Benja. b. April 8, 1705 son of John & Sarah Lockyer (p. 244)
 Benjamin b. September 13, 1775 son of Paul & Martha (p. 356)
 Eliza. b. February 13, 1721 dau. of Paull & Anne Johnston (p. 241)
 John m. February 2, 1696 to Sarah Lockyer (p. 244)
 John b. February 23, 1700 son of John & Sarah Lockyer (p. 244)
 John m. August --, 1722(?) to Mary Riages (?) (p. 241)
 Osburn b. July 8, 1708 son of John & Sarah Lockyer (p. 244)
 Paul b. December 18, 1697 son of John & Sarah Lockyer (p. 244)
 Paull m. Anne Johnston ---- (p. 241)
 Sarah b. January 28, 1718 dau. of John & Sarah (p. 253)
 Sarah b. January 25, 1719 dau. Paull & Anne Johnston (p. 241)
 Thomas b. September 3, 1699 son John & Sarah Lockyer (p. 244)
 Thomas b. December 20, 1720 son of John & Sarah (p. 253)
 William b. January 13, 1715 son of John & Sarah (p. 253)
TALBUT, Bassill bapt. April 28, 1765 son of Bassill & Sarah (p. 324)
 Catherine b. November 8, 1764 dau. Thomas & Elizabeth (p. 320)
 Charles b. February 15, 1761 son of Paul & Martha (p. 306)
 Charles b. May 26, 1765 son of William & Sarah (p. 324)
 Mary bapt. 1761 dau. of William & Sarah (p. 303)
 Mary Ann Walker bapt. January 22, 1764 dau. of Tabitha (p. 332)
 Susanah b. January 9, 1759 dau. of Paul & Martha (p. 306)
TALBUTT, Paul m. March 30, 1719 to Ann Johnston (p. 258)
TANNEHILL, Jemimah b. November 12, 1775 dau. William & Elizabeth (p. 360)
TARLTON, Ann m. September 26, 1787 to Samuel Scot (p. 262)
TARMAN, Benjn. m. March 8, 1791 to Lettie Fields (p. 265)
TARMENER (?), Mehalah b. March 31, 1793 dau. Wm. & Elizabeth (p. 373)
TARVIN, Martha m. March 5, 1738/9 to Joseph Noble (p. 251)
TASKER, Elenor bapt. December 4, 1763 dau. of George & Margret (p. 314)
 Elizabeth m. April 21, 1701 to Thomas Addison (p. 243)
 Elizabeth died February 10, 1706 (p. 243)
 George bapt. November 30, 1766 son of George & Margret (p. 325)

69

KING GEORGE'S PARISH

TAYLER, Henry bapt. September 8, 1751 son of Thomas & Rose (p. 275)
TAYLOR, Charlotte m. May 26, 1796 to William Cox (p. 389)
  Richard b. January 14, 1775 son of Francis & Ann (p. 359)
  Samuel m. April 11, 1793 to Rhody Hurley (p. 387)
  Sarah m. January 5, 1790 to Wm. Hurly (p. 264)
  Sarah (?) m. November 26, 1791 to Aqualia Wilson (p. 266)
  Virlindo bapt. May 31, 1767 dau. of Thomas & Jane (p. 340)
  William m. December 30, 1795 to Elizabeth Townshand (p. 389)
TENALEY, Vialinda bapt. January 10, 1768 dau. of Benjamin & Sushannah (p. 337)
TENANLY, Philip m. July 2, 1720 to Grace Thomas (p. 246)
TENANT, Amey bapt. July 19, 1767 dau. of Thomas & Charety (p. 341)
  Elenor bapt. August 12, 1764 dau. Thomas & Charity (p. 322)
  Sarah b. July 11, 1762 dau. of Thomas & Charety (p. 310)
TENANTLY, William b. June 29, 1721 son Philip & Grace Thomas (p. 246)
TENLEY, Cloe b. September 22, 1775 dau. Benjamin & Susanna (p. 356)
TENLY, Lloyd Wales b. June 7, 1788 son of Wm. & Lydia (p. 382)
TENNELY, Philip b. June 6, 1775 son of Josias & Monacha (p. 356)
TEWELL, Charles b. Feburary 15, 1717 son of Charles (p. 255)
  Mary m. May 4, 1720 to Terrence Obryan (p. 255)
  William b. August 23, 1711 son of Charles Tewell (p. 255)
TEWILL, Mary m. March 27, 1768 to Notley Girton (p. 343)
THOMAS, Anne b. March 1, 1716 dau. of Danell & Anne Thomas (p. 246)
  Benjamin b. August 29, 1745 son William & Elizabeth (p. 273)
  Brilliana m. January 27, 1791 to John Moody (p. 266)
  Drusilla bapt. February 26, 1764 dau. of Henry & Lusifer (p. 322)
  Edward b. October 2, 1740 son of William & Elizabeth (p. 273)
  Eleanor b. October 7, 1773 dau. of Thomas & Ann (p. 355)
  Eliz: b. December 6, 1709 dau. of Danell & Anne (p. 246)
  Elizabeth m. March 7, 1791 to Asa Moore (p. 265)
  Francis b. July 23, 174- son of William & Elizabeth (p. 273)
  Grace m. July 2, 1720 to Philip Tenanly (p. 246)
  John b. March 1, 1712 son of Danell & Anne (p. 246)
  John b. June 7, 1736 son of William & Elizabeth (p. 273)
  John b. July 17, 1762 son of Lucey & Henry (p. 310)
  Lasanna b. November 21, 1775 dau. of Thomas & Ann (p. 353)
  Mary b. May 1, 1719 dau. of Danell & Anne (p. 246)
  Notley m. January 7, 1798 to Ann Nalley (p. 390)
  Sarah Ann b. February 27, 175- dau. of William & Elizabeth (p. 273)
  William m. December 7, 1721 to Anne Jenkins (p. 247)
  William bapt. June 28, 1752 son of William & Elizabeth (p. 277)
  Winefrett b. April 4, 1714 dau. of Danell & Anne Thomas (p. 246)
THOMPSON, Ann m. January 29, 1788 to Aquila Lanham (p. 263)
  Anne b. March 3, 1773 dau. of William & Peneleper (p. 350)
  Elizabeth b. May 26, 1754 dau. of John & Sarah (p. 284)
  Elizabeth bapt. May 19, 1765 dau. of William & Penalopey (p. 324)
  James m. November 30, 1788 to Rhoda Athay (p. 264)
  John b. September 3, 1753 son of William & Mary (p. 280)
  Ozsah b. December 18, 1773 son of William & Penelope (p. 355)
  Robert b. April 13, 1756 son of Jno. & Agnes (p. 293)
  Sarah b. September 3, 1755 dau. of Wm. & Mary (p. 291)
THOMSON, Saml m. February 11, 1790 to Ann Walker (p. 265)
THORN, Casandra b. December 24, 1775 dau. of Benjamin & Mildred (p. 353)
  Eleanor b. January 20, 1776 dau. of Thomas & Cassandria (p. 353)
  Henry b. March 18, 1798 son of Henry Burch & Mary (p. 400)

KING GEORGE'S PARISH

Henry Burch bapt. April 3, 1768 son of Zachariah & Martha (p. 337)
Henry Burch m. February 28, 1790 to Mary Thorn (p. 265)
Hesekiah bapt. July 3, 1763 son of Thomas & Rachill (p. 311)
John b. November 10, 1773 son of Benjamin & Amelea (p. 355)
Joshua b. December 9, 1771 son of Thomas & Kasander (p. 358)
Mary m. February 28, 1790 to Henry B. Thorn (p. 265)
Milly Ann b. December 20, 1793 dau. of Henry B. & Mary (p. 375)
Nathaniel b. January 22, 1776 son of Nathan & Mary (p. 353)
Rachel b. April 10, 1773 dau. of Thomas & Cassandra (p. 358)
Susanna b. March 30, 1752, bapt. May 3, 1751 dau. of James & Susanna (p. 284, 277)
Susannah m. August 5, 1787 to John Goddard (p. 262)
Walter b. August 14, 1773 son of Zachariah & --- (p. 355)
THORN, William b. October 20, 1774 son of Thomas & Casandra (p. 359)
Winiferd m. December 27, 1789 to Thos. Jones (p. 264)
Zachariah b. December 25, 1775 son of Zach. & Martha (p. 353)
THORNE, Henry b. September 16, 1755 son of James & Susanna (p. 291)
Thomas b. February 3, 1766 son of Thomas & Rachill (p. 330)
THRALL, Casandra m. January 19, 1790 to Thos. B. Morris (p. 265)
THRALLS, Jacob m. February 18, 1797 to Eleanor Prather (p. 389)
Richard m. January 3, 1788 to Lucy Mullikin (p. 263)
THRONE, Martha m. May 17, 1736 to William Needam (p. 249)
Nottley b. --- 29, 1735 son of Martha Throne (p. 249)
TILER, John bapt. February 11, 1765 son of John & Elizabeth (p. 327)
TILLEY, Ann b. April 4, 1762 dau. of Thomas & Mary (p. 309)
Henry Thomas b. February 12, 1792 son of Thomas & Elizabeth (p. 370)
Thomas b. November 22, 1790 son of John & Barbary (p. 370)
TINKINS, Nancy m. May 12, 1791 to Zephaniah Prater (p. 266)
TIPPETT, Charles m. February 19, 1789 to Eleanor Boswell (p. 381)
Charles confirmed November 23, 1793 (p. 383)
Clement Fendall b. September 24, 1797 son John & Tabitha (p. 397)
Eleanor confirmed November 23, 1793 (p. 383)
Elizabeth b. March 8, 1790, bapt. March 14, 1790 dau. of Charles & Eleanor Boswell (p. 381)
Elkanah b. November 15, 1794 son Charles & Eleanor Boswell (p. 381)
Horatio, b. May 4, 1797 son of Charles & Eleanor Boswell (p. 381)
James b. April 19, 1796 son of Charles & Eleanor Boswell (p. 381)
Theodorey Addams b. October 17, 1799 son of John & Tabitha (p. 404)
William Calices b. August 23, 1792 son Charles & Eleanor (p. 381)
TOGOOD, Sarah m. June 30, 1791 to Henry Velum (p. 266)
TOLBERT, Levi m. February 27, 1794 to Jamima Smith (p. 387)
Rachel b. July 25, 1796 dau. of Thomas & Easther (p. 394)
Solomy m. March 20, 1794 to John McKinzey (p. 388)
Susanna b. February 16, 1775 dau. of William & Sarah (p. 356)
TOLBOT, Jesse m. November 16, 1794 to Mildred Lanham (p. 388)
TOLBURT, Alice m. January 15, 1720 to William Lanham (p. 257)
John b. November 12, 1797 son of Josias & Milly (p. 400)
Josias m. June 5, 1796 to Milly Bayne (p. 389)
William b. December 14, 1796 son of Eleven & Jamima (p. 401)
William b. February 28, 1797 son of Jesse & Miliford (p. 402)
Mrs. Zadoc funeral July 24, 1796 (p. 398)
TOLBUT, Mary Eleanor b. September 3, 1792, bapt. September 13, 1792 dau. of Henry & Margret (p. 370, 374)
TOLSON, Francis m. September 22, 1707 to Mary Clark (p. 244)
Fra. b. August 28, 1710 son of Francis & Mary Clark (p. 244)

KING GEORGE'S PARISH

Francis m. March 2, 1794 to Elizabeth Simms (p. 387)
Gilburt b. November 4, 1712 son of Francis & Mary Clark (p. 244)
Henry b. July 8, 1708 son of Francis & Mary Clark (p. 244)
TOMAS, Ann Willson b. April 19, 1767 dau. Thomas & Ann (p. 339)
TOMPSON, Arminta bapt. October 3, 1762 dau. of John & Sarah (p. 310)
  Clemant bapt. November 4, 1764 son of William & Mary (p. 322)
  Elener bapt. July 10, 1768 dau. of William & Mary (p. 344)
  Elenor Marbury bapt. February 8, 1767 dau. of William (p. 335)
  James bapt. October 23, 1768 son of James & Catharine (p. 344)
  James m. December 30, 1790 to Mary Philips (p. 266)
  James b. March 26, 1793 son of James & Mary (p. 374)
  James b. November 26, 1793 son of James & Mary (p. 376)
  John bapt. June 25, 1762 son of James & Catharina (p. 310)
  Lenord bapt. December 12, 1762 son William & Penalopy (p. 308)
  Margret bapt. November 17, 1765 dau. John & Mary Ann (p. 328)
  Mary Eleanor b. March 7, 1794 dau. of Luke & Margreat (p. 393)
  Rachill bapt. July 10, 1763 dau. of John & Mary (p. 315)
  Randel bapt. July 10, 1768 son of John & Sarah (p. 344)
  Samuel bapt. September 9, 1764 son of John & Sarah (p. 317)
  Sarah b. May 3, 1796 dau. of Luke & Margreat (p. 401)
  Thomas bapt. December 16, 1764 son of James & Catharine (p. 331)
  Zachariah b. May 1, 1762 son of William & Mary (p. 309)
TONNG, Jane Warron bapt. September 22, 1765 dau. of John & Jeane (p. 326)
TOUNZHAND, William m. October 13, 1795 to Keziah Bonafant (p. 388)
TOWNSAND, Joseph H. b. October 8, 1797 son of William & Lizer Ann (p. 400)
TOWNSEND, Elizabeth Elisha b. June 18, 178- dau. Thomas & Henritta (p. 361)
TOWNSHAND, Ann m. January 14, 1794 to John Watson Wright (p. 387)
  Elizabeth m. December 30, 1795 to William Taylor (p. 389)
TOWNSHEND, Leonard m. December 22, 1789 to Eleanor Young (p. 264)
TOWNSHAND, Leonard m. December 18, 1796 to Elizabeth Parker (p. 389)
  Truman b. April 29, 1797 son of William & Keziah (p. 399)
TRAHERN, Samuel b. July 31, 1775 son of Nehemiah & Amelia (p. 356)
TRAYHERN, John b. August 2, 1772 son of Nehemiah & Amelia (p. 350)
TRIGG, Jeremiah bapt. June 21, 1767 son of Jeremiah & Ealse (p. 339)
  Joshua bapt. April 10, 1768 son of Clemant & Mary (p. 343)
  Margery b. or bapt. May 21, 1761 dau. of Samuel (p. 303)
  Simeon b. March 5, 1773 son of Clement & Mary (p. 350)
  William bapt. July 3, 1763 son of Clemant & Mary (p. 311)
TRUNDLE, Thomas b. March 9, 1787 son of Thomas & Rachel (p.366)
TUBMAN, Mrs. died December 17, 1795 (p. 398)
  Alexander died September 17, 1795 (p. 398)
  George Magruder b. October 25, 1798 son of James & Eleanor (p. 397)
  James m. December 31, 1797 to Eleanor Dement (p. 390)
  Richard bapt. June 28, 1767 son of George (p. 341)
  Richard funeral August 20, 1792 (p. 398)
  Sarah Martha b. July 19, 1764 dau. of George & Mary (p. 322)
TUCKER, Ann bapt. 1761 dau. of Thomas & Dianah (p. 303)
  Bassil b. November --, 1769 son of Thos. (p. 347)
  George b. May 13, 1764 son of Thomas & Diana (p. 320)
  Levi b. January 16, 1774 dau. of William & Margery (p. 359)
  Ozband m. February 23, 1790 to Eliz. Ann Lanham (p. 265)
  Richard m. January 24, 1794 to Elizabeth Johnson (p. 387)
  Sebina bapt. August 18, 1765 dau. of William & Elizabeth (p. 323)
  Sushanna bapt. December 9, 1764 dau. of Thomas & Sarah (p. 320)
  Verlinder b. October 20, 1763 dau. of Thomas & Dianah (p. 311)

KING GEORGE'S PARISH

William bapt. June 5, 1768 son of George & Mary (p. 338)
Zachariah b. April 8, 1775 son of Randolph & Christian (p. 360)
TUILL, Althea b. August 19, 1771 dau. of William & Rachel (p. 350)
TURNER, Ann bapt. November 2, 1766 dau. of Shedrick & Sarah (p. 330)
Ann m. September 12, 1756 to Wm. Webster (p. 292, 295)
Deborah b. March 9, 1787 dau. of Jonathan & Mary (p. 363)
Edward b. April 26, 1773 son of John & Mercy (p. 350)
Elizabeth bapt. August 12, 1764 dau. of John (p. 322)
Elizabeth bapt. March 15, 1767 dau. of Jonathan & Mary (p. 341)
George Burress b. October 10, 1775 son of John & Mary (p. 352)
John funeral June 29, 1797 (p. 398)
Jonathan b. April 1, 1773 son of Jonathan & Mary (p. 354)
Richard m. January 20, 1794 to Elizabeth Williams (p. 266)
Sarah bapt. September 18, 1768 dau. of Benjamin & Partison (p. 338)
Sarah m. December 21, 1797 to Lancelot Anderwig (p. 390)
Thomas b. July 14, 1764 son of Shedrick & Sarah (p. 319)
Zachariah bapt. May 2, 1762 son of John (p. 306)
TURTON, Ann b. July 13, 1793 dau. of John & Aquila (p. 375)
Fielder Henderson(?) b. April 14, 1776 son of John & Quilla (p. 352)
Mrs. Jo funeral October 6, 1796 (p. 398)
Jose Harrison b. May 22, 1774 son of John & Equila (p. 351)
m. November 20, 1794 to Ann Jinkins (p. 388)
Josep funeral June 6, 1797 (p. 398)
Thomas b. May 9, 1788 son of John & Acquila (p. 364)
TYLER, Elinor Robinson b. January 23, 1755 dau. of William & Sarah (p. 287)
Eliza. b. July 7, 1713 dau. of William & Eliza. (p. 353)
Joanna Edger b. June 3, 1770 dau. of Saml. & Elisabeth (p. 346)
Mary b. August 9, 1709 dau. of William & Eliza. Tyler (p. 253)
Mary m. April 6, 1727 to Humphrey Batts (p. 256)
William b. June 9, 1706(?) son of William & Eliza. (p. 253)
UNDERWOOD, Elizabeth m. December 13, 1789 to John Downs (p. 264)
Henry Martin b. August 29, 1794 son of George & Mary (p. 378)
Josias bapt. August 7, 1768 son of William & Charety (p. 344)
Tracy b. October 21, 1773 dau. of John & Mary (p. 354)
UPTON, Ann bapt. February 19, 1764 dau. of George & Elizabeth (p. 318)
Archabald bapt. May 26, 1765 son of Thomas & Martha (p. 334)
Elizabeth bapt. February 14, 1762 dau. of Thomas & Martha (p. 304)
George m. December 24, 1797 to Amelia King (p. 390)
Jamima b. March 5, 1793 dau. of Samuel & Mary Ann (p. 374)
John b. April 27, 1752, bapt. June 7, 1752 son of Thomas & Martha (p. 279, 277)
Samuel bapt. April 10, 1768 son of Thomas & Martha (p. 343)
Samuel m. September --, 1790(?) to Mary Ann Lanham (p. 266)
Sarah b. May 1, 1762 dau. of George & Elizabeth (p. 309)
URQUART, Anthony b. November 25, 1798, bapt. April 21, 1799 son of John & Ann (p. 403)
URQURT, John m. February 26, 1793 to Ann Low (p. 392)
VELUM, Henry m. June 30, 1791 to Sarah Togood (p. 266)
VEMILLION, Sarah b. November 18, 1772 dau. of Edward & Mildred (p. 354)
VERLIMION, Elizabeth m. December 3, 1793 to William Price (p. 387)
VERMILION, Eleanor m. March 23, 1790 to Josias Winn Richardson (p. 265)
Giles m. August 26, 1790 to Ann Cross (p. 265)
VERMILLIAN, Benjamin m. January 5, 1788 to Priscilla Farr (p. 263)
VERMILLION, Abraham b. October 8, 1773 son of James & Rachel (p. 351)
Caleb b. December 27, 1771 son of Thomas & Sarah (p. 358)

KING GEORGE'S PARISH

m. December 21, 1794 to Mary Busey (p. 388)
Elizabeth b. September 29, 1773 dau. Benjamin & Esther (p. 359)
James b. April 13, 1793 son of Giles & Ann (p. 374)
Jesse b. October 25, 1753 son of William & Ann (p. 280)
John Henderson, b. October 27, 1797(?) son of Zachariah & Elizabeth (p. 377)
Leonard b. November 19, 1773 son of Giles & Mary (p. 359)
Robert b. January 26, 1755 son of Robert & Elizabeth (p. 287)
Sarah m. December 23, 1790 to Stephen Whitmore (p. 266)
Theodory b. April 24, 1797 son of Francis & Jamima (p. 399)
William Rowe(?) b. October 19, 1792 son of Charles & Mary (p. 373)
Thomas bapt. July 7, 1765 son of Thomas & Sarah (p. 334)
VERMULIAN, --- b. June 6, 1714 dau. of Giles & Jane (p. 259)
--- b. September 29, 1720 dau. of Giles & Jane (p. 259)
Giles, b. September 10, 1708 son of Giles & Jane (p. 259)
James b. May 10, 1710 son of Giles & Jane (p. 259)
Jane (?) b. April 6, 1716 dau. of Giles & Jane (p. 259)
John b. February 4, 1712 son of Giles & Jane (p. 259)
Thomas b. April 25, 1718 son of Giles & Jane (p. 259)
Wm. b. July 27, 1723 son of Giles & Jane (p. 259)
VERNON, Caleb m. December 6, 1790 to Cloe Atchison (p. 266)
Cloe d. December 29, 1795 (p. 398)
VILANDIHAM, Martha Dent b. January 17, 1774 dau. Geo. & ELizabeth (p. 351)
VIRMILION, John b. May 3, 1785 son of John & Jane (p. 362)
Robert b. March 26, 1785 son of Burch & Ann (p. 362)
VIRMILLON, John bapt. September --, 1763 son of Robert & Elizabeth (p. 313)
Mary bapt. July 31, 1763 dau. of Thomas & Sarah (p. 312)
Nickadamas b. November 22, 1767 bapt. January 24, 1768 son of Robert & Elizabeth (p. 342)
Sarah bapt. May 31, 1767 dau. of Thomas & Sarah (p. 339)
WADE, Ann Noble b. September 16, 1787 dau. of Lancelot & Martha (p. 382)
Bethlem b. October 31, 1772 dau. of Richard & Esther (p. 354)
Charity Mary b. July 11, 1753 dau. of Zachariah & Nancy (p. 292)
Charles Bayne Fendly b. March 23, 1790 son Lancelot & Martha (p. 380)
Elizabeth Hamelton bapt. June 19, 1763 dau. Richd. & Easter (p. 313)
Francis bapt. March 7, 1762 son of Robert & Mary (p. 305)
George b. May 22, 1744 son of Zachariah & Nancy (p. 292)
John b. November 16, 1735 son of Richd. & Elizabeth (p. 267)
Lancelot b. November 11, 1757 son of Zachariah & Nancy (p. 292)
Lancelot m. August 13, 1786 to Patty Fenly (p. 261)
Linney m. April 4, 1795 to Cornelius Hurley (p. 388)
Martha Elizabeth b. May 3, 1797 dau. of Lancelot & Martha (p. 399)
Mrs. Mary d. April 9, 1766 in the 74th year of her age (p. 320)
Mary bapt. June 2, 1765 dau. of Richard & Easter (p. 327)
Richd. m. February 18, 1728 to Elizabeth Edgar (p. 267)
Richard died January 3, 1798 (p. 398)
Sarah Edgar b. December 29, 1732 dau. Richd. & Elizabeth (p. 267)
Verlinder bapt. December 12, 1762 dau. of Doshe (p. 308)
Zacharia Playfy b. February 25, 1754 son Richard & Hester (p. 283)
Zachariah m. November 3, 17-- to Nancy Noble (p. 292)
Zachariah bapt. May 24, 1768 son of John & Charity (p. 342)
Zacha. Meeks b. April 4, 1748 son of Zachariah & Nancy (p. 292)
WADGE, Archabald b. March --, 1775 son of James & Mary (p. 356)
WAGER, Alee bapt. May 1, 1768 dau. of Thomas (p. 343)
WAKEFIELD, Samuel bapt. March 23, 1766 son of Abil & Mary Ann (p. 325)

KING GEORGE'S PARISH

WALES, Henry bapt. January 1, 1764 son of Elizabeth (p. 316)
WALKER, Ann b. August 23, 1752 dau. of Francis & Catherine (p. 279)
    Ann m. February 11, 1790 to Saml Thomson (p. 265)
    Benjamin bapt. May 17, 1752 son of Thomas & Elizabeth (p. 277)
    Benjamin b. January 3, 1757 son of Frans. & Catherine (p. 279)
    Benjamin b. April 27, 1774 son of Benjamin & Elizh. (p. 355)
    Benjamin b. August 23, 1794 son of Henry & Cassander (p. 378)
    Catherine b. January 12, 1755 dau. of Isaac & Elizabeth (p. 287)
    Catherine b. April 15, 1779 dau. of Francis & Sarah (p. 364)
    Charles bapt. May 10, 1752 son of Isaac & Elizabeth (p. 277)
    Edward Lanham b. --- 1760 son of John & Rachel (p. 338)
    Eleanor confirmed November 23, 1793 (p. 383)
    Elisha b. March 20, 1763 son of Francis & Catharine (p. 332)
    Eliza. m. Thomas Lowden ---- (p. 242)
    Elizabeth m. August 10, 1716 to Thomas Green (p. 254, 252)
    Elizth. b. June 11, 1748 dau. of Francis & Catherine (p. 279)
    Elizabeth bapt. September --, 1763 dau. of Jacob & Elizabeth (p. 312)
    Ellender b. March 3, 1755 dau. of Frans. & Catherine (p. 279)
    Francis b. November 30, 1744 son of Francis & Catherine (p. 279)
    Francis b. July 16, 1782 son of Francis & Sarah (p. 364)
    Henry Evins b. March 20, 1794 son Elisha & Elizabeth (p. 377)
    James Short b. November 17, 1775 son of Charles & Jane (p. 353)
    John b. February 18, 1709 son of Dormand & Sarah (p. 244)
    Jno. b. December 13, 1746 son of Francis & Catherine (p. 279)
    John b. October 17, 1758 son of Frans & Catherine (p. 279)
    John b. May 14, 1774 son of John & Rachel (p. 355)
    John b. January 6, 1777 son of Francis & Sarah (p. 364)
    John b. September 7, 1795 son of John & Ann (p. 402)
    Mary b. October 29, 1750 dau. of Francis & Mary (p. 279)
    Mary b. January 1, 1756 dau. of Thos. & Sarah (p. 291)
    Mary b. June 5, 1772 dau. of Henry & Eleanor (p. 354)
    Mary b. November 30, 1774 dau. of Frances & Sarah (p. 356)
    Mary b. November 30, 1774 dau. of Francis & Sarah (p. 364)
    Mary m. January 5, 1796 to James Roby (p. 389)
    Mary m. January 21, 1794 to Humphery Whitmore (p. 387)
    Mary Elenor b. October 5, 1797 dau. of Richard & Catherine (p. 400)
    Meeke b. September 11, 1785 dau. of Casandra & Henry (p. 361)
    Philip b. January 25, 1794 dau. of Thos. & Mary Ann (p. 375)
    Rebecca bapt. June 14, 1767 dau. of Francis & Catherine (p. 336)
    Richard Lewis b. February 17, 1772 son of John & Rachel (p. 354)
    Sarah b. March 31, 1775 dau. of John & Elizabeth (p. 356)
    Sarah b. November 20, 1787 dau. of Francis & Sarah (p. 364)
    Susa. b. March 15, 1776 dau. of Benjamin & Elizabeth (p. 353)
    Tho' b. August 24, 1712 son of Dormd. & Sarah (p. 244)
    Thomas b. December 3, 1772 son of Benjamin & Elizabeth (p. 350)
    Thomas b. October 23, 1773 son of Henry & Eleanor (p. 355)
    Vialinda bapt. April 28, 1765 dau. of Francis & Catherine (p. 324)
    William b. September 18, 1774 son of Benjamin & Elizabeth (p. 351)
    Zachariah b. February 15, 1785 son of Francis & Sarah (p. 364)
    Zachariah b. April 19, 1786 son of Charles & Sarah (p. 362)
WALLISS, Thomas bapt. June 2, 1751 son of Thomas & Susana (p. 275)
WARD, Elender b. September 12, 1754 dau. of Benjamin & Sarah (p.287)
    Elizabeth bapt. May 20, 1764 dau. of Benjamin & Sarah (p. 319)
    Elizabeth b. February 4, 1794 dau. of Joseph & Easter (p. 376)

KING GEORGE'S PARISH

George b. May 25, 1768 bapt. July 10, 1768 son of Benjamin & Sarah (p. 344)
John bapt. August 18, 1751 son of John & Innocent (p. 275)
Jonathan b. May 23, 1751 son of John (p. 273)
Priscilla b. April 1, 1753 dau. of John & Innocent (p. 273)
Ralph Marlow bapt. May 25, 1766 son of Benjamin & Sarah (p. 325)
Sarah Marlow b. April 7, 1796 dau. of Thomas & Ann (p. 394)
Susanna S. b. October 2, 1796 dau. of George & Joanna (p. 401)
Thos. Fendall b. August 3, 1788 son of Benjamin & Mary (p. 379)
Wm. Henry b. February 8, 1781 son of Benjamin & Mary (p. 379)
WARDE, Elizabeth m. January 1, 1786 to John Cawood (p. 261)
WARING, Jean m. May 1, 1794 to Walter Beall (p. 388)
Thomas m. March 22, 1795 to Margaret Berrey (p. 388)
WARMAN, Joshua b. August 30, 1774 son of Francis & Katharine (p. 359)
Thomas Jenkins b. December 10, 1770(?) son Francis & Catherine (p. 347)
WARNER, Mary m. February 12, 1797 to Samuel Purkins (p. 389)
Overton Carr b. May 18, 1795 son Samuel & Mary Linder (p. 399)
WARREN, Martha m. December 7, 1797 to Leonard Wheeler (p. 390)
WARRIN, Thomas bapt. April 19, 1767 son of Bassil & Ann (p. 339)
WARRING, Erasmus Gantt b. July 13, 1796 son of Thomas & Peggy (p. 394)
WARRON, Thomas b. August 7, 1761 son of Basill & Elizabeth (p. 303)
WARTERS, James m. December 22, 1791 to Elizabeth Bershers (p. 391)
WASHINGTON, Nathaniel m. November 25, 1790 to Margaret Hawkins (p. 266)
Peggey confirmed November 23, 1793 (p. 383)
WATERS, Stephen m. March 30, 1794 to Jane Duckett (p.388)
WATKINS, Elizabeth m. January 1, 1795 to William Stone (p. 388)
Tobias confirmed November 23, 1793 (p. 383)
WATSON, Robert bapt. July 31, 1763 son of Francis & Osley (p. 312)
WAUGH, Ann b. January 16, 1763 dau. of James & Mary (p. 216)
Archibald b. March 10, 1775 son of James & Mary (p. 356)
John bapt. March 22, 1767 son of James & Mary (p. 336)
John confirmed November 23, 1793 (p. 383)
Mrs. John died January 12, 1796 (p. 398)
Mary b. January 7, 1773 dau. of James & Mary (p. 350)
Mary Ann Eleanor b. February 10, 1794 dau. Singleton & Elizabeth (p. 376)
Singleton (Whaw) m. March 3, 1788 to Elizabeth Wilworth (p. 263)
WEATHERS, Charles m. September 1, 1724 to Margrette Peake (p. 258)
Mary b. April 25, 1725 dau. of Charles & Margrett (p. 258)
WEAVER, Anamina m. March 8, 1795 to Richard King (p. 388)
Mary b. April 8, 1787 dau. of William & Sabinah (p. 368)
Mary m. September 6, 1792 to Christian Wirtt (p. 392)
William b. June 14, 1785 son of William & Sabinah (p. 362)
WEBB, Bankes bapt. June 24, 1764 son of Thomas & Rebeccak (p. 319)
Thomas bapt. November 2, 1766 son of Thomas & Rebecca (p. 330)
WEBESTER, James Gibbs bapt. April 17, 1768 son of Mary Ann (p. 342)
WEBSTER, Adam Lynn b. July 23, 1787 son of John S. & Mary (p. 364)
Ann b. January 23, 1762 dau. of William & Ann (p. 295)
Ann m. April 8, 1787 to James Freeman (Anna) (p. 387, 262)
Elizabeth b. August 16, 1728 dau. of William & Elizabeth (p. 255)
Elizabeth bapt. September 20, 1767 dau. of Thomas & Mary (p. 341)
Elizabeth b. March 30, 1772 dau. James & Mary Ann Phebe (p. 354)
Elizabeth m. March 31, 1783 to Isle of Wight (p. 357)
Elizabeth m. September 1, 1796 to Butler D. Marlowe (p. 389)
Elizabeth Frances Lynn b. November 11, 1786 dau. Philip & Elizabeth (p. 363)

KING GEORGE'S PARISH

Elizabeth Lidia b. October 31, 1757 dau. of William & Ann (p. 295)
Elizabeth Rebecah b. December 12, 1779 dau. of John & Joanner C. (Stevens) (p. 347)
Ellonar b. June 22, 1733 dau. of William & Elizabeth (p. 255)
George b. September 29, 1752, bapt. October 22, 1752 son Thomas & Mary (p. 295, 277)
Henry Augustus b. September 2, 1796 son of John & Mary (p. 402)
Hezehiah b. April 20, 1776 son of James & Mary Ann Phebe (p. 352)
James b. March --, 1737/8 son of Wm. & Elizth. (p. 276)
Jane b. October --, 1745 dau. of Wm. & Elizth. (p. 276)
John b. September 4, 1735 son of Wm. & Elizabeth (p. 276)
John b. November 7, 1759 son of William & Ann (p. 295)
John m. October 13, 1764 to Joanner C. Stevens (p. 347)
   d. November 10, 1783
John m. December 25, 1784 to Margaret Kidwell (p. 348)
John B. b. December 16, 1797 son of James & Sarah (p. 400)
John Stone b. August 7, 1765 son John & Catharine (p. 328, 347)
John Stone m. October 12, 1786 to Mary Lynn (p. 261)
Jonathan b. August 23, 1770 son of William & Ann (p. 295)
Leven b. May 23, 1783 son of John & Joanner C. Stevens (p. 347)
Lucy Ann b. December 4, 1774 dau. of James & Mary Ann Phebe (p. 351)
Lydia m. December 11, 1775 to Elisha King (p. 360)
Mary b. September 2, 1724 dau. of William & Elizabeth (p. 255)
Mary b. March 1, 1755 dau. of Thomas & Mary (p. 295)
Maryann b. February 14, 1742/3 dau. of Wm. & Elizth. (p. 276)
Mary Ann b. --- 1795(?) dau. of James & Sarah (p. 393)
Mary Ann m. May 14, 1791 to William Smith (p. 266)
Mary Eleanor b. April 16, 1794(?) dau. of William & Ann (p. 393)
Mary Elinor b. March 31, 1749 dau. of Eliz. Webster Junr (p. 272)
Milly b. May 23, 1794 dau. of Levin & Elizabeth (p. 378)
Monokey b. November 30, 1753 dau. of Thomas & Mary (p. 283)
Monokey Guy b. November 30, 1753 dau. of Thomas & Mary (p. 295)
Philip b. February --, 1744 son of Wm. & Elizth. (p. 276)
Philip b. March 17, 1773 son of William & Ann (p. 295)
Philip b. March 17, 1773 son of William Junr & Ann (p. 354)
Philip Lewin m. Mary 20, 1793 to Elizabeth Been (p. 388)
Rebecca b. August 1, 1786 dau. of John & Margret Kidwell (p. 348)
Rezin b. February 22, 1772 son of Joan & Joanner C. Stevens (p. 347)
Sarah b. --- 1740/1 dau. of Wm. & Elizth. (p. 276)
Sarah b. October 16, 1767, bapt. November 1, 1767 dau. of William & Ann (p. 295, 341)
Sarah m. February 1, 1785 to Jesse Kidwell (p. 353)
Susanna Darnel b. April 21, 1774 dau. of John & Joanner Stevens (p. 347)
Thomas b. November 14, 1726 son of William & Elizabeth (p. 255)
Thos. m. January 5, 1752 to Mary Guy (p. 276)
Thomas bapt. May 12, 1762 son of Thomas & Mary (p. 306)
Thomas died November 7, 1797 (p. 398)
William b. June 15, 1731 son of William & Elizabeth (p. 255)
Wm. m. September 12, 1756 to Ann Turner (p. 295)
Wm. Junr m. September 12, 1756 to Ann Turner (p. 292)
William b. August 31, 1757 son of Thomas & Mary (p. 295)
William b. September 27, 1764, bapt. October 14, 1764 son William & Ann (p. 295, 322)
Wm. b. December --, 1793(?) son of James & Sarah (p. 375)
William Brewis bapt. June 2, 1765 son of James & Phebe (p. 327)

KING GEORGE'S PARISH

William R. b. December 12, 1779 son of John & Joanner C. (p. 347)
William Rosamond b. January 4, 1769 son John & Joanner C. (p. 347)
William Rosamond d. November 28th, being in the 7 year of his age, son of John & Joanner C. Stevens - 1775 (p. 347)
William Rosemend bapt. June 5, 1768 son of John & Catharine (p. 338)
Zaphaniah b. February 2, 1776 son of William & Ann (p. 295, 352)
WEDEN, Nathaniel m. September 25, 1788 to Catharine Ogden (p. 264)
WEDDING, Nickademus b. September 1, 1762 son of Thomas & Elenor (p. 307)
WEDGEWORTH, Jane m. December 6, 1787 to Peter Price (p. 262)
WELCH, Elizabeth m. November 24, 1789 to James Adams (p. 264)
WELLING, Eliz: b. May 31, 1738 dau. of John & Mary Ann (p. 270, 294)
  Elizabeth m. January 2, 1769 to John Janes (p. 296)
  George b. June 11, 1769 son of Jane (p. 345)
  Jane b. March 30, 1744 dau. of John & Mary Ann (p. 270, 294)
  Jemima b. October 29, 1750 dau. of Jno. & Mary Ann (p. 270, 294)
  John Perkins, b. --- 1773? son of Thomas & Ann (p. 355)
  Kesiah b. June 13, 1769 dau. of Jane (p. 345)
  Keziah b. August 2, 1755 dau. of Jno. & Mary Ann (p. 294)
  Mary b. August 6, 1736 dau. of John & Mary Ann (p. 270, 294)
  Mary m. January 27, 1756 to Jas. Smith (p. 282)
  Thos. b. November 28, 1748 son of John & Mary Ann (p. 270, 294)
  Wm. b. December 21, 1741, bapt. December 21, 1742 son of John & Mary Ann (p. 270, 294)
  Zachariah b. June 15, 1752, bapt. June 28, 1752 son of John & Mary Ann (p. 270, 277)
WELSH, Barbary m. February 9, 1742 to Charles Christmas (p. 271)
WHAW, Singleton b. September ---- bapt. June 30, 1765 son James & Mary (p. 324)
WHEAT, ---- b. November 23, 174- dau. of Francis & Sarah (p. 285)
---- b. January 7, ---- child of Francis & Sarah (p. 285)
---- b. November 18, 173- child of Francis & Sarah (p. 285)
---- b. May 4, 172- dau. of Francis & Sarah (p. 285)
Amey b. February 23, 1738 dau. of John & Ann (p. 278)
Benjn. b. November 27, 1742 son of John & Ann (p. 278)
Charity b. September 2, 1749 dau. of John & Ann (p. 278)
Elizabeth b. September 11, 174- dau. of Francis & Sarah (p. 285)
Elizabeth b. April 25, 1773 dau. of Francis Junr & Elizh (p. 355)
Francis (?) b. February 21, 173- son of Francis & Sarah (p. 285)
Jesse m. December 3, 1795 to Sarah Soper (p. 389)
John b. November 18, 1730 son of John (p. 258)
John bapt. November 6, 1768 son Benjamin & Elizabeth (p. 344)
Joseph bapt. August 7, 1768 son of John & Mary (p. 338)
Josias b. October 31, 1740 son of John & Ann (p. 278)
Levy b. July 18, 178- son of Francis & Sarah (p. 361)
Mary b. January 26, 1795 dau. of Francis & Sarah (p. 378)
Noah b. July 2, 1787 son of Francis & Sarah (p. 367)
Notley b. March 27, 1745 son of John & Ann (p. 278)
Priscilla m. December 13, 1795 to Benjamin Phelps (p. 389)
Sarah b. May 4, 1728 dau. of John (p. 258)
Sarah b. October 29, 1765 dau. of John & Mary (p. 335)
Sarah m. November 3, 1789 to Jesse Hardy (p. 264)
Stacy b. November 30, 1751 dau. of John & Ann (p. 278)
Tabitha b. February 15, 1746 dau. of John & Ann (p. 278)
Thomas b. February 15, 1774 son of John & Mary (p. 355)
Vialindo bapt. March 30, 1766 dau. of Francis & Elizabeth (p. 329)

KING GEORGE'S PARISH

Zachariah bapt. May 8, 1764 son of Francis & Elizabeth (p. 317)
WHEELER, Anne b. October 13, 1712 dau. of Francis & Winifrett (p. 240)
Benja b. October 4, 1712 son of Benja. & Eliza. Wheeler (p. 244)
Catharine b. July 25, 1734 dau. of Clemant & Elizabeth (p. 259)
    m. April 19, 1767 to Charles Lansdale (p. 348)
    m. April 20, 1767 to Charles Lansdale (p. 268)
Charity b. May 19, 1699 dau. of Fra. & Winnefrett (p. 240)
Charity m. January 27, ---- to George Noble; d. September 3, 1735 (p. 249)
Clemant m. February 5, 1732/3 to Elizabeth Edelen (p. 259)
Clemant b. March 13, 1737/8 son of Clemant & Elizabeth (p. 259)
Clement b. June 3, 1706 son of Francis & Winifrett (p. 240)
Clement m. February 25, 1759 to Jane Stonestreet (p. 302)
Clemment funeral December 12, 1796 (p. 398)
Mrs. Clemment funeral January 30, 1797 (p. 398)
Edward b. October 10, 1738 son of Leonard & Eliza. (p. 268)
Elenor b. December 28, 1756(?) first dau. of Ignatius & Elisabeth Marbury (p. 345)
Elinor b. December 28, 1756 dau. of Ignatius & Elizabeth (p. 293)
Elisabeth b. December 28, 1759 second dau. of Ignatius & Elisabeth Marbury (p. 345)
Francis (twin to Winnefrett) b. January 25, 1701 son of Francis & Winefrett Wheeler (p. 240)
George b. December 3, 173- son of Leonard & Eliza. (p. 260)
George b. August 1, 1768 third son of Ignatius & Elisabeth (p. 345)
Ignatious m. January 31, 1794 to Rachel Newton (p. 387)
Ignatius b. October 14, 1709 son of Francis & Winifritt (p. 240)
Ignatius b. January 23, 173- son of Leonard & Eliza. (p. 260)
Ignatius m. July 29, 1753 to Elisabeth Marbury (p. 345)
Ignatius b. September 9, 1763 second son of Ignatius & Elisabeth Marbury (p. 345)
Jane b. April 13, 1705 dau. of Benja. & Eliza. Wheeler (p. 244)
John m. December 13, 1792 to Letitia Brown (p. 392)
John Noble b. March 5, 1773 son of Ignatius & Nancy (p. 354)
Leonard b. June 3, 1691 son of Francis & Winefritt (p. 240)
Leonard m. December 7, 1797 to Martha Warren (p. 390)
Luke Marbury b. July 24, 1754 son of Ignatius & Elizabeth (p. 287)
Luke Marbury b. July 25, 1754 first son of Ignatius & Elisabeth Marbury (p. 345)
Mary b. November 14, 1693 dau. of Francis & Winnefritt (p. 240)
Mary m. December 2, 1708 to Joseph Noble (p. 251)
Mary b. November 5, 1710 dau. of Benja. & Eliza. Wheeler (p. 244)
Samuel b. February 4, 173- son of Leonard & Eliza. (p. 260)
Samuel b. April 9, 1742 son of Francis & Eliza. (p. 248)
-usana, b. January 2, 1735 dau. of Clemant & Elizabeth (p. 259)
Thomas b. May 19, 1708 son of Benja. & Eliza. Wheeler (p. 244)
William b. September 14, 1704 son of Francis & Winifrett (p. 240)
Winnefred m. March 27, 1760 to Allison Foord (p. 300)
Winnefrett (twin to Francis) b. January 25, 1701 dau. of Francis & Winefrett Wheeler (p. 240)
WHEET, Joseph m. December 13, 1791 to Rachel Bryan (p. 391)
WHITE, Amealier b. February 22, 1761 dau. of Thomas (p. 303)
Archabald m. February 6, 1791 to Mary Nash (p. 265)
Drucilla m. November 21, 1793 to Mathew Club (p. 387)
John m. February 1, 1791 to Amelia Cohagan (p. 265)
John Truman, b --- 1798 (?) son of John & Eleanor (p. 397)

KING GEORGE'S PARISH

Mary m. December 11, 1792 to William Mitchell (p. 392)
Mary Belt bapt. October 10, 1762 dau. of Guy & Casander (p. 307)
Ozburn b. November 28, 1798 son of Horatio & Treacy A- (p. 403)
Sharlot b. February 12, 1774 dau. of Benjamin & Mary (p. 359)
WHITEMORE, Eliza. b. April 16, 1708 dau. Humphrey & Mary (p. 253)
  Humphrey b. March 10, 1718 son of Humphrey & Mary (p. 253)
  Margrett b. November 8, 1710 dau. of Humphrey & Mary (p. 253)
  Mary b. September 19, 1713 dau. of Humphrey & Mary (p. 253)
  William b. April 24, 1720 son of Humphrey & Mary (p. 253)
WHITMORE, Benjamin bapt. July 26, 1767 son of William (p. 336)
  Benjamin m. February 13, 1787 to Eleanor Langly (p. 262)
  Charles b. September 25, 1753 son of William & Mary (p. 280)
  Elizabeth b. July 2, 1753 dau. of Humphry & Elinor (p. 280)
  Francis Walker b. January 24, 1801, bapt. March 18, 1801 son of Humphery & Mary (p. 404)
  Humphry bapt. June 14, 1767 son of Humphry (p. 336)
  Humphery m. January 21, 1794 to Mary Walker (p. 387)
  Jonathan b. June 20, 1756 son of Humphry & Elinor (p. 293)
  Sally Ann b. October --, 1797 dau. of Benjamin & Eleanor (p. 377)
  Sarah Ann bapt. June 12, 1763 dau. of Humphry & Elenor (p. 315)
  Sarah Parmer b. November 12, 1795 dau. Humphery & Mary (p. 394)
  Stephen m. December 23, 1790 to Sarah Vermillion (p. 266)
  William m. May 10, 1753 to Mary Beall (p. 279)
WHITNEY, Gilbert m. May 13, 1787 to Sarah Conner (p. 262)
  Gilbert m. November 25, 1794 to Ann Melony (p. 388)
WIG, Elizabeth m. July 31, 1790 to James Lowe (p. 265)
WIGFIELD, Elizabeth wife of Joseph (p. 358)
  John Summers b. November 16, 1771 son of Joseph & Elizabeth (p. 358)
  Martha b. October 16, 1774 dau. of Thomas & Rhoda (p. 356)
  Mary b. June 17, 1764, bapt. August 5, 1764 dau. of Mathew & Elizabeth (p. 319)
  Mary b. October 12, 1773 dau. of Joseph & Elizabeth (p. 359)
  Matthew bapt. May 23, 1773 son of Matthew & Elizabeth (p. 358)
  Mrs. funeral October 2, 1793 (p. 398)
  Rachel b. January 19, 1766 dau. of Mathew & Elizabeth (p. 323)
  Rachel m. December 27, 1787 to John Marshall (p. 263)
  Robert b. September 13, 1775 son of Matthew & Elizabeth (p. 360)
WIGHT, Innocent Ann b. August 5, 1787 dau. of Isle & Elizabeth Webster (p. 357)
  Isle of m. March 31, 1783 to Elizabeth Webster (p. 357)
  John Grumes b. February 12, 1786 son of Isle of & Elizabeth (Webster) Wight - d. November 9, 1786 (p. 357)
  Thomas Truman b. January 7, 1784 son of Isle of & Elizabeth (p. 357)
WILCOXON, Levin b. October 20, 1749 son of Thomas & Ruth (p. 278)
WILKERSON, Milly m. September 25, 1796 to Thomas Munroe (p. 389)
  Walter McAtee b. April 7, 1793 son of Bennett & Milly (p. 372)
WILKINSON, Mary m. September 27, 17-- to John Fendall Beall (p. 337)
  Mary d. August 8, 1767 (p. 337)
  Mary b. July 19, 1772 dau. of George & Esther (p. 358)
  Thomas b. March 11, 1775 son of George & Esther (p. 360)
WILLCOXON, Elizabeth m. December 31, 1786 to Levin Summers (p. 261)
  Verlinda m. December 21, 1786 to John Evans (p. 261)
WILLET, Ann bapt. June 28, 1752 dau. of Charles & Mary (p. 277)
  Esther Verlinder b. --- 1772(?) dau. of Richard & Kesiah (p. 354)
  James b. March 29, 1754 son of Charles & Mary (p. 284)

KING GEORGE'S PARISH

WILLETT, Ninian m. July 21, 1791 to Elizabeth Sommers (p. 266)
  Rachel b. June 3, 1755 dau. of John & Judith (p. 288)
  William Wynn b. February 27, 1775 son of Richard & Kesiah (p. 352)
WILLIAMS, Elizabeth b. September 13, 1794 dau. of Thomas & Ann (p. 376)
  Vialinda bapt. September 9, 1764 dau. Thomas & Elizabeth (p. 317)
  Ann Brown b. May 13, 1757 dau. of Thomas & ELiz. (Gibbs) (p. 293)
  Anne b. July 19, 1794 dau. Josias Sprge & Mary (p. 376)
  Benjamin bapt. February 26, 1764 son of William & Francis (p. 322)
  Elizabeth bapt. February 2, 1752 dau. of Willm. & Frans. (p. 275)
  Elizabeth bapt. December 17, 1752 dau. Richd. & Christian (p. 277)
  Elizabeth b. October 10, 1754 dau. of William & Frances (p. 287)
  Elizabeth m. September 26, 1789 to Joseph Loudon (p. 264)
  Elizabeth m. January 20, 1791 to Richard Turner (p. 266)
  Elizabeth m. May 8, 1794 to Jonathan Beall (p. 388)
  Hanson b. May 6, 1774 son of Sarah (p. 351)
  Humphery m. January 23, 1794 to Sarah Beall (p. 387)
  James Gibbs bapt. April 18, 1762 son of Thomas (p. 305)
  John m. March 7, 1793 to Elizabeth Barrett (p. 392)
  John Fenly b. January 1, 1756 son of Thomas & Elizabeth (p. 290)
  Josias b. January 6, 1775 son of William & Elizabeth (p. 360)
  Salley Ann b. January 1, 1794 dau. John & Elizabeth (p. 375, 278)
  Thomas m. February 1, 1755 to Elizabeth Gibbs (p. 290)
  Verlinda m. February 24, 1791 to John Hillary (p. 265)
  William m. September 29, 1789 to Rachel Conn (p. 264)
  William b. August 27, 1797 son of John & Elizabeth (p. 400)
WILLING, William m. January 31, 1793 to Mary Darcey (p. 392)
WILLINGTON, Sarah bapt. December 21, 1766 dau. of William & Frances (p. 325)
WILLIT, Aquilla bapt. January 24, 1768 son of Richd. & Kesiah (p. 342)
  Beniall bapt. 1761 son of Richard & Kesiah (p. 303)
  John Wynn b. March 9, 1770 son of Richd. & Ann (p. 346)
WILLITT, Charles bapt. November 2, 1763 son of Richard & Kesiah (p. 314)
  Sushanna Priscilla bapt. March 23, 1766 dau. of Richard & Kesiah (p. 325)
WILLOT, Mrs. died December 7, 1797 (p. 398)
WILLSON, Alexander bapt. January 1, 1769 son Alexander & Ann (p. 345)
  Ann bapt. June 9, 1765 dau. of Samuel & Margret (p. 324)
  Aquilla bapt. July 31, 1763 son of Lanelot & Rachil (p. 312)
  Are b. September 15, 1765 dau. of Lancelot & Rachel (p. 323)
  Basell bapt. April 11, 1762 son of Joseph & Mary (p. 305)
  Basil Crofard b. February 13, 1794 son of Binone & Elizabeth (p. 376)
  Benoney bapt. May 26, 1765 son of Benoney & Mary (p. 334)
  Elizabeth bapt. October 10, 1762 dau. of Joseph & Jane (p. 307)
  James Smallwood bapt. March --, 1765 son of Joseph & Elenor (p. 327)
  Lancelot bapt. April 10, 1768 son Lancelot & Rachell (p. 343)
  Lewcy Ann b. May 9, 1763 dau. of Joseph & Elenor (p. 315)
  Sarah bapt. June 17, 1764 dau. of Samuel & Margret (p. 317)
  William bapt. June 17, 1764 son of Samuel & Margret (p. 317)
  William bapt. December 25, 1765 son of Alexander & Ann (p. 326)
WILSFORD, Sarah b. August 17, 1762 dau. of Henry & Winefred (p. 307)
WILSON, Aminta m. March 6, 1790 to Henry Lansdale (p. 265)
  Ann b. January 12, 1773 dau. of William & Elizabeth (p. 358)
  Aqualia m. November 26, 1791 to Sarah (?) Taylor (p. 266)
  Cloe m. December 16, 1787 to John Smallwood (p. 263)
  Elizabeth confirmed November 23, 1793 (p. 383)
  Elizabeth m. January 31, 1788 to George Jones (p. 263)
  Elizabeth m. September 30, 1792 to Thomas Lee Mitchell (p. 392)

81

KING GEORGE'S PARISH

Elizabeth Harriss b. March 3, 1791 dau. John & Elenor (p. 382)
Fielder b. August 3, 1772 son of Josiah & Mary (p. 358)
Fielder m. February 6, 1792 to Mary Suit (p. 391)
Francis Herd b. August 29, 1784(?) son of William & Solla (p. 361)
James b. April 12, 1791 son of Joseph & Sarah (p. 370)
James d. September 10, 1792 (p. 398)
Jean Sprigg b. March 22, 1799 dau. of Fielder & Mary (p. 403)
Jerush confirmed November 23, 1793 (p. 383)
John b. September 12, 1775 son of William & Elizabeth (p. 360)
John m. February 12, 1795 to Elizabeth Gordon (p. 388)
Lucy confirmed November 23, 1793 (p. 383)
Margaret m. December 26, 1791 to James Crawford (p. 391)
Mary b. December 27, 1792 dau. Fielder & Mary (p. 374, 376)
Osborne bapt. June 7, 1752 son of Henry & Ann (p. 277)
Rebacca King b. March 10, 1798 dau. of John Harriss & Elizabeth (p. 397)
Susanah Marbury b. April 21, 1788 dau. Wm. & Solah (p. 382)
Susanna b. April 7, 1791 dau. of William & Ann (p. 370)
Washington b. March 2, 1797 son of William & Margreat (p. 399)
WILWORTH, Elizabeth m. March 3, 1788 to Singleton Waugh (p. 263)
WINDAM, Charles b. May 3, 1763 son of William & Elizabeth (p. 300, 315)
George b. May 2, 1759 son of William & Elizabeth (Moris) (p. 300)
Rachel b. September 20, 1749 dau. of William & Elizabeth (Moris) (p. 300)
Susannah b. March 30, 1754(?) dau. of William & Elizabeth (Moris) (p. 300)
Thomas b. September 12, 1751 son of William & Elizabeth (Moris (p. 300)
William m. April 23, 1747 to Elizabeth Moris (p. 300)
William b. October 5, 1755 son William & Elizabeth (Moris) (p. 300)
WINDHAM, Thomas b. September 12, 1750 son of Wm. (p. 273)
WINDOM, Robert Morris bapt. May 3, 1767 son of William (p. 336)
WINDSOR, Luke m. January 24, 1797 to Elizabeth Mobberly (p. 389)
WINN, Annake b. June 10, 17-- dau. John & Anne (Smallwood) Winn (p. 249)
    d. September 26, 172- (p. 249)
Eliza b. November 27, 172- dau. John & Anne (Smallwood) (p. 249)
Elizabeth Broad bapt. April 28, 1751 dau. Josia & Ann (p. 275)
John m. February 5, 1717 to Anne Smallwood (p. 249)
John b. January 27, 17-- son of John & Anne (Smallwood) (p. 249)
Josiah b. February 1, 1726 son of John & Anne (Smallwood) (p. 249)
Mary Anne b. March 21, 1725 dau. of John & Anne (Smallwood) (p. 249)
Susanna b. December 25, 1753 dau. of John & Sarah (p. 283)
William b. October 18, 1728 son of John & Anne (Smallwood) (p. 249)
WINSOR, Anna b. February 12, 1782 dau. of Ignatius & Martha (p. 349)
Benjamin b. July 15, 1776 son of Ignatius & Martha (p. 349)
Drusillah b. March 25, 1789 dau. of Ignatius & Martha (p. 349)
Fielder b. February 12, 1785 or 1786 son of Ignatius & Martha (p. 349)
Ignatius b. February 10, 1780 son of Ignatius & Martha (p. 349)
Linder b. January 12, 1774 dau. of Elizabeth (p. 351)
Luke b. April 30, 1765 son of Ignatius & Martha (p. 349)
Martha b. December 11, 1783 dau. of Ignatius & Martha (P. 349)
Nathaniel b. February 21, 1778 son of Ignatius & Martha (p. 349)
WINTIS, Sarah b. April 8, 1794 dau. of Samuel & Susanna (p. 394)
WIRT, Henry m. April 30, 1795 to Jennett Ferguson (p. 388)
WIRTT, Christian m. September 6, 1792 to Mary Weaver (p. 392)
WISE, Chas. m. November 26, 1789 to Elizabeth Collings (p. 264)
George b. May 15, 1773 son of Thomas & Sarah (p. 359)
Hannah m. August 12, 1787 to James Magness (p. 262)
John m. August 28, 1794 to Usly Mitchell (p. 388)

KING GEORGE'S PARISH

Richard b. September 1, 1775 son of Thomas & Mary (p. 360)
Solomon b. August 10, 1794 son of William & Elizabeth (p. 376)
Thomas m. December 6, 1787 to Mildred Robertson (p. 263)
Thomas m. December 3, 1797 to Mary Humpheries (p. 390)
William m. November 20, 1788 to Elizabeth Ross (p. 264)
WOOD, Amealea bapt. December 19, 1762 dau. of Elisha & Mary (p. 308)
Elijah b. December 14, 1753 son of Elijah & Mary (p. 283)
Elizabeth b. March 3, 1772 dau. of George & Mary (p. 358)
Frances b. July 28, 1758 dau. of James & Elizabeth (p. 301)
Francis b. February 23, 1763 dau. of James & Elizabeth (p. 315)
George Burton b. August 27, 1769 son of George & Mary (p. 347)
Lea bapt. August 10, 1766 dau. of Lasley & Mary (p. 339)
Leonard Armstrong b. January 13, 1754 son of James & Mary (p. 283)
Margaret b. June 14, 1756 dau. of James & Elizth. (p. 293)
Mary bapt. April 8, 1764 dau. of Lasley & Mary (p. 318)
Sarah bapt. August 29, 1762 dau. of James & Mary (p. 310)
Susannah m. March 29, 1789 to Allen Burrell (p. 264)
William, funeral September 24, 1793 (p. 398)
WOODHOUSE, Sarah b. September 1, 1763 dau. of David & Elizabeth (p. 318)
WORNALL, Thomas b. February 7, 1772 son of Richard & Mary (p. 358)
William bapt. September 16, 1766 son of Richard & Mary (p. 335)
WORNOLD, Richd. b. September 23, 1769 son of Richd. & Ann (p. 347)
WRIGHT, John Watson m. January 14, 1794 to Ann Townshand (p. 387)
WYNN, -----nah b. --- dau. of John & Sarah (p. 289)
Anaka b. January 24, 1749/50 dau. of John & Sarah (p. 289)
Ann died February 20, 1752 aged 51 years (p. 290)
Ann b. April 30, 1755 dau. of Josias & Ann (p. 288)
Ann b. April 22, 1761 dau. of John & Sarah (p. 290)
Easter b. April 15, 1748, d. April 8, 1753 dau. John & Sarah (p. 289)
Easter Virlinder b. August 10, 1755, bapt. August 24, 1755 dau. of John & Sarah (p. 290)
Eleanor Ann b. November 13, 1767 dau. of John & Sarah (p. 290)
Elizabeth b. May 30, 1741 dau. of John & Sarah (p. 289)
Hezekiah b. September 12, 1742 dau. of John & Sarah (p. 289)
Hezekiah b. October 22, 1759 son of John & Sarah (p. 290)
Hezekiah b. December 7, 1774 son of John & Mary (p. 351)
John d. March 25, 1752 (p. 290)
John b. July 23, 1739 son of John & Sarah (p. 289)
John Junr. b. January 27, 1720/21 son of John & Ann (p. 289)
           m. August 24, 1738 to Sarah Robey (p. 289)
Josias b. March 27, 1762 son of Josias & Ann (p. 306)
Lucey Ann bapt. October 10, 1762 dau. of John & Ann (p. 307)
Lucy Ann b. September 26, 1762 dau. of John & Sarah (p. 290)
Priscilla Ann b. April 16, 1764 dau. of John & Sarah (p. 290)
Priscilla Ann bapt. May 6, 1764 dau. of John & Ann (p. 332)
Sarah Elener b. November 29, 1786 dau. Wm. & Mildred (p. 363)
Sarahan b. December 9, 1744 dau. of John & Sarah (p. 289)
Violender b. September 13, 1746, d. October 12, 1748 dau. of John & Sarah (p. 289)
William Smallwood b. August 9, 1757 son of John & Sarah (p. 290)
YATES (?), Francis bapt. June 23, 1751 son of Robert & Ann (p. 275)
YEARLY, Thos. bapt. July 19, 1789 son of Willy (twin) (p. 380)
Willy bapt. July 19, 1789 dau. of Thos. & Willy (twin) (p. 380)
YOUNG, Ann b. February 23, 1762 dau. of James Junr. & Elizabeth (p. 313)
Ann Duglass b. March 22, 1795 dau. of David & Ann (p. 393)

KING GEORGE'S PARISH

Anne b. April 27, 1712 dau. of Johnathan & Mary (p. 251)
Anne Margaret b. July 2, 1772 dau. of Thomas & Eleanor (p. 354)
Dorritha b. January 24, 1776 dau. of Thomas & Eleanor (twin) (p. 352)
Eleanor m. December 22, 1789 to Leonard Townshend (p. 264)
Hezekiah b. February 28, 1763 son of Thomas & Elanor (p. 313)
Hezekiah m. January 6, 1789 to Charity Joy Ford (p. 264)
Izrall b. --- 25, 1719 dau. of Johnathan & Mary (p. 251)
Judeth b. February 19, 1716 dau. of Johnathan & Mary (p. 251)
Kesiah b. May 22, 1763 dau. of John & Mary (p. 315)
Kesiah Elizabeth b. February 6, 1768 dau. of Thomas & Elenor (p. 337)
Lettice b. January 24, 1776 dau. Thomas & Eleanor (twin) (p. 352)
Margrett b. October 20, 1731 dau. of Joseph (p. 241)
Mary b. February 25, 1721 dau. of Johnathan & Mary (p. 251)
Rachel b. February 7, 1714 dau. of Johnathan & Mary (p. 251)
Sarah b. January 7, 1715 dau. of Johnathan & Mary (p. 251)
Thomas b. January 2, 1720 son of Johnathan & Mary (p. 251)
Thomas b. January 10, 1722 son of Joseph Young (p. 241)
Thomas b. September 12, 1765 son of Thomas & Elenor (p. 326)
William b. January 18, 1763 son of James Senr & Ann (p. 313)
William b. May 12, 1774 son of Thomas & Eleanor (p. 351)

KING GEORGE'S PARISH

PRINCE GEORGE'S COUNTY, MARYLAND

INDEX TO REGISTER

OF

KING GEORGE'S PARISH

1797 - 1878

PART II

Note: Some of the spelling looks questionable, but it has been copied as it is written on the register. Also in some instances the date of baptism appears to be a date prior to the birth date, which is probably due to recopying at some time.

KING GEORGE'S PARISH

-----, Francis Albert b. October 3, 1849, bapt. August 1, 1852 son of Wm. H.
    & Jane Catharine (p. 270)
-----, Emma Ann b. September 1, 1856, bapt. December 1857 dau. of Ann &
    Edmund (p. 267)
ABRAM, funeral November 16, 1862 an aged servant of the Hattons (p. 237)
ADALINE, m. April 6, 1860 to Gradison, servants of Mr. R.W. & Jno Hunter
    (p. 250)
ADAMS, Austin Lawyer b. February 29, 1876, bapt. August 13, 1876 son of
    Austin L. & --- (born Hatton) (p. 216)
  Miss Clara Bell d. October 1, 1876 age 16 yrs, funeral October 3, 1876
    dau. of Mrs. Pettis by her first husband (p. 231)
  Eugenia Hatton b. December 26, 1869, bapt. July 3, 1870 dau. of Austin &
    Lizzy (p. 227)
  Joseph Ernest b. January 29, 1874, bapt. August 13, 1876 son of Austin L.
    & --- (born Hatton) (p. 216)
  Mildred Leon b. March 25, 1866, bapt. May 23, 1869 dau. of Austin & Lizzie
    (p. 228)
  Richard Austin b. June 22, 1872, bapt. May 18, 1873 son of Phoebe E. &
    Austin (p. 225)
  William Hanibal b. February 23, 1865, bapt. December 26, 1865 son of
    Austin & Lizzie (p. 229)
ADDISON, Anthony confirmed May 5, 1859 (p. 263)
  Anthony confirmed April 30, 1872 (p. 261)
  Anthony d. April 17, 1871, funeral April 19, 1871 (p. 234)
  Anthony Callis b. June 9, 1855 bapt. September 9, 1855 son of Anthony &
    Mary (p. 268)
  Elizabeth confirmed July 12, 1835 (p. 301)
  (Miss) Elizabeth D. d. January 29, 1860 aged about 60 yrs funeral January
    31, 1860 (p. 238)
  Harriet m. December 20, 1841 to Dr. John Henry Bayne, d. January 5, 1878,
    funeral January 7, 1878, widow of Jno. H. Bayne M.D. (p. 253)
  James L. m. December 20, 1860 to Bettie Tolson (p. 250)
  James L. d. June 16, 1865 aged 64 years, funeral June 17, 1865 (p. 236)
  James Ligon d. July 7, 1855 aged 42 years, funeral July 12, 1855 (p. 239)
  John funeral July 26, 1835 (p. 301)
  John d. March 9, 1861 aged 51 years, funeral March 9, 1861 (p. 237)
  (Miss) Livy confirmed December 1, 1864 (p. 263)
  Margaretta confirmed July 22 or 23, 1842 (p. 266)
  Mary G. d. January 9, 1841, funeral January 11, 1841 (p. 243)
  Mollie confirmed May 17, 1855 (p. 264)
  Mollie M. m. August 11, 1864 to Rev. Osborne Ingles (p. 249)
  Murray confirmed December 1, 1864 (p. 263)
  Dr. Ridout d. August 28, 1860 aged 46 years, funeral September 9, 1860
    (p. 238)
  Sarah d. November 5, 1842, funeral November 7, 1842 aged 66 years (p. 243)
  Tresa Ann (colored) b. May --, 1838, bapt. March 17, 1839 dau. of Basil &
    Mary Ann (p. 280)
  Walter confirmed June 7, 1847 (p. 265)
  Walter d. January 30, 1866 aged 73 years, funeral February 1, 1866
    (p. 235)
ADELINE, servant of Mrs. Denker(?) m. July 7, 1849 to Isaac Humphreys a free
    colored man (p. 251)
AIRY, a servant of Thomas Berry, mother of Charles Henry (colored) and Frank
    (colored) (p. 280)

KING GEORGE'S PARISH

ALFRED, servant of Henry Tolson m. December 26, 1849 to Elisa servant of
   Notly Grey (p. 251)
ALLEN, Ann Amelia m. November 29, 1838 to John D. Moore (p. 254)
   Clara Irene b. November 12, 1871, bapt. December 26, 1871 dau. of Jacob &
      Laura (p. 226)
   (Miss) Elizth. M. confirmed June 4, 1877 (p. 260)
   Florence Minerva b. June 19, 1871 bapt. December 10, 1871 dau. of Edmund &
      Margaret A. (p. 226)
   Frances S. d. September 5, 1870 aged 19 years, funeral September 7, 1870
      (p. 234)
   Frederick Alexander b. ---, bapt. July 31, 1835 son of R. T. and Mary Ann
      (p. 302)
   John A. m. January 2, 1860 to Jane Sophia Biggs (p. 250)
   Lemual Vandersen b. July 12, 1863, bapt. December 22, 1863 son of Frederic
      & Lendona (p. 255)
   Marcelly Virginia, b. January 19, 1862, bapt. December 22, 1863 dau. of
      Frederic & Lendona (p. 255)
   Mary Elizabeth m. May 19, 1869 to George W. Moore (p. 249)
   Mary Emely b. July 10, 1860, bapt. September 2, 1860 dau. of Nathaniel &
      Susan (p. 257)
   Mary Landonia b. January 8, 1865, bapt. April 12, 1865 dau. of Fred. &
      Landonia (p. 255)
   Matilda b. November 15, 1807, bapt. May 8, 1808 dau. of Charles (p. 314)
   Thomas Henry b. December 22, 1839, bapt. June 9, 1840 son of Thomas & Mary
      Ann (p. 277)
   (Mrs.) Vincentia m. January 24, 1860 to John E. Biggs (p. 250)
ALLISON, Mrs. d. December 6, 1855 aged 65 years, funeral April 21, 1856
      (p. 239)
   John funeral November 14, 1841 (p. 243)
   Mary m. January 13, 1847 to Geo. T. Edelen (p. 252)
   Richd. d. November 4, 1844 aged 53 years, funeral November 24, 1844
      (p. 242)
ALLON, Walter Nally b. May 24, 1806, bapt. July 27, 1806 son of James & Jane
      (p. 316)
AMELIA servant of Mrs. Barry m. January 4, 1863 to Lewis, servant of Chs.
      Middleton (p. 250)
ANDERSON, Ann Elizabeth b. October 3, 1859, bapt. February 19, 1860 dau. of
      Noble & Anne (p. 257)
   Benjamin Warren b. June 25, 1842, bapt. January 2, 1843 son of Jessee &
      Sarah Ann (p. 275)
   Mrs. Elizabeth confirmed November 3, 1873 (p. 261)
   Frances d. 1867 aged about 18 years, funeral November 24, 1867 (p. 235)
   Henrietta b. June 3, 1854 dau. of Noble & Anna (p. 267)
   Jane confirmed reported May 1845 (p. 265)
   John Henry b. February 29, 1840, bapt. March 18, 1840 son of Thomas &
      Elizabeth (p. 279)
   Martin bapt. June 5, 1846 son of Thos. & Elizabeth (p. 273)
   Mary d. December 4, 1842, funeral December 6, 1842 aged 27 years (p. 243)
   Mary Ellen b. March 3, 1857, bapt. May 10, 1857 dau. of Noble & Annie
      (p. 267)
   Noble d. June 27, 1863 aged 49 years, funeral June 29, 1863 (p. 237)
   Wm. Dallas b. March 3, 1857, bapt. May 10, 1857 son of Noble & Annie
      (p. 267)
ANDREW, a free colored man m. November 11, 1860 to Lizzie servant of Mr. Wm.
      Maddox (p. 250)

KING GEORGE'S PARISH

ANNE, a free colored woman m. September 39, 1852 to Sam Sims a free colored man (p. 251)
ANNIE LEE, m. May 24, 1851 to Felix Jackson, servant of R. T. Dangerfield (p. 251)
ANNY SIMMS, funeral May 22, 1860 a free colored woman aged 60 years (p. 238)
ARMSWORTHY, Ann Maria b. March 30, 1823(?), bapt. June 8, 1823 dau. of Thomas & wife (p. 310)
ARNOLD, Christopher Sheriff b. November 30, 1841, bapt. September 4, 1842 son of Samuel & Mary Ann (p. 275)
  Edgar Melville, b. May 30, 1872, bapt. November 24, 1872 son of J. C. & Amelia (p. 225)
  Elizabeth Ann confirmed February 28, 1840 (p. 266)
  Georgiana b. May 17, 1844, bapt. August 25, 1844 dau. of Samuel & Mary (p. 274)
  James funeral August 13, 1841 (p. 243)
  Laura Ann Virginia b. August 22, 1861, bapt. November 23, 1862 dau. of Elizath & Benedict (p. 256)
  Mary confirmed December 4 or 5, 1858 (p. 264)
  Mary Ann confirmed February 28, 1840 (p. 266)
  Mary Ann Matilda b. February 21, 1805, bapt. May 19, 1805 dau. of Richard & Susanna (p. 321)
  Mary Edmonia b. September 11, 1846, bapt. September 1847 dau. of John H. & Elizabeth (p. 273)
  Mary Jane b. February 5, 1836, bapt. October 22, 1837 dau. of Samuel (p. 298)
  Richard Alfred b. July 23, 1839, bapt. 15, 1840 (March) son of Samuel & Mary Ann (p. 279)
  Susanna Permelia b. January 14, 1841, bapt. March 28, 1841 dau. of Reason & Permelia M. (p. 276); d. July 21, 1841, funeral July 22, 1841 aged 6 months (p. 243)
  William m. March 29, 1842 to Sarah Ridgeway (p. 253)
  William m. June 1, 1858 to Mary Ridgway (p. 250)
  Wm. funeral October 1877 (p. 230)
ATCHERSON, John Fendall b. December 11, 1814 son of Ignatius & Susanna (p. 312)
  Susannah Everline b. ---, bapt. April 23, 1820 dau. of Ignatius & wife (p. 311)
ATCHINSON, Elizabeth b. April 27, 1805, bapt. May 12, 1805 dau. of Henry & Susanna (p. 321)
  William Hanson b. May 20, 1806, bapt. August 31, 1806 son of John & Sarah (p. 316)
AUNT JENNY (colored) d. October 16, 1865, supposed to be 90 years, funeral October 17, 1865 (p. 236)
BADEN, Aquilla father of Elizabeth Eleanor, Baden Clements by Winny Ann Clements (p. 314)
  Basil Barnes b. January 1, 1867, bapt. June 16, 1867 son of Basil & Amelia (p. 228)
  Florence Dayton b. February 26, 1869, bapt. May 16, 1869 dau. of Basil & Amelia (p. 228)
  James Francis b. May 24, 1864, bapt. July 29, 1864 son of Basil & Amelia (p. 255)
  Margaret Lavinia b. June 21, 1871, bapt. September 21, 1871 dau. of Basil & Amelia (p. 226)
  Mary Elizabeth b. February 7, 1821, bapt. April 29, 1821 dau. of Aquila and wife (p. 312)

KING GEORGE'S PARISH

Mary Josephine b. June 7, 1865, bapt. December 30, 1865 dau. of Basil & Amelia (p. 229)
Samuel Gurley b. September 16, 1873, bapt. October 18, 1874 son of Basil & Amelia (p. 224)
William Hanson b. September 24, 1819, bapt. November 28, 1819 son of Aquila & wife (p. 311)
BAIRD, John Washington b. July 22, 1805, bapt. August 25, 1805 on of Anthony & Sarah (p. 320)
BAKER, Earnest Bishop b. February 28, 1863, bapt. March 12, 1864 son of Mary & James (p. 255)
James - a servant of Mr. Basil Hatton m. June 7, 1810 to Mary Hill, a servant of Mr. James L. Addison (p. 254)
Mildred Hanson b. August 31, 1805, bapt. March 30, 1806 dau. of Philip & Maria (p. 318)
BALDWIN, Sarah b. April 10, 1822, bapt. March 16, 1822 dau. of Theophilus and wife (p. 310)
BALL, Alfred Wilmer b. September 28, 1839, bapt. September 14, 1840 son of Henry I. & Eleanor (p. 277)
Ann Eliza b. July 25, 1838, bapt. October 14, 1838 dau. of Thos. & Elizabeth (p. 281)
Elizabeth Ann b. April 5, 1867, bapt. August 1, 1869 dau. of Isaac & Eliza J. (p. 227)
Isaac b. January 10, 1841, bapt. July 13, 1841 son of Isaac & Dorcas Ann (p. 276); m. December 5, 1865 to Eliza Jane Walker (p. 249)
John confirmed 1871 (p. 261)
Maria E. d. October 28, 1855 aged about 36 years, funeral October 31, 1855 (p. 239)
Sarah Amanda b. May 23, 1853, bapt. August 13, 1854 dau. of Maria E. & Wm. S. (p. 269)
Susan b. August 22, 1850, bapt. August 11, 1851 dau. of Maria E. & Wm. T. (p. 271)
Thomas Allen Theophilus b. October 15, 1822, bapt. March 31, 1823 son of John and wife (p. 310); m. September 30, 1852 to Rosana Lusby (p. 251)
BALLENGER, Frances d. June 26, 1853 aged 77 years, funeral June 28, 1853 (p. 240)
BARBARA m. November 13, 1841 to Jerry - svts of Mr. Thomas Berry (p. 253)
BARKER, Joseph H. m. November 16, 1870 to Emma Sansbury (p. 249)
BARNES, Daniel d. 1805 (p. 292)
BARNS, Horatio b. March 9, 180-(?), bapt. May 11, 1806 son of Basil & Mary (p. 317)
Sarah Ann b. March 11, 180-(?), bapt. May 11, 1806 dau. of Henry & Meeky (p. 317)
BARRENS, Eliza b. --- 23, 1800 dau. of Daniel & Mary (p. 322)
BARRETT, Elizabet m. August 11, 1864 to John H. Dowell (p. 249)
Sarah Elizabeth b. October 31, 1869, bapt. July 5, 1870 dau. of James & Rachel (p. 227)
BARRETTE, Elizabeth b. January 27, 1823, bapt. May 18, 1823 dau. of Ja. D. and wife (p. 310)
Lucinda m. July 16, 1839 to John Tolson (p. 254)
BARRON, Henry b. December 10, 1805, bapt. March 2, 1806 son of Oliver & Elizabeth (p. 319)
BARROT, Levy Griffin b. February 14, 1811 son Joseph L. & Elizabeth (p. 313)
BARRY, Ellsa confirmed May 17, 1855 (p. 264)
BARTLEY, William Henry b. April 24, 1808, bapt. June 5, 1808 son of Mary (p. 313)

KING GEORGE'S PARISH

BATCHELLER, Elizabeth m. August 18, 1870 to John Beasley (p. 249)
BAYDEN (See Baden), John Morris b. October 29, 1860, bapt. December 27, 1860 son of Basil & Amelia (p. 257)
BAYLEY, George Thomas (colored) b. June 8, 1838, bapt. October 28, 1838 son of Henry & Airy (p. 281)
BAYNE, bapt. May 18, 1851 dau. of Wm. B. & Elizabeth Bettie (p. 271)
    Briscoe, b. September 11, 1853 bapt. July 23, 1854 son of Wm. B. & Elizabeth (p. 269)
    Briscoe L. confirmed June 3, 1877 (p. 260)
    Clara confirmed December 1, 1864 (p. 263)
    Clara m. October 27, 1869 to Woodbury Wheeler (p. 249)
    Clarence d. December 24, 1865 age 1 year, funeral December 26, 1865 (p. 235)
    Ebsworth d. February 5, 1847 aged 79, funeral February 7, 1847 (p. 242)
    Elizabeth confirmed August 3, 1852 (p. 265)
    Frances b. July 5, 1833, bapt. July 27, 1834 dau. John H. (p. 302); d. September 30, 1852 aged 19 years (p. 241)
    George Ebsworth funeral November 9, 1834 aged 6 years and 7 months son of J. H. & Mary F. (p. 301)
    Grace m. July 1852 to Robert W. Hunter (p. 251)
    Grace confirmed August 3, 1852 (p. 265)
    James Henry b. September 19, 1847, bapt. January 9, 1848 son of John H. & Harriet (p. 272); funeral June 21, 1848 aged 9 months (p. 241)
    Dr. John Henry confirmed July 12, 1835 (p. 301); m. Harriet Addison December 20, 1841 (p. 253); d. August 18, 1870 aged 66 years, funeral August 20, 1870 (p. 234)
    John Henry funeral November 7, 1834, aged 4 years and 6 months son of John Henry & Mary Frances (p. 301)
    Jno. Henry b. December 5, 1875, bapt. June 1, 1876, son of Jno. W. & M. S. (p. 218); d. June 10, 1876 aged 6 months 5 days, funeral June 11, 1876 (p. 231)
    John Thoart (?) b. February 9, 1846, bapt. January 9, 1848 son of John H. & Harriet (p. 272)
    Josephine Elizabeth bapt. July 12, 1835 dau. of John Henry and Mary Frances (p. 302); confirmed December 4, 1853 (p. 264); m. June 3, 1856 to Benj. F. Marbury (p. 250); d. October 26, 1870 aged 35 years, funeral October 28, 1870 (p. 234)
    Judith F. d. January 3, 1863 aged about 84 years, funeral January 6, 1863 (p. 237)
    Laura confirmed December 2, 1860 (p. 263); m. January 5, 1865 to John R. Mitchel (p. 249)
    Laura Lois bapt. July 14, 1878 dau. of Wm. B. & Anice L. (b. Halley) (p. 208)
    Lucy Ashley b. September 13, 1874, bapt. May 23, 1875, dau. of John W., M.D. and May (born Ashby) (p. 222)
    Mary Catherine d. April 6, 1838, funeral April 7, 1838 aged 6 months, dau. of Dr. John H. & Mary Frances (p. 244)
    Mary Frances confirmed July 12, 1835 (p. 301); d. August 7, 1840, funeral August 9, 1840, aged 31 years (p. 244)
    Robert Hunter bapt. October 30, 1852 son of Wm. & Elizabeth (p. 270); d. August 1, 1856 aged 4 years, funeral August 3, 1856 (p. 239)
    William confirmed August 3, 1852 (p. 265)
    William (Wm. B. Jr.) b. August 24, 1848, bapt. July 29, 1849 son of Wm. & Elizabeth (p. 272)

KING GEORGE'S PARISH

William aged 28 son of Wm. B. & Elizabeth m. June 26, 1877 Anice L. Halley aged 18, dau. of Jas. E. & --- (p. 247)
BEALL, Abram d. January 13, 1857 aged 34 years, funeral January 14, 1857 (p. 239)
Amelia d. April 30, 1864 aged 54 years, funeral May 2, 1864 (p. 236)
Joshua confirmed June 4, 1877 (p. 260)
Josias b. November 25, 1805, bapt. June 29, 1806 son of Benjamin B. & Mary (p. 316)
Josias Hanson McPherson b. February 16, 1807, bapt. March 29, 1807 son of John Fendall & Margaret (p. 315)
Martha Sarah m. January 19, 1875 to Daniel Webster Townsend (p. 248)
Samuel d. May 27, 1853 aged 60 years, funeral May 29, 1853 (p. 240)
William Franklin b. October 23, 1853, bapt. July 5, 1854 son of Geo. W. & Martha A. (p. 269)
BEALLE, Penelope b. ---, bapt. December 30, 1821 dau. Alison F. & wife (p. 311)
BEAN, Joseph Thomas bapt. August 16, 1840 (p. 277)
Susanna d. September 21, 1870 aged 93 years, funeral September 22, 1870 (p. 234)
BEANS, John Henry b. January 25, 1841, bapt. July 12, 1842 son of Thomas & Ann (p. 275)
Sarah Ann b. April 9, 1842, bapt. July 12, 1842 dau. of Thomas & Ann (p. 275)
BEARD, Aquilla Johns b. May 14, 1823, bapt. June 29, 1823 son of Wm. C. and wife (p. 310)
Caroline confirmed July 22 or 23, 1842 (p. 266)
Charles d. November 1855 aged 14 years, funeral November 25, 1855 (p. 239)
Charles d. September 1857 aged 2 years, funeral October 11, 1857 (p. 238)
Chs. H. m. 1853 to Margaret E. Beard (p. 251)
Charles H. d. January 3, 1858, funeral June 20, 1858 (p. 238)
Charles Henry b. September 3, 1840, bapt. February 17, 1841 son of Thomas W. & Caroline (p. 276)
John Fillmore b. February 1, 1858, bapt. August 15, 1858 (p. 258)
Margaret E. m. 1853 to Chs. H. Beard (p. 251)
Margaret Elizabeth bapt. August 15, 1858 dau. Chas. & Margaret (p. 258)
Mary d. December 16, 1861 aged 18 years, funeral December 17, 1861 (p. 237)
Wm. Fenly b. June 7, 1851, bapt. June 25, 1851 son of Thos. & Caroline (p. 271); d. June 3, 1854 aged 3 years, funeral August 20, 1854 (p. 240)
William Franklin b. October 23, 1854 son Geo. W. & Mary Ann (p. 257)
William Thos. funeral August 20, 1854 - an infant (p. 240)
BEARDS, Angesours b. December 27, 1837, bapt. June 18, 1838 dau. of Thomas & Caroline (p. 281)
BEASELY, Joseph funeral July 10, 1847, infant son of Elisha and Jos. (p. 242)
BEASLEY, Elizabeth Ann m. May 23, 1867 to John Hunter (p. 249)
John m. August 18, 1870 to Elizabeth Batcheller (p. 249)
BECKET, (Mrs.) Sarah d. May 22, 1806, wife of John (p. 292)
BEEN, Mary Ann b. January 11, 1821, bapt. July 8, 1821 dau. of Isaac and wife (p. 312)
BELL, Betty confirmed December 1 or 2, 1849 (p. 265)
Elizabeth m. November 26, 1850 to Louias Hinson (p. 251)
Eva Alberta b. November 8, 1873, bapt. December 22, 1873 dau. of George T. & Sarah M. (p. 224)
(Mrs.) Sarah M. confirmed June 3, 1877 (p. 260)

KING GEORGE'S PARISH

Zachariah B. m. October 27, 1846 to Mary R. Hatton (p. 252)
BEN BAKER servant of Henry A. Grimes m. December 25, 1845 to Melinda, servant of Jno H. Lowe (p. 252)
BENJAMIN, a servant of Jno. H. Lowe m. February 4, 1844 to Caroline, a servant of Thos. Sheriff (p. 252)
BERKELY, --- d. July 18, 1841, funeral July 20, 1841 aged 7 months infant dau. of Mr. and Mrs of Alexa. (p. 243)
BERRY, Elisha Eversfield b. November 15, 1842, bapt. June 5, 1843 son of Wm. F. & Eliza (p. 274)
  Ella E. born Evans, wife of Saml Ward, mother of Margaret Ann (colored) (p. 216)
  Grace Eliza b. October 1821, bapt. October 18, 1821 dau. of George M. and wife (p. 311)
  Guy b. November 12, 1867, bapt. June 24, 1868 son of T. Owen and Annie (p. 228)
  Henry (colored) funeral December 2, 1855 (p. 239)
  Henry (colored) confirmed April 30, 1872 (p. 261)
  Margaret Ann (colored) b. October 23, 1876, bapt. January 1, 1877 dau. of Saml Ward & Ella C. (born Evans) (p. 216)
  Maria b. June 14, 1821, bapt. September 9, 1821 dau. Hibbern & wife (p. 312)
  Thomas d. June 17, 1854 aged 74 years (p. 240)
  Thomas William b. November 15, 1840, bapt. November 7, 1842 son of William F. & Eliza (p. 275)
BETSEY, servant of Mrs. Maddox m. December 25, 1847 to William - a free man of col. (p. 252)
BETSEY, a free woman m. July 24, 1842 to Emanuel - a free man (p. 253)
BETTY ANN, servant of Susah E. Tolson m. January 3, 1847 to Stephen Humphreys, servant of Mary & Christ Edelen (p. 252)
BEVINS, James b. --- bapt. September 27, 1835 son of John & Mary (p. 302)
  Tracenia b. April 27, 1842, bapt. June 27, 1842 dau. of John T. & Marian (p. 275)
BIGGS, Alfred E. confirmed June 3, 1877 (p. 260)
  Alfred Hanson b. November 28, 1805, bapt. February 16, 1806 son of Darky (p. 319)
  Ann(a) Maria b. August 16, 1843, bapt. November 9, 1843 dau. of Alfred E. & Elizabeth E. (twin of Jane Sophia) (p. 220, 214); m. October 26, 1859 to Josias Kidwell (p. 250); confirmed June 3, 1877 (p. 260)
  Henry Thomas, b. November 26, 1861, bapt. March 6, 1862 son Henry & Sarah (p. 256)
  Jane Sophia b. August 16, 1843, bapt. November 9, 1843 dau. of Alfred E. & Elizabeth E. (twin of Ann Maria) (p. 274); m. January 2, 1860 to John A. Allen (p. 250)
  John b. May 9, 1807, bapt. May 8, 1808 son of James & Nancy (p. 314)
  John E. m. January 24, 1860 to Mrs. Vincentia Allen (p. 250)
  Martha Ann d. August 18, 1874 age 20 years, funeral August 20, 1874 dau. of Thos. & Mary (p. 233)
  Wm. Ferdinand b. May 20, 1876, bapt. August 25, 1876 son Wm. Thos. Biggs & Mary Va. (born King) (p. 216)
BIRD, --- bapt. December 13, 1874 child of Henry B. & Hannah (p. 223)
  Hannah confirmed May 5, 1859 (p. 263)
  Harriet Williams b. September 1866, bapt. May 19, 1867 dau. Harry & Hannah (p. 229)
  Harry (Henry, Henry B.) confirmed October 4, 1868 (p. 262)

KING GEORGE'S PARISH

Harry b. February 23, 1865, bapt. December 28, 1865 son of Harry & Hannah (p. 229)
Helen confirmed November 16, 1869 (p. 262)
Salena Williams b. March 1, 1861, bapt. July 9, 1861 dau. of Henry & Hannah (p. 257)
d. August 5, 1861 aged 6 months, funeral August 6, 1861 (p. 237)
Sue b. October 18, 1858, bapt. May 22, 1859 dau. of Harry & Hannah (p. 258)
confirmed November 16, 1869 (p. 262)
BLACK, Elizab. confirmed May 5, 1859 (p. 263)
BLOOMFIELD, Elizabeth Ellen b. May 6, 1846, bapt. September 8, 1846 dau. of Elizabeth & Nathan (p. 273)
Thomas Daniel b. February 1, 1840, bapt. November 9, 1842 son of Nathan & Elizabeth A. (p. 275)
BOSWEL, John Tyler b. November 28, 1805, bapt. April 6, 1806 son of Kenelm & Joanna (p. 318)
BOSWELL, --- m. January --, 1875 to Frances Fisher (p. 248)
George b. April 22, 1805, bapt. June 2, 1805 son of Horatio & Sarah (p. 321)
Luisa, b. February 30, 1806 - bapt. July 13, 1806 dau. of William & Ann (p. 316)
Nancy Eilbeck b. March 8, 1807, bapt. August 2, 1807 dau. of Kenelm & Joanna (p. 314)
William b. March 1, 1808, bapt. May 8, 1808 son Philip & Sharlotte (p. 314)
BOWEN, Nelson Wilbur b. October 17, 1874, bapt. July 25, 1875 son of George & Mary Salome (p. 220)
BOWIE, James Bud b. October 9, 1861, bapt. July 27, 1862 son of James E. & Frances (p. 256)
May b. May 1, 1873, bapt. August 24, 1873 dau. James E. & Frances L. (p. 225)
BRADY, William d. 1850, funeral August 11, 1851, infant son Jno & Caroline (p. 241)
BRAGGS, (Mrs.) Mary, funeral sermon preached June 28, 1806 (p. 292)
BRAMFIELD, Nathan of Cecil Co. Md. m. January 23, 1840 to Elizabeth Ann Oneale (p. 254)
BRAWNER, Horatio Samuel b. March 8, 1805, bapt. June 16, 1805 son of Henry & Elizabeth (p. 320)
BROOKS, Albert John b. May 4, 1863, bapt. June 29, 1863 son of Ranson & --- (p. 255)
(Miss) Anne B. confirmed December 1, 1864 (p. 263)
(Miss) Clametine (?) confirmed December 1, 1864 (p. 263)
BROWN, Elizabeth Eleanor b. May 6, 1821, bapt. June 17, 1821 dau. of James M. and wife (p. 312)
Hanson (colored) b. October 20, 1838, bapt. March 24, 1839 son of Ellen (p. 280)
James Fendell b. March 17, 1800 son of George & Ann (p. 322)
John Wesley, b. March --, 1840 bapt. February 2, 1842 son of Wm & Jane (p. 275)
Mary E. confirmed July 12, 1835 (p. 301)
BRUCE, Catharine (colored) b. June --, 1836, bapt. November 11, 1838 dau. of Philip & Catharine (p. 281)
Catharine (colored) b. February 14, 1838, bapt. June 19, 1838 dau. of Philip & Catharine (p. 281)
Catharine (colored) d. May 2, 1838, funeral November 11, 1838 (p. 244)

KING GEORGE'S PARISH

BRUMAGIN, Mr. d. July 30, 1874, funeral August 1, 1874 (p. 233)
BRYAN, Barnabas, b. October 10, 1845, bapt. March 22, 1846 son of Rd & Cath (p. 273)
(Miss) Ellen confirmed December 1, 1864 (p. 263)
Frederic Martin b. March 30, 1873, bapt. May 18, 1873 son of Barnabas & Mary W. (p. 225)
(Mr.) Joses confirmed December 1, 1864 (p. 263)
Martha Ann m. February 18, 1841 to James G. Pumphrey (p. 254)
(Miss) Mary confirmed December 1, 1864 (p. 263)
Mary Ann b. May 30, 1806, bapt. July 13, 1806 dau. of Thomas & Mary (p. 316)
Mary Catharine b. 1877, bapt. June 24, 1877 dau. of Barnabas & Mary E. (p. 212)
Mary E. confirmed June 3, 1877 (Mrs. B.) (p. 260)
Mary P. b. July 5, 1848, bapt. October 15, 1848 dau. of Richard & Catharine (p. 272)
Meek d. June 8, 1842, funeral June 10, 1842 (p. 243)
(Mrs.) Philly confirmed 1871 (p. 261)
Rebecca confirmed December 1 or 2, 1849 (p. 265)
Richard confirmed February 22, 1839 (p. 266)
Richard m. April 8, 1844 to Catharine M. Maddox (p. 252)
Richard b. July 5, 1875, bapt. July 5, 1875 (p. 220); bapt. June 24, 1877 son of Barnabas & Mary E. (p. 212)
Richard d. December 9, 1875, funeral December 10, 1875 (p. 232)
Sarah d. April 23, 1838, funeral April 24, 1838 age 49 wife of William (p. 244)
Sarah E. b. July 5, 1848, bapt. October 15, 1848, dau. of Richard & Catharine (p. 272)
William d. November 19, 1865 aged 80 years, funeral November 21, 1865 (p. 236)
William of Thos. m. April 4, 1839 to Fella Thorn (p. 254)
Wittingham b. May 28, 1851, bapt. August 3, 1851 son of Rd. & Catharine (p. 271); confirmed October 4, 1868 (p. 262)
BRYCE, Elizabeth Eliza b. February 12, 1806, bapt. May 4, 1806 dau. of William & Elizabeth (p. 318)
BUDD, Martha W. m. June 10, 1868 to Harry C. Cushing (p. 249)
BURGES, Harriet b. August 20, 1857, bapt. November 20, 1857 dau. of John T. & Ellen (p. 267)
John Thomas b. September 10, 1851, bapt. November 20, 1857 son of John T. & Ellen (p. 267)
Margaret Orelia bapt. May 20, 1838 infant dau. James & Mary (p. 281)
Robert b. September 10, 1855, bapt. November 20, 1857 son John T. & Ellen (p. 267)
Sarah Ann funeral October 23, 1835 aged 54 (p. 301)
BURGESS, Ann Rebecca b. April 27, 1843, bapt. May 12, 1843 dau. of William J. & Mary (p. 274)
Ariann b. December 20, 1819, bapt. May 23, 1820 dau. of G. W. Baden & Elizabeth Burgess (p. 311)
Clementena d. October 9, 1857 aged 3 years, funeral July 1858 dau. of Mary Emely (p. 238)
Elenora d. December 20, 1857 aged 1 year, funeral July 1858 dau. of Mary Emely (p. 238)
Henry Judson b. October 18, 1806, bapt. June 14, 1807 son of Richard & Sarah (p. 314)
James m. January 18, 1853 to Emely White (p. 251)

KING GEORGE'S PARISH

James Fendel b. January 6, 1851, bapt. June 1, 1851 son of Jas. W. & Mary
    Ann (p. 271); funeral September 7, 1851 (p. 241)
James W. m. February 27, 1845 to Mary A. Thompson (p. 252)
James William b. December 20, 18-- son of Richard & Sarah (p. 313)
John Levy b. November 30, 1821, bapt. July 24, 1822 son John & wife
    (p. 310)
Judson Henry b. February 27, 1838, bapt. May 12, 1839 son of Henry & Ann
    Jane (p.280)
Marian Virginia b. December 23, 1845, bapt. August 30, 1847 dau. of Jas. &
    Mary Ann (p. 273)
Mary Ann, funeral September 7, 1851 (p. 241)
Mary E. confirmed July 22 or 23, 1842 (p. 266); d. April 27, 1843, funeral
    April 28, 1843 aged 26 years (p. 243)
Mary Eleanor b. July 8, 1840, bapt. February 19, 1841 dau. of James & Mary
    (p. 276)
Mary Eleanor m. December 30, 1856 to James White (p. 250)
Mary Emely d. July 6, 1857 aged 36 years, funeral July 1858 (p. 238)
Sarah d. January 16, 1853 aged 87 years, funeral May 16, 1853 (p. 240)
Wm. d. February 1840, funeral September 14, 1840 aged 21 years (p. 244)
BUTLER, Mary Ann Eleanor bapt. March 23, 1806 dau. of Ann (p. 318)
CADDINGTON, Catherine Viola b. February 11, 1877, bapt. April 3, 1877 dau.
    Walter L. & Catharine F. (born Ridgeway) (p. 214)
    Walter L. aged 23 m. September 21, 1876 to Catherine Franconia Ridgeway
    aged 19 (p. 248)
CADLE, Delilah m. January 2, 1839 to James Murray (p. 254)
    Elizabeth b. July 13, 1806, bapt. August 24, 1806 dau. of John & Mary (p.
    316)
    Gibson d. July 3, 1853, funeral July 5, 1853 (p. 240)
    Mary d. December 21, 1840, funeral December 23, 1840 (p. 244)
CALLIS, Anthony confirmed August 3, 1852 (p. 265)
    Anthony A. d. October 19, 1854 aged 44 years (p. 240)
    Elenoar d. October 8, 1867 aged about 70 years, funeral October 10, 1867
    (p. 235)
    Garland A. funeral December 1843 aged 11 years, son Henry A. & E. A. (p.
    242)
    Henry A. confirmed July 12, 1835 (p. 301)
    Henry A. d. February 13, 1855 aged 74 years, funeral February 15, 1855 (p.
    240)
    Henry Garland b. November 13, 1833, bapt. July 27, 1835 son of Henry A. &
    Eleanor (p. 302)
    Thomas Berry b. November 19, 1835, bapt. December 13, 1835 son of Henry A.
    & Eleanor (p. 302); d. March 31, 1853 aged 17 years (p. 240)
CAMPBELL, --- bapt. May 3, 1872 aged 7 weeks old, son of Maj. Campbell at
    Ft. Foot (p. 226)
CANNON, (Mrs.) Julia confirmed June 4, 1877 (p. 260)
CAROLINE, servant of Mr. Jno Lowe m. July 13, 1856 to Hanson servant of Mr.
    Marbury (p. 250)
CAROLINE, servant of Thos. Sheriff m. February 4, 1844 to Benjamin, servant
    of Jno H. Lowe (p. 252)
CARRICK, Zachariah m. February 3, 1859 to Elisa Jane Wedding (p. 250)
CARROL, Horatio Greenberry b. September 21, 1838, bapt. October 27, 1839 son
    of Horatio & Rebecca (p. 279)
    James Henry b. November 24, 1830, bapt. September 29, 1839 son of Horatio
    & Rebecca (p. 279)

KING GEORGE'S PARISH

CARROL, John Baptist b. February 11, 1806, bapt. May 25, 1806 son of Patrick & Jemimah (p. 317)
  Joseph Lemuel b. October 14, 1834, bapt. September 29, 1839 son of Horatio & Rebecca (p. 279)
  Washington d. December 30, 1856 aged 54 years, funeral January 5, 1857 (p. 239)
CARROLL, Thomas Owden b. December 30, 1799 son of Patrick & Jemima (p. 321)
CARTER, Catharine Ann b. February 29, 1843, bapt. December 26, 1843 dau. of Lawson F. & Sophia (p. 274)
  Joseph b. April 2, 1799 son of Joseph & Winneford (p. 322)
CARVER, Martha Ann b. April 4, 1863, bapt. September 17, 1865 dau. of Alexander & Sarah (p. 255)
  Robert b. July 31, 1865, bapt. September 17, 1865 son of Alexander & Sarah (p. 255)
  William b. July 31, 1865, bapt. September 17, 1865, son of Alexander & Sarah (p. 255); d. January 22, 1866 aged 6 months (p. 235)
CASTEEL, John Bradley b. November 15, 1805, bapt. December 25, 1805 son of Edmund & Mary (p. 319)
CATLETT, Charles d. March 10, 1865 aged 28 years, funeral March 12, 1865 (p. 236)
  Eleanor A. confirmed February 22, 1839 (p. 266); d. July 2, 1858 aged 46 years, funeral July 14, 1858 (p. 238)
  Hanson, b. August 14, 1838, bapt. November 13, 1838 son of Hanson G. & Eleanor A. (p. 281)
CATLITT, Charles William b. November 20, 1835, bapt. December 16, 1835 son of Hanson G. & Elona (p. 301)
  Mary Emily, b. September 1, 1833, bapt. November --, 1834 dau. Hanson G. & Elona (p. 302)
CATOR, Thomas d. March 1866 aged about 70 years, funeral December 9, 1866 (p. 235)
CAWOOD, Elizabeth Ann Fendall b. March 11, 1807, bapt. July 30, 1807 dau. of Stephen & Elizabeth Ann (p. 314)
  Thos. d. March 3, 1855 aged 53 years, funeral March 5, 1855 (p. 239)
CELEY, servant of Wm. B. Bayne m. December 25, 1859 to William servant of William Soper (p. 250)
CELIA, servant of Mrs. V. A. Latimer m. January 27, 1839 to Nathaniel Payne - servant of Mr. Lowe (p. 254)
CHAFFER, Abraham d. January 28, 1857 aged 45 years, funeral January 31, 1857 (p. 239)
CHARDE, Ann Margaret b. April 1, 1813, bapt. February 24, 1822 dau. of Samuel C. & wife (p. 311)
  Elizabeth b. March 3, 1811, bapt. February 24, 1822 dau. of Samuel C. and wife (p. 311)
  Jerusha b. April 6, 1809, bapt. February 24, 1822 dau. of Samuel C. and wife (p. 311)
CHARITY, m. November 20, 1859 to Grandison servants of Mr.R. W. Hunter (p. 250)
CHARLES, servant of Dr. Heiskill m. March 25, 1856 to Mary, servant of Mrs. Bayne (p. 251)
CHARLES, a servant of Mr. Henry Tolson m. March 15, 1845 to Rebecca, a servant of Cesar A. Gantt (p. 252)
CHARLES EDWARD (colored) funeral May 31, 1853 (p. 240)
CHARLES HENRY (colored) b. December 1838, bapt. June 9, 1839, son of Airy, a servant of Thomas Berry (p. 280)

KING GEORGE'S PARISH

CHARLES HENRY (colored) bapt. March 17, 1839, infant son of Ellen, a servant of Henry A. Callis (p. 280)
CHARLOTTE, servant of Mrs. Judith Bayne, mother of Seeley Ann (colored) (p. 280)
CHASE, Eliza, mother of William (colored) by Lewis Johnson b. July 4, 1876, bapt. July 19, 1878 (p. 208)
CISSEL, Ann Eliza b. August 15, 1854, bapt. September 24, 1861 dau. of Richard & Anna E. (p. 256)
  Mary Julia b. April 4, 1859, bapt. September 24, 1861 dau. of Richard & Anna E. (p. 256)
  Anna m. January 24, 1871 to Jonathan P. Talbert (p. 248)
  Annie confirmed November 16, 1869 (p. 262)
CLAGETT, Colmore Beanes b. October 11, 1821, bapt. September 23, 1821 son of Thomas H. (p. 311)
  Elizabeth b. January 28, 1821, bapt. August 12, 1821 dau. of Thos. D. & wife (p. 312)
  George Washington b. February 11, 1808, bapt. June 5, 1808 son of Thos. D. & Rebecca (p. 313)
  Henrietta Jane b. --- 1822, bapt. January 15, 1823, dau. of Thomas H. & wife (p. 310)
  Mary Marshall b. December 21, 1814, dau. of Thomas D. & Rebecca (p. 312)
CLAGGETT, Elizabeth Mary Beanes, b. December 10, 1805, bapt. February 2, 1806 dau. ofThomas & Henrietta (p. 319)
CLEMENTS, Elizabeth Eleanor Baden b. December 23, 1806, bapt. June 14, 1807 dau. of Aquilla Baden & Winny Ann Clements (p. 314)
CLERK, Eleanor Reiss, b. September 29, 1799 dau. of James & Elizabeth (p. 321)
CLIFFORD, Arthur d. August 21, 1870 aged 15 years, funeral August 22, 1870 (p. 234)
CLOE, servant of Mrs. Edelen m. February 6, 1861 to Hanson servant of Mrs. Bettie Addison (p. 250)
CLOE, servant of Miss Lettie Lovelace m. December 1, 1849 to John Ward - servant of Mr. R. Edelen (p. 251)
CLOE m. January 17, 1856 to Henry - servants of Mr. R. W. Hunter (p. 251)
CLUB, Henrietta Joanna b. March 22, 1855, bapt. May 15, 1855 dau. of Jno & Susannah Jane (p. 268)
  Mary F. d. June 1866 or 7 aged 16 years, funeral July 14, 1867 (p. 235)
  Sarah Sophia b. May 3, 1856, bapt. May 21, 1856 dau. of Susana J. & Jno (p. 268)
CLUBB, Elizabeth Jane m. December 18, 1860 to William M. Gallahan (p. 250)
  George d. 1859, infant - funeral November 18, 1860 (p. 237)
  Henrietta m. July 8, 1873 to Benoni Sansbury (p. 248)
  John d. January 3, 1857 aged 40 years, funeral January 5, 1857 (p. 239)
  Jno d. 1857, infant - funeral November 18, 1860 (p. 237)
  Rebecca E. m. November 15, 1859 to Uriah Goldsmith (p. 250)
  Susanna d. November 14, 1862 aged 43 years, funeral November 16, 1862 (p. 237)
COE, Henry Allen b. November 2, 1819, bapt. March 12, 1820 son of Samuel Jr. & wife (p. 311)
  Kinsey Johns b. October 18, 1822, bapt. December 8, 1822 son of Samuel Jr. and wife (p. 310)
  Samuel Richard b. March 1821, bapt. June 3, 1821 son of Samuel Jr. & wife (p. 312)
COLLENS, Wm. Joseph b. December 27, 1848, bapt. April 17, 1848 son of Charlotte (p. 272)

KING GEORGE'S PARISH

COLLINS, Jas. Samuel b. July 4, 1869, bapt. September 24, 1871 son of Jas.
  Samuel & Georgiana (p. 226)
  Sarah Ann b. June 23, 1871, bapt. September 24, 1871 dau. of Jas. Samuel &
    Georgiana (p. 226)
COMER(?), Harriet (colored) b. March 17, 1867, bapt. February 12, 1868 dau.
  of Henrietta & Lewis (p. 228)
COOK, Benoni d. March 11, 1848 aged 49, funeral March 20, 1848 (p. 242)
  Edna May b. July 18, 1876, bapt. July 21, 1878 dau. of Jno. & Susan R.
    (p. 210)
  Eliza (colored) m. December 25, 1864 to Lewis Gross (colored) (p. 249)
  Emma Ellsworth confirmed November 23, 1874 (p. 260)
  Hollis Reed b. August 27, 1873, bapt. October 19, 1873 son of John H. and
    Susan R. (p. 224)
  Lilly Estella b. November 16, 1871, bapt. July 28, 1872 dau. of Jno &
    Susan (p. 226)
  (Miss) Martha Ann confirmed 1871 (p. 261)
  Susan d. April 19, 1853 aged 86 years, funeral April 28, 1853 (p. 240)
  (Mrs.) Susan Rebecca confirmed 1871 (p. 261)
  William m. September 5, 1847 to Sarah Frey (p. 252)
  William confirmed May 1, 1872 (p. 261)
COOLE(?), Richard Cranston b. August 13, 1868, bapt. October 31, 1868 son of
  Lewis F. T. & Rachel Laurie (p. 228)
COOMBS, Charles Middleton b. June 11, 1876, bapt. August 8, 1876 son of
  Pleasanton & Juliet (p. 218)
  Columbus Clay b. January 28, 1838, bapt. December 4, 1838 son of Henry L.
    & Louisa (p. 280); d. December 9, 1838 aged 10 months (p. 244)
  Columbus Clay b. May 24, 1840, bapt. August 31, 1840 son of Henry L. &
    Louisa (p. 277)
  Eliza Pleasanton b. October 10, 1874, bapt. June 10, 1875 dau. of J.
    Pleasonton & Juliet (Middleton) (p. 220)
  Ellen West b. December 6, 1832, bapt. August 3, 1834 dau. Henry L. &
    Louisa (p. 302); funeral September 16, 1835 (p. 301)
  Henry Gordon, b. May 10, 1876, bapt. August 8, 1876 son of Geo. &
    Constance (p. 218)
  Henry L. d. September 13, 1840 - funeral September 15, 1840 (p. 244)
  Isabella b. December 13, 1874, bapt. June 10, 1875 dau. of Geo. Griswold &
    Constance (Middleton) (p. 220)
  Joseph Henry d. December 2, 1838, funeral December 3, 1838, aged 15
    (p. 244)
  Louisa d. August 3, 1843 - funeral November 26, 1843 aged 43 years
    (p. 243)
  Mary M. confirmed July 12, 1835, funeral December 8, 1835 aged 59 (p. 301)
  Mary Meek b. October 19, 1835, bapt. December 20, 1835 dau. of Henry L. &
    Louisa (p. 301)
COOMES, Eliza b. April 1, 1807, bapt. June 14, 1807 dau. Joseph & Meeky
  (p. 314)
  Enoch Magruder, b. January 11, 1806, bapt. May 11, 1806 son of Joseph &
    Meeky (p. 317)
COOPER, George Thomas Brewis b. November 30, 1858 bapt. November 20, 1859
  son of George & Angerona (p. 258)
  William Beauregard b. November 16, 1861, bapt. July 2, 1862 son of Geo. &
    Angl. (p. 256); d. August 27, 1862 aged 9 months (p. 237)
COPPAGE, Alice Blanche bapt. June 3, 1855 dau. of Wm & Mary (p. 268)
  Anna Maria bapt. May 12, 1857, dau. of Wm & Mary (p. 267)

KING GEORGE'S PARISH

COX, Ann d. December 8, 1838 - funeral December 10, 1838, wife Charles, 64 years (p. 244)
Ann R. m. January 4, 1866 to Richard L. Goddard (p. 249)
Ann Rebecca b. January 19, 1838, bapt. June 10, 1838 dau. of Francis & Tresa (p. 281)
(Mrs.) Cecelia confirmed December 1, 1864 (p. 263)
Cecelia Matilda b. May 30, 1865, bapt. August 20, 1865 dau. of Benj. & Laura (p. 255)
Charles d. March 2, 1839 funeral March 4, 1839 aged 69 years (p. 244)
Chloe Ann m. December 29, 1840 to Alfred T. Sheriff (p. 254)
Clara Baker b. September 19, 1873, bapt. March 1, 1874 dau. of Stephen A. & Mary E. (p. 224)
Elinor bapt. June 4, 1814 dau. of Wm. & Charlotte (p. 313)
Elizabeth m. November 28, 1844 to John Palmer (p. 252)
Ella b. October 19, 1857, bapt. July 3, 1858 dau. Chs. & Cecilia (p. 267)
Frank d. November 17, 1863 aged 68 years, funeral November 18, 1863 (p. 237)
George Morris b. September 18, 1874, bapt. December 6, 1874 son of Benonia & Louisa (p. 223)
Grafton bapt. July 18, 1858 (p. 258)
James d. September 24, 1873 age 78 years, funeral September 25, 1873 (p. 233)
James Alton b. January 19, 1870, bapt. bapt. May 15, 1870 son of Benjamin & Louisa (p. 227)
Letha bapt. July 18, 1858 (p. 258)
Levi bapt. May 18, 1873 son of Ben & Louisa (p. 225)
Mary Susan b. October 17, 1861, bapt. June 22, 1862 dau. of Benoni & Louisa (p. 256)
Richard confirmed November 16, 1869 (p. 262)
Rosier d. January 1, 1878, 31 years, funeral January 3, 1878 son of Mrs. Catherine (p. 230)
Samuel m. December 6, 1842 to Walter Ann Cox (p. 253)
Sarah m. December 27, 1842 to Charles Robert Grimes (p. 253)
Stephen A. m. January 19, 1871 to Mrs. Mary E. Grimes (p. 248)
Tracy d. July 1, 1858 aged 63 years, funeral July 4, 1858 (p. 238)
Walter Ann m. December 6, 1842 to Samuel Cox (p. 253)
William b. January 18, 1806, bapt. June 22, 1806 son of William & Charlotte (p. 317)
William Henry bapt. July 18, 1858 (p. 258)
Zedric Owen b. July 21, 1867, bapt. September 22, 1856 son of Benoni & Louisa (p. 228)
COXEN, Jas. H. m. March 25, 1862 to Mary C. Ryon (p. 250)
COXON, James Henry Washington b. July 17, 1839, bapt. September 14, 1840 son of Washington & Tresa (p. 277)
CROFFORD, Adam b. December 25, 1806, bapt. May 17, 1807 son of Adam & Sophia (p. 314)
Ann Allen b. February 10, 1805, bapt. May 19, 1805 dau. of Adam & Sophia (p. 321)
Jennet, b. March 20, 1800 dau. of James & Margarett (p. 322)
CUSHING, Harry C. m. June 10, 1868 to Martha W. Budd (p. 249)
DAHLE, Owen b. July 26, 1872, bapt. July 30, 1872 son of Ernest & Christiana (p. 225)
DANDISON, Martha d. November 16, 1861 aged 26 years, funeral November 17, 1861 (p. 237)
DANGERFIELD, Col. Wm H. m. December 11, 1848 to Mary L. Dunlap (p. 251)

KING GEORGE'S PARISH

DANIEL, servant of Mrs. M. E. Tolson m. October 13, 1860 to Hennie servant of Mr. Thos. Sheriff (p. 250)
DANIEL m. June 13, 1841 to Rachel Noble, servants of Jno H. Lowe (p. 253)
DANIEL, servant of Martha E. Tolson m. July 24, 1842 to Priscilla a servant of Elizabeth Luckett (p. 253)
DANIEL m. February 5, 1839 to Louisa, servants of Thomas Berry Esq. (p. 254)
DANISON, John confirmed August 22, 1856 (p. 264)
  John F. m. September 8, 1857 to Martha Ann Phelps (p. 250)
  Martha Ann b. March 5, 1858, bapt. September 1858 dau. of John & Martha Ann (p. 258)
DANNISON, Lydia M. d. July 21, 1870 aged 1 year, 4 months (p. 234)
  Thomas Ellesley d. October 28, 1868 aged 1 year, funeral October 31, 1868 (p. 235)
DARCY, Ida M. aged 21, m. July 17, 1878 Frank Gordon aged 27 (p. 247)
DARLING, Florence d. October 3, 1874 aged 5 years, funeral October 5, 1874 dau. of Jno A. & Mima (p. 233)
  Grace b. January 1873, bapt. October 9, 1874 dau. of Jno A. & Mima (p. 224); d. October 9, 1874 age 1 year 9 months - funeral October 11, 1874 (p. 224)
DARSEY, Edward d. July 1, 1842, funeral July 2, 1842 aged 66 years (p. 243)
  Geo. Benjamin, funeral June 1853 (p. 240)
DAUGHERTY, Elhaney b. October 14, 1865, bapt. July 6, 1866 dau. of Chs & Margaret (p. 229)
DAVIDSON, Lanslote, funeral October 15, 1835 aged 68 (p. 301)
DAVIS, Catharine m. September 23, 1847 to John King (p. 252)
  Elizabeth b. February 15, 1822, bapt. March 23, 1823 dau. of William & wife (p. 310)
  George d. December 29, 1842, funeral December 30, 1842 aged 21 years (p. 243)
  John Coe, b. ---, bapt. February 1821 son of John S. & wife (p. 312)
  Phebe Ann Downing b. October 8, 1819, bapt. November 21, 1819 dau. of John S. and wife (p. 311)
DAVY GAINER (colored) d. 1857 aged about 60 years, funeral October 26, 1857 (p. 238)
DAY, Thomas Seabert b. May 20, 1806, bapt. June 23, 1806 son of Thomas & Mary (p. 317)
DEAN, Benjamin Olie b. April 4, 1866, bapt. October 28, 1866 son of John & Matilda (p. 229)
  Catherine Ann, born Smoot, wife of John Thomas (p. 220)
  Eleanora Victoria b. September 20, 1875, bapt. November 1, 1875 dau. of John Thomas & Catherine Ann (p. 220)
  Robert m. April 1, 1861 to Barbara Moore (p. 250)
DELMAGE, George Edgar b. June 1, 1869, bapt. July 28, 1869 son of Patrick & Elizabeth (p. 227)
  Patrick A. m. August 18, 1868 to Elizabeth Piles (p. 249)
DEMENT, --- d. March 31, 1869 aged 68 years, funeral April 1, 1869 (p. 235)
  Barbara Machall b. September 27, 1834, bapt. July 31, 1852 (p. 270)
  Charles Richard b. May 15, 1849, bapt. July 31, 1852 (p. 270); d. August 6, 1852 aged 3 years (p. 241)
  Elizabeth Rebecca b. April 19, 1838, bapt. July 31, 1852 (p. 270)
  Florence Llewellyn b. September 15, 1874, bapt. November 13, 1874 dau. of Hezekiah & Martha Matilda (born Roland) (p. 223)
  Jane E. m. September 29, 1835 to William Tolson (p. 300)
  Julia A. m. April 6, 1841 to Joseph Smoot (p. 253)
  Louisa Ellen b. June 5, 1842, bapt. July 31, 1852 (p. 270)

KING GEORGE'S PARISH

Martha Ann d. February 8, 1869 aged 26 years, funeral February 9, 1869 (p. 235)
Mary Ettie b. June 5, 1867, bapt. March 19, 1869 dau. of Noble & Calistie (p. 228)
Rosa May b. May 4, 1871, bapt. September 24, 1871 dau. of Hezakiah & Martha M. (p. 226)
Sarah Turner b. January 19, 1806, bapt. March 16, 1806 dau. of Charles & Mary (p. 318)
Virginia b. September 16, 1836, bapt. July 31, 1852 (p. 270)
DENT, Benj. F. funeral August 6, 1856 aged 19 years (p. 239)
Henrietta d. June 16, 1838, funeral July 28, 1840 aged 23 years (p. 244)
Lucinda Jane b. September 19, 1835, bapt. December 14, 1835 dau. of Nathan & Juliana C. (p. 302)
Peter b. October 7, 1798 son of Theodore & Eleanor (p. 321)
De VALANGEN, (Mrs.) Rachel d. April 6, 1843, funeral April 7, 1843 (p. 243)
DEVALL, Elisha burry b. January 4, 1808, bapt. June 5, 1808 son of Joseph & Mary (p. 313)
De VAUGHN, Mary Emma d. July 20, 1876 age 1 year 8 months 12d, funeral July 21, 1987, dau. of Peyton B. & Ann Eliza (p. 231)
DIGGS, Mary Ellen (colored) b. July 16, 1876, bapt. December 25, 1876 dau. of Gibson Locker & Susan Diggs (p. 216)
DILLAHUNT, Susan d. August 4, 1852 aged 56, funeral August 6, 1852 (p. 241)
DIXON, Geo. d. April 1, 1855 aged abt 35 years, funeral June 10, 1855 (p. 239)
Milisant b. December 13, 1806, bapt. January 25, 1807 dau. of George L. & Lucy Ann (p. 315)
Rachall E. m. March 5, 1845 to Wm. H. Roland (p. 252)
William d. March 9, 1806 (p. 292)
DODSON, Rebecca d. August 5, 1841, funeral August 6, 1841 age 47 years (p. 243)
DORSEY, Ann Elizabeth m. January 5, 1843 to Philip Soper (p. 253)
Benj. W. d. December 1, 1863 aged abt 60 years, funeral December 3, 1863 (p. 236
Virginia d. May 8, 1877 the day of her birth, funeral May 9, 1877, dau. of Jas. Owen & Clara Virginia
DOUGLASS, Richard Frederick, b. December 1, 1822, bapt. July 14, 1822, son of Richard L. and wife (p. 310)
Susan b. March 3, 1819, bapt. May 23, 1820 dau. John & wife (p. 311)
William Alexander b. October 31, 1821, bapt. August 26, 1821 son of Richard and wife (p. 312)
DOWEL, Michael m. November 6, 1851 to Jane Jefferson (p. 251)
DOWELL, John H. m. August 11, 1864 to Elizabet Barrett (p. 249)
DOWNS, Anderson Washington b. October 5, 1806, bapt. Jan. 25, 1897 son of William & Liza Ann (p. 314)
Elizabeth b. April 15, 1806, bapt. September 14, 1806 dau. of Daniel & Eleanor (p. 316)
William Zadoc, b. January 30, 1806, bapt. April 6, 1806 son of Charles & Linny Ann (p. 318)
DUCAT, Catharine Ann Rebecca, b. November 28, 1837, bapt. April 20, 1838, dau. of Samuel & Eleanor (p. 281)
DUCKET, Mrs. funeral May 1849 (p. 241)
Alfred Wesley, bapt. May 1849 son of Basil & Adeline (p. 272); funeral 1852, infant son of Basil (p. 241)
Ann d. July 8, 1852 aged 35 years (p. 241)

KING GEORGE'S PARISH

Cornealus Vinton b. October 16, 1854, bapt. July 1, 1856 son of Basil & Caroline E. (p. 268)
Margaret Clementena b. June 3, 1859, bapt. June 20, 1859 dau. of Caroline E. & Basil (p. 258)
Mary d. July 26, 1856, funeral August 31, 1856 (p. 239)
Susan b. March 6, 1835, bapt. August 18, 1841 dau. of Richard & Mary (p. 276)
DUCKETT, --- d. February 6, 1855 aged abt 56 years, funeral February 8, 1856 (p. 239)
Basil d. October 26, 1864 aged 46 years, funeral October 27, 1864 (p. 236)
Clara Belfena b. May 17, 1862, bapt. September 27, 1862 dau. of Basil & Caroline (p. 256)
Mary C. d. September 26, 1862 aged 4 1/2 years, funeral September 27, 1862 (p. 237)
Mary L. m. December 11, 1848 Wm. H. Dangerfield (p. 251)
d. August 28, 1854, funeral August 29, 1854 wife of Col. Dangerfield (p. 240)
DUNNING, Thomas Henry b. April 22, 1819, bapt. May 23, 1820 son of Zachariah and wife (p. 311)
DUNNINGTON, Harriet Elizabeth b. February 28, 1870, bapt. September 26, 1870 dau. of John & June (p. 227)
John bapt. August 17, 1856, an adult aged 22 years (p. 268)
John E. m. January 26, 1860 to Cathn Elizabeth Piles (p. 250)
Louisa Cornelia bapt. January 10, 1865 dau. of John E. & Cath Elizabeth (p. 255)
Mary Ellen b. September 2, 1866, bapt. August 25, 1867 dau. of Jno & Catharine (p. 228)
Richard Henry bapt. January 10, 1865 son of John E. & Cath Elizabeth (p. 255)
DUVAL, Joan Eliza bapt. June 5, 1843 dau. of Charles & Ann (p. 274)
Margaret Bosina b. March 1, 1841, bapt. July 13, 1841 dau. of John & Elizabeth (p. 276)
DUVALL, (Mrs.) Elizabeth d. November 12, 1862 aged 77 years, funeral November 14, 1862 (p. 237)
William Eversfield Berry b. July 22, 1805, bapt. December 8, 1805 son of Joseph Junr & Mary (p. 319)
DYER, Cornelia Hatton b. January 31, 1820, bapt. March 11, 1821 dau. of Francis & wife (p. 312)
Helen Ruth d. September 28, 1864 aged 2 years 2 months, funeral September 29, 1864 (p. 236)
Josephine d. September 27, 1864 aged 7 months, funeral September 29, 1864 dau. of Rufus and wife (p. 236)
DYKOUS, Elisha Jones b. September 20, 1804 son William & Elizabeth (Jones) (p. 315)
Elizabeth b. November 27, 1806 dau. of William & Elizabeth (p. 315)
Sarah b. October 22, 1803 dau. William & Elizabeth (Jones) (p. 315)
William m. December 27, 1801 to Elizabeth Jones (p. 315)
DYSON, Ferdinand (colored) d. February 27, 1870 aged 14 years (p. 234)
EARNEST, John Franklin b. July 14, 1864, bapt. July 9, 1867 son of Elieazier & Elizabeth (p. 228)
Susan Ann b. September 17, 1866, bapt. July 9, 1867 dau. of Eliazier & Elizabeth (p. 228)
EATETT(?), Alice C. m. November 30, 1848 to Jno. H. Robertson (p. 252)
EATETT(?), Mary Emely d. January 1853 aged 17 years, funeral January 25, 1853 (p. 240)

KING GEORGE'S PARISH

EDELEN, Ann confirmed July 22 or 23, 1842 (p. 266)
Geo. T. m. January 13, 1847 to Mary Allison (p. 252)
Henrietta Francis b. April 25, 1841, bapt. February 1, 1842 dau. of
    Francis S. & ELizabeth A. (p. 275)
Henry D. d. June 17, 1862, funeral June 19, 1862 (p. 237)
Mary d. March 6, 1853 aged 40 years about, funeral March 7, 1853 (p. 240)
Sarah Mary Virginia, b. August 15, 1839, bapt. May 7, 1840 dau. of Frances
    S. & Elizabeth Ann (p. 279)
EDELIN, Amanda confirmed August 22, 1856 (p. 264)
(Mrs.) Eliza confirmed 1871 (p. 261)
EDLEN, Mrs. Sydney confirmed July 12, 1835 (p. 301)
EDWARD m. October 3, 1858 to Harriet, servants of Mr. N. Brooke (p. 250)
EIMER, George d. February 26, 1876 age 37y-5m-16d, funeral February 28, 1876
    (p. 232)
ELISA, servant of Notly Grey m. December 26, 1849 to Alfred, servant of
    Henry Tolson (p. 251)
ELISA, m. November 20, 1859 to Frederic, servants of Mr. R. W. Hunter
    (p. 250)
ELIZA, servant of Raphael C. Edelen m. January 27, 1839 to Lewis, servant of
    Wm. L. Marbury (p. 254)
ELIZA ANN (colored) bapt. March 25, 1870 (p. 227)
ELIZA BELL, servant of Marine Soper, mother Mary Lewis (colored) (p. 280)
ELIZA LEE, servant of Basil Hatton, mother of Sarah Emeline (colored)
    (p. 280
ELIZABETH ANN (collored) bapt. October 29, 1838, dau. of Harriet (p. 281)
ELLEN, servant of Thomas Berry Esq. m. January 1, 1839 to William Henry
    servant of Charles Talbot (p. 254)
ELLEN, m. December 11, 1847 to Hanson, servants of Mr. Tho. Berry (p. 252)
ELLEN, servant of Mr. Jno Palmer m. August 4, 1849 to Joseph, servant of Mr.
    Thos. Grimes (p. 251)
ELLEN, servant of Mr. George Semmes, mother of Henry (colored) (p. 280)
ELLEN, servant of Henry A. Callis, mother of Charles Henry (colored)
    (p. 280)
ELLEN, servant of Miss Nancy Hanson, mother of Wm Henry (colored) (p. 280)
EMANUEL, a free man, m. July 24, 1842 to Betsey (a free woman) (p. 253)
EMBERSON, Elizabeth Hepsy b. March 26, 1808, bapt. June 19, 1808 dau. of
    Henry & ELizabeth (p. 313)
EMERSON, Resin, b. June 7, 1846, bapt. August 29, 1847 son of John Henry &
    Charity (p. 273)
EMMERSON, Catharine Penelope b. March 15, 1805, bapt. May 26, 1805 dau. of
    Henry & Elizabeth (p. 321)
    Leonard Francis b. November 19, 1806, bapt. March 29, 1807 son of Leonard
    & Katharine (p. 315)
    Sarah Ball Caroline b. December 17, 1805, bapt. March 30, 1806 dau. of
    William & Mary Ann (p. 318)
ENGLISH, Zeph m. December 20, 1859 to Julia Anna Tolson (p. 250)
ENOCH (colored) son of Cloe, bapt. November 29, 1853 (p. 269)
ETON, Theo. Brent, bapt. February 23, 1871, 7 months old 19 February son of
    Theo B. and Mary Ann E. (p. 226)
EVANS, Mrs. funeral August 13, 1874 age 93 years (p. 233)
    Thomas b. October 21, 1805, bapt. May 11, 1806 son of Phillip & Mary
    (p. 317)
EVENS, Robert b. February 15, 1801 son of Philip & Mary (p. 321)
EVERET, Thornley S. m. September 18, 1851 to Eliza Lyles (p. 251)

KING GEORGE'S PARISH

EVERETT, Thornley Schooler d. August 23, 1864 aged 56 years, at Andersonville Sumpter Prison - funeral June 2, 1865 (p. 236)
FARRALL, Rebekah b. March 26, 1806, bapt. June 15, 1806 dau. of Thomas & Elizabeth (p. 317)
  Ann Verlinda d. August 3, 1856 aged 32 years - funeral August 5, 1856 (p. 239)
FEARROW, Mary Elizabeth, b - bapt. August 7, 1835 dau. of Elizabeth (p. 302)
FELIX JACKSON, servant of R. T. Dangerfield m. May 24, 1851 to Annie Lee (p. 251)
FELLION(?), Elizabeth d. September 8, 1856 aged 85 year, funeral July 5, 1857 (p. 239)
FELPS, Thomas Warren b. November 7, 1805, bapt. March 30, 1806 son of Jesse & Meeky (p. 318)
FENLEY, George Thomas b. November 8, 1821, bapt. July 14, 1822 son of Walter (p. 310)
  William Warren, b. December 20, 1806, bapt. June 14, 1807 son of James & Letty (p. 314)
FENLY, --- funeral September 18, 1835 (p. 301)
  Eliza, b. March 20, 1804 dau. of James & Letty (p. 318)
  James m. December 8, 1801 to Letty Young (p. 318)
  James Washington b. August 5, 1805, bapt. September 22, 1805 son of James & Letty (spelled Fenley on p. 320) (p. 318, 320)
  Robert b. December 12, 1802 son of James & Letty (p. 318)
FINLEY, Thos. B. d. December 8, 1840 aged 17, funeral February 7, 1847 (p. 242)
FISHER, Ellen Ann d. August 5, 1862 aged 35 years, funeral August 6, 1862 (p. 237)
  Fanny Rose b. February 20, 1855, bapt. July 1, 1866 dau. of --- & Martha (p. 229)
  Frances m. January ---, 1875 to --- Boswell (p. 248)
  Henry d. May 1, 1864 aged 42 years, funeral May 3, 1864 (p. 236)
  Jno. T. confirmed June 3, 1877 (p. 260)
  Julia Washington b. January 29, 1846, bapt. September 1847 dau. of Robert & Martha (p. 273)
  (Miss) Lucy Bell confirmed November 3, 1873 (p. 261); d. March 25, 1877, funeral March 27, 1877 (p. 231)
  Martha confirmed August 3, 1852 (p. 265)
  Samuel Henry b. August 17, 1852, bapt. July 1, 1866 son of --- & Martha (p. 229)
  Sarah J. d. October 28, 1865 aged 20 years, funeral August 26, 1866 (p. 235)
  Susan confirmed October 4, 1868 (p. 262)
  Susan bapt. May 23, 1852 (p. 270)
FLORANCE, Elisha Jones b. November 14, 1811 son of Joseph J. & Solley (p. 313)
  Elizabeth Louisa b. February 28, 1814 dau. of Joseph J. & Solly (p. 313)
  George J. b. November 30, 1807, bapt. May 8, 1808 son of Joseph J. & Soley Ann (p. 314)
  Marey Eliazabeth b. September 13, 1809 dau. Joseph J. & Solay Ann (p. 313)
FOWLER, (Mrs.) Sarah Ann d. July 28, 1838, instant killed by lightning, funeral July 30, 1838, aged 32 years (p. 244)
  Solomon Elkenna, b. October 15, 1822, bapt. March 31, 1823 son of Thomas & wife (p. 310)
FOWLER, Thomas, b. August 27, 1805, bapt. June 15, 1806 son of Abraham & Mary (p. 317)

KING GEORGE'S PARISH

William Pinkney, b. April 17, 1841, bapt. November 2, 1841 son of Sam H. & Eliz. J. (p. 275)
FOX, Joseph Heckratte (?) b. January 1846, bapt. June 5, 1846 son of Joseph & Alice (p. 273)
Thomas b. September 19, 1841, bapt. June 12, 1842 son Joseph & Alice (p. 275)
FRANCIS, Elizabeth Maria b. February 7, 1806, bapt. May 4, 1806 dau. of Alexander & Milly Ann (p. 318)
FRANK (colored) b. April 1835, bapt. June 9, 1839 son of Airy, a servant of Thomas Berry (p. 280)
FRANK, d. December 4, 1853 aged 40 years, funeral January 6, 1854 servant Mr. Callis (p. 240)
FRASER, Jane Eliza b. October 23, 1835, bapt. December 14, 1835 dau. of John L. & Elizabeth S. (p. 302)
Jno. Regnol Simon b. October 31, 1871, bapt. February 14, 1872 son of Jno A. & Georgiana (p. 226)
Joseph d. March 29, 1871, funeral March 30, 1871 (p. 234)
Mrs. Sarah E. d. April 5, 1871, funeral April 6, 1871 (p. 234)
FRASIER, Emeline m. March 31, 1853 to Thomas White (p. 251)
Mildred d. December 6, 1852 aged 52 years (p. 241)
Saml d. August 20, 1847 aged 54 years (p. 242)
FRAZIER, Charity E. m. September 17, 1840 to John H(?) Osborn (p. 254)
Charles (colored) confirmed February 22, 1839, funeral July 18, 1841 (p. 266, 243)
Elizabeth S. confirmed August 3, 1852 (p. 265)
James d. November 30, 1838, funeral December 2, 1838 aged about 12 years (p. 244)
John Henry b. March 22, 1822, bapt. June 30, 1822 son of John L. & wife (p. 310)
Jno Jack d. February 25, 1862 abt 60 years, funeral February 26, 1862 (p. 237)
Joseph Thomas b. August 5, 1838, bapt. October 25, 1838 son of John L. & Sauly (p. 281)
(Mrs.) Mary d. July 23, 1838, funeral July 25, 1838 age 79 years (p. 244)
Mary m. February 13(?) 1845 to Fendall Sansbury (p. 252)
Orris (colored) confirmed February 23, 1839 (p. 266)
Rezin, b. November 24, 1806, bapt. March 1, 1807, son of Henry & Elizabeth (p. 315)
FREDERIC, m. November 20, 1859 to Elisa, servants of Mr. R. W. Hunter (p. 250)
FREEMAN, Henry b. April 29, 1797 son of John & Jean (p. 322)
FREY, John Henry b. August 22, 1822, bapt. November 3, 1822 son of Henry & wife (p. 310)
Sarah m. September 5, 1847 to William Cook (p. 252)
FRY, Albert Douglass b. January 24, 1862, bapt. October 4, 1864 son of Ned and wife (p. 255)
James d. December 5, 1862 aged 26 years, funeral December 6, 1862 (p. 237)
John d. September 30, 1869 aged 8 years, funeral September 31, 1869 (p. 234)
Mary E. confirmed November 16, 1869 (p. 262)
Mary Emma Hopeful b. February 2, 1867, bapt. August 25, 1867 dau. of Ed. and Cath. (p. 228)
Mary Virginia b..May 8, 1867, bapt. June 16, 1867 dau. of Henry & Malverna (p. 228)

KING GEORGE'S PARISH

Matthias H. d. October 25, 1876 aged 51 years, funeral October 27, 1876 (p. 231)
Sally d. October 16, 1857 aged about 50 years, funeral October 18, 1857 (p. 238)
Sarah confirmed December 2, 1860 (p. 263)
Wm. funeral 1852 (p. 241)
William Thomas b. June 30, 1853, bapt. October 23, 1853 son of John & Lucinda (p. 269)
FURGUSON(Mrs.) E. d. August 29, 1854 aged 77 years, funeral August 30, 1854 (p. 240)
GAINES, Davy (colored) confirmed February 28, 1840 (p. 266)
GALLAHAN, William M. m. December 18, 1860 to Elizabeth Jane Clubb (p. 250)
GEARY(?), Margaret Eliz. b. December 13, 1870, bapt. November 5, 1871 dau. of Thos. & Ella (p. 226)
GEORGE, servant of Dr. Bayne m. February 12, 1857 to Louisa servant of Wm. B. Bayne (p. 250)
GEORGE, servant of Thos. Sheriff m. 1854 to Louisa, servant of Wm. S. Bayne (p. 251)
GILLON, Mary M. b. April 3, 1799 dau. of Samuel & Ann (p. 322)
GLASGOW, Eliza b. November 27, 1814 dau. of Theodore & And (p. 312)
GODDARD, Allivegis(?) Stephen, b. September 25, 1846, bapt. September 1847 son of Francis & Sophia (p. 273)
Benj. funeral 1834 (on or after July 10), aged 40 (p. 301)
Catharine Ann m. December 28, 1869 to James B. Padgett (p. 249)
Elizabeth Ann b. July 10, 1821, bapt. June 29, 1823 dau. of Benj. & wife (twin of Sarah Jane) (p. 310)
Elizabeth Ann Rebecca b. November 17, 1741, bapt. July 8, 1842, dau. of Thos. & Harriet V. (p. 275)
Elizabeth Florence b. January 9, 1869, bapt. September 18, 1869, dau. of Elizabeth (p. 227)
Elizabeth Jane b. December 31, 1818, bapt. November 11, 1819 dau. of Stephen & Dotia (p. 311)
Elizabeth Mahala m. March 7, 1848 to Daniel King (p. 252)
Elizabeth Rebecca b. December 17, 1850, bapt. January 25, 1851, dau. of John & Harriet (p. 271)
Harriet R. died January 23, 1851 (p. 241)
Mary Ellender b. December 29, 1840, bapt. February 17, 1741 dau. of Francis L. & Sophia (p. 276)
Mary Phelena b. December 17, 1850, bapt. January 16, 1851 dau. of John & Harriet (p. 271)
Richard Francis b. January 16, 1835, bapt. October 23, 1835 son of Lawson & Sophia (p. 302)
Richard L. m. January 4, 1866 to Ann R. Cox (p. 249)
Richard Thomas b. January 29, 1870, bapt. September 10, 1870 son of Richard & Ann (p. 227)
Sarah Jane b. July 10, 1821, bapt. June 29, 1823 dau. of Benj. & wife (twin of Elizabeth Ann) (p. 310)
William Francis, b. March 12, 1868, bapt. September 13, 1868 son of Richard & Ann (p. 228)
GOE, Ellen Rebecca, b. August 27, 1849, bapt. September 8, 1850 dau. of Wm. H. & Ellen   Note: Rebecca crossed out and Douglass penciled in (p. 272)
GOLDSMITH, John William, b. October 29, 1860, bapt. December 18, 1860 son of John W. & Eliza (p. 257)

KING GEORGE'S PARISH

Laura V. d. November 1, 1865 aged 3 1/2 years, funeral July 14, 1867 (p. 235).
Laura Virginia b. June 11, 1863, bapt. April 28, 1864 dau. of Uriah & Rebecca (p. 255)
Uriah m. November 15, 1859 to Rebecca E. Clubb (p. 250)
GORDON, Charles Bry b. December 2, 1859, bapt. March 18, 1860 son of Chs V. & Julia C. (p. 257)
Frank aged 27 m. July 17, 1878 to Ida M. Darcy aged 21 (p. 247)
George Frederick b. March 23, 1795, bapt. February 24, 1822 (p. 311)
John m. July 6, 1848 to Clarissa Maddox (p. 252)
GOULD, --- funeral October 13, 1872 child of H. & H. J. - few days old (p. 234)
GRAFTON, servant of Jno. P. Talbot m. January 8, 1854 to Mary servant of Miss Sophia Lowe (p. 251)
GRAFTON m. February 27, 1841 to Sophia (servants of Thos. Berry Esq) (p. 253)
GRANDISON m. November 20, 1859 to Charity, servants of Mr. R. W. Hunter (p. 250)
GRANDISON m. April 6, 1860 to Adaline servants of Mr. R. W. & Jno. Hunter (p. 250)
GRAY, Benjamin (colored) d. October 4, 1873 age 27, funeral October 6, 1873 (p. 233)
Sarah m. May 5, 1870 to Fielder Hays (p. 249)
GREEN, Dennis Celvie b. February 13, 1872, bapt. March 10, 1878 son of Mr. & Mrs. (born De Vaughn) (p. 210)
Florence Cornelia b. April 17, 1877, bapt. March 10, 1878 dau. of Mr. & Mrs. (born De Vaughn) (p. 210)
George Walter (colored) b. April 8, 1874, bapt. October 4, 1874 son of James H. & Louisa Jane (colored) (p. 224)
Jas. Henry b. February 21, 1872, bapt. April 21, 1872 son of Jas & Louisa (p. 226)
Lewis Washington d. April 9, 1859 age 22 years, funeral April 11, 1859 (p. 238)
Mary Oler (colored) b. January 12, 1875, bapt. May 23, 1875 dau. of Jas. Hy. & Louisa Jane (colored) (p. 222)
Rufus Hayes (colored) b. October 29, 1876, bapt. May 26, 1877 son of Jas. & Louisa (p. 214)
Virginia bapt. March 22, 1842 dau. of Lewin & Ellen (p. 275)
GREER, Fielder W. d. April 5, 1875 age abt 40 years, funeral April 8, 1875 (p. 232)
GREGORY, James Alexander b. June 24, 1821, bapt. September 9, 1821 son of Richard and wife (p. 312)
Susanna C. m. February 23, 1841 to John L. Hunt (p. 254)
GREY, Charity Ann d. October 21, 1869 aged 38 years (p. 234)
John Henry b. October 3, 1867, bapt. 1868 (p. 228)
Julia Catharine b. June 3, 1854, bapt. June 23, 1854 dau. of Dorcas A. & Joseph B. (p. 269)
Lavina Ann b. January 2, 1851, bapt. May 5, 1851, bapt. October 17, 1857 dau. of Charity A. & Jno L. (p. 267, 271)
Mary Catherine b. November 10, 1855, bapt. October 17, 1857 dau. of John L. & Charity Ann (p. 267)
Richard Lambert b. March 3, 1857, bapt. October 17, 1857 son of John L. & Charity Ann (p. 267)
GRIFFIN, Ann b. November 13, 1805, bapt. March 9, 1806 dau. of William & Violette (p. 318)

KING GEORGE'S PARISH

Jas. d. September 3, 1854 aged 52 years, funeral September 4, 1854 (p. 240)
GRIMES, --- bapt. May 9, 1858, infant son of Jeremiah & Louisa (p. 267)
--- funeral December 29, 1870, infant of A. H. & M. E. (p. 234)
Alexander Hamilton bapt. May 11, 1839, b. February 27, 1839 son of Thomas & Elizabeth (p. 280)
Alfred Jr. d. October 24, 1867 aged 28 years, funeral October 26, 1867 (p. 235)
Alfred Sr. d. --- 1867 aged 54 years, funeral October 26, 1867 (p. 235)
Alfred Tobias b. March 3, 1868, bapt. June 1, 1868 son of Alfred & Lizzie (p. 228)
Agnes, b. September 10, 1870, bapt. January 19, 1871 dau. of Richard & Cinderilla (p. 226)
Amelia Clara b. September 26, 1866, bapt. October 28, 1866 dau. of George & Catharine (p. 229)
Anna Cora b. October 31, 1864, bapt. October 28, 1866 dau. of Richard & Cinderella (p. 229)
Benson Ernest b. December 8, 1877, bapt. December 19, 1877 son of Jas. T. & Catharine (p. 210)
Catharine d. September 23, 1868 aged 60 years (p. 235)
Catherine A. m. January 14, 1875 to Jas. T. Grimes (p. 248)
Catherine E. (born Baden), wife of George (p. 223)
Charles Robert m. December 27, 1842 to Sarah Cox (p. 253)
Charles Robert b. July 14, 1876, bapt. January 25, 1877 son of Alex C. & Margt E. (p. 214)
Cinderella bapt. August 1, 1841 - an adult (p. 276); confirmed July 22 or 23, 1842 (p. 266); funeral September 1842 (p. 243)
Clara bapt. November 15, 1874 dau. George & Catherine E. (p. 223)
Elanor d. October 19, 1855 aged 5 years, funeral October 21, 1855 (p. 239)
Elizabeth confirmed December 1 or 2, 1849 (p. 265)
Elizabeth confirmed December 1, 1868 (p. 262)
Elizabeth d. January 27, 1865 aged 59 years, funeral January 29, 1865 (p. 236)
George bapt. November 15, 1874 son George & Catherine E. (born Baden) (p. 223)
George Daniel b. February 21, 1841, bapt. August 13, 1841 son of Thos. & Elizabeth (p. 276)
George Daniel d. September 10, 1865 aged 4 years, funeral September 12, 1865 (p. 236)
George Edwin, b. November 20, 1868, bapt. December 21, 1868 son of George & Kate (p. 228)
George Gibson b. April 8, 1862, bapt. September 23, 1862 son of Julia M. & Peter Gibson (p. 256)
George William b. April 19, 1862, bapt. July 27, 1862 son of Jerry & Louisa (p. 256)
Henry d. July 8, 1855 aged 46 years, funeral August 5, 1855 (p. 239)
James b. February 24, 1799 son of Jeremiah & Susanna (p. 322)
James Alfred b. September 6, 1861, bapt. March 23, 1863 son of James H. & Lucy J. (p. 256)
James Henry b. October 19, 1869, bapt. May 5, 1870 son of James T. and Mary F. (p. 227)
James Lindsey, b. October 19, 1866, bapt. May 5, 1867 son of Jerry & Louisa (p. 229); d. August 1, 1868, funeral August 3, 1868 (p. 235)
Jas. T. m. January 14, 1875 to Catherine A. Grimes (p. 248)

KING GEORGE'S PARISH

James Thomas b. September 7, 1842, bapt. October 20, 1842 son of J. Alfred and Elizabeth (p. 275)
Jeremiah T. (Jerry) m. December 27, 1855 to Louisa T. Lindsey (p. 251)
John Thomas funeral August 29, 1873 aged 1 year, son of James T. & Mary F. (p. 234)
John Thomas d. December 31, 1858 aged 35 years, funeral January 2, 1859 (p. 238)
John Walker Roberts b. August 24, 1805, bapt. October 20, 1805 son of Isaac & Elizabeth (p. 320)
Joseph funeral October 24, 1858 aged 6 years, son of Henry (p. 238)
Joseph Henry b. January 13, 1860, bapt. February 24, 1860 son of Jeremiah & Louisa (p. 257)
(Mrs.) Kate confirmed 1871 (p. 261)
Kate Lindsey b. August 20, 1868, bapt. November 10, 1868 dau. of Richard & Cinderella (p. 228)
Katie confirmed October 4, 1868 (p. 262)
Laura Virginia b. August 14, 1865, bapt. April 15, 1867 dau. of Alfred & Elizabeth (p. 229)
Lauria Fidelia b. December 26, 1868, bapt. May 15, 1870 dau. of Wm. H. & Elizabeth (p. 227)
Lillian Blanche b. April 6, 1872, bapt. October 18, 1872 dau. of Alex H. & Margaret E. (p. 225)
Louie confirmed December 1, 1868 (p. 262)
Lucy confirmed October 4, 1868 (p. 262)
(Mrs.) Margaret confirmed 1871 (p. 261)
(Mrs.) Mary E. m. January 19, 1871 to Stephen A. Cox (p. 248)
Mary Emma b. June 3, 1859, bapt. March 18, 1860 dau. of Alfred & Elizth. (p. 257)
(Mrs.) Mary F. d. October 22, 1873 age 26 years, funeral October 24, 1873 (p. 233)
Notley d. March 10, 1862 aged 19 years, funeral June 15, 1862 (p. 237)
Peter Alfred d. September 16, 1869 aged 6 years 7 months, funeral September 17, 1869 (p. 234)
Peter Eugene b. November 23, 1868, bapt. April 3, 1869 son of Jerry & Louisa (p. 228)
Rachael Virginia b. March 2, 1850, bapt. June 16, 1852 dau. of Henry & Cath. (p. 270); d. June 18, 1852 aged 14 months (p. 240)
Rhoda Ann Debby, b. December 25, 1805, bapt. April 20, 1806 daughter of Leven & Rhoda (p. 318)
Richard Franklin, b. --- bapt. May 3, 1835 son of Thomas & Elizabeth (p. 302)
Rosa bapt. November 15, 1874 dau. George & Catherine (p. 223)
Rose d. October 28, 1853 aged 6 years, funeral October 30, 1853 (p. 240)
Rosie E. b. January 19, 1865, bapt. October 28, 1866 dau. of George & Catharine (p. 229)
Samuel Arthur b. June 1, 1866, bapt. October 28, 1866 son of Richard & Cinderella (p. 229)
Saml Jeremiah d. October 25, 1865 aged 17 months, funeral October 26, 1865 (p. 236)
Sarah Ann E. Roberts bapt. January 3, 1847 dau. Sarah & Chas. R. (p. 273)
Thomas d. October 10, 1864 aged 72 years, funeral October 11, 1864 (p. 236)
Thomas Franklin b. March 24, 1873, bapt. September 1, 1873 son of Richard F. & Cinderella (p. 225)

KING GEORGE'S PARISH

William Henry b. September 13, 1838, bapt. January 19, 1839 son of Alfred
& Elizabeth (p. 280)
William Norville bapt. October 18, 1874 son Alexander & Margaret (p. 224)
GROSS, Lewis (colored) m. December 25, 1864 Eliza Cook (colored) (p. 249)
GROVES, Wm. Marcellus b. January 4, 1871, bapt. April 9, 1871 son of Lemuel
& May E. (p. 226)
GUNTON, Mary R. d. February 20, 1823 aged 26 years, funeral February 22,
1853 wife of Wm. A. (p. 240)
William b. June 25, 1849, bapt. August 14, 1849, son of Wm & Mary F. M.
(p. 272); d. September 3, 1849, funeral September 5, 1849 (p. 241)
Willie Livingston, b. February 11, 1853, bapt. February 21, 1853 son of Wm
& Mary (p. 270); d. August 7, 1855 aged 2 years 6 months (p. 239)
Wm. A. d. April 1, 1854 aged 26 years, husband of Mary R. (p. 239)
GUY, Charles b. August 8, 1801 son of Walter D. & Susanna D. (p. 317)
Emely Clara b. March 6, 1869, bapt. August 22, 1869 dau. of John H. &
Ellen (p. 227)
Frances Elizabeth b. March 11, 1806, bapt. May 18, 1806 dau. of John &
Anna (p. 317)
Henrietta b. February 8, 1800 dau. of Walter D. & Susanna D. (p. 317)
Joanna Catharine Elizabeth b. October 27, 1803 dau. of Walter D. & Susanna
D. (p. 317)
GUY, Walter b. March 17, 1806 son Walter D. & Susanna D. (p. 317)
HALL, Joseph (colored b. December 1, 1876, bapt. April 26, 1877 son of
Henson & Matilda (nicknamed Cloe) (p. 214)
HALLEY, Anice L. aged 18, dau. of Jas. E. & --- m. June 26, 1877 to Wm. B.
Bayne Jr. aged 28, son of Wm. B. & Elizabeth (p. 247)
Emma Maude bapt. May 27, 1877 dau. of Jas E. & --- (p. 214); confirmed
June 3, 1877 (p. 260)
Maria b. November 8, 1805, bapt. December 22, 1805 dau. of Thomas & Amy
(p. 319)
Nathaniel b. October 4, 1805, bapt. November 10, 1805 son of John & Ann
(p. 320)
HANNAN, Hanson Montgomery b. December 14, 1821, bapt. June 23, 1822 son of
Walter & wife (p. 310)
HANNON, Francis Gerard b. October 20, 1805, bapt. December 1, 1805 son of
Walter W. & Dorathy (p. 319)
HANSON, servant of Mrs. Bettie Addison m. February 6, 1861 to Cloe - servant
of Mrs. Edelen (p. 250)
HANSON, servant of Mr. Marbury m. July 13, 1856 to Caroline servant of Mr.
Jno. Lowe (p. 250)
HANSON, m. December 11, 1847 to Ellen, servants of Mr. Tho. Berry (p. 252)
HANSON, Ann H. d. April 21, 1842, funeral April 22, 1842 (p. 243)
Josiah H. husband of Z. T., father of Notley (p. 302)
Mary confirmed May 17, 1855 (p. 264)
Notley b. January 28, 1835, bapt. September 1835, son Josiah H. & Z. T.
(p. 302)
Sally d. December 9, 1856 aged abt 56, funeral December 11, 1856 (p. 239)
HANSON MAGRUDER, a free man m. June 29, 1851 to Lucy, servant of Mrs. R.
Lyles (p. 251)
HARDESTY, Mrs. d. September 17, 1851 aged 78 years, funeral September 19,
1851 (p. 241)
HARDY, Eleanor b. January 17, 1800 dau. of George & Eleanor (twin of John)
(p. 322)
Henrietta d. August 18, 1841, funeral October 13, 1841, aged 23 (p. 243)

KING GEORGE'S PARISH

John b. January 17, 1800, son of George & Eleanor, (twin of Eleanor) (p. 322)
Jonathan d. April 1840, funeral June 9, 1840 aged 25 years (p. 244)
Lavinia b. November 24, 1856, bapt. October 14, 1857 dau. of Eliza (p. 267)
Lot d. May 1848 aged 79 years, funeral June 10, 1848 (p. 241)
Lydia Virginia b. April 20, 1868, bapt. July 18, 1868 dau. of Wm. M. & Sarah V. (p. 228)
Mary b. November 18, 1799 dau. of Jonathan & Mary (p. 322)
Noah Woodberry b. July 11, 1867, bapt. December 30, 1868 son of Wm. W. & Rebecca A. (p. 228)
Thomas m. May 12, 1843 to Eliza Swan (p. 253)
HARELL(?) Ann Rebecca d. September 3, 1868 aged 2 years, funeral September 4, 1868 (p. 235)
HARINGTON, Josephine m. January 10, 1865 to Andrew S. Kaldenback (p. 249)
HARMAN, Abbie E. m. March 30, 1871 to Oswald C. Lehman (p. 248)
Barbara Helen Virginia b. August 10, 1873, bapt. October 2, 1873 dau. Jacob & Hannah E. (p. 224); d. November 3, 1874 age 1yr-2m-23d, funeral November 4, 1874, granddaughter Mrs. Barbara Kerby (p. 233)
Florence Maud b. January 24, 1876, bapt, April 16, 1876 dau. of Jacob & Hannah E. (p. 218)
Jacob m. November 1872 to Hannah Kirby (p. 248)
HARPER, Robert Weathers, b. December 4, 1820, bapt. May 27, 1821 son of Robert W. and wife (p. 312)
HARRIET, servant of Mr. Jas. Kerby m. October 1846 to Harry, svt Mr. Ward (p. 252)
HARRIET (colored) bapt. April 7, 1839, infant dau. of Mary, a servant of Basil Hatton (p. 280)
HARRIET, servant of P. C. Edelen m. September 7, 1851 to Judson West servant of Mrs. S. Marbury (p. 251)
HARRIET, m. October 31, 1858 to Sam - servants of Mr. Jos. Soper (p. 250)
HARRIET, m. October 3, 1858 to Edward - servants of Mr. N. Brooke (p. 250)
HARRIS, (Mrs.) Ann Elizth. confirmed May 1, 1872 (p. 261)
Basil Henry b. November 23, 1821, bapt. June 9, 1822 son of George and wife (p. 311)
Geo. Philip b. December 18, 1844, bapt. May 1849 son of H. & Mary (p. 272)
Henry confirmed August 3, 1852 (p. 265)
Rev. Mathias died July 17, 1872 (p. 234)
HARRIS, Saml Henry b. February 19, 1870, bapt. June 7, 1871 son of George & Fanny (p. 226)
HARRY, servant of Mr. Ward m. October 1846 to Harriet, servant of Mr. Jas. Kerby (p. 252)
HARVEY, Benjamin d. October 15, 1857 aged 73 years, funeral October 17, 1857 (p. 238)
Benjamin d. about 1846 aged 28 years, funeral October 17, 1857 (p. 238)
Jas. Benjamin d. about 1846 aged abt 5 years, funeral June 1853 (p. 240)
Margarett b. April 13, 1801 dau. of Thomas & Elizabeth (p. 321)
Mary E. m. July 26, 1853 to Gonsalvo D. Mangun (p. 251)
Sarah Ellen d. about 1849 aged about 18 months, funeral June 1853 (p. 240)
HASKELL, Richard H. m. April 12, 1865 to Margaret Havenner (p. 249)
HASELL, Mary Frances b. April 19, 1859 bapt. September 4, 1868 dau. of Levi & Amelia (p. 228)
HATTON, --- funeral March 20, 1848 aged 7 months child of Wm. L. & Rebecca (p. 242)
Adalade confirmed October 4, 1868 (p. 262)

KING GEORGE'S PARISH

Ann M (?) d. August 5, 1856 aged 57 years, funeral August 5, 1856 (p. 239)
Basil d. August 5, 1840, funeral August 6, 1840 aged 80 years (p. 244)
Basil Thomas b. November 1, 1801 son of George & Mary Eleanor (p. 322)
Caroline confirmed November 16, 1869 (p. 262)
Edward Clarence b. February 26, 1862, bapt. May 1862 son of Henry D. & Sarah (p. 256)
Eliza d. November 6, 1861 aged 20 years, funeral November 7, 1861 (p. 237)
Emily confirmed - reported - May 1845 (p. 265)
George Washington b. January 20, 18--, bapt. December 14, 1835 son of Henry D. & Emily (p. 301)
Harry Davison b. October 1, 1864, bapt. November 9, 1864 son of Henry D. & Sarah (p. 255)
Henry b. February 22, 1849, bapt. July 14, 1849 son of Wm. L. & Rebecca (p. 272)
Henry D. d. October 5, 1843 aged 55 years, funeral November 12, 1843 (p. 243)
Henry D. d. April 11, 1864 aged 48 years, funeral April 12, 1864 (p. 236)
James Robert b. March 14, 1859, bapt. May 24, 1863 son of Mary Ann & Alex (p. 256)
Jas. Steed b. October 26, 1870, bapt. August 13, 1871 son of Joseph & --- (p. 225); d. October 3, 1876 aged 5y-11mo-7d, funeral October 5, 1876 son of Jos. C. & Adelaide (p. 231)
John William Ford b. March 4, 1840, bapt. July 28, 1840 son of Peter & Elizabeth (p. 277)
Jos. d. September 17, 1846 aged 56 years, funeral September 19, 1846 (p. 242)
Joseph m. December 4, 1867 to Adelade Steed (p. 249)
Joseph confirmed October 4, 1868 (p. 262)
Juliana Steed b. February 11, 1869, bapt. July 11, 1869 dau. of Joseph C. & Adaline L. (p. 227)
Martha Valeria b. May 4, 1861, bapt. August 21, 1861 dau. of Valinda R. & Peter (p. 256)
Mary C. d. April 22, 1853 aged 35 years, funeral April 24, 1853 (p. 240)
Mary Durant b. December 20, 1873, bapt. August 5, 1874 dau. of Joseph C. & Adelaide L. (p. 224)
Mary Ellen b. August 9, 1855, bapt. May 24, 1863 dau. of Mary Ann & Alex (p. 256)
Mary Maud Alice, b. January 20, 1860, bapt. July 24, 1860 dau. of Henry D. & Sarah (p. 257)
Mary R. m. October 27, 1846 to Zachariah B. Bell (p. 252)
Mary Rebecca b. October 11, 1856, bapt. December 16, 1856 dau. of Wm. L. & Rebecca (p. 268)
Matilda confirmed December 4, 1853 (p. 264)
Matilda d. 1864 aged about 76 years, funeral December 4, 1864 (p. 236)
Nathaniel Hannibal b. September 27, 1820, bapt. February 28, 1821 son of Nathaniel & wife (p. 312)
Peter Dent, b. May 18, 1876, bapt. July 2, 1876 son of Peter & --- (p. 218)
Pheby Elizabeth b. February 17, 1845, bapt. September 19, 1846 dau. of Peter D. & Eliza J. (p. 273)
Richard Dixie b. March 13, 1861, bapt. May 24, 1863 son of Mary Ann & Alex (p. 256)
Richard Hannibal Sanford b. October 7, 1836, bapt. July 28, 1840 son of Peter & Elizabeth (p. 277)

KING GEORGE'S PARISH

Robert Pearce b. August 7, 1854, bapt. September 4, 1854 son Alex & Mary Ann (p. 268)
Sarah confirmed reported May 1845 (p. 265)
Sarah M. m. April 23, 1845 to Zephaniah G. Robey (p. 252)
Sarah Rebecca Howell b. October 16, 1863, bapt. December 14, 1863 dau. of Henry D. & Sarah (p. 255); d. July 1864 aged 9 months, funeral November 9, 1864 (p. 236)
Thos. Clagget Lyles b. March 23, 1851, bapt. August 20, 1852 son of Wm. & Rebecca (p. 270)
Thomas Clarence d. February 27, 1859 aged 18 months, funeral March 1, 1859 son of H. D. (p. 238)
Wm. Henry b. September 15, 1850, born September 16, 1850 (p. 256, 268) bapt. September 4, 1854, bapt. May 24, 1863 son of Alex and Mary Ann (p. 268, 256)
Wm. L. (Wm. Lyles) m. May 5, 1846 to Rebecca S. Lyles (p. 252)
William Sumpter Boreaugard, b. April 12, 1861, bapt. July 20, 1863 son of Wm. & Rebecca (p. 255)
HAVENER, Mrs. (?) funeral September 1843, killed by being thrown from cart (p. 243)
Alfred d. September 2, 1862 aged 29 years, funeral November 23, 1862 (p. 237)
Ann d. April 16, 1848 (p. 242)
Charles Clavarious b. August 4, 1869, bapt. September 14, 1869 son of Walter & Eliza (p.227)
Ellen d. September 12, 1869 aged abt 38 years, funeral September 14, 1869 (p. 235)
Ellenor Ann b. May 2, 1861, bapt. July 17, 1861 dau. Geo. & Margt (p. 257)
George Albert d. July 17, 1856 aged 8 1/2 months, funeral July 19, 1856 (p. 239)
George Alfred d. October 13, 1864 aged 2 years, funeral October 14, 1864 (p. 236)
Mary Elizabeth bapt. November 29, 1853 dau. Benedict & Ann Maria (p. 269)
Mary Elizabeth b. August 10, 1852, bapt. January 17, 1853 dau. of Eliz. A. & Benedict (p. 270)
Walter S. m. December 23, 1841 to Elizabeth Scasser (p. 253)
William Dominick b. December 10, 1859, bapt. July 16, 1861 son of George & Margt (p. 257)
Margaret m. April 12, 1865 to Richard H. Haskell (p. 249)
HAWOOD, John Benjamin b. October 10, 1822, bapt. June 8, 1823 son of Jno. B. and wife (p. 310)
HAYS, --- d. October 24, 1869 age 20 years, funeral October 26, 1869 (p. 234)
Fielder m. May 5, 1870 to Sarah Gray (p. 249)
Levi b. September 25, 1805, bapt. June 15, 1806 son of Fielder & Ellen (p. 317)
Mary Ann d. June 15, 1865 aged 38 years, funeral June 18, 1865 (p. 236)
HEISKELL, Alexander, funeral September 24, 1865 (p. 236)
HELMSLEY, James Henry Stewaet (colored) b. December 3, 1868, bapt. May 8, 1870 son of Henry & Cloe (p. 227)
Margaret Sempronia (colored) b. March 10, 1873, bapt. October 4, 1874 dau. of Henry & Chloe (colored) (p. 224)
HENDERSON, Ann Maria d. December 2, 1851 age 21 years, funeral June 1853 (p. 240)
Henry (colored) bapt. May 27, 1838, infant son of Harriet Henderson, servant of Mr. Caesar Gant (p. 281)

KING GEORGE'S PARISH

HENLY, Thos. Gassaway b. June 1847, bapt. October 20, 1847 son of George & Henrietta (p. 272)
HENNIE, servant of Mr. Thos. Sheriff m. October 13, 1860 to Daniel, servant of Mrs. M. E. Tolson (p. 250)
HENRY, d. February 22, 1853 age 17, servant of Mr. Jas. Addison (p. 240)
HENRY, m. January 17, 1856 to Cloe - servants of Mr. R. W. Hunter (p. 251)
HENRY, servant of Mrs. Grace Bayne m. August 25, 1849 to Mary, servant of Mr. Thos. Grimes (p. 251)
HENRY, servant of Thos. Berry m. October 1843 Mary, servant of Mr. F. Edelen (p. 253)
HENRY (colored), b. July 27, 1838, bapt. January 24, 1839, son of Ellen, a servant of Mr. George Semmes (p. 280)
HENRY HICKS (colored), bapt. April 25, 1838, infant son of a servant of Baltimore (p. 281)
HENRY SEMMES, a servant of Frances Mulliken m. May 22, 1842 to Nancy Magruder (colored) (p. 253)
HERBERT, Charity Ann Elizabeth b. October 1839, bapt. June 9, 1840 dau. of John & Elizabeth Ellen (p. 277)
HICKS, Louisa Ann b. November 20, 1814 dau. of Theophlus & Balsey (p. 312)
HILL, Mary servant of Mr. James L. Addison m. June 7, 1840 to James Baker - servant of Mr. Basil Hatton (p. 254)
  Mary Ann b. January 29, 1822, bapt. June 9, 1822, dau. James & wife (p. 311)
HINSON, Louias m. November 26, 1850 to Elizabeth Ball (p. 251)
HOCKSTON, Eliza Jane b. March 14, 1807, bapt. July 5, 1807 dau. of Stanislaus & Mary Hanson (p. 314)
HOOE, Emmett b. December 22, 1861, bapt. November 28, 1869 son Mary (p. 227) Marion confirmed November 16, 1869 (p. 262)
  Mary, mother of Emmett, confirmed November 16, 1869 (p. 227)
HOPWOOD, Thomas d. August 18, 1864 aged 53, funeral August 19, 1864 (p. 236)
HORN, Theodory G. b. April 25, 1799 son of John & Elizabeth (p. 322)
HOSKINS, Susan Augusta b. December 25, 1859, bapt. July 29, 1870 dau. of James & Jane (p. 227)
HOWARD, Mrs. d. April 10, 1859 aged abt 50 years, funeral April 11, 1859 (p. 238)
  Geo. S. m. October 7, 1848 to Mary Francis McCormick (p. 252)
  Jule Ann Maria b. January 29, 1808 bapt. June 5, 1808 dau. of Jessee & Pamelia (p. 313)
  Mary Eliza b. January 6, 1876, bapt. July 21, 1876 dau. of Geo. W. & Sempronia Rebecca (born Simpson) (p. 218)
HOWELL, George Francis b. January 22, 1875, bapt. March 9, 1875 son of Joseph Henry & Josephine Virginia (p. 222)
HOXTON, Clinton Giles b. April 11, 1832 bapt. December 16, 1835 son of Jno. T. & Margaretta (p. 301)
  Eliza confirmed May 17, 1855 (p. 264)
  Isabella confirmed February 22, 1839 (p. 266)
  Margaretta C. d. September 14, 1870 aged 68 years, funeral September 16, 1870 (p. 234)
  Mary Isabella m. October 4, 1859 to Chs. S. Middleton (p. 250)
  Melvile confirmed May 17, 1855 (p. 264)
  Olivia confirmed February 22, 1839 (p. 266)
  Olivia m. January 9, 1851 to Charles S. Middleton (p. 251)
  Robert Melville b. August 6, 1836, bapt. July 5, 1842 son of Thomas & Margaret C. (p. 275)
  Dr. Thomas buried April 2, 1866 (p. 235)

KING GEORGE'S PARISH

Thos. G. d. October 14, 1854 aged 25 years (p. 240)
Thomas Semmes, b. July 12, 1830, bapt. December 16, 1835 son of Jno. T. & Margaretta (p. 301)
William Wilmer b. March 10, 1835, bapt. December 16, 1835 son of Jno. T. & Margaretta (p. 301)
HUGHES, Elizabeth d. October 20, 1855 aged 50, funeral October 28, 1855 (p. 239)
HUNT, John L. m. February 23, 1841 to Susanna C. Gregory (p. 254)
Mary b. April 18, 1800 dau. of James & Une (p. 321)
Mary Ann b. September 5, 1805, bapt. October 27, 1805 dau. of James & Union (p. 320)
HUNTER, Andrew b. September 11, 1860, bapt. June 21, 1863 son of Jno. & Lizzie (p. 255)
(Miss) Belle confirmed June 4, 1877 (p. 260)
Carie Lee b. September 3, 1863, bapt. August 30, 1864 dau. of John & Lizzie (p. 255)
Claiborne, b. September 16, 1866, bapt. August 18, 1868 son of John & Lizzie (p. 228)
Cordelia confirmed August 3, 1852 (p. 265)
Edith b. February 9, 1874, bapt. December 11, 1874 dau. of John & Elizabeth (p. 223)
Elizabeth confirmed December 1, 1868 (p. 262)
Floyd b. October 20, 1861, bapt. June 21, 1863 son of John & Lizzie (p. 255); confirmed June 4, 1877 (p. 260)
Hester Bell b. April 7, 1859, bapt. July 10, 1860 dau. of Jno. & Elizabeth (p. 257)
John m. May 23, 1867 to Elizabeth Ann Beasley (p. 249)
Mary Elizabeth d. January 26, 1876 age 39, funeral 28th, wife Jno. (p. 232)
Robert W. m. July 1852 to Grace Bayne (p. 251)
Robert W. Jr. confirmed August 3, 1852 (p. 265)
Robert Wade b. May 5, 1869, bapt. April 7, 1870 son of John & Lizzie (p. 227)
Sophia confirmed December 1, 1868 (p. 262)
HURLEY, Nathan b. October 29, 1798 son of William & Sarah (p. 322)
Rachel b. April 7, 1800 dau. of John & Sarah (p. 322)
Sarah d. June 16, 1878, over 70, funeral June 18, 1878 (p. 230)
HUTCHINSON, Ellender Caroline b. April 5, 1842, bapt. July 12, 1842 dau. of Thomas & Leonore (p. 275)
Emma Jane b. May 19, 1873, bapt. May 1, 1876 dau. of Jno. Thomas & Susannah (p. 218)
John Alexander b. June 19, 1876, bapt. August 24, 1876 son of Jno. Thos. & Susannah (p. 216)
John Thomas b. January 16, 1841, bapt. October 5, 1841 son of Alexander & Sally Ann (p. 276)
Sophia R. m. December 22, 1863 to John T. Mulliken (p. 249)
HUTCHISON, Mary Ann b. October 13, 1870, bapt. July 3, 1871 dau. of Jno. Thos & Susannah (p. 226)
INGLES, Rev. Osborne m. August 11, 1864 to Mollie M. Addison (p.249)
ISAAC, servant of Mr. Jno. Hunter m. February 3, 1861 to Mary Jane servant of Dr. Bayne (p. 250)
ISAAC HUMPHREYS, a free col. man m. July 7, 1849 to Adeline, a servant of Mrs. Denker(?) (p. 251)
ISAAC THOMAS (colored) b. September 26, 1838, bapt. March 24, 1839 son of Verlinda (p. 280)

KING GEORGE'S PARISH

JABINS, Jannette Douglass b. September 12, 1867, bapt. December 8, 1869 dau. of William & Margaret (p. 227)
JACK, servant of Dr. Bayne m. February 1, 1857 to Sarah, servant Mrs. Talbot (p. 250)
JACKSON, servant of Dr. Bayne m. December 26, 1859 to Kitty, servant of Benj, Marbury (p. 250)
JACKSON, Henry (colored) funeral December 2, 1855 (p. 239)
JACKSON, Margaret (colored) confirmed July 22 or 23, 1842 (p. 266)
JACKSON, Martha (colored) d. September 1, 1842, funeral September 2, 1842 age 22 (p. 243)
  Mary Elizabeth (colored) bapt. July 29, 1838, orphan child of Louisa (p. 281)
JAMES ALBERT (colored) bapt. October 20, 1867 (p. 228)
JAMISON, Joseph Sheddon d. May 5, 1870 aged 2 years, funeral May 7, 1870 (p. 234)
JEFFERIES, Mary b. March 17, 1799 dau. of Benjamin & Eleanor (p. 322)
JEFFERSON, Elizabeth Adelaide, b. October 8, 1841, bapt. November 20, 1841, dau. of Thomas & Catharine (p. 275)
  George Thomas b. March 22, 1839, bapt. November 17, 1839 son of Thomas & Catharine (p. 279)
  Jane m. November 6, 1851 to Michael Dowel (p. 251)
JEISENDIFFER, Barbara S. m. December 29, 1846 to Wm. Kirby (p. 252)
JENIFER, James Arthur (colored) b. September 29, 1876, bapt. April 26, 1877 son of Jno. Wesley & Caroline (p. 214)
JENKINS, Elizabeth died June 10, 1805 (p. 292)
  Jno. J. m. April 13, 1843 to Mary D. Ridgeway (p. 253)
  Richard m. May 12, 1857 to Mary Walker (p. 250)
JERRY, servant of Mrs. Webster m. December 30, 1856 to Mary, servant Dr. Bayne (p. 250)
JERRY, m. November 13, 1841 to Barbara - servants of Mr. Thomas Berry (p. 253)
JERRY TYLER funeral 1858 aged 50 years, servant of Dr. J. H. Bayne (p. 238)
JILLSON, Ernest Thomas b. February 15, 1874, bapt. February 15, 1874 son of George C. & Ellen Elizabeth (born Taylor) (p. 223)
JINKINS, Darcus Maria b. November 13, 1799 dau. of William & Darcus (p. 322)
JOHN (colored) m. April 23, 1865 to Maria (colored) (p. 249)
JOHN, a servant of Ignatius L. Hardy m. December 25, 1843 to Susan, a servant of Thomas Berry (p. 252)
JOHN, a svt of R. C. Edelen m. December 24, 1843 to Maria, a servant of Loyd M. Lowe (p. 252)
JOHN THOMAS (colored) b. September 7, 1869, bapt. July 14, 1870 son of Nat. Brown and Sarah Jackson (p. 227)
JOHN WARD, servant of Mr. R. Edelen m. December 1, 1849 to Cloe - servant of Miss Lettie Lovelace (p. 251)
JOHNS, Anna Maria Vining d. November 15, 1839, funeral November 18, 1839 age 37 (p. 244)
  Mary Cecelia b. October 1822, bapt. December 24, 1822 dau. of Thomas & wife (p. 310)
  Mary P. funeral December 20, 1835 (p. 301)
  Thomas d. December 16, 1853, funeral December 19, 1853 (p. 240)
JOHNSON, a free colored man m. December 25, 1841 to Mary - servant John H. Lowe (p. 253)
  Charles Haron b. March 28, 1877, bapt. May 14, 1877 son of Chas. Wm. & Geneva (p. 214)

KING GEORGE'S PARISH

George Washington b. October 19, 1841, bapt. July 5, 1842 son of Edmond & Margaret E. (p. 275)
Lewis, father of William Chase (colored) by Eliza Chase (p. 208)
JOHNSTON, George Clark Smoot b. September 16, 1805, bapt. May 18, 1806 son of Hezekiah & Frances (p. 317)
JONES, Ann Elizabeth b. October 16, 1813 dau. of Chas. L. & Eliza (p. 313)
Anna E. m. February 3, 1875 aged 18, to Philip Benton Lederer aged 27 (p. 248)
Elisha b. January 26, 1817 son of Charles L. & Elizabeth (p. 312)
Elizabeth b. January 2, 1800 dau. of John & Mary (p. 321)
Elizabeth m. December 27, 1801 to William Dykous, eldest daughter of Elisha Jones (p. 315)
Elizabeth Ann b. November 22, 1800 dau. of Joseph Walker & Violetta Jones (p. 322)
Francis Louisa b. April 23, 1815 dau. of Chas. L. & Eliza (p. 313)
George William b. October 1820, bapt. January 18, 1821 son of William and wife (p. 312)
Henry Bradley b. April 27, 1805, bapt. August 11, 1805 son of Thomas & Ann (p. 320)
Henry Frederick, b. March 8, 1821, bapt. May 27, 1821 son of Charles L. and wife (p. 312)
John Fountain b. October 21, 1805, bapt. March 9, 1806 son of Butler and Elizabeth (p. 318)
John Henry b. April 6, 1842, bapt. July 2, 1842 son of John & Priscilla E. (p. 275)
Julia Ann b. January 9, 1806, bapt. March 30, 1806 dau. of Edward & Susanna (p. 318)
Letitia T. m. December 17, 1863 to Elial F. Sansbury (p. 249)
confirmed 1871 (p. 261)
Margarett b. May 20, 1800 dau. of William & Margarett (p. 322)
Mary b. March 21, 1808, bapt. June 19, 1808 dau. of Butler & Elizabeth (p. 313)
Matilda b. March 1, 1805, bapt. July 21, 1805 dau. of Moses & Drusilla (p. 320)
Stephen Ball b. February 9, 1801 son of Moses & Drucilla (p. 321)
Thomas b. April 6, 1802, bapt. July 28, 1805 son of Thomas & Ann (p. 321)
Thomas Morgan, b. February 9, 1807 bapt. June 14, 1807 son of Thomas Morgan Alnut & Salome Ann Jones (p. 314)
JOSEPH, servant of Mr. Thos. Grimes m. August 4, 1849 to Ellen, servant of Mr. Jno. Palmer (p. 251)
JOY, Ella Virginia b. November 8, 1868, bapt. December 18, 1868 dau. of Edward & Rachel (p. 228); d. July 20, 1869 aged 8 months (p. 235)
Henry Lee b. February 17, 1876, bapt. July 27, 1876 son of Benj. Franklin & Mary Rebecca (born Mayhew) (p. 218)
Mary Frances b. December 15, 1863, bapt. September 17, 1865 dau. of Edward & Rachel (p. 255)
Rachel (Ann) confirmed November 22, 1874 (p. 260)
Rachel Ann confirmed November 22, 1874, daughter of Edward (p. 260)
Thomas Wesley b. March 9, 1866, bapt. May 14, 1866 son of Ed & Rachel (p. 229)
JUDSON WEST servant of Mrs. S. Marbury m. September 7, 1851 to Harriet, servant of P. C. Edelen (p. 251)
KALDENBACK, Andrew S. m. January 10, 1865 to Josephine Harington (Kolenbach, Kollenbach) (p. 249)

KING GEORGE'S PARISH

Douglas Irving, b. October 3, 1865, bapt. July 19, 1866 son of Andrew & Josephine (p. 229); d. July 20, 1866 aged 9 months (p. 235)
KEESEY, Elenora Virginia b. August 13, 1862, bapt. September 1862 dau. of Elias & Sarah (p. 256)
KEITH, (Mrs.) Judith died March 9, 1805, wife of Timothy (p. 292)
KENNER, Cora May b. August 19, 1874, bapt. November 11, 1877 dau. of Henry & Emeline (p. 210)
  Elma Winfield b. September 2, 1871, bapt. February 5, 1872 child of Henry G. & Mary (p. 226)
KERBY, Mrs. Elizabeth d. November 26, 1874, funeral November 28, 1874 wife of Bernard (p. 233)
  (Miss Ella S.) confirmed June 3, 1877 (p. 260)
  Francis Alfred b. September 7, 1836, bapt. November 6, 1836 son of George & Margaret (twin of James Owen) (p. 298)
  George Washing b. January 10, 1835, bapt. June 7, 1835 son of George & Margaret (p. 302)
  Henrietta A. confirmed July 22 or 23, 1842- wife of William (p. 266)
  (Mrs.) Henrietta d. February 21, 1846 aged 42 years, funeral February 21, 1846 (p. 242)
  (Mrs.) Henrietta d. June 17, 1847 aged 42 years, funeral June 19, 1847 (p. 242)
  James Owen b. September 7, 1836, bapt. November 6, 1836 son of George & Margaret (twin of Francis Alfred) (p. 298)
  John Henry bapt. May 23, 1852 son of Wm. & Barbara (p. 270)
  John William Wallace, b. January 10, 1842, bapt. January 18, 1842 son of William & Henrietta A. (p. 275)
  Margaret confirmed February 22, 1839 (p. 266)
  Margaret d. May 7, 1840, funeral May 9, 1840 (p. 244)
  Margaret Henrietta b. December 16, 1843, bapt. January 18, 1844 dau. of William & Henrietta A. (p. 274)
  Martha Judith Washington b. February 22, 1839, bapt. March 12, 1839 dau. of William & Henrietta A. (p. 280)
  Mary Francis b. April 21, 1840, bapt. April 29, 1840 dau. of William & Henrietta A. (p. 279)
  Susie Ella bapt. December 13, 1874 (p. 223)
  William confirmed July 12, 1835 (p. 301)
KETLAND, (see Kitlin), Wm. Alvin, b. December 23, 1833, bapt. September 7, 1835 son of Wm. & Jane (p. 302)
KIDWELL, Ernest Milton b. October 16, 1876, bapt. May 14, 1877 son of Elzaiah & Emily (p. 214)
  Jessie Elizabeth Ann b. April 1, 1877, bapt. April 16, 1877 dau. of Jno. Hy. & Mary (p. 214)
  John funeral 1850 (p. 241)
  Jno. Henry aged 49 m. September 7, 1876 to Mary Soper, aged 29 (p. 248)
  Joseph Edward b. May 10, 1875, bapt. October 17, 1875 son of Joseph & Anne Maria (born Biggs) (p. 220)
  Josias m. October 26, 1859 to Anna Maria Biggs (p. 250)
  Mrs. Letitia d. December 25, 1874 aged 70+, funeral December 26, 1874 (p. 233)
  Owen Raymond b. January 15, 1877, bapt. March 9, 1877 son of Josias & Anne Maria (p. 214)
  Thomas m. October 4, 1859 to Mary E. Lanham (p. 250)
  William Howard b. September 28, 1860, bapt. December 1, 1860 son of James R. S. & Barbara E. (p. 257)
KING, Ann m. June 29, 1841 to Richard S. Ridgeway (p. 253)

KING GEORGE'S PARISH

Ann, d. September 17, 1868 aged 88 years, funeral September 13, 1868 (p. 235)
Daniel m. March 7, 1848 to Elizabeth Mahala Goddard (p. 252)
David Deadman d. June 20, 1839, funeral June 21, 1839 aged 19 months - son of Elijah & Patsey (p. 244)
Effie Etta (i.e. Euphemia Henrietta) b. August 8, 1877, bapt. November 4, 1877 dau. of Silvester & --- (p. 210)
Elizabeth b. April 3, 1801 dau. of Thomas & Mary (p. 321)
James Thomas b. June 6, 1860, bapt. August 14, 1860 son of John H. & Melvina (p. 257)
John m. September 23, 1847 to Catharine Davis (p. 252)
John Henry b. April 24, 1843, bapt. June 5, 1843 son of Sylvester & Sabina (p. 274)
Laura Jerusha b. April 4, 1860, bapt. July 2, 1862 dau. of Jno. & Catharine (p. 256)
Maria Elizabeth b. December 2, 1852, bapt. May 16, 1853 dau. of Daniel & Sarah Ann (p. 270)
Mrs. Mary Eleanor confirmed June 4, 1877 (p. 260)
Mary Eleanor b. June 13, 1805, bapt. March 30, 1806 dau. Nancy (p. 318)
Nancy d. November 24, 1853 aged 78 years, funeral November 26, 1853 (p. 240)
Richard Warren b. December 4, 1838, bapt. September 29, 1839 son of Sylvester & Silvina (p. 279)
Sarah m. November 22, 1855 to William Tayman (p. 251)
Mrs. Silvester confirmed June 4, 1877 (p. 260)
(Mrs.) Sabrina confirmed April 30, 1872 (p. 261)
Sylvester d. March 15, 1871, funeral March 17, 1871 (p. 234)
Thos. Warren, b. June 27, 1845, bapt. May 1849 son of Silvester & Sabina (p. 272)
Walter Gustavus b. March 30, 1865, bapt. August 15, 1869 son of John H. & Susan (p. 227)
William Arthur b. June 29, 1868, bapt. August 15, 1869 son of John H. & Susan (p. 227)
Wm. Swan, b. April 4, 1805, bapt. September 23, 1805 son of James S. & Alethea (p. 320)
KINGSBURY, William Bradly b. November 25, 1805, bapt. March 30, 1806 son of James & Rebeccah (p. 318)
KINSBURY, Elizabeth b. March 7, 1799 dau. of James & Rebecca (p. 322)
KIRBY, --- d. December 14, 1869, funeral December 15, 1869 (p. 234)
Andrew Jackson b. January 7, 1860, bapt. July 2, 1862 son of Wm. & Barbara (p. 256)
Barbara confirmed August 3, 1852 (p. 265)
Bettie confirmed October 4, 1868 (p. 262)
Delila Rebecca b. January 10, 1860, bapt. September 9, 1860 dau. of Wm. & Barbara (p. 257)
Ella Sophia bapt. September 10, 1868 dau. of William & Barbara (p. 228)
George d. October 19, 1847 aged 60 (p. 242)
George confirmed November 16, 1869 (p. 262)
Geo. Francis b. October 14, 1847, bapt. May 1849 son of William & Barbary (p. 272)
Hanna confirmed November 16, 1869 (p. 262)
Hannah Elizabeth b. April 21, 1850, bapt. October 20, 1850 dau. of Wm. & Barbara S. (p. 271); m. November 1872 to Jacob Harmon (p. 248)
Jas. Albert b. February 9, 1849, bapt. May 1849, son of Wm. & Barbary (p. 272); d. May 12, 1849, funeral May 13, 1849 (p. 241)

KING GEORGE'S PARISH

James Buchanan b. June 3, 1854 son of William & Barbara (p. 267)
Joseph (colored) bapt. May 23, 1869 (p. 228)
Maria Louisa d. September 4, 1865 aged 40 years, funeral September 5, 1865 (p. 236)
Mareen confirmed August 22, 1856 (p. 264)
Mary Helen bapt. September 10, 1868 dau. of Wm. & Barbara (p. 228)
Minnie Gertrude b. March 7, 1873, bapt. July 4, 1873 dau. of Ann Sophia & Levi (p. 225); d. October 17, 1873 aged 8 months, 2 days (p. 233)
Owen Martin bapt. September 10, 1868 son of William & Barbara (p. 228) d. October 28, 1869, aged 2 years, funeral October 31, 1869 (p. 234)
Saml Leonard b. February 10, 1855, bapt. October 28, 1855 son of Wm. & Barbara (p. 268)
Sarah Ann Elizabeth Mariar b. August 3, 1837, bapt. October 14, 1837 dau. of William & Henryetta A. (p. 298)
Susella b. December 19, 1869, bapt. 1870 dau. of Levi & Ann Sophia (p. 227)
Wallace d. December 3, 1859 aged 18 years, funeral January 1, 1860 (p. 238)
William m. December 29, 1846 to Barbara S. Jeisendoffer (p. 252)
William m. October 27, 1836 to Hei Amelia Robinson (p. 299)
William d. March 29, 1871, funeral March 31, 1871 (p. 234)
KITLIN, A. Eliza d. January 14, 1862 aged about 44 years, funeral January 16, 1862 (p. 237)
  Ann Elizabeth b. November 25, 1846, bapt. August 29, 1847 dau. of John & Eliza A. (p. 273); m. October 12, 1871 to Edward Renno (p. 248)
  James H. d. July 4, 1854 aged 27 years, funeral August 20, 1854 (p. 240)
  Jane (H.?) d. March 12, 1839, funeral June 30, 1839, wife Wm. (p. 244)
  Joseph Thomas d. December 12, 1843, funeral March 31, 1844 age 7 years (p. 242)
  Wm. d. July 9, 1861 aged about 60 years, funeral July 11, 1861 (p. 237)
KITTY, servant of Benj. Marbury m. December 26, 1859 to Jackson, servant of Dr. Bayne (p. 250)
KOLENBACH, Andrew Richmond, b. July 16, 1867, bapt. August 1, 1867 son of Andrew & Jos. (p. 228)
KOLLENBACH, Irvine Douglass b. May 21, 1870, bapt. September 10, 1870 son of Andrew and Jos. (p. 227)
KOONS, John Schul d. December 25, 1800 son Frederick & Elizabeth (p. 322)
KUSICK, John Henry m. December 30, 1868 to Sarah Ann Owen (p. 249)
LANCASTER, Sarah Maria Marshall, b. February 7, 1820, bapt. April 23, 1820 dau. of F. W. & wife (p. 311)
LANGLEY, Richard Warren b. March 1, 1859, bapt. May 26, 1859 son of Martha A. and Jno. T. (p. 258)
LANHAM, --- funeral September 1835, wife of Robert H. (p. 301)
  Amelia Medora bapt. July 11, 1874 dau. John W. & Amelia L. (p. 224)
  Anna, born Roland, wife of George (p. 223)
  Casa Ann Jane b. ---, bapt. June 20, 1835 dau. Hanson & Elona (p. 302)
  Emma Edgar b. October 16, 1874, bapt. November 13, 1874 dau. of George & Anna; d. November 13, 1874 (p. 223)
  George Edward bapt. July 11, 1874 son John W. & Amelia L. (p. 224)
  Henly b. November 1, 1819, bapt. November 9, 1819 son of George and wife (p. 311)
  John William d. August 1, 1869 age 19 months, funeral August 3, 1869 (p. 235)
  Lettie d. March 13, 1862, age abt 70 years, funeral March 14, 1862 (p. 237)

KING GEORGE'S PARISH

Louisa Virginia b. October 6, 1869, bapt. November 12, 1869 dau. of Jno. & Amelia (p. 227)
Mary Ann Elizabeth b. April 17, 1822, bapt. June 9, 1822 dau. of Horatio (p. 311)
Mary E. m. October 4, 1859 to Thomas Kidwell (p. 250)
Mary Elizabeth b. March 7, 1842, bapt. June 12, 1842 dau. of Henderson & Eliza (p. 275)
Meek d. August 1850 aged 60 years, funeral December 1850 (p. 241)
Robert H. husband of --- (p. 301)
LATIMORE(?), Joseph confirmed reported May 1845 (p. 265)
Joseph d. July 21, 1864 aged 6 months, funeral July 22, 1864 (p. 236)
Verlinda A. d. April 11, 1841, funeral April 13, 1841 aged 55 (p. 243)
LAURANCE, servant of B. F. Marbury m. January 3, 1863 to Rachel, servant of Dr. Bayne (p. 250)
LAURIE, Lewis F. T. m. October 31, 1867 to Rachel E. Moore (p. 249)
Margaret Imogen d. August 3, 1875 age 2y 9d, funeral August 5, 1875 dau. of Lewis F. T. & Rachel (p. 232)
LEDERER, Philip Benton aged 27 m. February 3, 1875 to Anna E. Jones, 18 (p. 248)
LEEK, Mary Eleanor b. March 31, 1819, bapt. November 17, 1819 dau. of Reason and wife (p. 311)
LEHMAN, Oswald C. m. March 30, 1871 to Abbie E. Harman (p. 248)
LESBY, --- funeral June 2, 1846 a child of Mrs. (p. 242)
Adovolener b. April 18, 1852, bapt. August 15, 1853 dau. of Ed H. & Lurena A. (p. 269)
Elizabeth d. 1860 aged 14 months, funeral August 3, 1865 (p. 236)
Elizabeth J. d. August 1, 1865 aged 48 years, funeral August 3, 1865 (p. 236)
George Washington b. October 8, 1842, bapt. December 5, 1843 son of John N. & M. E. (p. 274)
Georgiana Jefferson b. August 15, 1843, bapt. September 1, 1844 dau. of P. & M. (p. 274)
Georgina funeral June 2, 1846, infant child of Js & May (p. 242)
James Edward b. September 29, 1844, bapt. December 26, 1844 son of Joseph & Jane (p. 274)
James Robert b. December 10, 1844, bapt. July 1845 son of Caroline & Thos. (p. 273)
James Robert b. November 4, 1847, bapt. January 9, 1848 son of Noah & Caroline (p. 272)
Jane Rebecca b. September 15, 1844, bapt. December 26, 1844 (p. 273); d. June 3, 1852 (p. 241)
Levi, funeral September 9, 1860 (p. 238)
Mary Alice b. September 27, 1850, bapt. December 26, 1850 dau. of Thos. & Carol (p. 271)
Mary E. m. January 6, 1848 to Jas. G. Robinson (p. 252)
Mary Ellen b. June 5, 1842, bapt. June 27, 1842 dau. of Joseph N. & Elizabeth J. (p. 275)
Mary Ellen d. December 31, 1868 aged abt 57, funeral March 28, 1869 (p. 235)
Rachel Catharine b. August 1847, bapt. September 1847 dau. of Horatio & Rachel (p. 273)
Rachael Catharine d. February 1849 aged 6, funeral May 1849 (p. 241)
Rachel E. d. August 1847, funeral August 27, 1847 (p. 242)
Richard Horatio, b. October 16, 1842, bapt. December 5, 1843 son of Horatio & Rachel E. (p. 274)

KING GEORGE'S PARISH

Sarah Emelie, funeral May 1849, dau. of Horatio & Rachel (p. 241)
Sarah Mary, b. August 6, 1846 bapt. September 1847, dau. of Eliz. Jane & Joseph (p. 273)
Thos. Albert b. November 4, 1847 bapt. January 9, 1848 son of Noah & Caroline (p. 272)
Wilkesin Bryan b. April 16, 1846, bapt. September 1847 son of Jno. & Ellen (p. 273)
William Francis b. August 8, 1855, bapt. March 20, 1856 son of Lucy & Francis (p. 268)
William H. confirmed July 22 or 23, 1842 (p. 266)
LEWIS, servant of Chs. Middleton m. January 4, 1863 to Amelia servant of Mrs. Berry (p. 250)
LEWIS, m. December 16, 1855 to Martha, servants of Jas. Brown (p. 251)
LEWIS, servant of Wm. L. Marbury m. January 27, 1839 to Eliza, a servant of Raphael C. Edelen (p. 254)
LEWIS, servant of Mr. Jno. Low m. January 15, 1853 to Trecy, a servant of Mr. R. W. Hunter (p. 251)
LINDSAY, Henry Thomas Pannawell b. March 15, 1805, bapt. May 26, 1805, son of Thomas & Elizabeth (p. 321)
John d. November 2, 1855 aged 64 years, funeral November 4, 1855 (p. 239)
John Albert b. 1853, bapt. July 3, 1853 son Wm. S. & Sarah V. (p. 269)
Mary, funeral May 30, 1852 (p. 241)
Mary confirmed August 3, 1852 (p. 265)
Sarah d. February 24, 1807 (Mrs.) (p. 292)
Sarah b. February 11, 1807, bapt. July 5, 1807 dau. of George & Sarah (p. 314)
Sarah V. m. December 15, 1847 to Wm. S. Thorn (p. 252)
LINDSEY, Catharine Hepseybeth b. May 10, 1808, dau. of Samuel (p. 313)
Louisa T. m. December 27, 1855 to Jeremiah T. Grimes (p. 251)
confirmed 1871 (p. 261)
Mary Paulina b. March 3, 1821, bapt. May 13, 1821 dau. of John & wife (p. 312)
Nickolus b. March 19, 1799 son of George & Sarah (p. 322)
William Henry b. August 27, 1821, bapt. September 23, 1821 son of Wm. & wife (p. 311)
LISBY, Nancy Harriet m. December 26, 1844 to Gabriel Thompson (p. 252)
Thomas Hanson b. November 23, 1821, bapt. July 3, 1822 son of Noah & wife (p. 310)
LITTLEFORD, Charles Henry d. July 1847, funeral 1848 (p. 241)
Geo. Washington d. April 1848 (p. 241)
William Henry b. March 1840, bapt. June 9, 1840 son of Harrison & Catherine (p. 277)
LIZZIE, servant of Mr. Wm. Maddox m. November 11, 1860 to Andrew - a free colored man (p. 250)
LOCKARD, John Perkins b. June 5, 1798, bapt. March 2, 1806 son of Stephen & Ann (p. 319)
LOCKE, Eva b. August 8, 1871, bapt. October 1, 1876 dau. of Pinkney & Virginia (p. 216)
LOCKER, Ann confirmed December 4, 1853 (p. 264)
Carroline Baker b. August 28, 1805, bapt. January 26, 1806 dau. of David & Sarah (p. 319)
Catharine Clarissa b. December 3, 1838, bapt. June 23, 1839 dau. of Henley & Rachel Jane (p. 280)
Celia Elizth - born Berry (p. 220)
Gibson, father of Mary Ellen Diggs (colored) by Susan Diggs (p. 216)

KING GEORGE'S PARISH

Henrietta b. December 28, 1876, bapt. August 8, 1877 dau. of Jno. Dominic & Celia (born Berry) (p. 212)
Henry Oliver Warren b. September 31, 1822, bapt. March 31, 1823 son of Henry & wife (p. 310)
John Thomas (colored) b. April 26, 1875, bapt. November 1, 1875 son of John Dominic & Celia Elizth (born Berry) (p. 220)
Peter Gibson b. September 5, 1853, bapt. July 27, 1854 son of James & Betsey (p. 269)
Rachel Ann m. December 28, 1852 to Geo. A. Sansbury (p. 251)
Richard Henry b. February 6, 1841, bapt. September 12, 1841 son of Henly & Rachel A. (p. 276)
LOCKWOOD, Robert Melville (colored) b. January 13, 1878, bapt. February 13, 1878, son of Geo. & Mary (p. 210)
LOMAX, (Miss) Cynthia d. April 8, 1805 (p. 292)
William Henry b. October 18, 1840, bapt. July 9, 1843 son of William & Elizabeth (p. 274)
LOUISA, servant of Wm. B. Bayne m. February 12, 1857 to George, servant of Dr. Bayne (p. 250)
LOUISA (colored) bapt. November 1, 1852 (p. 270)
LOUISA, servant of Jno. Palmer m. December 25, 1849 to Sam - servant of Jno. H. Lowe (p.251
LOUISA m. February 5, 1839 to Daniel - servants of Thomas Berry, Esq. (p. 254)
LOUISA, servant of Wm. S. Bayne m. 1854 to George, servant of Thos. Sheriff (p. 251)
LOUISA, servant of Thos. Berry m. 1843 to Thomas, servant of Mrs. Welling (p. 253)
LOUISA JANE (colored) bapt. November 23, 1838 dau. svt of Mr. Sansbury (p. 281)
LOUISA NORTON m. May 21, 1846 to Stephen Jones, servants Thos. L. Walker (p. 252)
LOVELACE, --- funeral August 31, 1856 (p. 239)
Warren Rolious b. April 15, 1862, bapt. October 8, 1864 son of Warren & Elizabeth (p. 255)
William Thomas b. September 26, 1819, bapt. November 28, 1819 son of Ignatius and wife (p. 311)
LOVELESS, John m. December 26, 1843 to Martha Ann Lusby (p. 252)
John Henry b. December 12, 1814, bapt. April 25, 1815 son of John & Mary An (p. 312)
Luke Harriss, b. October 7, 1806, bapt. February 22, 1807 son of Luke & Mary (p. 315)
Mariah Ann bapt. June 4, 1815 dau. of Ignatius & Allethea (p. 313)
William Hanson b. November 20, 1805, bapt. January 5, 1806 son of Basil & Charlotte (p. 319)
LOVING, Donna confirmed October 4, 1868 (p. 262)
LOW, August (?) Nathan b. May 7, 1805, bapt. July 28, 1805 son of Nathaniel & Violinda (p. 320)
LOWE, John d. December 27, 1861 aged abt 69 years, funeral December 29, 1861 (p. 237)
Sophia Ann d. July 4, 1856 aged 65 years, funeral July 6, 1856 (p. 239)
William W. confirmed October 4, 1868 (p. 262)
LOWNDS, Ann Lloyd b. December 8, 1799 dau. of Richard & Ann (p. 321)
LOYD (colored) bapt. October 28, 1838, son of Louisa, a servant of L. Berry Esq. (p. 281)

KING GEORGE'S PARISH

LUCY, servant of Mrs. R. Lyles m. June 29, 1851 to Hanson Magruder - a free man (p. 251)
LUSBY, --- d. August 3, 1874 age 2(?) years, funeral August 4, 1874 dau. of George (p. 233)
LUSBY(?), Ada Balinda bapt. September 30, 1852 (p. 270)
  Ada Balinda bapt. December 1857 dau. of Levi & Elizabeth (p. 267)
  Adovolener b. April 18, 1852, bapt. March 6, 1853 child of Ed H. & Lurena (p. 270)
  Albert Lee b. October 21, 1871, bapt. September 30, 1872 son of Jas. Thos. & Ann M. (p. 225)
  Alice May b. December 1, 1868, bapt. September 5, 1869 dau. of Lemuel & Genevere (p. 227)
  Ann Victoria b. February 26, 1859, bapt. June 13, 1859 dau. of Lucy A. & Alloegis (?) (p. 258)
  Anna Genevera b. November 15, 1870, bapt. November 5, 1871 dau. of Henry & Elizabeth (p. 226)
  Charles Columbus b. December 10, 1851, bapt. November 1, 1852 son of John L. & Elizabeth (p. 270)
  Charles Columbus bapt. September 9, 1860 son of Levi & Elizabeth (p. 257)
  Charles Philbrook b. July 3, 1857, bapt. June 13, 1859 son of Lucy A. & Alloegis(?) (p. 258)
  Christopher Columbus b. 1873, bapt. September 30, 1877 son of Edw. Hy. & Elizabeth (p. 210)
  Clarence Edward b. October 30, 1864, bapt. August 1, 1867 (p. 228)
  Daisy Eugenia b. September 15, 1874, bapt. June 10, 1875 dau. Thos. A. & Georgianna (p. 220); d. July 5/6 1875, age 9 months (p. 232)
  Edward H. m. April 22, 1851 to Lorena Ann Taylor (p. 251)
  Edward Leroy b. February 1, 1873, bapt. January 18, 1874 son of Thomas T. & Georgiana (p. 224)
  Eliza b. March 7, 1849, bapt. December 26, 1850 dau. of John & Mary (p. 271)
  Elizabeth m. December 26, 1850 to John L. Lusby (p. 251)
  Ellen Rebecca b. October 17, 1875, bapt. December 2, 1875 dau. of George & Martha Ann (born Ridgeway) (p. 220)
  Florence Esela b. April 9, 1860, bapt. September 9, 1860 dau. of Jno. & Eliza (p. 257)
  George Washington b. September 20, 1860, bapt. June 22, 1862 son of Joseph H. & Elizabeth (p. 256)
  Georgianna confirmed June 4, 1877 (p. 260)
  Horation d. February 22, 1867 aged 68 years, funeral February 24, 1868 (p. 235)
  John L. m. December 26, 1850 to Elizabeth Lusby (p. 251)
  John Levi d. November 9, 1860 aged 33 years, funeral November 9, 1860 (p. 237)
  Joseph Henry d. November 3, 1857 aged 13 years, funeral June 13, 1859 (p. 238)
  Lemuel m. March 1868 to Geneva Sansbury (p. 249)
  Lemual Custis b. April 16, 1867, bapt. August 1, 1867 (p. 228)
  Margarett Eliza bapt. June 4, 1815 dau. Jno. N. & Elenor (p. 313)
  Martha Ann m. December 26, 1843 to John Loveless (p. 252)
  Marvin Albert b. May 25, 1876, bapt. September 29, 1876 son of Thos. A. & Georgianna (p. 216)
  Mary Alice b. February 10, 1868, bapt. August 4, 1868 dau. of George & Martha (p. 228)
  Mary Jane m. December 31, 1846 to James Simpson (p. 252)

KING GEORGE'S PARISH

Oden Cornelius b. May 14, 1856, bapt. December 1857 son of Levi & Elizabeth (p. 267)
Richard H. m. December 22, 1868 to Georgie A. Sansberry (p. 249)
Rosana m. September 30, 1852 to Thos. A. T. Ball (p. 251)
Sarah d. March 14, 1864 aged 64 years, funeral August 14, 1864 (p. 236)
Sarah Isabella b. September 28, 1861, bapt. January 1865 dau. of Robert H. & Maria L. (p. 255)
Sarah Margaret d. July 4, 1858 aged 14 years, funeral June 13, 1859 (p. 238)
Fawly Hamilton b. September 1, 1870, bapt. November 16, 1870 son of Lemuel & Geneva (p. 226)
Wm. Francis d. October 23, 1869 aged 14 years, funeral October 25, 1869 (p. 234)
William Lemuel bapt. September 9, 1860 son of Levi & Elizabeth (p. 257)
LYLE, --- funeral --- 1836, one child of Clagett Lyle (p. 297)
LYLES, Angelina S. funeral September 16, 1835 aged 3 years & 7 months dau. of T. C. & Rebecca (p. 301)
Clagget T. d. August 17, ---- aged 62 years, funeral 1845 (p. 242)
Eliza m. September 18, 1851 to Thornley S. Everet (p. 251)
Eliza S. confirmed July 12, 1835 (p. 301)
Eliza Seaton b. March 25, 1823, bapt. April 21, 1823 dau. of Dennis M. & wife (p. 310)
Elizabeth Ann b. May 22, 1805, bapt. July 28, 1805 dau. of George Nobel & Elizabeth (p. 320)
Elizabeth Seaton, b. --- bapt. June 17, 1821 dau. Ths. & wife (p. 312)
Enoch M. d. August 7, 1805 (p. 292)
Mrs. Rebecca d. November 7, 1860 aged 65 years, funeral November 9, 1860 (p. 237)
Rebecca S. m. May 5, 1846 to Wm. L. Hatton (p. 252); confirmed June 7, 1846 (p. 265); d. July 4, 1868 aged 48 years, funeral July 6, 1868 (p. 235)
Thomas Clagget b, --- bapt. August 19, 1835 son T. C. & Rebecca (p. 302)
William of Thos. d. May 31, 1865 aged 48 years, funeral June 2, 1865 (p. 236)
MACARTY, Mary confirmed December 2, 1860 (p. 263)
MADDOX, confirmed July 12, 1835 (p. 301)
Catharine M. confirmed February 22, 1839 (p. 266); m. April 8, 1844 to Richard Bryan (p. 252)
Clarissa confirmed February 22, 1849 (p. 266); m. July 6, 1848 to John Gordon (p. 252)
Eliza confirmed July 12, 1835 (p. 301)
Ellen m. August 27, 1844 to Wm. H. Yoe (p. 252)
James Wattson bapt. February 27, 1845 son of Additon & --- (p. 273)
Mary confirmed reported May 1845 (p. 265)
Netty funeral November 19, 1843 (p. 243)
(Mrs.) Priscilla d. March 8, 1859 aged 83 years, funeral March 9, 1859 (p. 238)
Wm. confirmed December 4, 1853 (p. 264)
William Brawner b. August 20, 1805, bapt. September 7, 1806 son Joseph & Ann (p. 315)
MADELY, Sarah Ann b. July 20, 1819, bapt. May 7, 1820 daughter of James and wife (p. 311)
MAGRUDER, Alexander C. d. January 25, 1853 aged 75 years, funeral February 22, 1853 (p. 240)
Ann confirmed reported May 1845 (p. 265)
Ann confirmed June 7, 1847 (p. 265)

KING GEORGE'S PARISH

Edward Richard b. April 23, 1806, bapt. September 7, 1806 son of Edward & Ann (p. 316)
Emily confirmed May 5, 1859 (p. 263)
Enoch d. January 22, 1852 aged 23 years, funeral January 24, 1852 (p. 241)
Helen confirmed May 5, 1859 (p. 263)
Luisa Hammond b. October 10, 1804, bapt. October 19, 1806 dau. of Samuel & Ann (p. 316)
Marion confirmed August 3, 1852 (p. 265)
Mary Ann b. May 19, 1823, bapt. June 29, 1823 dau. of Dennis and wife (p. 310)
Rebekah Hillary b. August 10, 1806, bapt. October 19, 1806 dau. of Samuel & Ann (p. 316)
Richard A. C. d. December 23, 1842, funeral December 24, 1842, age 47 (p. 243)
Roberta, confirmed May 5, 1859 (p. 263); m. January 26, 1870 to Joseph Thompson (p. 249)
Victoria confirmed May 5, 1859 (p. 263)
MAHEW, Mary Ann b. August 19, 1799 dau. of John & Mary (p. 321)
MANGUM, Gertrude Amelia b. September 12, 1871, bapt. December 12, 1874 dau. of Rinaldo & Louisa (born Suit) (p. 218)
Jno. Rufus Barton b. December 12, 1874, bapt. June 5, 1876 son of Rinaldo & Louisa (born Suit) (p. 218)
Gonsalvo D. m. July 26, 1853 to Mary E. Harvey (p. 251)
MARBURY, Benj. F. m. June 3, 1856 to Josephine E. Bayne (p. 250); confirmed December 4 or 5, 1858 (p. 264); funeral April 10, 1872 (p. 234)
Benjamin Fendell b. September 15, 1866, bapt. December 23, 1866 – son of Benjamin F. & Josie (p. 229)
Clarence Bayne b. 186-, bapt. May 28, 1865 son of Benj. F. & Josephine (p. 255)
James Williams, b. January 24, 1870, bapt. May 12, 1870 son of Benj. F. & Josephine (p. 227)
John b. May 11, 1857, bapt. July 26, 1857 son of Benjamin & Josephine (p. 267)
Jno. B. confirmed June 3, 1877 (p. 260)
Mary Francis b. August 20, 1862, bapt. May 17, 1863 dau. Benj. F. & Josephine (p. 256); funeral June 27, 1863 (p. 237)
MARDEN, Henry F. m. February 25, 1852 to Leonora Piles (p. 251)
Mary confirmed November 16, 1869 (p. 262)
Margaret (colored) confirmed June 7, 1847 (p. 265)
MARGARET ANN (colored) b. August 1838, bapt. May 5, 1839, dau. of Charlotte Moore, a servant of Henry D. Hatton (p. 280)
MARIA, m. December 25, 1847 to Sandy Young, servants of Mr. Sheriff and D. A. Tolson (p. 252)
MARIA, servant of Loyd M. Lowe m. December 24, 1843 to John – servant of R. C. Edelen (p. 252)
MARSHALL, Eleanor Rebecca Ann b. November 28, 1822, bapt. February 21, 1823 dau. of Thomas Hanson and wife (p. 310)
Elizabeth Fendall Adeline b. October 15, 1805, bapt. December 1 1805, dau. of Josias & Sarah (p. 319)
Mary Hanson b. October 22, 1820, bapt. October 22, 1821 dau. of William and wife (p. 311)
Rebekah Malvina b. January 19, 1805, bapt. May 12, 1805 dau. of John & Elizabeth (p. 321)
William Octavus b. July 28, 1822, bapt. February 16, 1823 son of William and wife (p. 312)

KING GEORGE'S PARISH

MARTHA, m. December 16, 1855 to Lewis, servants of Jas. Brown (p. 251)
MARTIN, --- bapt. June 2, 1857 infant dau. of Frank & Mary Jane (p. 267)
Anna E. confirmed October 4, 1868 (p. 262)
Anna Ellis b. July 9, 1854, bapt. October 8, 1854 dau. of Reb. Jno. & Mary E. (p. 268)
Benjamin Franklin b. February 10, 1878, bapt. February 17, 1878, son of Wm. H. & Josephine W. (p. 210)
Charles Albert b. December 29, 1865, bapt. July 6, 1866 son of Frank & Mary (p. 229)
Clara Frances b. November 20, 1851, bapt. May 23, 1852 dau. of Frank & Mary Jane (p. 270)
Elizabeth Ann b. December 20, 1820, bapt. May 6, 1821, dau. Henry and wife (p. 312)
Elizabeth Susanna b. December 12, 1805, bapt. January 12, 1806 dau. of Smith & Elizabeth (p. 319)
Ellen Douglass confirmed December 2, 1860 (p. 263); m. September 28, 1865 to Henry A. Williams (p. 249); d. October 11, 1865 aged 24 years, funeral October 13, 1865 dau. of Rev. J. Martin (p. 236)
Etta May b. February 16, 1869, bapt. August 8, 1869 dau. of William & Josephine (p. 227)
Francis confirmed October 4, 1868 (p. 262)
George Francis b. March 29, 1853, bapt. July 17, 1853 son of Francis F. & Mary Jane (p. 269)
Grace Hunter b. May 4, 1860, bapt. February 17, 1861 dau. of Rev. Jno. & Mary E. (p. 257)
(Mr.) J. Douglass confirmed December 1, 1864 (p. 263)
James Addison Bayne b. July 28, 1857, bapt. May 9, 1858 son of Jno. & Mary E. (p. 267)
James Francis d. June 20, 1855 aged 1 year, 6 months, funeral June 21, 1855 (p. 239)
James Serenius d. February 24, 1863, bapt. August 14, 1864 son of Frank and Mary (p. 255)
John Edward b. October 8, 1857, bapt. August 15, 1858 son of Frank and Mary Jane (p. 258)
John F. Abraham b. November 17, 1861, bapt. August 18, 1868 son of William and --- (p. 228)
John Fenley b. January 25, 1806, bapt. February 23, 1806 son of Samuel & Mary Anne (p. 319)
John Francis Abraham bapt. May 8, 1870 son of Wm. & Josephine (p. 227)
John Michael b. January 13, 1821, bapt. June 3, 1821 son of Michael (p. 312)
Josephine confirmed November 16, 1869 (p. 262)
Josephine Virginia b. March 30, 1856, bapt. July 2, 1856 dau. of Frank and Mary Jane (p. 268)
Lemuel Augustus b. July 23, 1868, bapt. May 23, 1869 son Francis and Mary (p. 228)
Lucy H. confirmed October 4, 1868 (p. 262)
Lucy Hooe, b. September 20, 1852, bapt. July 3, 1853 dau. of John & Mary E. (p. 269)
Luisa b. May 21, 1806, bapt. July 20, 1806 dau. of Caleb & Monicay (p. 316)
Margaret Matilda, b. March 15, 1840, bapt. May 11, 1840 dau. of Joshua W. & Catharine (p. 279)
Mary Eliza d. September 20, 1863 aged 45 years, funeral September 22, 1863 (p. 237)

KING GEORGE'S PARISH

Mary Elizabeth d. October 19, 1863 aged 16, funeral October 20, 1863 daughter of Rev. J. (p. 237)
Mary Estella b. February 26, 1871, bapt. June 18, 1871 dau. of Francis S. & Mary Jane (p. 226)
Mary Frances d. 1853 infant dau. of Francis & Mary (p. 239)
Mary J. confirmed May 5, 1859 (p. 263)
Thomas Henry b. October 3, 1860, bapt. July 28, 1861 son of Frank & Mary Jane (p. 256)
Thomas Smith b. December 15 or 25, 1814 son Michael & Eliza. (p. 312)
William Napoleon b. November 9, 1866, bapt. August 18, 1868 son of William & --- (p. 228)
William Thomas b. May 9, 1807, bapt. June 14, 1807 son of Smith & Elizabeth (p. 314)
MARY, servant of Mr. Thos. Grimes m. August 25, 1849 to Henry - servant of Mrs. Grace Bayne (p. 251)
MARY, servant of Mr. H. A. Callis m. December 28, 1854 to Nathaniel, servant of Mr. Wm. Tolson (p. 251)
MARY, servant of Miss Sophia Lowe m. January 8, 1854 to Grafton - servant of Jno. P. Talbot (p. 251)
MARY d. March 1, 1861 aged 51 years, funeral March 3, 1861 - servant of Mr. Thos. Soper (p. 237)
MARY, servant of Dr. Bayne m. December 30, 1856 to Jerry - servant of Mrs. Webster (p. 250)
MARY, servant of Dr. T. Hoxton m. November 28, 1846 to Wm. - servant of Mr. Marden (p. 252)
MARY, servant of Mr. H. Callis m. December 27, 1849 to Thomas, a free man (p. 251)
MARY, servant of Basil Hatton, mother of Harriet (colored) (p. 280)
MARY, servant of Mr. F. Edelen m. October 1843 to Henry, servant Thos. Berry (p. 253)
MARY, servant of Mr. John H. Lowe m. December 25, 1841 to Johnson - a free colored man (p. 253)
MARY, servant of Mrs. Bayne m. March 25, 1856 to Charles, servant Dr. Heiskill (p. 251)
MARY ANN (colored) d. August 1865, few days old, funeral October 17, 1865 (p. 236)
MARY BALINDA (colored) b. May 4, 1870, bapt. August 28, 1870 (p. 227)
MARY LEWIS (colored) b. October 1838, bapt. April 28, 1839, dau. of Eliza Bell, a servant of Marine Soper (p. 280)
MASTERS, Ann M. confirmed December 4, 1853 (p. 264)
  Catharine confirmed August 3, 1852 (p. 265)
  Clara Geneva b. November 1, 1872, bapt. December 2, 1872 dau. of Nathan & Margaret R. (p. 225)
  John Warren, b. September 16, 1858, bapt. December 12, 1858 son of Nathan & Margaret (p. 258)
  Joshua W. d. November 1840 - killed by fall of his horse, funeral March 28, 1841 (p. 243)
  Margt. confirmed November 16, 1869 (p. 262)
  Mary Ann Maria m. October 9, 1857 to Levin Ridgeway (p. 250)
  Nathan m. December 17, 1857 to Margaret Ridgway (p. 250)
  Nathan Edward b. October 26, 1866 bapt. 1867 son of Nathan & Margaret (p. 229)
  Rosana confirmed August 22, 1856 (p. 264)
  Thomas Jefferson b. March 3, 1861, bapt. June 23, 1861 son of Nathan & Margaret (p. 257)

KING GEORGE'S PARISH

MARY JANE, servant of Dr. Bayne m. February 3, 1861 to Isaac, servant of Mr. Jno. Hunter (p. 250)
MATILDA, servant of D. A. Tolson m. December 25, 1847 to Thomas - servant of Mr. Teyrill (p. 252)
MATTHEWS, Christiana (colored) m. October 24, 1875 to Frank Sewall (colored) (p. 248)
MATTOX, Elizabeth Margaret b. September 1, 1820, bapt. August 26, 1821 (p. 312)
    Sarah Moore, b. May 18, 1822, bapt. June 23, 1822 dau. of Frederick and wife (p. 310)
MAUDEN, Frank Miller d. December 17, 1869 aged 4 years, 5 months funeral December 19, 1869 (p. 234)
MAYHEW, Benjamin Nathaniel b. August 15, 1841, bapt. July 11, 1842 son of Wm. B. and Mary Ann (p. 275)
    Charity Ann Eliza d. February 8, 1841, funeral July 11, 1841 aged 4 years, dau. of Wm. B. & Mary Ann (p. 243)
    Susan d. February 10, 1841, funeral July 11, 1841 aged 37 years (p. 243)
MCCORMIC, Alethia confirmed December 4, 1853 (p. 264)
MCCORMICK, Alexander m. October 22, 1847 to Elizabeth L. B. Young (p. 252)
    Mary Francis m. October 7, 1848 to Geo S. Howard (p. 252)
MCCUBBIN, Elizabeth Ann Maria bapt. September 24, 1820 dau. Tho. L. & wife (p. 311)
    Thomas Lingan b. June 22, 1822, bapt. March 9, 1823 son of Thomas L. & wife (p. 310)
MCDANIEL, Enoch Lyles, b. April 23, 1822, bapt. July 26, 1822 son of Allen & wife (p. 310)
    Martha Ann b. February 16, 1822, bapt. June 23, 1822 dau. of Thomas & wife (p. 310)
    Mary Eleanor, b. February 29, 1805, bapt. May 12, 1805 dau. of Martin Norris & Sarah Anne (p. 321)
MCPHERSON, Elizabeth N. d. August 21, 1839, funeral August 28, 1839 age 50 (p. 244)
    John Travers Daniel b. March 11, 1815 son Wm. T. & Rebecca (p. 312)
    Martha Ann (colored) b. March 13, 1838, bapt. November 25, 1838 dau. of George & Patience (p. 280)
    Mary Ann d. January 27, 1855, funeral January 29, 1855 about 60 years (p. 240)
    Mary Ann Allen (colored) b. February 18, 1838, bapt. November 25, 1838 dau. of Jane E. (p. 280)
    Robert Henry b. October 20, 1822, bapt. November 30, 1822 son of Richard W. (p. 310)
MEITZLER, Charles Daniel b. September 30, 1856, bapt. July 26, 1847 son of Reuben & Lenora (p. 267); confirmed June 3, 1877 (p. 260)
    Elwood b. June 20, 1870, bapt. September 28, 1870 son Reuben & Lenora (p. 227)
    Henry Reuben b. May 28, 1866, bapt. September 28, 1870 son of Reuben & Lenora (p. 227)
    Lenora confirmed November 16, 1869 (p. 262)
MELINDA, servant of Jno. H. Lowe m. December 25, 1845 to Ben Baker - servant of Henry A. Grimes (p. 252)
MIDDLETON, Ann m. January 30, 1844 to Anthony Soper (p. 252)
    Charles S. m. January 9, 1851 to Olivia Hoxton (p. 251)
    Chs. S. m. October 4, 1859 to Mary Isabella Hoxton (p. 250)
    Eliza Hoxton b. March 10, 1862, bapt. May 1862 dau. of Charles & Isabel (p. 256)

KING GEORGE'S PARISH

Juliet d. November 23, 1842, funeral November 24, 1842 aged 72 years (p. 243)
Juliet confirmed October 4, 1868 (p. 262)
(Miss) Laura confirmed April 30, 1873 (p. 261)
Olivia d. June 16, 1858, funeral June 17, 1858 (p. 238)
Theodore Sen. d. January 28, 1844, funeral January 30, 1844, aged 87 years (p. 242)
MILLER, Washington m. November 22, 1855 to Sophia Tolson (p. 251)
MINTY, servant of T. Berry Esq. - mother of Phoebe (colored) (p. 281)
MITCHEL, Benjamin b. April 15, 1806, bapt. August 31, 1806 son of Thomas & Elizabeth (p. 316)
Erasmus W. b. November 29, 1807, bapt. June 5, 1808 son Thomas Lee (p. 313)
George Washington b. January 17, 1807, bapt. April 26, 1807 son of Rector & Sarah (p. 315)
John R. m. January 5, 1865 to Laura Bayne (p. 249)
Mary Ann Maria b. August 27, 180-, bapt. April 26, 1807 dau. of Rector and Sarah (p. 315)
MOHLAND, James W. m. March 27, 1862 to Mary E. Webster (p. 250)
MOLAN, James Thomas b. February 14, 1865, bapt. October 20, 1865 son of Jack & Ann (p. 229)
MOLLY, funeral September 3, 1854, aged 17 years, servant of Mr. C. Talbot (p. 240)
MONIER, Mary bapt. May 11, 1851 dau of --- (p. 271)
MONROE, Charles b. October 22, 1848, bapt. September 22, 1850 son of Townley & Mary (p. 272)
Charles confirmed November 23, 1874 (p. 260)
Elizabeth confirmed November 23, 1874 (p. 260)
Elizabeth Elena b. July 23, 1852, bapt. November 27, 1853 dau. of Townley & Mary (p. 269)
Elizabeth M. confirmed December 1 or 2, 1849 (p. 265)
Ella Gertrude b. December 30, 1858, bapt. July 3, 1859 dau. of Townley & Mary (p. 258); confirmed November 23, 1874 (p. 260)
George Walter b. February 27, 1838, bapt. July 15, 1838 son of Townley & Mary (p. 281)
James Oden b. December 8, 1851, bapt. May 2, 1852 son of Townley & Mary (p. 270)
John Wm. Jackson b. October 24, 1862, bapt. June 7, 1863 son of Townley & Mary (p. 256)
(Miss) Laura V. confirmed June 3, 1877 (p. 260)
Laura Virginia b. October 4, 1860, bapt. October 6, 1861 dau. of Townley & Mary (p. 256)
M. Colum confirmed October 4, 1868 (p. 262)
Malinda, d. August 17, 1846, aged 47, funeral July 10, 1847 (p. 242)
(Mrs.) Mary - funeral June 19, 1847 (p. 242)
Mary, d. 1864, funeral October 23, 1864 (p. 236)
Mary Columbia b. October 22, 1848, bapt. November 3, 1850 dau. of Townley & Mary (p. 271)
Mary R. m. January 17, 1856 to John W. Webster (p. 251)
Mary R. confirmed December 1 or 2, 1849 (p. 265)
Thomas Jefferson b. February 14, 1864, bapt. June 12, 1864 son Townley & Mary (p. 255); d. June 12, 1864 aged 4 months (p. 236)
Townly d. September 1, 1853, aged 50, funeral September 3, 1852 (p. 240)
MOORE, Alethea d. April 24, 1806, wife of William (p. 292)
Ann, died November 1865 (p. 235)

KING GEORGE'S PARISH

Ann Elizabeth b. September 15, 1839, bapt. May 14, 1840 dau. of Richard & Catherine Ann (p. 277)
Barbara m. April 1, 1861 to Robert Dean (p. 250)
(Mrs.) Catharine confirmed April 30, 1872 (p. 261)
Charlotte, servant of Henry D. Hatton, mother of Margaret Ann (colored) (p. 280)
Fanny Rebecca b. March 10, 1872, bapt. June 22, 1872 dau. of Henry and Margaret A. (p. 226)
George W. m. May 19, 1869 to Mary Elizabeth Allen (p. 249)
Jennie May b. July 6, 1873, bapt. July 20, 1873 dau. of James H. & Margaret Ann (p. 225)
John D. m. November 29, 1838 to Ann Amelia Allen (p. 254)
Laura Virginia b. May 20, 1855, bapt. July 19, 1856 dau. of Jas. Henry & Margaret (p. 268); confirmed November 3, 1873, see Owens, Laura Virginia (p. 261)
Lethe Ann b. January 25, 1841, bapt. August 18, 1841 dau. of Josias & C. Ann (p. 276)
Letty Warner, b. June 6, 1844, bapt. December 26, 1844 dau. of Richd. & Catharine (p. 273)
Margt. confirmed December 1, 1868 (p. 262)
Mrs. Margaret E. d. October 20, 1876, funeral October 22, 1876, wife Henry M. (p. 231)
Margaretta b. March 25, 1842, bapt. July 8, 1842 dau. of Richard & Catherine A. (p. 275)
Mary Allen, b. November 24, 1870, bapt. April 3, 1871 dau. of Chrisr. C. & Mary (p. 226)
Modecai I. m. January 20, 1842 to Elizabeth Ridgeway (p. 253)
Rachel E. m. October 31, 1867 to Lewis F. T. Laurie (p. 249)
Rachil Emely b. January 7, 1848, bapt. April 17, 1848 dau. Rd (p. 272)
Susan Virginia b. February 7, 1872, bapt. April 30, 1872 dau. of Geo. & Mary Eliza (p. 226)
Thomas, funeral April 26, 1859, aged 21 (p. 238)
Wm. Henry b. May 20, 1868, bapt. June 17, 1871 son of Jas. Henry & Margaret A. (p. 226)
MORAN, Susan d. July 11, 1855, aged 26 years, funeral July 12, 1855 (p. 239)
MORELAND, George Alexis b. October 18, 1806(?), bapt. March 22, 1807 son of Elias & Letty (p. 315)
  Geo. Washington b. July 10, 1871, bapt. August 21, 1871 son of Wm. A. & Josephine H. (p. 226)
  Kitty(?) Elizabeth b. January 1, 1808, bapt. June 19, 1808 dau. of Samuel & Rachel (p. 313)
  Sarah Ann b. May 29, 1805, bapt. September 22, 1805 dau. of Samuel & Rachel (p. 320)
MORRIS, Benedick b. May 31, 1808 son of Sarah Elizabeth Ann (p. 313)
  James Hanson b. October 2, 1819, bapt. November 11, 1819 son of Levin & wife (p. 311)
  John b. August 1868, bapt. November 12, 1869 (p. 227)
MUDD, (Miss) Mary Jennette confirmed November 3, 1873 (p. 261)
MULLIKEN, --- d. July 30, 1855, aged 80, funeral September 13, 1868 (p. 235)
  Clarence Benjamin b. October 16, 1875, bapt. August 10, 1876 son of Wm. Benjn. & Martha Amelia (born Bell) (p. 216)
  Isaac Edward b. January 25, 1869, bapt. April 3, 1869 son of Wm. F. & Sarah E. (p. 228)
  Jas. d. September 27, 1846, aged 31 years, funeral September 29, 1846 (p. 242)

KING GEORGE'S PARISH

Jno. d. December 28, ----, aged 68 years, funeral 1845 (p. 242)
John d. January 21, 1867 aged 62 years, funeral September 13, 1868 (p. 235)
John Henry Lawson, b. September 24, 1873, bapt. May 21, 1875 son of William Francis & Sarah Ellen (born Goddard) (p. 221)
John T. m. December 22, 1863 to Sophia R. Hutchinson (p. 249)
Maria Elizabeth b. June 12, 1852, bapt. May 16, 1853 dau. of Wm. & Julia (p. 270)
Martha confirmation June 4, 1877 (Mrs. Benj.) (p. 260)
Owen Pinkney b. February 2, 1866, bapt. August 6, 1866 son of Jno. T. & Sophia R. (p. 229)
Thos. Joseph b. January 5, 1841(?), bapt. October 7, 1844 son of Julia & William Gassaway (p. 274)
Wm. Benjamin b. November 5, 1851, bapt. August 11, 1851 son of Wm. G. & Julia A. (p. 271)
Wm. Gassaway m. February 24, 1846 to Juliet Ann Peacock (p. 252)
Wm. Leonidas b. October 11, 1877, bapt. December 16, 1877 son of Jno. T. & Frances (p. 210)
MUNRO, Ann b. January 3, 1821, bapt. May 6, 1821 dau. Deodora & wife (p. 312)
MUNROE, James O. confirmed 1871 (p. 261)
Townley confirmed May 1, 1872 (p. 261)
MURPHY, James Malcom b. December 30, 1869, bapt. March 25, 1870 son of Murdock & Martha (p. 227)
Malcom M. d. April 2, 1870 aged 29 years, funeral April 4, 1870 (p. 234)
Marg. Eugenie b. December 30, 1869, bapt. March 25, 1869 dau. of Murdock & Martha (p. 227)
Mary Matilda b. May 20, 1806, bapt. July 20, 1806 dau. of Daniel & Sarah (p. 316)
MURRAY, James (of Louisville, Ky.) m. January 2, 1839 to Delilah Cadle (p. 254)
NAILOR, Judson d. January 20, 1863 about 74 years, funeral January 21, 1863 (p. 237)
NALLEY, Henry b. February 18, 1807, bapt. May 17, 1807 son of Joseph & Ann (p. 314)
John d. May 25, 1857, aged 64 years, funeral July 5, 1857 (p. 239)
NANCY MAGRUDER (colored) m. May 22, 1842 to Henry Semmes - servant of Frances Mulliken (p. 253)
NATHANIEL, servant of Mr. Wm. Tolson m. December 28, 1854 to Mary - servant of Mr. H. A. Callis (p. 251)
NATHANIEL PAYNE, servant of Mr. Lowe m. January 27, 1839 to Celia - a servant of Mrs. V. A. Latimer (p. 254)
NAUGHTON, Nancy Caroline b. February 6, 1808 dau. of Robert (p. 313)
NAYLOR, Letis M. confirmed February 22, 1839 (p. 266)
Sally confirmed February 28, 1840 (wife of Judson) (p. 266)
Van Deusen b. November 15, 1838, bapt. January 24, 1839 son of Judson & Sally (p. 280)
NEAL, Thomas b. May 15, 1806, bapt. July 27, 1806 son of James & Jane (p. 316)
NEALE, Mrs. confirmed July 22 or 23, 1842 (p. 266)
Richard d. September 1843, funeral December 1843 (p. 242)
NEWMAN, James Henry b. February 17, 1807 son of Thos. & Ann (p. 313)
NORA (colored) d. March 24, 1866 aged 38, funeral March 25, 1866, former servant of Mrs. Callis (p. 235)
NORFOLK, Mrs. confirmed July 22 or 23, 1842 (p. 266)

KING GEORGE'S PARISH

Alfred Freeland b. May 15, 1818, bapt. February 2, 1841 an adult (p. 277);
  d. February 3, 1841 aged 23 years, funeral February 5, 1841 (p. 243)
OLIVER, Amelia Ann (colored) bapt. July 29, 1838, infant dau. of John &
  Delia (p. 281)
ONEALE, Elizabeth Ann m. January 23, 1840 to Nathan Bramfield (p. 254)
ONION, Hanson b. February 6, 1806, bapt. May 25, 1806 son of William Wallace
  and Mary Ann Onion (p. 317)
ORSBORN, Thomas Alfred b. September 19, 1835, bapt. October 15, 1835 son of
  Charles G. & Charity Ann (p. 302)
  Charity Ann confirmed July 12, 1835 (p. 301)
OSBORN, Charles G. confirmed July 12, 1835 (p. 301)
  Elizabeth d. October 1842, funeral December 10, 1843 - aged 80 years
    (p. 243)
  Elizabeth Amanda b. July 10, 1841, bapt. March 20, 1842 dau. of John H. &
    Emeline (p. 275)
  Emely, funeral 1852 (p. 241)
  John Francis b. March 2, 1838, bapt. June 18, 1838 son of Charles &
    Charity Ann (p. 281); funeral June 28, 1838 age 4 months (p. 244)
  John H. (?) m. September 17, 1840 to Charity E. Frazier (p. 254)
  Joseph Edward b. August 22, 1840, bapt. August 31, 1840 son of Charles G.
    & Charity Ann (p. 277)
  Mary Jemima (?) b. February 4, 1845, bapt. June 1845 dau. of Jno. H. &
    Emeline (p. 273)
OSBORNE, John Henry d. November 1857 aged 49 years, funeral May 26, 1860
  (p. 238)
OVERTON, Sarah Elizabeth b. September 27, 1844, bapt. December 26, 1844 dau.
  of Mary & John (p. 274)
OWEN, Isabella b. October 1, 1864, bapt. December 30, 1868 dau. of William &
  Rachel (p. 228)
  Margaret Jane, b. December 3, 1859, bapt. March 9, 1860 (p. 257)
  Melchora b. July 11, 1867, bapt. December 30, 1868 dau. of William &
    Rachel (p. 228)
  Sarah Ann m. December 30, 1868 to John Henry Kusick (p. 249)
OWENS, John Henry b. October 17, 1876, bapt. May 13, 1877 son of Jno. &
  Laura Virginia (born Moore) (p. 214)
  Marcus Landnaugh (?) b. December 1861, bapt. November 18, 1871 child of
    Jas. Edwd. & Charity Ann (p. 226)
  Pamelia Beall b. February 8, 1806, bapt. June 15, 1806 dau. of Josiah &
    Sarah (p. 317)
  Roberta b. January 19, 1878, bapt. February 16, 1878 dau. of Jno. & Laura
    Virginia (p. 210)
  Stonewall Jackson b. May 1862, bapt. September 13, 1864 son of William &
    --- (p. 255)
  Wilfred b. June 27, 1848, bapt. June 28, 1848 son of Henry & Caroline
    (p. 272)
PADGET, Ann Semphronia b. September 21, 1870, bapt. April 9, 1871 dau. of
  Jas. B. & Catharine A. (p. 226)
  Jas. Benj. b. February 12, 1872, bapt. March 18, 1872 son of Jas. Benj. &
    Catharine A. (p. 226)
PADGETT, Aloysius b. April 7, 1875, bapt. April 28, 1875 son of Jas.
  Benjamin & Catherine Ann (p. 222)
  James B. m. December 28, 1869 to Catharine Goddard (p. 249)
PAINE, Jno. Wirty(?) b. December 21, 1871, bapt. April 10, 1872 son of Jno.
  & Elizt. (p. 226)

KING GEORGE'S PARISH

PALMER, Elisle d. August 28, 1859 aged 80 years, funeral August 29, 1859 (p. 238)
 Elizabeth d. September 1, 1842, funeral September 2, 1842, aged 91 years (p. 243)
 Elizabeth d. January 28, 1854 aged 53 years, funeral January 31, 1854 (p. 240)
 John m. November 28, 1844 to Elizabeth Cox (p. 252)
 John d. October 9, 1859 aged 84 years, funeral October 12, 1859 (p. 238)
 John Dudley b. July 31, 1819, bapt. November 17, 1819 son of John & wife (p. 311)
 Maria Ann b. June 15, 1821, bapt. September 16, 1821 dau. of John & wife (p. 312)
 Nellie d. November 8, 1869 aged about 94 years, funeral November 10, 1869 (p. 234)
 William Gregory b. December 30, 1876, bapt. May 4, 1877 son of Wm. Franklin & Eugenia Estelle (born Spencer) (p. 214)
PAYNE, Andrew Barsilla b. July 28, 1837, bapt. May 12, 1839 son of Andrew & Mary Ellen (p. 280)
 Ann Maria b. February 29, 1842, bapt. October 9, 1842 dau. of Andrew & Mary E. (p. 275)
 Chas. Edwin, b. July 11, 1847, bapt. October 17, 1847 son of Andrew & Mary E. (p. 272)
 Eliza b. August 16, 1840 (p. 277)
 Eliza d. about 1852 aged 3 years, funeral December 12, 1858 (p. 238)
 Isaiah Francis b. June 9, 1850, bapt. February 27, 1851 son of Andrew and Mary E. (p. 271)
 James b. 1854, bapt. April 3, 1845, son of Andrew & --- (p. 273)
 James d. July 1858 aged 13 years, funeral December 12, 1858 (p. 238)
 James Andrew b. March 25, 1861, bapt. July 3, 1861, son of Joseph & Elizabeth (p. 257); d. December 11, 1863 aged 3 years (p. 236)
 James Franklin b. August 15, 1874, bapt. March 14, 1875 son of Joseph & Elizabeth (p. 222)
 Joseph Douglass b. April 29, 1866, bapt. July 6, 1866 son of Jos. & Elizabeth (p. 229)
 Nancy Ellen b. September 21, 1863, bapt. December 3, 1863 dau. of Jos. & Elizabeth (p. 255)
 Sarah Elizabeth b. June 22, 1877, bapt. September 23, 1877 dau. of Joseph & Elizabeth (p. 210)
 William Henry b. June 11, 1858, bapt. December 12, 1858 son of Jos. & Eliza (p. 258)
PEACOCK, Julia Ann m. February 24, 1846 to Wm. Gassaway Mulliken (p. 252)
PEGGY JACKSON (colored) funeral September 24, 1865, aged 70 years (p. 236)
PEMBERTON, Mary bapt. May 23, 1852 (p. 270)
PERKINS, Adalade b. September 22, 1870, bapt. September 26, 1870 dau. of Robert & Barbara (p. 227)
 Alfred (colored) b. October 1838, bapt. July 7, 1839 son of Frank & Alsy (p. 280)
 Barbara confirmed November 16, 1869 (p. 262)
 Elizabeth Frances b. February 15, 1840, bapt. September 23, 1840, dau. of John Wm. & Ann (p. 277)
 Robert confirmed November 16, 1869 (p. 262)
 Thomas Warner b. April 29, 1840, bapt. May 4, 1840 son of Thomas W. & Mary Ellen (p. 279)
PERRY, Gasway (colored) b. July 17, 1838, bapt. August 12, 1838 son of John & Louisa (p. 281)

KING GEORGE'S PARISH

PHELPS, --- d. 1850, funeral August 11, 1851 infant dau. of Ann & Thos. (p. 241)
--- confirmed May 17, 1855 (p. 264)
Caroline Frances confirmed August 22, 1856 (p. 264)
Henry A. d. April 1, 1855 aged 50 years, funeral April 3, 1855 (p. 239)
James Overton bapt. August 30, 1841 son of John & Margaret (p. 276)
Jeremiah Riley b. May 3, 1838, bapt. July 27, 1838 son of John & Margaret F. (p. 281)
Jesse confirmed November 16, 1869 (p. 262)
John confirmed 1871 (p. 261)
Margaret F. d. July 27, 1866 aged 60 years, funeral July 29, 1866 (p. 235)
Marion confirmed October 4, 1868 (p. 262)
Martha Ann m. September 8, 1857 to John F. Davison (p. 250)
Rosetta Margaret d. March 15, 1856 aged 25 years, funeral May 11, 1856 (p. 239)
Ruth E. m. January 2, 1851 to George Thompson (p. 251)
Sarah A. Jane b. September 23, 1837, bapt. November 23, 1838 dau. of Henry A. & Anna (p. 281)
Sarah Ann d. October 23, 1843, funeral November 19, 1844 dau. of Ann (p. 242)
Wm. confirmed June 7, 1847 (p. 265)
Wm. d. March 25, 1848 age 47, funeral April 26, 1848 (p. 241)
PHILIPS, Samuel b. April 27, 1800 son of Samuel & Eleanor (p. 322)
PHOEBE (colored) bapt. October 28, 1838 dau. of Minty - servant T. Berry Esq. (p. 281)
PIGNUTS, Henry b. April 28, 1871, bapt. August 10, 1871 son of Charles & Anna (p. 226)
PILES, Alice Virginia b. September 17, 1856, bapt. August 7, 1859 dau. of John & Mary Ann (p. 258)
Cathn. Elizab. m. January 26, 1860 to John E. Dunnington (p. 250)
Elizabeth confirmed December 4 or 5, 1858 (p. 264)
Elizabeth m. August 18, 1868 to Patrick A. Delmege (p. 249); confirmed October 4, 1868 (Elizabeth Delmage) (p. 262)
Francis d. February 28, 1859 aged about 35 years, funeral March 2, 1859 (p. 238)
George Buchanan b. November 29, 1860, bapt. May 22, 1860 son of John & Mary Ann (p. 257)
George Emory b. February 17, 1855, bapt. May 6, 1855 son of Geo. F. & Elizabeth M. (p. 268)
George F. m. November 5, 1851 to Elizabeth M. Shaffer (p. 251)
Henderson d. April 22, 1870 aged 84 years, funeral April 24, 1870 (p. 234)
James funeral 1852 (p. 241)
James Edward b. August 23, 1856, bapt. October 9, 1856 son of Elizabeth & George F. (p. 268)
James William b. February 11, 1865, bapt. May 26, 1865 son of John & Susannah (p. 255); d. July 1, 1865 aged 6 months (p. 236)
John m. January 18, 1853 to Mary Ann Webster (p. 251)
John d. December 23, 1866 aged 36 years, funeral December 25, 1866 (p. 235)
John H. m. January 21, 1864 to Susannah E. Whitmore (p. 249)
Josephine Elizabeth b. September 7, 1858, bapt. November 7, 1858 dau. of Frances & Catharine (p. 258)
Leonora m. February 25, 1852 to Henry F. Marden (p. 251)
Lucinda Jane m. December 24, 1840 to John B. Wilkinson (p. 254)

KING GEORGE'S PARISH

Martha R. confirmed November 16, 1869 (p. 262); m. August 25, 1873 to James W. Walker (p. 248)
Martha Rebecca b. May 16, 1854, bapt. August 7, 1854 dau. of John & Mary Ann (p. 258, 269); bapt. August 7, 1859 (p. 258)
Mary Ann d. December 22, 1862 aged about 30 years, funeral December 23, 1862 (p. 237)
Mary Catharine b. September 1862, bapt. December 23, 1862 dau. of John & Mary Ann (p. 256)
PIPER, Benjamin Berey Hodges bapt. April 1858 son Delano & Marion (p. 267)
Emely Contee Bowie Sarah b. January 16, 1861, bapt. February 25, 1861 dau. of Delano & Marian (p. 257)
Marion E. d. December 24, 1865 aged 33 years, funeral December 26, 1865 (p. 235)
Sarah bapt. December 25, 1874 (p. 222)
POPE, Mrs. - funeral December 3, 1843 (p. 243)
Ann Maria b. February 27, 1872, bapt. June 1872 dau. of Peter & Ann Maria (p. 226)
Elizabeth confirmed February 28, 1840 (p. 266)
Georgiana b. December 4, 1864, bapt. June 1872, dau. of Peter & Ann Maria (p. 226)
John d. December 11, 1838, funeral December 12, 1838 aged 54 years (p. 244)
Mary Ellen b. November 21, 1863, bapt. June 1872 dau. of Peter & Ann Maria (p. 226)
PREVOT, Eulalie May b. January 15, 1877, bapt. June 24, 1877 dau. of Albert & Louisa (born Dunnington) (p. 212)
PRICE, Addison (colored) bapt. May 27, 1838, infant son Priscilla Price (p. 281)
Bradley b. August 30, 1803 son John Pumphry & Elizabeth Price (p. 321)
PRISCILLA, servant of Elizabeth Luckett m. July 24, 1842 to Daniel - servant of Martha E. Tolson (p. 253)
PUMPHREY, Ada Irene b. November 3, 1874, bapt. July 25, 1875 dau. of Thos. & Maria (p. 220)
Ann Sophia b. March 26, 1836, bapt. September 7, 1841 dau. of Reason & Harriet (p. 276)
Enos Ferguson b. September 16, 1842, bapt. June 5, 1843 son of OTho. & Sarah Ann (p. 274)
James G. m. February 18, 1841 to Martha Ann Bryan (p. 254)
Loyd Thomas b. February 1834, bapt. September 7, 1841 son of Loyd & Eliza (p. 276)
Robert Bradley b. April 19, 1834, bapt. September 7, 1841 son of Reason & Harriet (p. 276)
PUMPHRY, Overton b. March 10,, 1799 son of Gabrial & Ann (p. 321)
PURKINS, Elizabeth Ann b. March 9, 1801 dau. of John & Priscilla (p. 321)
PYLES, George Walter, d. November 24, 1855 aged 10 months, funeral November 25, 1855 (p. 239)
Josephine Elizabeth confirmed November 23, 1874 (see Josephine Elizabeth Swift) (p. 260)
Mary Emily b. September 1, 1819, bapt. November 11, 1819 dau. of William & wife (p. 311)
(Mrs.) Milley d. January 26, 1857 aged 67 years, funeral January 29, 1857 (p. 239)
Mrs. Nancy d. February 17, 1875, age 80 years, funeral February 19, 1875 (p. 232)
Wm. Henry b. October 27, 1819, bapt. November 17, 1819 son of Richard & wife (p. 311)

KING GEORGE'S PARISH

RACHEL, servant of Dr. Bayne m. January 3, 1863 to Laurance servant of B. F. Marbury (p. 250)
RACHEL, servant of Amelia Frazier m. January 15, 1843 to Samuel, servant of R. C. Edelen (p. 253)
RACHEL, servant Henry Edelen, mother Rosetta Brown (colored) (p. 280)
RACHEL ANN (colored) bapt. April 15, 1838, infant dau. of a servant of Thomas Berry, Esq. (p. 281)
RACHEL NOBLE m. June 13, 1841 to Daniel, servants of Mr. Jno. H. Lowe (p. 253)
REBECCA, servant of Cesar A. Gantt m. March 15, 1845 to Charles - servant of Mr. Henry Tolson (p. 252)
RED, Jno. Thos. Lewellen b. September 18, 1871, bapt. February 14, 1872 son of Thos. D. & Ellen C. (p. 226)
REDD, Ida Maria Ella b. December 23, 1865, bapt. August 6, 1866 dau. of Jno. & Emely (p. 229)
Jefferon Davis Boreaugard b. December 12, 1863, bapt. February 1864, son of John & Emely (p. 255)
John m. December 19, 1859 to Emely Jane Sweeny (p. 250)
Mary Adelade b. January 10, 1870, bapt. July 26, 1870 dau. of John & Emely (p. 227)
REINTZEL(?), Eliza Luizer b. January 7, 1800 dau. of Benjamin & Elizabeth (p. 321)
RENNOE, Edward Dorsey m. October 12, 1871 to Annie Ketland (p. 248)
Ida May b. November 10, 1873, bapt. October 3, 1876 dau. of Edw. Dorsey & Anne Elizth. (p. 216)
John Henry b. July 10, 1872, bapt. October 3, 1876 son of Edw. Dorsey & Anne Elizth. (p. 216)
Joseph Edward b. August 13, 1876, bapt. October 3, 1876 son of Edw. Dorsey & Anne Elizth. (p. 216)
RICHARDSON, Luke Lloyd b. March 9, 1806, bapt. May 18, 1806 son of Josias Wynn & Eleanor (p. 317)
RIDGEWAY, Mrs. confirmed July 22 or 23, 1842 (p. 266)
Ann confirmed August 3, 1852 (p. 265)
Catharine Franconia b. September 3, 1858, bapt. December 12, 1858 dau. of Levin & Ann Maria (p. 258); m. September 21, 1876 - aged 19 to Walter L. Caddington, age 23 (p. 248)
Elizabeth m. January 20, 1842 to Mordecai J. Moore (p. 253)
India May b. March 4, 1875, bapt. April 20, 1875 dau. of Levin & Anne Maria (born Masters) (p. 222)
James Henry b. June 27, 1829, bapt. June 29, 1841 son of Richard S. & Ann (p. 276)
Jno. Henry b. August 17, 1871, bapt. September 5, 1872 son of Johnson & Alice Rebecca (p. 225)
Levin m. October 9, 1857 to Mary Ann Maria Masters (p. 250)
Margaret Geneva b. March 26, 1876, bapt. November 28, 1876 dau. of Geo. Washington & Henrietta (p. 216)
Mary D. m. April 13, 1843 to Jno. J. Jenkins (p. 253)
Mordecai Mulliken b. September 15, 1837, bapt. June 29, 1841 son of Richard S. & Ann (p. 276)
Raymond, b. March 4, 1875, bapt. April 20, 1875 son of Levin & Ann Maria (p. 222); d. April 23, 1875 age 1 month 19 day (p. 232)
Richard D. d. August 1841, funeral July 12, 1842 (p. 243)
Richard S. m. June 29, 1841 to Ann King (p. 253)
Ruth Ann m. December 17, 1840 to Wm. Wilburn (p. 254)
Sarah m. March 29, 1842 to William Arnold (p. 253)

KING GEORGE'S PARISH

Thomas Wesley b. January 16, 1834, bapt. June 29, 1841 son of Richard S. & Ann (p. 276)
Wm. Thomas d. August 16, 1841, funeral August 18, 1841 aged 5 years son of Thomas W. & Sarah E. (p. 243)
RIDGWAY, Mrs. Ann V. d. December 22, 1861 aged 70 years, funeral December 23, 1861 (p. 237)
Betsy d. April 1858 aged 70 years, funeral April 26, 1858 (p. 238)
Charles Edward b. September 29, 1860, bapt. November 14, 1860 son of Levin & Annie (p. 257)
Mrs. Ealaner d. August 20, 1860, age 85, funeral August 22, 1860 (p. 238)
Elimalach b. June 9, 1806, bapt. August 3, 1806 son of Mordecai & Eleanor (p. 316)
Jackson Masters, b. November 18, 1862, bapt. 1863 son of Levin & Annie (p. 256)
John Thomas b. December 18, 1847, bapt. November 29, 1853 son of Wm. & Mary Ann (p. 269)
Margaret m. December 17, 1857 to Nathan Masters (p. 250)
Margaret Rosana b. June 18, 1865, bapt. September 10, 1865 dau. of Levin & Anne (p.255)
Martha Ann b. January 3, 1853, bapt. November 29, 1853 dau. of Wm. & Mary Ann (p. 269)
Mary m. June 1, 1858 to William Arnold (p. 250)
Mary Warren b. February 15, 1870, bapt. July 31, 1870 dau. of Levin & Annie (p. 227)
Molly d. 1849 aged about 80 years, funeral April 26, 1849 (p. 238)
William b. March 17, 1800 son of Basil & Elizabeth (p. 322)
Wm. O.(?) d. August 2, 1847 aged 40, funeral October 1847 (p. 242)
RIERSON, William Edward b. August 31, 1864, bapt. July 2, 1865 son of Jos. W. & Mary E. (p. 255)
RINE, Sharlotte Ann b. November 16, 1808 dau. of James Swan & Sarey Lecrecey (p. 313)
RISA(?) servant of Chs. Talbert m. August 3, 1845 to Stephen Robinson servant of Thomas Berry (p. 252)
RISTON, Delaney b. October 27, 1813, bapt. May 23, 1820 dau. of Zadock & wife - twin of Sophia (p. 311)
Dennis Washington b. September 24, 1819, bapt. May 23, 1820 son of Dennis and wife (p. 311)
Jas. Henry b. March 29, 1814, bapt. May 23, 1820 son of Zadock & wife (p. 311)
James Otho. Thompson b. October 4, 1805, bapt. May 25, 1806 son of John Thompson & Rachel Riston (p. 317)
James Thomas b. September 24, 1822, bapt. December 12, 1822 son of Dennis & wife (p. 310)
Sophia b. October 27, 1813, bapt. May 23, 1820 dau. of Zadock & wife - twin of Delany (p. 311)
ROACH, Irene b. June 6, 1875, bapt. October 17, 1875 dau. of Robert & Margaret (born Thorn) (p. 220)
ROACHE, Edwin b. June 6, 1870, bapt. August 7, 1870, adopted son of Robt. & Margaret E. (p. 227); d. November 6, 1870 aged 5 months (p. 234)
Robert Fred m. June 2, 1868 to Margaret Eugenie Thorn (p. 249)
ROBERT, m. July 11, 1841 to Rose, servants Mrs. Louisa Coombs of Washington City (p. 253)
ROBERT bapt. April 22, 1838, infant son of servant of Thos. Berry Esq. (p. 281)

KING GEORGE'S PARISH

ROBERTS, Cornelia b. March 9, 1875, bapt. September 5, 1875 dau. of Jno. M. & Alice C. (p. 220)
Jno. Mackall b. June 18, 1877, bapt. December 2, 1877 son of Jno. M. & Alice C. (p. 210)
Mary Alice b. November 6, 1869, bapt. April 24, 1870 dau. of Jno. & Alice (p. 227)
Sophia Ewell b. June 3, 1872, bapt. October 13, 1872 dau. of Mr. & Mrs. J. M. (p. 225)
ROBERTSON, Eliza Ford b. January 23, 1806, bapt. March 30, 1806 dau. of Thomas & Rachel (p. 318)
Jno. H. m. November 30, 1848 to Alice C. Eatett(?) (p. 252)
ROBEY, Milesant Luisa b. May 20, 1806, bapt. June 29, 1806 dau. of John & Letitia (p. 316)
ROBINSON, Charles d. December 3, 1850 aged 70 years (p. 241)
Eleanor Ann b. January 15, 1822, bapt. July 5, 1822 dau. of Thomas F. & wife (p. 310)
Hei Amelia m. October 27, 1836 to William Kirby (p. 229)
Jas. G. m. January 6, 1848 to Mary E. Lesby (p. 252)
John Henry b. December 4, 1819, bapt. August 6, 1820 son of John & wife (p. 311)
Mary D. m. February 1, 1842 to John M. Thompson (p. 253)
ROBY, Ann Grace Caroline Sarah, b. May 31, 1857, bapt. July 9, 1857 dau. of Sarah M. & Zephaniah G. (p. 267)
Ann L. confirmed November 16, 1869 (p. 262)
Fielder d. February 2, 1847, aged 60 years, funeral July 4, 1847 (p. 242)
Frasier d. February 7, 1847, aged 62 years, funeral July 10, 1847 (p. 242)
Mary Emely Josephine Hatton b. September 7, 1855, bapt. December 10, 1855, dau. of Z. G. & Sarah (p. 268)
Mason Ferdinand, b. September 5, 1869, bapt. September 20, 1869 son of Saml. H. & Ann L. (p. 227)
Zephaniah b. July 20, 1847, bapt. September 1847 son of Zephen & Sarah M. (p. 273)
Zephaniah G. m. April 23, 1845 to Sarah M. Hatton (p. 252); died December 2, 1859, funeral December 4, 1859 (p. 238)
ROCHE, Grace b. September 26, 1877, bapt. March 17, 1878 dau. of Robt. & Margaret (born Thorne) (p. 208)
Sidney, b. November 22, 1871, bapt. May 5, 1872, son of Robert F. & Margaret E. (p. 226)
ROE, Sarah b. August 15, 1803 dau. of William & Ann (p. 321)
ROLAND, --- d. August 17, 1854 (p. 240)
Bernice Rebecca bapt. July 11, 1874 dau. John & Ann R. (p. 224)
Edward Lemuel b. October 25, 1840, bapt. August 20, 1841 son of Wm. & Jane (p. 276)
John Edward b. September 19, 1850, bapt. July 7, 1851 son of Wm. H. & Rachel (p. 271)
John Edward b. September 6, 1856, bapt. October 9, 1856 son of Ann & John (p. 268)
Wm. Alton b. August 10, 1871, bapt. October 22, 1871 son of Geo. & Martha (p. 226)
Wm. H. m. March 5, 1845 to Rachall E. Dixon (p. 252)
ROSALIE servant of Jas. Brown m. December 16, 1855 to Thos. servant of Pat Young (p. 251)
ROSE m. July 11, 1841 to Robert, servants of Mrs. Louisa Coombs of Washington City (p. 253)

KING GEORGE'S PARISH

ROSETTA BROWN (colored) b. July 31, 1838, bapt. May 5, 1839 dau. of Rachel, a servant of Henry Edelen (p. 280)
ROSIER, Wallace b. October 6, 1866, bapt. January 6, 1869 son of Frank & Virginia (p. 228)
ROSS, Mary Elizabeth b. August 16, 1867, bapt. July 18, 1868 dau. of James A. & Harriet (p. 228)
ROWE, Richard Thomas b. May 4, 1805, bapt. August 11, 1805 son of Thomas & Virlinda (p. 320)
  Susanna, b. November 3, 1805, bapt. January 12, 1806 dau. of Henry & Henrietta (p. 319)
ROWLAND, Mrs. d. February 22, 1861, aged 54 years, funeral February 24, 1861 (p. 237)
  Charles Bryan b. April 9, 1867, bapt. September 1, 1867 (p. 228); d. April 30, 1869, aged 2 years, funeral May 16, 1869 (p. 235)
  Edmund L. d. May 35, 1859, aged 22 years, funeral May 26, 1859 (p. 238)
  Frederick Mortimer bapt. June 2, 1805 son of William & Anna (p. 321) confirmed May 1, 1872 (p. 261)
  George bapt. March 29, 1807 son of William & Anna (p. 315)
  George d. April 11, 1870, aged 60 years, funeral April 12, 1870 (p. 234)
  George Milton b. July 12, 1869, bapt. September 5, 1869 son of George & Martha (p. 227)
  Henry Martin, b. March 12, 1870, bapt. June 19, 1870 son of John & Ann (p. 227)
  Ida, b. April 11, 1863, bapt. May 20, 1863 dau. of Rachel & "Buck" (p. 256)
  John confirmed December 1, 1868 (p. 262)
  John Edward funeral October 2, 1851, aged 1 year (p. 241)
  Jno. Francis b. February 21, 1872, bapt. April 16, 1872 son of Jas. Henry & Alice J. (p. 226)
  John Levi, b. January 13, 1805, bapt. June 16, 1805 son of John & Catharine (p. 320)
  (Miss) Mary Ellen confirmed May 1, 1872 (p. 261)
  Rachel d. May 1864, aged 28 years, funeral September 1864 (p. 236)
  Rachel Louise, b. December 3, 1863, bapt. July 2, 1865 dau. of Jno. & Ann (p. 255)
  Wm. Albert b. September 26, 1855, bapt. June 22, 1856 (p. 268)
  Wm. Edward b. August 27, 1851, bapt. September 1, 1851 son of John & Julia (p. 270)
  Wm. Henly, b. February 17, 1859, bapt. July 17, 1859 son of John & Ann (p. 258)
ROZIER(?), Frances V. confirmed December 1, 1868 (p. 262)
RYON, Martha V. m. April 9, 1844 to Thomas Talbert (p. 252)
  Mary C. m. March 25, 1862 to Jas. H. Coxen (p. 250)
SAM m. October 31, 1858 to Harriet, servants of Mr. Jos. Soper (p. 250)
SAM servant of Jno. H. Lowe m. December 25, 1849 to Louisa, servant Jno. Palmer (p. 251)
SAM SIMS, a free colored man m. September 30, 1852 to Anne, a free colored woman (p. 251)
SAMUEL, a servant of R. C. Edelen m. January 15, 1843 to Rachel a servant of Amelia Frazier (p. 253)
SANDSBERRY, Ann Elizabeth b. November 20, 1852, bapt. August 5, 1852 dau. of Jno. Bradley & Sophia (p. 270)
  Emma Lorella b. February 1852, bapt. August 13, 1852 dau. of Fendal & Mary (p. 270)

KING GEORGE'S PARISH

SANDY YOUNG m. December 25, 1847 to Maria, servants of Mr. Sheriff and D. A. Tolson (p. 252)
SANSBERRY, --- bapt. March 16, 1855, infant dau. of --- (p. 268)
Frances, funeral July 27, 1862 aged 2 months (p. 237)
Georgie A. m. December 22, 1868 to Richard H. Lusby (p. 249)
John Thomas b. September 10, 1853, bapt. May 21, 1854 son of Geo. A. & Rachel (p. 269)
SANSBURY, Angelea d. July 1, 1860 aged 2 years, funeral June 16, 1861 (p. 237)
Benoni m. July 8, 1873 to Henrietta Clubb (p. 248)
Charity confirmed December 1, 1868 (p. 262)
Charity d. December 30, 1869, aged 75 years, funeral December 31, 1868 (p. 235)
Cora Virginia b. August 1, 1875, bapt. August 15, 1875 dau. of Benoni & Henrietta (p. 220)
Eleonora b. June 23, 1874, bapt. August 15, 1875 dau. of Benoni & Henrietta (p. 220)
Elial F. m. December 17, 1863 to Letitia T. Jones (p. 249)
Elias confirmed 1871 (p. 261)
Elizabeth m. October 1, 1867 to Aloysius B. Thorn (p. 249)
Emma m. November 16, 1870 to Joseph H. Barker (p. 249)
Emma Caroline b. April 14, 1851, bapt. September 17, 1854 dau. of James & Julia (p. 268)
Fendall m. February 13, 1845 to Mary Frazier (p. 252)
Florence Virginia b. September 27, 1862, bapt. April 24, 1864, dau. of Fendal & Mary (p. 255)
Forest Edgar b. February 26, 1868, bapt. March 3, 1868 son of Wm. W. & Mary (p. 228)
Miss Frances Rebecca confirmed May 1, 1872 (p. 261)
Geneva b. January 8, 1845, bapt. January 18, 1847 dau. of James & Julia (p. 273); m. March 1868 to Lemuel Lusby (p. 249)
George, b. August 13, 1860, bapt. November 21, 1860 son of George & Rachel (p. 257); d. October 15, 1865 aged 5 years (p. 236)
Geo. A. m. December 28, 1852 to Rachel Ann Locker (p. 251)
George Edward, b. July 30, 1857, bapt. May 26, 1859 son of Bradly & Sophia Bradley (p. 258)
d. August 19, 1863, age 6 (p. 236)
Georgiana b. January 22, 1849, bapt. September 17, 1854 dau. of James & Julia (p. 268)
Harod confirmed May 1, 1872 (p. 261); d. August 19, 1873, age 82, funeral August 21, 1873 (p. 234)
Horatio d. October 22, 1839, funeral October 23, 1839 - age 31 years (p. 244)
Horatio Harrison b. January 6, 1840, bapt. April 19, 1840 son of Horatio H. & Matilda (p. 279)
Ida Matilda Jane, b. December 27, 1876, bapt. August 19, 1877 dau. of Eliel & Letitia (p. 212)
Indiana b. April 28, 1847, bapt. January 18, 1847 child of James & Julia (p. 273)
James Albert b. November 7, 1853, bapt. September 17, 1854 son of James & Julia (p. 268)
James Thomas b. June 19, 1857, bapt. July 3, 1858 son of Fendal & Mary (p. 267)
James William Enoch, b. September 30, 1870, bapt. November 16, 1870 - son of William W. & Mary S. (p. 226)

KING GEORGE'S PARISH

James Wm. Harroday, b. October 19, 1864, bapt. December 8, 1864, son of
    Eliel & Letitia (p. 255)
John d. October 3, 1865 aged 12 years, funeral October 8, 1865 (p. 236)
John Henry b. November 17 or 27, 1855, bapt. October 10, 1855 son of
    Fendal & Mary (p. 268)
John Henry d. August 1856, aged 18 months, funeral August 22, 1856
    (p. 239)
John Henry b. June 24, 1867, bapt. September 8, 1867 son of Lylel &
    Letitia (p. 228)
Lemuel Oden, b. February 14, 1872, bapt. June 2, 1872 son of Elias &
    Letitia (p. 226)
Lyal Fairfax bapt. May 20, 1838, infant son Horatio & Flora Ann (p. 281)
Mrs. Mary Elizabeth confirmed May 1, 1872 (p. 261)
Mary Elizabeth b. July 27, 1874, bapt. October 11, 1874 (p. 224)
Richard Albert b. October 11, 1869, bapt. November 3, 1869 son of Eliel &
    Letitia (p. 227)
Rosa Ann b. August 17, 1877, bapt. June 12, 1878 dau. of Benoni &
    Henrietta (born Clubb) (p. 208)
Sarah bapt. June 1856 (p. 268)
Sarah d. October 15, 1855, funeral June 8, 1856 infant dau. of Mr.
    (p. 239)
Susanna Rebecca, b. February 2, 1863, bapt. February 15, 1863 dau. of
    Bradley & Sophia (p. 256)
T. Hanson d. September 1858 aged 48 years, funeral September 25, 1858
    (p. 238)
Wm. W. m. April 23, 1867 to Mary Sephronia Thorn (p. 249)
Wm. Wallace b. January 1, 1842, bapt. January 18, 1847 son of James &
    Julia (p. 273)
SARAH, servant of Mrs. Talbot m. February 1, 1857 to Jack, servant of Dr.
    Bayne (p. 250)
SARAH (colored) confirmed December 2, 1860 (p. 263)
SARAH EMELINE (colored) b. February 1839, bapt. May 5, 1839, dau. of Eliza
    Lee, a servant of Basil Hatton (p. 280)
SCASSER, Elizabeth m. December 23, 1841 to Walter S. Havener (p. 253)
SCHAEFFER, Louis Appich, b. March 23, 1875, bapt. April 7, 1875 son of
    Napoleon B. & Lucinda E. (p. 222)
SCHAFFER, ---lson confirmed December 4 or 5, 1858 (p. 264)
  John confirmed November 16, 1869 (p. 262)
  Josephine confirmed December 4 or 5, 1858 (p. 264)
  Marg. Elizabeth b. February 25, 1870, bapt. July 31, 1870 dau. of Chs &
    Mary (p. 227)
SCOTT, Catharine (colored) bapt. May 23, 1869 (p. 228)
  Sarah B. confirmed August 3, 1852 (p. 265)
SEELEY ANN (colored) bapt. March 31, 1838, infant dau. of Charlotte, a
    servant of Mrs. Judith Bayne (p. 280)
SELBY, Henry d. May 15, 1805 (p. 292)
SELF, James Henry d. June 14, 1833, bapt. June 7, 1835 son of Bradley and
    Sarah Jones (p. 302)
SEMMES, (Mr.) Geo. d. April 11, 1846 aged 63 years, funeral April 13, 1846
    (p. 242)
  (Mrs.) Mary d. September 2, 1845 aged 54 years, funeral September 4, 1845
    (p. 242)
SEWALL, Frank (colored) m. October 24, 1875 to Christiana Matthews (colored)
    (p. 248)

KING GEORGE'S PARISH

SHAFFER, Charles Albert, b. February 11, 1867, bapt. June 1, 1868 son of
  Charles & Mary (p. 228)
  Cora Lee b. February 26, 1868, bapt. June 1, 1868 dau. of Charles & Mary
    (p. 228)
  Daisy Alberta b. June 27, 1875, bapt. September 12, 1875 dau. of Jno. P. &
    Mary E. (born Anderson) (p. 220); d. June 14, 1876, age 11 months 17
    days, funeral June 15, 1876 (p. 231)
  Dorothy Margaretta b. May 17, 1877, bapt. September 16, 1877 dau. of
    Napoleon B. & Lucinda (p. 212)
  Elizth. Catherine b. March 3, 1876, bapt. April 30, 1876 dau. of Napoleon
    B. & Lucinda E. (p. 218)
  Elizabeth M. m. November 5, 1851 to George F. Piles (p. 251)
  George Clarence b. October 12, 1876, bapt. April 15, 1877 son of John P. &
    Mary E. (p. 214)
SHARP, Josias Harriss b. August 17, 1799, son of Benjamin & Henrietta
  (p. 322)
SHAW, Charles confirmed December 1, 1864 (p. 263)
SHECKELS, Charles m. December 3, 1835 to Iniah(?) Smith (p. 300)
SHERIFF, Alfred T. m. December 29, 1840 to Chloe Ann Cox (p. 254)
  Cloe confirmed December 4, 1853 (p. 264)
  Domia A. S. m. 1863 to James A. Whitmore (p. 250)
  Domy Ann Catharine b. November 12, 1842, bapt. May 2, 1843 dau. of Alfred
    T. & Chloe (p. 274)
  Henry Ebsworth b. February 23, 1845, bapt. May 23, 1845 son of Thomas &
    CLoe (p. 273)
  John Thomas b. June 18, 1848, bapt. June 27, 1818 son of Thomas & Chloe
    (p. 272)
  John Thomas d. June 30, 1848, funeral July 1, 1848 (p. 241)
  Mary confirmed October 4, 1868 (p. 262)
SHERWOOD, George Lewis b. October 5, 1821, bapt. November 14, 1822 son of
  Levin & wife (p. 310)
  John Washington b. September 22, 1819, bapt. November 17, 1819 son of
    Levin & wife (p. 311)
  Wm. Henry bapt. August 21, 1847 son of Wm. H. & Ann (p. 273)
SIMM, Mary (colored) confirmed May 17, 1855 (p. 264)
SIMMS, Henrietta d. January 23, 1875, funeral January 25, 1875 dau. of
  Nathaniel & Mary (p. 233)
  Mary d. January 26, 1875, funeral January 28, 1875 (p. 233)
  Sarah d. June 15, 1876, funeral June 16, 1876 (p. 231)
SIMPSON, (Mrs.) Ann Sophia - confirmed April 30, 1872 (p. 261)
  Arthur R. Sunner, bapt. June 10, 1873 son James W. & Ann S. (p. 225)
  James m. December 31, 1846 to Mary Jane Lusby (p. 252)
  John Thomas b. August 14, 1847, bapt. October 17, 1847 son of Wm. J. &
    Mary E. (p. 273)
  Joseph Sherman b. February 27, 1865, bapt. July 16, 1865 son of Jas. E. &
    Mary (p. 255)
  Laura D. d. December 25, 1868 aged 2 years, funeral March 28, 1869 (p.
    235)
  Mary Ann b. December 12, 1870, bapt. March 2, 1871 dau. of Jas. W. & Ann
    (p. 226)
  Rebecca d. August August 1853 aged 2 years (p. 240)
SINCLAIR, Clara Bayne b. December 25, 1869, bapt. July 29, 1870 dau. of
  Thomas L. & Kate (p. 227)
  Lewellin Jane b. --- 6, 1862, bapt. July 29, 1870 dau. of Thomas L. & Kate
    (p. 227)

KING GEORGE'S PARISH

SMALL, Annette Blanche b. June 6, 1875, bapt. August 26, 1877 dau. of Henry
& Elizth. (p. 212)
  Caroline Elizabeth b. June 7, 1867, bapt. August 26, 1877 dau. of Henry &
Elizth. (p. 212)
  Elizth. confirmed June 4, 1877 (Mrs. Henry) (p. 260)
  Francis Herbert bapt. May 20, 1877 son of Hy. & Elizabeth (p. 214);
confirmed June 4, 1877 (p. 260)
  Henrietta bapt. April 22, 1877 dau. of Henry & Elizabeth (p. 214);
confirmed June 4, 1877 (p. 260)
  Joseph Jr. confirmed June 4, 1877 (p. 260)
  Joseph Edward bapt. April 22, 1877 son Henry & Elizabeth (p. 214)
  Milton Hamilton b. April 17, 1871, bapt. August 26, 1877 son of Henry &
Elizabeth (p. 212)
  Reuben confirmed June 4, 1877 (p. 260)
SMALL, Reuben Alfred bapt. April 22, 1877 son Henry & Elizabeth (p. 214)
SMALLARD, John Randolph b. April 4, 1808, bapt. May 8, 1808 son of John &
Chloe (p. 314)
SMALLWOOD, James Archabald b. May 16, 1859, bapt. September 2, 1860 son of
Sarah A. (p. 257)
SMITH, Amy Curtis b. May 1873, bapt. June 29, 1873, dau. of Rebecca E. &
Curtis (p. 225)
  Benj. Price b. May 7, 1847, bapt. August 17, 1847 son of Benj. & Matilda
(p. 273)
  Elizabeth d. February 28, 1847, aged 42 years, funeral February 29, 1847
(p. 242)
  Harriet, confirmed November 16, 1869 (p. 262)
  Harriet Ann b. June 20, 1866 - June 28, 1866 (p. 228, 229); bapt. May 19,
1867 - May 23, 1869 (p. 229, 228) daughter of Curtis & Harriet)
  Henry Francis b. September 30, 1875, bapt. February 27, 1876 son of Henry
& Marion Virginia (born Biggs) (p. 220)
  Henry Naylor b. April 28, 1841, bapt. February 2, 1842 son of Benjamin P.
& Matilda R. (p. 275)
  Iniah(?) m. December 3, 1835 to Charles Sheckels (p. 300)
  Isabella, funeral September 9, 1871 - b. November 25, 1870 (p. 234)
  John Addison b. April 28, 1841, bapt. February 2, 1842 son of Benjamin P.
& Matilda R. (p. 275)
  Mary Lizzie b. August 4, 1868, bapt. May 23, 1869 dau. of Curtis & Harriet
(p. 228)
  Matilda Price b. March 7, 1848, bapt. August 1848 dau. of Benjamin &
Matilda (p. 272)
  Saml. Clapham b. May 7, 1847, bapt. August 17, 1847 son of Benjamin &
Matilda (p. 273)
  Zachariah d. January 1847, aged about 50, funeral January 1847 (p. 242)
SMOOT, Cecelia Mitchel b. March 7, 1866, bapt. August 6, 1866 dau. of Geo.
L. & Caroline (p. 229)
  Charles Mallary b. March 12, 1857, bapt. April 1, 1861 son of Thomas S. &
Lucretia (p. 257)
  Mrs. Elizth. d. August 27, 1876, age 59 years, funeral August 29, 1876
(p. 231)
  Ellen Ward b. July 16, 1864, bapt. August 6, 1866 dau. Geo. L. & Caroline
(p. 229)
  George L. m. February 29, 1860 to Caroline M. Ward (p. 250)
  James Bland b. May 3, 1855, bapt. April 1, 1861 son of Thomas S. &
Lucretia (p. 257)

KING GEORGE'S PARISH

Joseph (of.Washington City, D.C.) m. April 6, 1841 to Julia A. Dement (p. 253)
Mary Ellen Eliza b. February 16, 1860, bapt. April 1, 1860 dau. of Thomas S. & Lucretia (p. 257)
Sarah Elizabeth b. September 4, 1820, bapt. September 24, 1821 dau. of James H. & wife (p. 311)
SMYTH, Abram Hewes, aged 41 m. November 17, 1875 to Caroline Virginia Steed, aged 24 (p. 248)
SNELS, Joseph Bedsworth b. November 17, 1807, bapt. May 8, 1808 son of Catharine (p. 314)
SOMERS, Anthony d. July 24, 1840, funeral July 25, 1840, aged 51 years (p. 244)
SOOT, Emely Rebecca b. March 2, 1853, bapt. July 27, 1853 dau. of Edwin & Amelia Rebecca (p. 269)
Margaret Eleanor b. August 17, 1854, bapt. August 19, 1854 dau. of Edwin & Amelia Rebecca (p. 269)
(Miss) Matilda confirmed December 1, 1864 (p. 263)
SOPER, --- d. 1851 aged 3 years, child of William (p. 241)
Alexander b. February 23, 1806 son of Philip E. & Ann (p. 315)
Allen Thomas b. November 7, 1842, bapt. June 5, 1843 son of Wm. & Chloe (p. 274)
Ann Eliza b. November 7, 1840, bapt. March 28, 1841 dau. of Levin & Martha Ann (p. 276)
Anthony m. January 30, 1844 to Ann Middleton (p. 252)
Anthony d. January 21, 1874, aged 58 year 10 months, funeral January 23, 1874 (p. 233)
Anthony Warren b. June 15, 1841, bapt. January 20, 1842 son of Thos. & Mary E. (p. 275)
Bushrod d. April 1864, aged about 30 years, funeral August 21, 1864 (p. 236)
Chloe Ann m. April 7, 1842 to William Soper (p. 253)
Ebsworth Owen b. June 9, 1863, bapt. December 3, 1863 son of OTho. & Elizabeth (p. 255); d. June 11, 1864 aged 1 year (p. 236)
Elizabeth d. January 16, 1841, funeral January 19, 1841, aged 72 years (p. 243)
Elizabeth d. February 24, 1851, aged 80 years (p. 241)
Elizabeth d. December 1, 1854, aged 68 years, funeral December 3, 1854 (p. 240)
Elizabeth Caroline b. December 14, 1840, bapt. February 18, 1841 dau. of Nathaniel & Maria E. (p. 276)
Elizabeth D. d. July 27, 1860, aged about 5 years, funeral September 2, 1860 (p. 238)
Elizabeth Drusilla b. September 27, 1858, bapt. December 12, 1858 dau. of Elizabeth & OTho. (p. 258)
Ellen Douglas b. June 2, 1856, bapt. October 9, 1856 dau. of Thos. W. & Mary E. (p. 268)
Frances R. d. July 20, 1862, aged 22 years, funeral October 12, 1862 (p. 237)
Geo. Preston confirmed 1871 (p. 261)
Grafton d. May 24, 1869, aged 32 years, funeral May 25, 1869 (p. 235)
Mrs. Harriet d. April 9, 1864, aged about 80 years, funeral April 10, 1864 (p. 236)
Herbert Waters b. March 13, 1877, bapt. September 30, 1877 son of Anthony W. & Susan E. (p. 210)
James, funeral October 1, 1865, aged 40 years (p. 236)

KING GEORGE'S PARISH

James Albert b. November 16, 1850, bapt. February 27, 1851 son of Tom & Cloe (p. 271)
Jessee d. July 15, 1861, aged about 60 years, funeral July 16, 1861 (p. 237)
Jessie Roberta b. October 8, 1873, bapt. January 23, 1874 dau. of Anthony W. & Susan E. (p. 224)
Jessie Roberta bapt. September 30, 1877, dau. of A. W. & Susan E. (p. 210)
Joseph confirmed February 28, 1840 (p. 266)
Joseph b. February 14, 1801 son of Philip E. & Elizabeth (p. 315)
Joseph Jefferson b. January 9, 1862, bapt. August 21, 1864 son of Anthony & Ann (p. 255)
Joseph Otho b. January 21, 1861, bapt. February 24, 1861 son of Otho & Elizbth (p. 257)
Joshua confirmed October 4, 1868 (p. 262)
Margaret R. confirmed July 22 or 23, 1842 (p. 266)
Margaret Virginia b. June 6, 1853, bapt. September 24, 1853 dau. of Ann Virginia & Alfred (p. 269)
Mary m. September 7, 1876, aged 29 to Jno. Henry Kidwell age 49 (p. 248)
Mary Cath. Ellen bapt. January 1846, dau. Wm. H. & Ann Jemima (p. 273)
Mary Francis b. September 3, 1851, bapt. September 26, 1852 dau. of Mary E. & Thos. W. (p. 270)
Mary Jane b. August 19, 1852, bapt. August 30, 1852 dau. of Nathaniel & --- (p. 270)
(Mrs.) Nancy d. January 15, 1853, aged 86 years, funeral January 17, 1853 (p. 240)
Nancy Elizabeth b. March 16, 1843, d. May 15, 1843, funeral June 5, 1843, dau. of Philip & Ann Elizabeth (p. 243)
Olive Douglas b. November 6, 1871, bapt. June 15, 1872 dau. of Anthony W. & Susan (p. 226)
Otho b. March 2, 1808 son of Philip & Elizabeth (p. 313)
Otho Williams d. July 12, 1870 aged 62 years, funeral July 13, 1870 (p. 234)
Owen Waters, b. March 2, 1870, bapt. July 11, 1870 son Anthony W. & Bettis S. (p. 227)
d. July 14, 1870 aged 4 months (p. 234)
Philip m. January 5, 1843 to Ann Elizabeth Dorsey (p. 253)
Priscilla confirmed February 28, 1840 (p. 266)
Richard b. December 23, 1800 son of Philip E. & Elizabeth (p. 321)
Thomas b. May 2, 1847, bapt. October 17, 1847 son of Thos. & Mary E. (p. 272)
Thomas d. February 20, 1871, funeral February 22, 1871 (p. 234)
Thomas Dick b. February 9, 1805 son Philip E. & Ann (p. 315)
Virginia confirmed October 4, 1868 (p. 262)
William m. April 7, 1842 to Chloe Ann Soper (p. 253)
SOPHIA m. February 27, 1841 to Grafton, servants of Thomas Berry Esqr. (p. 253)
SPALDING, Sarah Ann b. December 25, 1838, bapt. April 28, 1839 dau. of Thos. & Sauly (p. 280)
SPENCER, Laura Virginia b. April 18, 1867, bapt. September 8, 1867 dau. of James & Lydia (p. 228)
Martena b. December 18, 1862, bapt. April 12, 1863 dau. of Aletha & James (p. 256)
d. April 26, 1863 aged 4 months (p. 237)
Virginia b. October 12, 1851, bapt. July 17, 1853 dau. of Ann & Wm. (p. 269)

KING GEORGE'S PARISH

STAMP, Mary Eliza funeral February 18, 1855 - infant dau. Jno. & Martha (p. 240)
STANSBURY, Caroline Elizabeth b. December 16, 1849, bapt. November 3, 1850 - dau. of Fendal & Mary (p. 271)
Francis Rebecca b. August 28, 1847, bapt. November 3, 1850 dau. of Fendal & Mary (p. 271)
Mary Jane Catharine, b. December 23, 1845 (?), bapt. November 3, 1850 dau. of Fendal & Mary (p. 271)
STANTON, John Edward d. May 15, 1862 aged 1 year, funeral September 25, 1864 (p. 236)
Maggie Bell b. April 5, 1873, bapt. June 29, 1873 daughter of Mary E. (p. 225)
Marice L. d. September 25, 1865, aged 2 months, funeral October 8, 1865 (p. 236)
Mary Alice b. November 17, 1856, bapt. June 5, 1857, dau. Jno. A. & Mary J. (p. 267)
d. May 13, 1859 aged 2 1/2 years (p. 238)
Mary Ann b. June 8, 1807, bapt. July 26, 1807 dau. of Sarah (p. 314)
Robt Lee b. April 5, 1867, bapt. October 20, 1867 son of Jno. A. & Mary (p. 228)
Sarah Louisa d. July 15, 1864 aged 7 weeks, funeral September 25, 1864 (p. 236)
Wm. Henry b. August 8, 1859, bapt. September 25, 1859 son of Jno. H. & Mary J. (p. 258)
STEED, Adelade m. December 4, 1867 to Joseph Hatton (p. 249)
Caroline confirmed November 16, 1869 (p. 262)
Caroline Virginia m. November 17, 1875 aged 24, to Abram Hewes Smyth aged 41 (p. 248)
Jas. M. Jr. confirmed June 3, 1877 (p. 260)
Mary Helen b. August 21, 1870, bapt. July 16, 1871 dau. of Mr. & Mrs. Jno. (p. 226)
Robert Edey b. December 29, 1865, bapt. January 27, 1867 son of Jno. J. R. & M. P. (p. 229)
STEPHEN HUMPHREYS, servant of Mary & Christ Edelen m. January 3, 1847 to Betty Ann, servant of Susah E. Tolson (p. 252)
STEPHEN JONES, m. May 21, 1846 to Louisa Norton servants Thos. L. Walker (p. 252)
STEPHEN ROBINSON, servant Thos. Berry m. August 3, 1845 to Risa, servant of Chs. Talbert (p. 252)
STEWART, Mrs. Mary, funeral June 14, 1835, aged 70 (p. 301)
STONE, Geo. Washington b. February 22, 1843, bapt. November 1844 son of Daniel & L. (p. 274)
James Henry b. June 21, 1844, bapt. November 1844 son of Daniel & L. (p. 274)
Priscilla b. February 16, 1806, bapt. September 7, 1806 dau. of David & Ann (p. 316)
Sarah Ann b. September 24, 1841, bapt. January 2, 1843 dau. of David & Sarah Ann (p. 275)
Sarah Ann b. September 24, 1841, bapt. November 1844 dau. of Daniel & L. (p. 274)
Thos. J. d. June 22, 1854, aged 8 years, funeral June 23, 1854 (p. 240)
STUART, Henry b. August 31, 1806, bapt. March 22, 1807 son of John & Mary (p. 315)
Laura Rebecca b. February 14, 1821, bapt. April 8, 1821 dau. of Wm. G. & wife (p. 312)

KING GEORGE'S PARISH

SUIT, Elizabeth b. February 23, 1800 dau. of Thomas & Priscilla (p. 322)
  Laura confirmed October 4, 1868 (p. 262)
  Samuel Scott b. November 15, 1807, bapt. June 5, 1808 son of Oliver & Nelly (p. 313)
SUMMERS, Alfred d. June 28, 1857 aged 21 years, funeral June 30, 1857 (p. 239)
  Elizabeth Maria b. November 14, 1804, bapt. May 19, 1805 dau. of Ignatius & ELizabeth (p. 321)
  Mary Emma b. June 10, 1870, bapt. July 11, 1870 dau. of Nathan R. & Martha E. (p. 227)
SUSAN, servant of Thos. Berry m. December 25, 1843 to John, servant of Ignatius L. Hardy (p. 252)
SUTE, Ellen b. May 20, 1805, bapt. March 23, 1806 dau. of John & Eleanor (p. 318)
  Fielder b. August 30, 1805, bapt. November 17, 1805 son of Oliver & Eleanor (p. 319)
SWAN, Eliza m. May 12, 1843 to Thomas Hardy (p. 253)
  Elizabeth Eliza b. November 22, 1822, bapt. March 31, 1823 dau. of Benj. & wife (p. 310)
  Margaret Ann b. August 7, 1855, bapt. March 21, 1856 dau. of Wm. & Mary A. (p. 268)
  Samuel Pinkney, b. February 12, 1853, bapt. August 16, 1854 son of Mary Ann & Wm. (p. 269)
  Susan Rebecca b. November 10, 1837, bapt. March 18, 1839 dau. of William & Mary Ann (p. 280); d. September 4, 1859, aged 22 years (p. 238)
  William Edwin b. March 11, 1839, bapt. March 18, 1839 son of William & Mary Ann (p. 280)
SWANN, Emma d. April 6, 1866, aged 18 years, funeral April 8, 1866 (p. 235)
  (Miss) Emma L. confirmed December 1, 1864 (p. 263)
  John Martin b. 1861, bapt. July 8, 1861 son Wm. & Mary A. (p. 257)
  (Miss) Laura V. confirmed December 1, 1864 (p. 263)
  Mary confirmed May 17, 1855 (p. 264)
  (Miss) Mary E. confirmed December 1, 1864 (p. 263)
  Thomas confirmed December 4 or 5, 1858 (p. 264)
  Thomas confirmed December 1, 1864 (p. 263)
  William d. January 27, 1863, aged 58 years, funeral January 30, 1863 (p 237)
SWEENEY, James Henry b. September 28, 1843, bapt. March 24, 1844 son of George & Harriet (p. 274)
  Edward Philip b. February 25, 1865, bapt. September 19, 1866 son of Jane E. (p. 229)
SWEENY, Emely Jane m. December 19, 1859 to John Red (p. 250)
  (Miss) Fanny confirmed April 30, 1872 (p. 261)
  John Henry b. May 26, 1849, bapt. December 26, 1850 son of Thos. & Amelia (p. 271)
SWIFT, Catherine Elizabeth b. June 17, 1876, bapt. August 14, 1876 dau. of Joseph & Josephine E. (born Pyles) (p. 216)
  Frances b. March 22, 1877, bapt. June 24, 1877 dau. of Jno. & Rebecca C. (p. 212)
  James b. December 24, 1869, bapt. August 25, 1872 son of Jno. & Rebecca C. (p. 225)
  John b. October 24, 1874, bapt. June 24, 1877 son of Jno. & Rebecca C. (p. 212)
  (Mrs.) Josephine Elizabeth d. February 25, 1877, age 18y-4m-18d funeral February 26, 1877 (p. 231)

KING GEORGE'S PARISH

Rebecca b. September 20, 1872, bapt. August 25, 1872 dau. of Jno. & Rebecca C. (p. 225)
TALBERT, Alfred d. February 11, 1863 aged about 40 years, funeral February 13, 1863 (p. 237)
  Charles d. May 17, 1863 aged 70, funeral May 18, 1863 (p. 237)
  Eli b. March 15, 1805, bapt. May 26, 1865 son Josias & Mildren (p. 321)
  Elizabeth Juliet b. March 1, 1807, bapt. May 17, 1807 dau. of Eli & Rebekah (p. 314)
  Ellen d. August 5, 1869 aged 56 years, funeral August 7, 1869 (p. 235)
  Jno. P. confirmed June 3, 1877 (p. 260)
  Jonathan P. m. January 24, 1871 to Anna Cissell (p. 248)
  Maggie b. October 9, 1871, bapt. February 18, 1872 dau. of Jonathan & Anna (p. 226)
  Mary E. dau. of Charles & Mary, b. May 31, 1806 (p. 316)
  Nancy Dorathy b. December 28, 1805, bapt. June 22, 1806 dau. of Thomas & Mary (p. 317)
  Susana P. m. July 15, 1845 to William Talbert (p. 252)
  Thomas m. April 9, 1844 to Martha V. Ryon (p. 252)
  William m. July 15, 1845 to Susanna P. Talbert (p. 252)
  William confirmed February 22, 1839 (p. 266)
  William d. September 21, 1867 aged 73 years, funeral September 22, 1867 (p. 235)
  Willie Adelia d. August 27, 1869 aged 19 years, funeral August 28, 1869 (p. 235)
TALBOT, (Mrs.) Ann d. January 10, 1858 aged 70 years, funeral January 12, 1858 (p. 238)
  Charles confirmed July 12, 1835 (p. 301)
  Harriet confirmed July 12, 1835 (p. 301)
  Harriet, funeral 1845 (p. 242)
  James Malona bapt. May 12, 1835 son of Sidney & Rebecca (p. 302)
  James Thomas b. September 7, 1819, bapt. December 21, 1819 son of Tobias & wife (p. 311)
  Laura Virginia b. June 1852, bapt. September 12, 1852 dau. Alinda & Alfred (p. 270); d. November 24, 1853 age 17 months (p. 240)
  Lucy confirmed December 4 or 5, 1858 (p. 264)
  Margaret confirmed July 12, 1835 (p. 301)
  Margaret confirmed May 17, 1855 (p. 264)
  (Mrs.) Margaret d. January 21, 1857 aged 62 years, funeral March 22, 1857 (p. 239)
  Mary Rebecca confirmed December 2, 1860 (p. 263)
  (Mrs.) Sally d. November 9, 1846 aged 90 years, funeral November 11, 1846 (p. 242)
  Sarah Ann confirmed July 12, 1835 (p. 301)
  Mary Ann b. September 15, 1807, bapt. May 8, 1808 dau. of Tobias & Peggy (p. 314)
TALBUT, Minty Ann Sophia b. October 26, 1841, bapt. June 5, 1843 dau. of Edmund & Mary (p. 274)
TAPFF(?), Christian Fredc. d. January 7, 1869 aged 54 years, funeral November 28, 1869 (p. 234)
TAYLOR, Anne Cordelia b. April 15, 1871, bapt. September 1871 dau. of Josiah & Lizzie H. (p. 226)
  Benj. d. April 18, 1857 aged about 45 years, funeral April 20, 1857 (p. 239)
  Bessie Addison b. February 15, 1872, bapt. July 28, 1872 dau. of Stephen & Barbara (p. 226)

KING GEORGE'S PARISH

Charles Columbus b. October 21, 1861, bapt. June 11, 1863 son of Columbus & Celeste (p. 256)
Edith Virginia b. October 29, 1877, bapt. May 26, 1878 dau. of Wm. H. & Charlotte Sophia (p. 208)
Elizabeth Ida b. September 27, 1863, bapt. December 20, 1864 dau. of Columbus & Celeste (p. 255); d. December 29, 1867 aged 4 years (p. 235)
Florence Lavinia b. July 16, 1864, bapt. November 5, 1865 dau. of Stephen & Barbara (p. 229)
Francis C. m. December 29, 1859 to Celestia J. Thorn (p. 250)
George d. September 30, 1859 aged about 50 years, funeral October 2, 1859 (p. 238)
George Clagget b. October 11, 1860, bapt. June 11, 1863 son of Columbus & Celeste (p. 256)
Hosanna b. December 13, 1867, bapt. July 11, 1869 dau. of Joseph F. & Susanah (p. 227)
John Edward b. December 13, 1861, bapt. July 14, 1862 son of Stephen A. & Barbara E. (p. 256)
Joseph F. m. December 29, 1859 to Elizabeth S. Thorn (p. 250)
Julia d. March 26, 1851 aged 19 years (p. 241)
Lorena Ann m. April 22, 1851 to Edwd H. Lusby (p. 251)
Mary Elizabeth b. December 18, 1843, bapt. December 26, 1843 dau. of Thos. & Patsey (p. 274)
Mary Francis b. January 7, 1863, bapt. June 7, 1863, dau. Joseph & Susana (p. 256); d. October 1863 aged 9 months (p. 236)
Mary Isabella b. September 9, 1838, bapt. June 30, 1839 dau. of Wm. & Maria Ann (p. 280)
Mary Sophronia b. December 27, 1869, bapt. July 20, 1871 dau. of Francis & Ann (p. 226)
Sarah b. April 7, 1808, bapt. June 19, 1808 dau. of George & Mary (p. 313)
Sarah confirmed February 28, 1840 (p. 266)
Sarah Catharine d. April 15, 1859 aged 10 years, funeral June 17, 1859 (p. 238)
Thos. Arthur b. November 2, 1869, bapt. April 3, 1871 son of Columbus & Jane (p. 225)
William Francis b. March 20, 1866, bapt. September 9, 1866 son of Columbus & Celeste (p. 229)
TAYMAN, Philip m. August 12, 1857 to Ann White (p. 250)
William m. November 22, 1855 to Sarah King (p. 251)
TENLEY, Mary b. May 27, 1806, bapt. August 3, 1806 dau. of Charles & Elizabeth (p. 316)
THIBETS, William Thomas bapt. May 14, 1840 son of John & Henrietta (p. 279)
THOMAS, servant of Mrs. Welling m. 1843 to Louisa, servant Thos. Berry (p. 253)
THOMAS, a free man m. December 27, 1849 to Mary, servant of Mr. H. Callis (p. 251)
THOS. servant of Pat Young m. December 16, 1855 to Rosalie servant Jas. Brown (p. 251)
THOMAS, servant Mr. Teyrill m. December 25, 1847 to Matilda " D. A. Tolson (p. 252)
THOMAS, Richard Otho b. May 11, 1877, bapt. June 18, 1877 son of Jas. L. & Caroline Amelia (born Brashears) (p. 212)
THOMPSON, Amy Arabella b. September 2, 1877, bapt. December 12, 1877 dau. of Jno. & Elizth (p. 210)
Ann d. October 16, 1852 aged about 28 years, funeral August 7, 1853 (p. 240)

KING GEORGE'S PARISH

Ann Franklin b. February 8, 1847, bapt. September 1847 dau. of J. W. & Delila (p. 273)
Caroline M. confirmed July 22 or 23, 1842 (p. 266)
Cecelia Brietta b. September 2, 1867, bapt. May 4, 1868 (p. 228); d. June 10, 1876 age 8y-8m-19d, funeral June 12, 1876 dau. of Samuel & Mary Ann (p. 231)
Charlotte Ellen b. April 18, 1839, bapt. August 20, 1841 dau. of John Noble & Sarah Ann (p. 276)
Mrs. Christiana d. August 6, 1861 aged 45 years, funeral August 8, 1861 (p. 237)
Delila confirmed July 22 or 23, 1842 (p. 273)
Elizabeth confirmed October 4, 1858 (p. 262)
Elizabeth Ann b. July 2, 1820, bapt. August 6, 1820 dau. of Thomas & wife (p. 311)
Ella Norah b. June 20, 1864, bapt. March 3, 1868 dau. of Gabriel & Nancy H. (p. 228)
Ellen confirmed May 17, 1855 (p. 264)
Gabrial m. December 26, 1844 to Nancy Harrriet Lisby (p. 252)
Gabrial Clark b. November 25, 1846, bapt. December 30, 1849 son of Gab. C. & Nancy H. (p. 272)
George m. January 2, 1851 to Rutha E. Phelps (p. 251)
George d. June 4, 1859 aged about 40 years, funeral June 6, 1859 (p. 238)
George Washington b. April 21, 1850, bapt. January 2, 1851 son of Gabrial C. & Nancy H. (p. 271)
Harriet d. October 15, 1870 aged 66 years, funeral October 17, 1870 (p. 234)
Ida May b. August 27, 1870, bapt. September 25, 1870 dau. of Gabriel & Nancy (p. 227)
James Mervin, b. September 5, 1866, bapt. May 4, 1868 son of John A. & Elizabeth M. (p. 228)
Jas. Milton Edwd b. February 9, 1871, bapt. September 29, 1871 son of Geo. & Caroline (p. 226)
Jane Rebecca b. July 4, 1865, bapt. October 29, 1865 dau. of Samuel & Mary Ann (p. 229)
John Alven, b. March 13, 1864, bapt. July 6, 1866 son of Jno. A. & Elizabeth (p. 229)
John Alvin d. July 8, 1866 aged 3, funeral July 10, 1866 (p. 235)
John Henry b. December 1857, bapt. July 3, 1858 son of J. S. & Mary (p. 267)
John M. m. February 1, 1842 to Mary D. Robinson (p. 253)
Joseph m. January 26, 1870 to Roberta Magruder (p. 249)
Josephine bapt. November 23, 1838 dau. of John O. & Sarah A. (p. 281)
Lewis Hanson b. July 3, 1862, bapt. October 12, 1862 son of Samuel & Mary A. (p. 256)
Margaret Alice b. November 25, 1846, bapt. December 30, 1849 dau. of Gabriel C. & Nancy H. (p. 272)
Margarett Alice b. November 25, 1847, bapt. June 15, 1849 dau. of Gabrial & Nancy (p. 272)
Margaret E. confirmed July 22 or 23, 1842 (p. 266)
Margaret Fell b. November 22, 1805, bapt. February 16, 1806 dau. of Joseph & Margaret (p. 319)
Mary, wife of Samuel, d. March 11, 1877, funeral March 13, 1877 (p. 231)
Mary A. m. February 27, 1845 to James W. Burgess (p. 252)
Mary Emely b. May 29, 1870, bapt. August 28, 1870 dau. of Samuel & Mary Ann (p. 227)

KING GEORGE'S PARISH

Mary Jane b. December 28, 1841, bapt. March 20, 1842 dau. of Wm. & Susanna (p. 275)
Mary Oden b. January 1, 1854, bapt. June 13, 1859 dau. of Nancy H. & Gabriel C. (p. 258)
Pliney Cleophhus b. March 30, 1862, bapt. March 3, 1868 son of Gabriel & Nancy H. (p. 228)
Rachel Virginia b. April 1, 1869, bapt. November 7, 1869 dau. of Jno. A. & Elizabeth (p. 227)
Ravinia Roberta b. May 20, 1852, bapt. May 16, 1853 dau. of Gabrial C. & Nancy H. (p. 270)
Rebecca d. July 29, 1867 aged 2 years, funeral July 30, 1867 (p. 235)
Robt Martin b. May 30, 1867, bapt. March 3, 1868 son of Gabriel & Nancy H. (p. 228)
Sally d. November 1, 1841, funeral July 8, 1842 aged 37 years (p. 243)
Sarah E. Marian b. January 9, 1844, bapt. September 1847 dau. of J. W. & Delila (p. 273)
Sarah E. Marion b. June 9, 1844, bapt. January 1845 dau. of Jno. M. & Maria D. (p. 273)
Sarah Trecy b. December 30, 1857, bapt. April 6, 1860 dau. of Samuel & Mary (p. 257)
Susan Bennetta b. April 1, 1862, bapt. November 18, 1863 dau. of John A. & Elizabeth M. (p. 255)
Susana b. March 10, 1857, bapt. June 13, 1859 dau. of Nancy H. & Gabriel C. (p. 258)
Theodore d. August 28, 1863 aged 28 years, funeral November 22, 1863 (p. 236)
Thomas Edward b. March 2, 1859, bapt. June 13, 1859 son of Nancy H. & Gabriel C. (p. 258)
Wm. Alexander b. March 10, 1838, bapt. September 20, 1840 son of Wm. & Susanna (p. 277)

THORN, Mrs. --- d, January 1839, funeral January 1839 (p. 244)
Agnes, confirmed October 4, 1868 (p. 262)
Aloysius B. m. October 1, 1867 to Elizabeth (?) Sansbury (p. 249)
Andrew Douglas b. December 5, 1858, bapt. June 5, 1859 son of William & Sarah (p. 258)
Anna Laura b. February 20, 1860, bapt. July 15, 1866 dau. of John & Anna (p. 229)
Benj. Franklin listed July 15, 1866 as eldest of 3 children son of William & Agness (p. 229); confirmed May 1, 1872 (p. 261)
Bettie confirmed November 16, 1869 (p. 262)
Catharine Jannet b. March 29, 1853, bapt. July 2, 1854 dau. of Jno. & Anna (p. 269)
Chloe b. November 30, 1805, bapt. March 30, 1806 dau. of Henry B. & Mersey Ann (p. 318)
Cleste confirmed December 4, 1853 (p. 264)
Cora Virginia b. November 22, 1862, bapt. July 15, 1866 dau. of John & Ann (p. 229)
Cornelius Smith b. May 2, 1851, bapt. June 8, 1851 son of Washgt. [Washington] & E. Roberta (p. 271)
Edgar Jeremiah b. January 11, 1863, bapt. June 7, 1863 son of William & Elizabeth (p. 256)
Elenor b. June 22, 1867, bapt. September 5, 1869 dau. of Cleggt. & Lucy Ann (p. 227)
Eliza d. December 24, 1859 age 23 years, funeral December 27, 1859 (p. 238)

KING GEORGE'S PARISH

Elizabeth S. m. December 29, 1859 to Joseph F. Taylor (p. 250)
Fella m. April 4, 1839 to William Bryan of Thos. (p.254); d. January 16, 1873 aged 79 years (Fella Bryan), funeral January 17, 1873 (p. 234)
Felley Burch b. March 19, 1799 dau. of Henry B. & Mary (p. 322)
Florence Cornelia b. November 1, 1856, bapt. June 5, 1857 dau. of Wm. S. & Sarah V. (p. 267)
George b. August 19, 1867, bapt. November 3, 1867 son of William & Agness (p. 228)
George Walter, bapt. July 17, 1855 son of Walter & Roberta (p. 268); d. July 23, 1855 aged 1 year, funeral October 31, 1855 (p. 239)
Hattie Lee b. December 31, 1864, bapt. July 15, 1866 dau. of Jno. & Anna (p. 229)
James Dennis b. October 22, 1862, bapt. January 1, 1863 son of Watt. & Roberta (p. 256)
Jas. Holly b. April 30, 1870, bapt. March 30, 1871 son of John & Elizt (p. 226)
James Watson b. February 5, 1860, bapt. July 15, 1866 son of William & Agness (p. 229)
Jno. Albert aged 25, m. January 17, 1878 Ida W. Whitmore age 21 (p. 247)
John Don Delanar b. September 15, 1858, bapt. June 6, 1858 son of Washgt. [Washington] & Roberta (p. 267)
John Forest b. August 18, 1854, bapt. May 27, 1855 son of John & Annie (p. 268)
Joseph Alexander bapt. February 24, 1861 son William & Sarah (p. 257)
Lillias May b. April 25, 1869, bapt. May 23, 1869 dau. of William & Agnes (p. 228)
Marcella b. September 10, 1865, bapt. July 15, 1866 dau. of Frank & Celeste (p. 229)
Margaret Eugenia b. April 24, 1849, bapt. August 5, 1849 dau. of Wm. & Sarah (p.272); m. June 2, 1868 Robert Fred Roache (p. 249); confirmed October 4, 1868 (p. 262)
Mary Elizabeth b. July 2, 1865, bapt. October 18, 1865 dau. of Wm. & Elizabt. (p. 255)
Mary Emma b. November 6, 1851, bapt. October 16, 1853 dau. of Jno. L. E. & Anna (p. 269)
Mary Sephronia m. April 23, 1867 to Wm. W. Sansbury (p. 249)
Matilda Gertrude b. February 15, 1872, bapt. June 2, 1872 dau. of Jno. & Elizt. (p. 226)
Minnesota b. June 28, 1867, bapt. April 23, 1867 dau. of S. Clagget & Lucy (p. 229)
Richard Ebsworth b. March 16, 1867, bapt. April 23, 1867 son of Washington & Roberta (p. 229)
Roberta confirmed November 16, 1869 (p. 262)
Sarah Ellen b. August 28, 1871, bapt. September 1871 (p. 226)
Sydney Eugene b. September 6, 1857, bapt. July 15, 1866 son of John & Anna (p. 229)
William confirmed October 4, 1868 (p. 262)
William Norris b. April 18, 1807, bapt. July 5, 1807 son of Benjamin & Letitia (p. 314)
Wm. S. m. December 15, 1847 to Sarah V. Lindsay (p. 252)
William Thomas b. September 1, 1865, bapt. July 15, 1866 son of William & Agness (p. 229)
THORNE, Agnes Bell b. January 22, 1876, bapt. June 25, 1876 dau. of Wm. Thos. & Agnes (p. 218)
(Miss) Florence C. confirmed June 3, 1877 (p. 260)

KING GEORGE'S PARISH

Frederic Wallace b. October 10, 1874, bapt. September 5, 1875 son of Jno. Hy. & Elizth Rebecca (born Roland) (p. 220)
Owen b. February 23, 1878, bapt. May 26, 1878 son of Wm. Thos. & Agnes (p. 208)
Rebecca, mother of Frederic Wallace (p. 220)
TIGHLMAN, Mary Louisa Virginia (colored) b. October 12, 1869, bapt. November 3, 1869 dau. of Jno. & Mary (colored) (p. 227)
TILGHMAN, Lucy (colored) funeral December 13, 1846 aged 50 years (p. 242)
TIPPETT, Wm. Thomas d. August 22, 1840, funeral August 23, 1840 aged 2 years (p. 244)
TOLSON, Alice Alesta Phane(?) bapt. December 5, 1847 dau. of George & Elisa (p. 272)
Arthur b. May 29, 1837, bapt. July 17, 1838 son Henry & Mary (p. 281)
Benton, b. July 29, 1834, bapt. December 14, 1834, son of Henry & Mary (p. 302)
confirmed December 1, 1864 (p. 263)
Bettie m. December 20, 1860 to James L. Addison (p. 250)
Edmund b. September 29, 1845, bapt. January 1846 son Henry & Mary (p. 273)
Elizabeth confirmed February 22, 1839 (p. 266)
Elizabeth Antonette b. March 7, 1870 bapt. September 26, 1870 dau. of Frank & Alice (p. 227)
Geo. Alexander b. April 28, 1851, bapt. May 18, 1851 son of D. Alexander & --- (p. 271)
Henry d. May 17, 1855 aged 60 years, funeral May 20, 1855 (p. 239)
Henry confirmed 1871 (p. 261)
Jane confirmed May 5, 1859 (p. 263)
Jane Edwards b. October 11, 1865, bapt. May 8, 1866 (p. 227, 229); bapt. July 31, 1870 dau. of Henry & Virginia (p. 229)
John F. m. July 16, 1839 to Lucinda Barrette (p. 254)
Julia Ann m. December 20, 1859 to Zeph English (p. 250)
Juliet M. m. February 1, 1870 to Thomas E. Williams (p. 249)
Juliet Middleton b. August 1, 1842, bapt. October 28, 1843 dau. of Henry & Mary H. (p. 274)
Malvina confirmed February 28, 1866 (p. 266)
Margaret funeral September 1843 (p. 243)
(Miss) Mary Allene confirmed April 30, 1872 (p. 261)
(Miss) Mary E. confirmed December 1, 1864 (p. 263)
Mary Eleanor b. May 11, 1840, bapt. September 13, 1840 dau. of John F. & Lucinda B. (p. 277)
Mary Florence b. November 6, 1869, bapt. July 31, 1870 dau. of Henry & Virginia (p. 227)
(Miss) Melvina confirmed November 3, 1873 (p. 261)
Nancy b. September 18, 1819, bapt. December 21, 1819 dau. of Francis Jr. & wife (p. 311)
Overton Addison b. April 4, 1819, bapt. December 21, 1819 son of John & wife (p. 311)
Roy Simms bapt. July 14, 1878 son of Henry & Virginia (p. 208)
Sarah confirmed reported May 1845 (p. 265)
Mrs. Sarah d. September 25, 1875, funeral September 27, 1875 widow of Francis (p. 232)
Sophia m. November 22, 1855 to Washington Miller (p. 251); confirmed August 22, 1856 (p. 264)
Susan H. d. February 3, 1840, funeral February 5, 1840 aged 32 years (p. 244)

KING GEORGE'S PARISH

Theodore b. January 11, 1839, bapt. November 17, 1839 (p. 279); d. November 18, 1839 aged 10 months son of Henry & Mary (p. 244)
Thomas Hill b. February 9, 1840, bapt. February 23, 1840 son of George S. & Eliza R. (p. 279)
Thomas Semmes b. December 10, 1840, bapt. August 15, 1841 son Henry & Mary H. (p. 276); d. August 30, 1870 aged 30 years (p. 234)
Walkins b. August 31, 1822, bapt. May 18, 1823 son John & wife (p. 310)
Wilhemina d. May 15, 1842, funeral May 16, 1842 aged 15 years (p. 243)
William m. September 29, 1835 to Jane E. Dement (p. 300)
William d. May 26, 1857 aged 56, funeral May 28, 1857 (p. 239)
TOWNSEND, Daniel Webster m. January 19, 1875 to Martha Sarah Beall (p. 248)
TRESA, servant of Miss Nancy Hanson confirmed February 28, 1840 (p. 266)
TUBMAN, Benj. Douglas b. June 4, 1821, bapt. August 26, 1821 son of Thos. & wife (p. 312)
Magruder Dement b. March 14, 1835, bapt. July 12, 1835 son of George M. & Eleanor (p. 302)
William b. June 12, 1805, bapt. July 28, 1805 son of James & Sarah (p. 320)
TUCKER, John Edward b. July 8, 1842, bapt. September 6, 1842 son of Nathaniel & Melinda (p. 275)
TURNER, Caroline Matilda b. January 10, 1839, bapt. April 7, 1839 dau. of Abraham & Emily (p. 280)
Elizabeth Harriot b. June 26, 1805, bapt. August 18, 1805 dau. of Jonathan & Mary (p. 320)
Mary b. November 9, 1806, bapt. January 25, 1807 dau. of John & Katharine (p. 315)
William Alexander b. November 14, 1820, bapt. March 11, 1821 son of John & wife (p. 312)
TYLER, (Miss) Francis confirmed 1871 (p. 261)
Robert Bradley b. September 7, 1805, bapt. January 12, 1806 son of George & Mary (p. 319)
(Miss) Sallie confirmed November 3, 1873 (p. 261)
Samuel (colored) b. June 11, 1838, bapt. July 17, 1838 son of Jerry & Crissy (p. 281)
UNDERWOOD, Daniel Bell Morleic(?) bapt. September 2, 1844 son of George & Henrietta (p. 274)
Henrietta confirmed December 1 or 2, 1849 (p. 265)
James Watson, b. September 9, 1843, bapt. August 25, 1844, son of George & H. (p. 274)
Susanna Page Bryan bapt. January 4, 1847 dau. of George & Henrietta (p. 273)
Virginia Belt b. September 20, 1844, bapt. May 18, 1845 dau. of George & Henrietta (p. 273)
UPTON, John b. April 4, 1805, bapt. May 19, 1805 son Thomas & Priscilla (p. 321)
VAN DEUSEN, Mary Elizabeth b. April 2, 1841, bapt. August 15, 1841 dau. of Rev. Edwin M. & Eliza M. (p. 276)
VENABLE, Alace Cornelia b. January 25, 1852, bapt. May 23, 1852 dau. of Wm. & Mary (p. 270)
VERLINDA, mother of Isaac Thomas (colored) (p. 280)
VERMILLION, Darky Ann Caroline b. March 2, 1841, bapt. July 13, 1841 dau. of Wm. F. & Ellen (p. 276)
Overton Brooks b. May 8, 1800 son of Ozburn & Rachel (p. 322)
VERNON, Philip Baker, b. March 20, 1806, bapt. May 18, 1806 son of Caleb & Mary (p. 317)

KING GEORGE'S PARISH

WADE, Mary b. July 8, 1806, bapt. August 24, 1806 dau. of Lancelot & Martha (p. 316)
WALKER, Mrs. d. August 4, 1852, aged about 85 years, funeral August 5, 1852 (p. 241)
  Ann d. August 27, 1864 aged abt. 73 years, funeral August 29, 1864 (p. 236)
  Edward Francis b. December 6, 1853, bapt. January 16, 1854 son of Loyd & Mary Ann (p. 269); d. March 30, 1863 aged 9 years (p. 237)
  Edward Francis b. January 31, 1863, bapt. May 10, 1863 son of Thos. & Sarah (p. 256)
  Eliza Jane m. December 5, 1865 to Isaac Ball (p. 249)
  Henley Warren b. March 13, 1803, bapt. May 26, 1805 son of Thomas & Mary Anne (p. 321)
  Henly d. May 16, 1840, funeral May 18, 1840 (p. 244)
  James W. m. August 25, 1873 to Martha R. Piles (p. 248)
  Jas. Wm. Henry b. August 4, 1851, bapt. August 24, 1851 son of Loyd & Mary Ann (p. 271)
  Jane Susanna b. August 12, 1840, bapt. February 21, 1841 dau. of Loyd & Mary Ann (p. 276)
  John Robert b. November 22, 1843, bapt. February 18, 1844 son of Richard L. & Mary Ann (p. 274)
  Loyd d. July 7, 1867 aged 65 years, funeral July 9, 1867 (p. 235)
  Lucy confirmed February 22, 1839 (p. 266)
  Mary m. May 12, 1857 to Richard Jenkins (p. 250)
  (Mrs.) Mary Ann confirmed 1871 (p. 261)
  Matilda A. confirmed August 3, 1852 (p. 265)
  Richard T. m. September 24, 1861 Sarah A. Wilson (p. 250)
  Susanna Virginia b. November 4, 1866, bapt. April 17, 1867 dau. of Thomas & Sarah (p. 228)
  Thomas confirmed August 3, 1852 (p. 265)
  Thomas d. July 23, 1855 aged 26 years, funeral July 24, 1855 (p. 239)
  Thomas d. July 23, 1855 aged 88 years, funeral July 24, 1855 (p. 239)
  Trasey b. November 14, 1799 dau. of Thomas & Anna (p. 321)
  Tresa Ann confirmed August 3, 1852 (p. 265)
  Zacariah d. September 5, 1857 aged 73 years, funeral September 6, 1857 (p. 239)
WARD, Caroline M. m. February 20, 1860 to George L. Smoot (p. 250)
  Caroline Middleton b. June 16, 1837, bapt. October 22, 1837 dau. of Horatio M. & Hannah (p. 298)
  Ellen b. November 13, 1838, bapt. April 11, 1838 dau. of Horatio M. & Hannah (p. 280)
  Hery McCormick b. December 25, 1835, bapt. October 22, 1837 son of Horatio M. & Hannah (p. 298)
  Horatio d. March 3, 1853 aged 54 years, funeral March 5, 1853 (p. 240)
  Nelly Ann b. November 8, 1805, bapt. May 18, 1806 dau. of George & Joanna (p. 317)
  Thomas b. November 23, 1842, bapt. December 9, 1843 son of Horatio M. & Hannah (p. 274)
  William b. September 15, 1840, bapt. September 14, 1841 son of Horatio M. & Hannah (p. 276)
WARE, Edgar Wood b. June 27, 1859, bapt. March 31, 1864 son of William Tasker & Rebecca M. (p. 255)
  Ella b. October 29, 1861, bapt. March 31, 1864 dau. of William Tasker & Rebecca M. (p. 255)

KING GEORGE'S PARISH

Joseph Latimer b. January 21, 1864, bapt. March 31, 1864 son of William Tasker & Rebecca M. (p. 255)
Samuel Tasker b. September 12, 1865, bapt. June 11, 1866 son of Wm. Tasker & Rebecca (p. 229)
William James b. March 31, 1857, bapt. March 31, 1864 son of William Tasker & Rebecca M. (p. 255)
William Tasker d. March 30, 1866 aged about 48, funeral March 31, 1866 (p. 235)
WARNER, Henry bapt. August 3, 1834 son of Thomas & Felle (p. 302)
WARREN, Hezekiah b. October 7, 1819, bapt. August 30, 1820 son of Jarrett & wife (p. 311)
  John, funeral January 2, 1859 (p. 238)
  John Henry bapt. August 30, 1820 abt. 4 years old, son Jarrett & wife (p. 311)
WARRING, Eleanor b. December 17, 1798 dau. of James & Elizabeth (p. 322)
WATT, Isaac b. November 29, 1850, bapt. April 11, 1850 son John & Mary (p. 271)
WAUGH, Betsy confirmed August 3, 1852, d. December 2, 1862 age 74 (p. 265, 237)
WEAVER, Elizabeth d. December 2, 1850 aged 70 years, (p. 241)
  George Washington b. September 27, 1852, bapt. May 1, 1853 son of Jacob & Dollia or Dolly (p. 269, 270)
  Sarah Elizabeth b. August 17, 1849, bapt. June 12, 1853 dau. of Jacob & Dollia or Dolly (p. 269)
WEBSTER, Benjamin Franklin b. June 8, 1862, bapt. August 19, 1862 dau. of Singleton & Catharine (p. 256)
  Caroline Matilda b. August 13, 1822, bapt. November 4, 1822 dau. of Thomas & wife (p. 310)
  Daniel b. January 16, 1872, bapt. July 8, 1873 son of John W. & Mary R. (p. 225)
  George b. January 16, 1804, bapt. May 4, 1806 son of Philip Junr. & Virlinda (p. 318)
  George d. January 8, 1865 aged 5 years, funeral September 24, 1865 (p. 236)
  George Washington b. July 9, 1860, bapt. October 28, 1860 son of Jno. & Rebecca (p. 257)
  Harriet confirmed October 4, 1868 (p. 262)
  Harriet d. September 21, 1870 aged 63 years, funeral September 25, 1870 (p. 234)
  Henie d. January 9, 1854 aged about 20 years, funeral January 11, 1854 (p. 240)
  John b. October 21, 1806, bapt. May 31, 1807 son John S. & Mary (p. 314)
  John Palmer b. April 3, 1858, bapt. October 1858 son John & Mary R. (p. 258)
  John W. m. January 17, 1856 to Mary R. Monroe (p. 251)
  Josephine b. March 1, 1870 bapt. June 18, 1870 dau of Georgiana, father Abraham Benton (p. 227)
  Lilly Ida d. December 9, 1873 age 17 years, funeral December 11, 1873 (p. 233)
  Mary b. August 16, 1866, bapt. August 17, 1866 dau. of Jno. & Mary R. (p. 229); funeral August 19, 1866 aged 2 days (p. 235)
  Mary Ann m. January 18, 1853 to John Piles (p. 251)
  Mary E. m. March 27, 1862 to James W. Mohland (p. 250)
  Nettie b. January 18, 1868, bapt. February 12, 1868 dau. of John & Rebeca (p. 228)

KING GEORGE'S PARISH

Samuel b. June 1, 1822, bapt. January 14, 1822 son Samuel & wife (p. 310)
Sarah A. b. November 9, 1805, bapt. December 15, 1805 dau. of James &
   Sarah (p. 319)
Sarah Ann b. July 20, 1844, bapt. May 20, 1845 dau. of James & Harriet
   (p. 273)
Susanna Harriot b. November 29, 1805, bapt. May 4, 1806 dau. of Philip
   Junr. & Virlinda (p. 318)
Walter b. May 22, 1806, bapt. June 15, 1806 son of Philip Luin & Mary
   (p. 317)
WEDDING, Elisa Jane m. February 3, 1859 to Zachariah Carrick (p. 250)
WEDDON, James Wm. d. August 1867 aged about 2 years, funeral December 8,
   1867 (p. 235)
WEDDON, John William b. August 17, 1865, bapt. September 19, 1866 son of
   Georgana and William (p. 229)
WEEMS, --- b. ---, bapt. January 18, 1821 child of Wm. L. & wife (p. 312)
   Nathl. Chapman b. November 25, 1819, bapt. May 23, 1820 son of Wm. & wife
   (p. 311)
WEIGHTMAN, Elizabeth Chew b. June 29, 1819, bapt. August 8, 1819 dau. of
   John and wife (p. 311)
WEELAND, (Mrs.) Nancy d. August 22, 1846 age 64, funeral August 24, 1846
   (p. 242)
   Nancy d. Mary 3, 1870 age about 70, funeral May 5, 1870 (p. 234)
WEST, Mary Addison b. September 11, 1861, bapt. July 20, 1862 dau. of Clemt.
   & Sallie (p. 256)
WESTCOAT, Lucy Ann b. August 12, 1805, bapt. May 4, 1806 dau. of James &
   Martha (p. 318)
WHEAT, Alfred Shepherd b. October 24, 1806, bapt. December 25, 1806 son of
   John & Mary (p. 315)
   Elizabeth b. February 13, 1800 dau. of Jesse & Sarah (p. 322)
   John Marbury b. January 16, 1799 son of Jesse & Sarah (p. 322)
WHEELER, Clara Bayne, b. April 4, 1878, bapt. July 11, 1878 dau. of Woodbury
   & Clara (born Bayne) (p. 208)
   Genevieve Ashby b. October 31, 1876, bapt. February 21, 1877 dau. of
   Woodbury & Clara (born Bayne) (p. 214)
   Harriet Ellen, b. September 15, 1870, bapt. September 28, 1870 dau. of
   Woodbury & Clara B. (p. 227)
   Julia Moore b. June 30, 1867, bapt. September 28, 1870 of Sully & Fanny
   (p. 227)
   Mae, b. May 9, 1873, bapt. August 24, 1873 dau. of Woodbury and Clara
   (p. 225); d. March 6, 1874 age 9 months, 24 days (p. 233)
   Wiseall b. April 10, 1870, bapt. September 28, 1870 son Sully & Fanny
   (p. 227)
   Woodbury m. October 27, 1869 to Clara Bayne (p. 249)
WHITE, --- d. May 10, 1848 aged 18 years, funeral August 12, 1849 (p. 241)
   Mrs. d. April 12, 1849 aged 46 years, funeral August 12, 1849 (p. 241)
   Mrs. d. May 17, 1848 aged 55 years, funeral May 29, 1848 (p. 241)
   Alton Parke b. May 13, 1872, bapt. July 8, 1873 son Emiline & Thomas
   (p. 225)
   Ann m. August 12, 1857 to Philip Tayman (p. 250)
   Ann Olivia b. June 14, 1837 bapt. March 17, 1839 dau. of Henry Loyd &
   Eliza (p. 280)
   Charles Edward b. December 31, 1861, bapt. August 24, 1862 son of Thomas &
   Emeline (p. 256)
   Daisy Eugenia b. February 11, 1877, bapt. June 17, 1877 dau. of Lemuel &
   Charity Ann (born Taylor) (p. 212)

KING GEORGE'S PARISH

Emely m. January 18, 1853 to James Burgess (p. 251)
Frances Celeste b. January 21, 1861, bapt. February 26, 1862 dau. of James & Mary E. (p. 256)
Francis Cornelius b. May 1, 1869, bapt. September 12, 1869 son of Thomas & Emeline (p. 227)
Fred. Wm. b. October 9, 1847, bapt. January 3, 1847 son of Fred & Mary E. (p. 273)
Henry Thomas b. November 11, 1844, bapt. January 1845 son Fred & Mary E. (p. 273)
Ida Virginia b. November 10, 1866, bapt. May 15, 1867 dau. of Thomas & Emeline (p. 229)
James m. December 30, 1856 to Mary Elener Burgess (p. 250)
John Lemuel b. December 3, 1853, bapt. May 28, 1854 son of Thos. & Emeline (p. 269)
John Thomas b. January 22, 1820, bapt. August 1, 1820 son of Fielder & wife (p. 311)
Jonathan b. March 12, 1806, bapt. June 22, 1806 son of Horatio & Teresa (p. 317)
Joseph Baker b. July 10, 1859, bapt. August 12, 1860 son of Thomas & Emeline (p. 257)
Joseph Levi b. August 7, 1875, bapt. May 1, 1876 son Elizth White and Joseph Windsor (p. 218)
Juliana b. May 16, 1834, bapt. August 1835 dau. Lloyd & Eliza (p. 302) funeral October 23, 1835, aged 1 years & 6 months (p. 301)
Sarah Ann b. December 2, 1821, bapt. July 3, 1822 dau. of Eleazer & wife (p. 310)
Thomas m. March 31, 1853 to Emeline Frasier (p. 251)
Thomas d. April 29, 1856 aged about 66 years, funeral April 21, 1856 (p. 239)
Thomas Fillmore b. August 18, 1857, bapt. May 12, 1857 son of Thomas & Emeline (p. 267)
William Loyd b. July 29, 1840, bapt. March 21, 1841 son of Loyd & Eliza (p. 276)
WHITEMAN, Charles Henry b. January 14, 1851, bapt. January 29, 1851 son of Tom & Elizabeth E. Note: also in pencil under same baptismal date "Whiteman's other child" (p. 271)
WHITEMORE, Donna confirmed November 16, 1869 (p. 262)
George d. November 1857, funeral March 15, 1857 (p. 239)
Ida Eugena b. November 3, 1858, bapt. July 31, 1859 dau. of Wm. & Mary (p. 258)
Mary Florence b. August 5, 1865, bapt. October 4, 1865 dau. of James & Donna (p. 255)
William Edgar b. April 17, 1873, bapt. November 23, 1874 (p. 223)
WHITMORE, Ada Florence b. October 26, 1870, bapt. August 13, 1871 dau. of Wm. & Mary (p. 226)
Cora Cecelia b. December 1, 1864, bapt. August 26, 1866 dau. of Wm. & Mary (p. 229)
Eleanor Clemons, b. April 27, 1803 dau. Humphery & Mary (p. 321)
Ida E. m. January 17, 1878, age 21 to Jno. Albert Thorn age 25 (p. 247)
James A. m. 1863 to Domia A. S. Sheriff (p. 250)
James Alfred b. ---, bapt. August 3, 1834 son George & Deborah (p. 302); confirmed November 3, 1873 (p. 261); d. November 18, 1873 age 42 years, funeral November 20, 1873 (p. 233)
James Henry Joshua b. August 12, 1868, bapt. November 15, 1868 son of James & Dorna (p. 228)

KING GEORGE'S PARISH

John Francis b. February 25, 1839, bapt. May 3, 1840 son of George & Rhoda Ann (p. 279)
John Henry bapt. November 14, 1822- born 2 or 3 months ago son of John & wife (p. 310)
Laura Cornelia b. August 26, 1861, bapt. August 10, 1862 dau. of William & Mary V. (p. 256)
Minietta b. April 30, 1870, bapt. December 22, 1870 dau. of Jas. A. & Cornie (p. 226)
Mordelia b. March 7, 1868, bapt. November 15, 1868 dau. of William & Mary (p. 228)
Rhoda Catherine bapt. August 3, 1834 dau. of George & Deborah (p. 302)
WHITMORE, (Miss) Susana d. June 1, 1846, funeral June 3, 1846, aged 50 (p. 242)
Susannah E. m. January 21, 1864 to John H. Piles (p. 249)
Susanna Elizabeth b. December 1, 1838, bapt. March 8, 1840 dau. of Grorge & Rhoda Ann (p. 279)
WHITTLE, Isaac b. May 29, 1806, bapt. August 17, 1806, son of Zachariah & Elizabeth (p. 316)
WHYTE, Laura Ann b. January 16, 1850, bapt. June 13, 1852 dau. of Fred & Mary E. White (p. 270)
WIGHT, Mary Eleanor b. December 19, 1822, bapt. June 19, 1822 dau. of Fielder & wife (p. 311)
WIGLE, Sarah b. March 9, 1872, bapt. August 21, 1872 dau. of Jno. & Caroline (p. 225)
WILBURN, Frances Ellen b. November 5, 1841, bapt. March 29, 1842 dau. of Wm. & Ruth Ann (p. 275)
Martha Ann d. August 3, 1856 aged 44 years, funeral August 5, 1856 (p. 239)
Wm. (of D.C.) m. December 17, 1840 to Ruth Ann Ridgeway (p. 254)
WILCOXEN, Washington d. February 25, 1855 age 70, funeral February 28, 1855 (p. 240)
WILKINSON, John B. (of Charles Co.) m. December 24, 1840 to Lucinda Jane Piles (p. 254)
WILLET, Ann Elizabeth b. November 2, 1821, bapt. March 3, 1821 dau. of Chs. & wife (p. 311)
James b. August 27, 1806, bapt. November 2, 1806 son of Benjamin & Mary (p. 315, 316)
Sarah Allen b. February 20, 1853, bapt. June 26, 1853 dau. of Fielder & Elizabeth (p. 269)
Susan Ellen b. March 25, 1823 bapt. May 11, 1823 dau. of Theodore & wife (p. 310)
WILLIAM, servant of Wm. Soper m. December 25, 1859 to Celey, servant Wm. B. Bayne (p. 250)
Wm. servant of Mr. Marden m. November 28, 1846 to Mary, servant Dr. T. Hoxton (p. 252)
Wm. a free man of color m. December 25, 1847 to Betsey, servant Mrs. Maddox (p. 252)
WILLIAM HENRY, servant of Charles Talbot m. January 1, 1839 to Ellen - a servant of Thomas Berry, Esq. (p. 254)
Wm. HENRY (colored) bapt. March 17, 1839, infant son of Ellen, a servant of Miss Nancy Hanson (p. 280)
WILLIAM TENNY, m. December 4, 1842 to ---- colored (p. 253)
WILLIAMS, Henry A. m. September 28, 1865 to Ellen D. Martin (p. 249)
James M. d. December 11, 1866 abt. 42 years, funeral December 15, 1866 (p. 235)

KING GEORGE'S PARISH

John Morgan b. April 18, 1862, bapt. August 21, 1864 son of Richard V. & Alicia C. (p. 255)
Mary Catharine b. April 23, 1864 or April 18, 1862 bapt. August 21, 1864 dau. of Richard V. & Alicia C. (p. 255)
Sarah Elizabeth b. April 23, 1864, bapt. August 21, 1864 dau. of Richard V. & Alicia C. (p. 255)
Thomas E. m. February 1, 1870 to Juliet M. Tolson (p. 249)
WILMAN, Theodore b. April 6, 1806, bapt. August 17, 1806 son of Robert & Priscilla (p. 316)
WILMORE, Zachariah b. December 14, 1799 son of Robert & Priscilla (p. 322)
WILSON, Margarett Jones b. May 20, 1800 dau. William & Margarett (p. 322)
Sarah b. January 8, 1799 dau. of Thomas & Ann (p. 322)
Sarah A. m. September 24, 1861 to Richard T. Walker (p. 250)
WINDSOR, Thomas Dt. b. February 1, 1799, bapt. March 1, 1807 son Linder (p. 315)
WINKLER, Anna Isabella b. March 1, 1866, bapt. September 14, 1869 dau. of James R. & Martha V. (p. 227)
Emma Victoria b. June 14, 1869 bapt. September 14, 1869 dau. of James R. & Martha V. (p. 227)
Thomas Richard b. May 25, 1863, bapt. February 1864 son of James R. & Martha V. (p. 255)
WINKLEY(?) Ellen Vanludon b. September 16, 1840, bapt. July 13, 1841 dau. of Benjamin & Sarah (p. 276)
WOOD, Edgar confirmed November 16, 1869 (p. 262)
Francis Nimrod (colored) b. May 8, 1838, bapt. October 28, 1838 son of John & Mary Ann (p. 281)
YOE, Katie confirmed October 4, 1868 (p. 262)
Wm. H. of Louisiana m. August 27, 1844 to Ellen Maddox (p. 252)
Wm. Harris b. April 4, 1853, bapt. October 9, 1853 son of Wm. H. & Ellen (p. 269)
YOUNG, Caroline d. September 28, 1867 age 24 years, funeral September 29, 1867 (p. 235)
Elizabeth L. B. m. October 25, 1847 to Alexander McCormick (p. 252)
Letty m. December 8, 1801 to James Fenly (5th daughter of Thomas Young) (p. 318)
Wm Henry b. July 14, 1840, bapt. September 14, 1840 son of Wm & Elizabeth (p. 277)

PRINCE GEORGE'S COUNTY, MARYLAND

INDEX TO REGISTER

OF

QUEEN ANNE PARISH

1686 - 1777

Note:
   The original book has seen much use, many pages have been torn, but they have been reassembled, laminated and nicely bound in red leather. The Vestry Minutes cover the period of 1706-1773 and in the back of the book is a section containing birth and marriages. The numbering "b. p. 7" means the section where births are listed, page 7. Likewise "m. p. 10" would mean the marriage section, page 10.

   In using the index, one has to use his imagination as the name Bowe is probably Bowie, Mattu - Matthew, and Schreiff - Shreve or even Sheriff.

HISTORY

of

QUEEN ANNE PARISH (St. Barnabas Church, Leeland)

In 1704 the parishioners of St. Paul's Church at Baden in lower Prince George's County, Maryland, petitioned the Maryland General Assembly that their parish was too large to be properly served by one rector. They further petitioned that the inhabitants of the upper part of Prince George's County should have the services of another clergyman and that St. Paul's Parish should be divided into two parts. In the same year the petition was granted and Queen Anne Parish was created from the northern portion of St. Paul's Parish.

The first parish church of Queen Anne Parish was a frame building which had been a Chapel of Ease in St. Paul's Parish for some time prior to 1704. Some of the records in the Parish Register date back to 1686 and are transcriptions from the chapel records.

The Chapel of Ease was replaced by a brick building begun in April, 1708 and finished in June, 1715.

The third and present building of St. Barnabas Church on this site was begun in 1771 and finished in 1776. It stands today, a large, austere Colonial structure with an adjoining cemetery. A major restoration project was completed in 1975.

The baptismal font which is still in use was brought from St. Barnabas Church in England in 1719. A silver communion service which is used today, was made in England each piece being engraved "St. Barnabas Church of Merreland 1718."

The parish is active and attracts families who have moved into recently developed housing areas nearby. Queen Anne School, grades 7-12, is a recent addition.

St. Barnabas Church at Leeland is a show spot for those interested in the history of Prince George's County. It is a quiet country church, maintained through the many years by generations of loyal parishioners.

H. W. B.

QUEEN ANNE PARISH

ADGATE, Abel, m. Joneacre Cook June 11, 1734 (m. p. 6)
  Elias, b. January 12, 1735 son of Able & Joneacre (b. p. 29)
  Henry, b. September 13, 173- son of Able & Joneacre (b. p. 28)
ALLISON, Henry, b. May 9, 1712 son of John & Ellinor (b. p. 6)
  Sarah, b. June 11, 1710 dau. of John & Ellinor (b. p. 6)
ALLUM, Margt. m. Edward Dawson Junr. January 24, 1720/1 (m. p. 2)
ANDERSON, Eliza: m. William Cook August 12, 1712 (m. p. 1)
  Elizabeth, b. February 19, 1707/8 dau. John & Eliza: (b. p. 4)
  Frances, b. April 14, 1710 dau. John & Eliza: (b. p. 4)
  Grissel, b. February 7, 1712/13 dau. Robert & Jane (b. p. 8)
  Jane, b. August 2, 1706 dau. John & Eliza: (b. p. 4)
  Jane m. Hugh Rogers June 9, 1720 (m. p. 2)
  Mary, b. July 16, 1719 dau. Cuthbert & Mary (b. p. 15)
  Mary m. James Crawford December 26, 1723 (m. p. 3)
  Rachel, b. February 5, 1711/12 dau. John & Eliza: (b. p. 5)
  Robert, b. September 1, 1707 son Cuthbert & Mary (b. p. 6)
  Sarah, b. July 26, 1716 dau. Cuthbert & Mary (b. p. 12)
BAKER, Agness, b. September 29, 1706 dau. Nicholas & Ellinor (b. p. 2)
  John, b. October 16, 1700 son Nicholas & Ellinor (b. p. 1)
  Nicholas, b. November 23, 1703 son Nicholas & Ellinor (b. p. 1)
BALDWIN, James, m. Mary Tyler January 20, 1714 (m. p. 1)
  James, b. January 15, 1720/1 son James & Mary (b. p. 16)
  John, b. May 1, 1717 son James & Mary (b. p. 15)
  Susan, m. John Boyle May 8, 1734 (m. p. 6)
  Susanna, b. January 31, 1719 dau. James & Mary (b. p. 15)
BALL, Henry, b. September 7, 1707 son of John & Ann (b. p. 9)
  John, b. December 6, 1713 son of John & Ann (b. p. 9)
BALLENGER, Elizabeth, b. June 2, 1701 dau. Francis & Judith (b. p. 2)
  John, b. April 19, 1703 son of Francis & Judith (b. p. 2)
  Richard, b. May 25, 1706 son Francis & Judith (b. p. 2)
  William, b. April 16, 1705 son Francis & Judith (b. p. 2)
BANISTER, Jane m. William Brewster June 26, 1716 (m. p. 1)
BANKS, Ann, b. September 1, 1715 dau. of John & Eliza: (b. p. 11)
  Jane, b. September 21, 1701 dau. John & Eliza: (b. p. 7)
  Elizabeth, b. June 17, 1704 dau. John & Eliza: (b. p. 7)
  John, b. October 23, 1707 son of John & Eliza: (b. p. 7)
  Sarah, b. June 15, 1710 dau. John & Eliza: (b. p. 7)
  Samuel, b. January 7, 1712/13 son of John & Eliza: (b. p. 7)
BARNET, Jane, b. May 16, 1719 dau. of Luke & Jane (b. p. 17)
  John, b. August 23, 1717 son of Luke & Jane (b. p. 17)
  Mary, b. April 8, 1721 dau. Luke & Jane (b. p. 17)
  Thomas, b. January 8, 1715 son of Luke & Jane (b. p. 17)
BARNS, John, b. February 18, 1733/4 son of Weaver Barns & Elizabeth (b. p. 27)
BARRAT, Honor, b. August 14, 1712 dau. John Barrat Junr. & wife --- (b. p. 8)
BARRATT, Elizabeth, b. December 6, 1704 dau. Wm. & Mary (b. p. 2)
BASINBY, Edward m. Sarah Evans September 4, 1720 (m. p. 2)
BASMAN, Ann, b. September 25, 1707 dau. Joseph & Mary (b. p. 9)
  William, b. March 27, 1710 dau. Joseph & Mary (b. p. 9)
BATEMAN, John, b. May 9, 1705 son Ishmael & Mary (b. p. 2)
  Martha, m. Henry Hall September 25, 1723 (m. p. 3)
  Martha, b. October 18, 1709 dau. Ishmael & Mary (b. p. 4)
  Mary m. William Goe January 27, 1725 (m. p. 4)
  Mary, b. February 27, 1711/12 dau. Ishmael & Mary (b. p. 5)

QUEEN ANNE PARISH

Rebecca m. Thomas Tilley November 3, 1726 (m. p. 4)
Rebecca, b. July 31, 1707 dau. Ishmael & Mary (b. p. 3)
BAXTER, Francis m. Susanna Ray June 9, 1720 (m. p. 2)
George, b. November 25, 1720 son Francis & Susanna (b. p. 16)
BAZILL, Elizabeth, b. November 8, 1753 dau. John & Elizabeth (b. p. 38)
James, b. November 28, 1760 son John & Elizabeth (b. p. 38)
John, b. April 15, 1756 son John & Elizabeth (b. p. 38)
Joseph, b. September 28, 1758 son John & Elizabeth (b. p. 38)
Mary, b. June 24, 1718 dau. Sarah Bazill (b. p. 14)
Mary, b. June 11, 1764 dau. John & Elizabeth (b. p. 38)
Ralph, b. May 7, 1767 son John & Elizabeth (b. p. 38)
BEACH, Robert b. August 31, 173- son John & Sarah (b. p. 28)
Sarah m. Edward Goodwin June 30, 1735 (m. p. 6)
BEAL, Mary, b. November 25, 1721 dau. Mathew & Hannah (b. p. 17)
BECK, --- b. February 1, ---- dau. Osborn & Mary (b. p. 39)
Anthony, b. October 25, 1737 son James & Sarah (b. p. 31)
--- b. January 6, 173- dau. James & Sarah (b. p. 33)
James m. Sarah Duvall April 1, 1733 (m. p. 6)
James, b. October 6, 1735 son James & Sarah (b. p. 29)
James m. Rebekah Walker June 23, 1761 (m. p. 7)
John, b. February 14, 1749 son James & Sarah (b. p. 34)
Osborn, b. August 17, 1744 son James & Sarah (b. p. 33)
Osborn m. Mary Welsh September 8, 1763 (m. p. 7)
Ruth Duvall b. --- dau. James & Sarah Beck (b. p. 34)
Samuel Duvall, b. January 7, 1733 son James & Sarah (b. p. 27)
Samuel Duvall m. Susanna Tyler March 29, 1767 (m. p. 7)
Sarah, b. February 13, 1745 dau. James & Sarah (b. p. 33)
-------d, b. August 9, 1742 son James & Sarah (b. p. 33)
William, b. March 11, 17-- son James & Sarah (b. p. 35)
BECKET, John m. Ann Drayne November 17, 1724 (m. p. 3)
Richard, b. December 31, 1729 son John & Ann (b. p. 23)
BECKETT, --- b. --- 172- dau. Humphry & Mary (b. p. 22)
Benjamin (twin) b. December 18, 1722 son Humphrey & Mary (b. p. 18)
Eliza. m. Brock Mockbee December 22, 1715 (m. p. 1)
Humphry (twin) b. December 18, 1722 son Humphrey & Mary (b. p. 18)
John m. Mary Nicholls November 18, 1723 (m. p. 3)
Joseph, b. April 4, 1729 son Humphry & Mary (b. p. 23)
BELL, Ellinor b. November 25, 1710 dau. John & Ellinor (b. p. 5)
BELT, --- b. January 6, 1764 dau. of Marsham & Elizabeth (b. p. 38)
Edward, b. March 15, 1749 son Jeremiah & Mary (b. p. 8)
Fielding, b. March 29, 1761 son Jeremiah & Mary (b. p. 8)
George, b. March 1, 1755 son Jeremiah & Mary (b. p. 8)
James b. July 23, 1727 son Col. Joseph & Ester (b. p. 20)
James, b. July 23, 1726 son Joseph & Ester (b. p. 22)
Jeremiah m. Mary Sprigg June 21, 1746 (m. p. 7)
Jeremiah, b. March 4, 1724 son Joseph & Ester (b. p. 22)
John, b. March 13, 1707 son Joseph & Ester (b. p. 22)
John (son of Col. Joseph Belt) m. Margret Queen March 4, 1727/8 (m. p. 5)
John Sprigg, b. September 18, 1752 son Jeremiah & Mary (b. p. 8)
Joseph, b. December 19, 1717 son Joseph & Ester (b. p. 22)
Katherine, b. March 18, 1729 dau. John & Margaret (b. p. 24)
Margery, b. January 18, 1764 dau. Jeremiah & Mary (b. p. 8)
Marsham, b. July 1767 son Marsham & Elizabeth (b. p. 39)
Mary, b. August 18, 1758 dau. Jeremiah & Mary (b. p. 8)
Mary, b. December 24, 1722 dau. Joseph & Ester (b. p. 22)

165

QUEEN ANNE PARISH

Rachel, b. December 13, 1711 dau. Joseph & Ester (b. p. 22)
Rachel dau. Col. Joseph Belt m. Osborn Sprigg July 11, 1727 (m. p. 4)
Richard, b. December 26, 1747 son Jeremiah & Mary (b. p. 8)
Sarah Haddock b. March 18, 17-- dau. John & Margaret (b. p. 25)
Thomas, b. June 15, 1765 son Marsham & Elizabeth (b. p. 38)
Thomas Sprigg, b. July 19, 1756 son Jeremiah & Mary (b. p. 8)
Tobias, b. June 21, 1766 son Jeremiah & Mary (b. p. 8)
Tobias, b. August 20, 1720 son Joseph & Ester (b. p. 22)
BENFIELD, Abraham m. Mary --- April 15, 1737 (m. p. 7)
BENNET, Ann m. October 7, 1723 Thomas Hutchinson (m. p. 3)
Barbara m. Peter Bromfield December 28, 1718 (m. p. 2)
John, b. October 10, 1703 son John & Ann (b. p. 12)
Sarah m. William Denes December 30, 1733 (m. p. 6)
Thomas, b. December 25, 1705 son John & Ann (b. p. 12)
BIVEN, William m. Ann Brushier February 10, 1725/6 (m. p. 4)
BIVIN, Ann m. Richard Jones November 26, 1734 (m. p. 6)
BLACKBURN, Lucy, b. December 19, 1722 dau. Edward & Lucy (b. p. 17)
BOULTON, Henry m. Susanna Mobborly November 6, 1728 (m. p. 5)
BOWE, John m. Elizh. Pottinger December 18, 1735 (m. p. 6)
BOWEE, William and Ann parents of a dau. b. October 13, 1738, a child b.
July 22, 173-, a son b. April 17, 174-- page torn (b. p. '32)
BOYD, Abraham m. Deborah Walley November 8, 1728 (m. p. 5)
Abraham, b. June 5, 1713 son John & Ellinor (b. p. 14)
Benjamin m. Elinor Williams February 27, 1758 (m. p. 7)
Benjamin, b. January 13, 1706 son John & Ellinor (b. p. 14)
Ellinor, b. June 27, 1720 dau. John & Ellinor (b. p. 14)
Frances, b. February 16, 1714/15 dau. Charles & Eliza: (b. p. 10)
John, b. September 25, 1709 son John & Ellinor (b. p. 14)
Margaret, b. September 23, 1730 dau. Abraham & Deborah (b. p. 24)
Martha, b. February 29, 1716 dau. Charles & Elizabeth (b. p. 12)
Mary, b. August 17, 1707 dau. Charles & Eliza: (b. p. 9)
Richard Duckett, b. December 28, 1757 son Thomas & Charity (b. p. 37)
William, b. April 19, 1716 son John & Ellinor (b. p. 14)
BOYDE, Abraham, b. May --- son Benjamin & Elizh. (b. p. 30)
Benjamin m. Elizh. Harwood October 30, 1733 (m. p. 6)
Elinor, b. --- dau. Benjamin Boyde & Elizh. (b. p. 33)
Elinor m. William Wyvill February 14, 1736 (m. p. 6)
John m. Susan Baldwin May 8, 1734 (m. p. 6)
Peggy, b. --- dau. Benjamin & Elizh. (b. p. 33)
Sarah, b. --- dau. Benjamin & Elizh. (b. p. 33)
Thomas, b. September 14, 1734 son Benjamin & Elizh. (b. p. 28)
Thomas m. Charity Duckett March 24, 1757 (m. p. 7)
BRACE, Mary m. William Flower December 10, 1732 (m. p. 6)
BRADCUT, Charles, b. October 19, 1735 son Richd. & Sarah (b. p. 31)
Elizabeth, b. September 3, 1704 dau. Richard & Sarah (b. p. 5)
Joanna, b. May 1, 1708 dau. Richard & Sarah (b. p. 5)
Richard, b. July 29, 1709 son Richard & Sarah (b. p. 5)
Richard, b. May 18, 1738 son Richd. & Sarah (b. p. 31)
Sarah, b. October 18, 1711 dau. Richard & Sarah (b. p. 8)
Susanna, b. August 31, 1713 dau. Richard & Sarah (b. p. 9)
BRADCUTT, Joanna m. John Elson February 1, 1728/9 (m. p. 5)
Richard m. Eliza: Cook February 24, 1715 (m. p. 1)
BRASHEARS, --- b. --- dau. Samuel & Rachel (b. p. 39)
--- b. --- dau. Samuel & Rachel (b. p. 39)
F-- b. --- son Samuel & Rachel (b. p. 39)

QUEEN ANNE PARISH

--- b. December --- child of Samuel & Rachel (b. p. 39)
--- b. March 2, ---- son Samuel & Rachel (b. p. 39)
--- b. Ap--- son Samuel & Rachel (b. p. 39)
BRASHEARS, Ann, b. September 20, 1729 dau. Samuel Junr. & Elizh. (b. p. 31)
Barton, b. --- son Samuel & Rachel (b. p. 39)
Benjamin, b. September 19, 1727 son Samuel Junr. & Elizh. (p. 31)
Clara, b. February 14, 1737 dau. Otho & Mary (b. p. 32)
Elizabeth, b. --- dau. Samuel & Rachel (b. p. 39)
Elizabeth, b. J--- dau. Samuel & Elizabeth (b. p. 32)
Elizabeth, b. June (Jan.?) --- dau. Benj. & Rebeckah (p. 30)
Jeremiah, b. November 15, 1731 son Saml. Junr. & Elizh. (p. 31)
John b. Sept---- son John Sr. & Ruth (b. p. 32)
Martha, b. May 10, 174- dau. Willm. & Priscilla (b. p. 32)
Mary, b. November 20, 1720 (8?) dau. Samuel Junr. & Elizh. (p. 31)
Nasie, b. ---, son Saml. Junr. & Elizth. (b. p. 32)
Otho m. Mary Holmes January 6, 1736 (m. p. 7)
Otho, b. --- son Saml. Junr. & Elizth. (b. p. 32)
Rachel, b. --- dau. Samuel & Rachel (b. p. 39)
Rachel, b. December 25, ---- dau. John Sr. & Ruth (b. p. 32)
Rebeckah, b. March 19, ---- dau. John Sr. & Ruth (b. p. 32)
Rezin, b. November 6, 1736 son William & Priscilla (b. p. 31)
Samuel, b. September 20, 1739 son John & Ruth (b. p. 32)
Turner, b. May 18, 174- son Samuel & Elizh. (b. p. 32)
William m. Priscilla Prather June 11, 1734 (m. p. 6)
William, b. March 5, 173- son William & Priscilla (b. p. 28)
William, b. March 14, 1734 son William & Priscilla (b. p. 31)
BREWSTER, John, b. July 9, 1716 son Wm. & Jane (b. p. 12)
Mary, b. July 21, 1718 dau. William & Jane (b. p. 14)
William m. Jane Banister June 26, 1716 (m. p. 1)
BROGDON, Elizabeth, b. May 3, 1753 dau. Revd. Mr. Willm. Brogdon and El----, his wife (b. p. 36)
BROMFIELD, John b. July 24, 1722 (3?) son Peter & Barbara (b. p. 18)
Peter m. Barbara Bennet December 28, 1718 (m. p. 2)
Peter m. Jane Tucker July 5, 1731 (m. p. 5)
BROOKS, Sarah m. John Joice July 3, 1721 (m. p. 2)
BROWN, Alice b. December 2, 1718 dau. Mark & Susanna (b. p. 14)
Anne, b. March 10, 1739 dau. Thos. & Anne (b. p. 32)
Basil, b. October 25, 1732 son Thomas & Ann (b. p. 27)
Elizabeth, b. January 28, 1738 dau. John & Elizh. (b. p. 31)
Elizabeth, b. September 2, 1715 dau. Joseph & Ann (b. p. 11)
Ellinor, b. August 12, 1707 dau. Joseph & Ann (b. p. 8)
Frances, b. November 27, 1723 dau. Mark & Susanna (b. p. 18)
John, b. January 21, 1723/4 son John & Mary (b. p. 18)
John, b. November 12, 1711 son Joseph & Ann (b. p. 8)
John m. Elizabeth Harper April 24, 1732 (m. p. 5)
Joseph, b. November 29, 1704 son Joseph & Ann (b. p. 8)
Joseph Jnr. m. Rebecca Simmons August 17, 1727 (m. p. 4)
Lucy, b. June 13, 1713 dau. Joseph & Ann (b. p. 13)
Margaret, b. April 8, 1717 dau. John & Margt. (b. p. 12)
Mark, b. August 10, 1717 son Mark & Susanna (b. p. 13)
Mark m. Susanna Fowler November 8, 1716 (m. p. 1)
Mark, b. May 29, 1721 son Mark & Susanna (b. p. 17)
Mary m. James Burrows July 25, 1718 (m. p. 2)
Mary, b. November 3, 1715 dau. John Brown (b. p. 11)
Mary, b. October 27, 1707 dau. John & Dorcas (b. p. 6)

QUEEN ANNE PARISH

Mary, b. January 29, 1702/3 dau. Joseph & Ann (b. p. 8)
Mary, b. April 4, 1736 dau. Thomas & Ann (b. p. 31)
Nasy, b. July 24, 1734 son of Thomas & Ann (b. p. 28)
Robert m. Elizabeth Swan December 11, 1732 (m. p. 6)
Sarah, b. January 14, 1710 dau. John & Dorcas (b. p. 6)
Sarah, b. February 10, 1701 dau. Joseph & Ann (b. p. 8)
Thomas m. Ann Brushier February 20, 1731/2 (m. p. 5)
Thomas, b. May 15, 1709 son Joseph & Ann (b. p. 8)
Ursula, b. December 1713/14 dau. Joseph & Ann (b. p. 8)
BRUNT, James b. September 11, 1717 son James & Dosias (b. p. 13)
BRUSHIER, Ann m. Thomas Brown February 20, 1731/2 (m. p. 5)
Ann m. William Biven February 10, 1725/6 (m. p. 4)
Ann, b. January 4, 1692 dau. Benjan. & Mary (b. p. 1)
Ann, b. August 21, 1724 dau. John & Ruth (b. p. 23)
Ann, b. January 4, 1707 dau. Samuel & Ann (b. p. 3)
Basil, b. October 20, 1732 son John & Ruth (b. p. 26)
Basil, b. March 18, 1713/14 son Samuel & Ann (b. p. 10)
Benjamin, b. May 23, 1698 son Benjan. & Mary (b. p. 1)
Benjamin, b. July 6, 1728 son Benjamin & Rebecca (b. p. 21)
Benjamin Junr. m. Rebecca Walker January 24, 1720/1 (m. p. 2)
Eliza: m. Samuel Brushier Junr. December 17, 1717 (m. p. 2)
Eliza: m. John Turner Junr. July 1, 1718 (m. p. 2)
Elizabeth, b. March 30, 1701 dau. Benjan. & Mary (b. p. 1)
Elizabeth, b. March 37, 1721 dau. Robert & Mary (b. p. 20)
Elizabeth, b. July 27, 1699 dau. Samuel & Ann (b. p. 2)
Isaac, b. August 27, 1726 son John & Ruth (b. p. 23)
John, b. February 19, 1703 son Benjan. & Mary (b. p. 1)
John, b. January 15, 1722/3 son Saml. Junr. & Eliza: (b. p. 18)
John m. Ruth Walker August 13, 1723 (m. p. 3)
John b. November 21, 1702 son Samuel & Ann (b. p. 2)
Leonard, b. October 8, 1714 son Robert & Mary (b. p. 20)
Mary, b. November 17, 1695 dau. Benjan. & Mary (b. p. 1)
Mary, b. June 10, 1720 dau. Samuel & Ann (b. p. 15)
Mary b. October 28, 1723 dau. Benjan. Junr. & Rebecca (b. p. 18)
Mary, b. April 5, 1731 dau. Benjamin Junr. & Rebecca (b. p. 24)
Mary, b. November 5, 1729 dau. John Junr. & Mary (b. p. 23)
Mary m. Ricgard Scaggs December 1727 (m. p. 4)
Maurice, b. January 15, 1724/5 son Samuel Junr. & Eliza: (b. p. 19)
Otho b. November 28, 1716 son Samuel & Ann (b. p. 12)
Priscilla, b. March 4, 1712 dau. Robert & Mary (b. p. 20)
Rachel, b. August 19, 1726 dau. Robert & Mary (b. p. 20)
Rachel, b. June 22, 1728 dau. John Junr. & Mary (b. p. 23)
Rebecca, b. July 27, 1733 dau. Benjamin & Rebecca (b. p. 27)
Robert, b. February 19, 1704/5 son Samuel & Ann (b. p. 2)
Ruth, b. August 7, 1728 dau. John & Ruth (b. p. 23)
Samuel, b. October 13, 1723 son Robert & Mary (b. p. 20)
Samuel, b. February 12, 1696/7 son Samuel & Ann (b. p. 2)
Samuel, b. December 5, 1718 son Samuel Junr. & Eliza: (b. p. 14)
Samuel Junr. m. Eliza: Brushear dau. of Benjan. Brushier Senr.
　　December 17, 1717 (m. p. 2)
Thomas, b. September 11, 1690 son Benjamin & Mary (b. p. 1)
Thomas, b. December 15, 1725 son Benjan. & Rebecca (b. p. 19)
Thomas, b. October 10, 1706 son Robert & Mary (b. p. 2)
Thomas m. Ann Vonman September 11, 1711 (m. p. 1)
Thomas m. Ann Hyatt February 1, 1728/9 (m. p. 5)

QUEEN ANNE PARISH

William, b. March 15, 1706/7 son Benjamin & Mary (b. p. 3)
William Jones, b. January 28, 1694/5 son Samuel & Ann (b. p. 2)
BULLMAN, Alice b. August 7, 1735 dau. John & Ann (b. p. 31)
John, b. August 25, 1733 son John & Ann (b. p. 27)
BURGES, Basil m. Ann Smith February 8, 1759 (m. p. 7)
Charles, b. December 18, 1765 son Basil & Ann (b. p. 39)
Elizabeth, b. December 16, 1762 dau. Basil & Ann (b. p. 39)
William Frederick Augustus b. January 15, 1765 son of Basil & Ann (b. p. 39)
BURGESS, Basil, b. December 20, ---- son of Charles & Martha (b. p. 34)
BURK, Ellinor m. Andrew Leachman May 8, 1712 (m. p. 1)
Margaret, b. November 10, 1720 dau. Vlick & Eliza: (b. p. 17)
Thomas, b. November 4, 1712 son Vlick & Eliza: (b. p. 11)
BURLEY, Jonas m. Elizabeth Reaver October 30, 1729 (m. p. 5)
BURROUGH, James b. February 17, 1727/8 son of Sarah Burrough (b. p. 28)
BURROWS, Ann, b. February 3, 1700 dau. William & Mary (b. p. 5)
Eliza: m. Phillip Green November 7, 1723 (m. p. 3)
James m. Mary Brown July 25, 1718 (m. p. 2)
James, b. October 9, 1723 son James & Mary (b. p. 18)
Mary, b. October 8, 1726 dau. James & Mary (b. p. 20)
Mary m. Martin Parlet April 16, 1723 (m. p. 3)
Mary, b. January 10, 1707 dau. William & Mary (b. p. 5)
BURSIE, Ann, b. January 22, 1705 dau. George & Elizabeth (b. p. 2)
BUTLER, Rupert m. Ann Harris July 3, 1711 (m. p. 1)
BUTT, Barbary, b. October 10, 1760 dau. Aaron & Rachel (b. p. 39)
Benjamin, b. November 5, 174- son of Richard & Rachel (b. p. 35)
Diana, b. February 5, 1707/8 dau. Richard & Mary (b. p. 7)
Mary, b. March 2, 1709/10 dau. of Richard & Mary (b. p. 7)
Nicholas, b. October 20, 1714 son Richard & Mary (b. p. 11)
Rachel, b. July 28, 1741 dau. Richd. & Rachel (b. p. 33)
Richard, b. November 11, 1703 son of Richard & Mary (b. p. 7)
Samuel, b. October 10, 1712 son of Richard & Mary (b. p. 7)
Samuel m. Elizh. Swearingen August 1, 1734 (m. p. 6)
Thomas, b. December 29, 1705 son of Richard & Mary (b. p. 7)
BYCRAFT, Benjamin, b. September 16, 1710 son Peter & Rebecca (b. p. 8)
Ester m. Philbert Right December 3, 1712 (m. p. 1)
George, b. December 28, 1713 son Peter & Rebecca (b. p. 9)
Margaret, b. October 6, 1702 dau. Peter & Rebecca (b. p. 8)
Mary b. March 11, 1716 dau. Peter & Rebecca (b. p. 11)
Peter b. May 10, 1707 son Peter & Rebecca (b. p. 8)
Rebecca, b. August 16, 1705 dau. Peter & Rebecca (b. p. 8)
CALLENDER, William m. Mary Mitchell January 26, 1724/5 (m. p. 4)
CAMBDEN, Henry, b. April 14, 1720 son John & Ester (b. p. 15)
John m. Ester Wood December 28, 1718 (m. p. 2)
John m. Katherine Hall October 8, 1724 (m. p. 3)
John, b. June 30, 1721 son John & Ester (b. p. 17)
CARRICK, Elizabeth, b. October 16, 1764 dau. John Junr. & Mary (b. p. 8)
Francis, b. March 21, 1767 son John & Mary (b. p. 8)
another son (no name) b. December 23, 1768 (b. p. 8)
Henry, b. December 19, 1765 son John & Mary (b. p. 8)
William, b. May 19, 1771 son John & Mary (b. p. 8
CASH, Ann, b. April 28, 1723 dau. John & Mary (b. p. 17)
Caleb, b. July 10, 1722 son of John & Mary (b. p. 19)
Dauson, b. August 11, 1712 son John & Mary (b. p. 8)
John, b. August 22, 1714 son John & Mary (b. p. 10)

QUEEN ANNE PARISH

Mary, dau. of John Cash m. William Harr February 7, 1726/7 (m. p. 4)
Mary, m. Alexander Fraquear December 1727 (m. p. 4)
Rachel, b. July 1, 1720 dau. Jon: Cash & Mary (b. p. 17)
Ruth, b. October 5, 1717 dau. John & Mary (b. p. 13)
CAVEY, Henry, b. March 10, 1714 son Robert & Eliza: (b. p. 10)
Mary, b. March 28, 1720 dau. Robert & Eliza: (b. p. 15)
CECILL, John m. Elizabeth Sallars 1718 (m. p. 2)
Mary, b. July 2, 1716 dau. Phillip & Eliza. (b. p. 14)
CHAFFEY, Mary m. Edward Resting March 18, 1715/16 (m. p. 1)
CHAMBERLAIN, James, b. September 1, 1712 son Henry & Mary (b. p. 8)
CHAPLAIN, John m. Rebekah Cheny September 19, 1758 (m. p. 7)
CHAPLIN, ---, b. --- son John & Rebekah (b. p. 38)
William b. October 16, 17-- son John & Rebecai (b. p. 46)
also a dau. -----
CHAPLINE, Anna, b. December 2, 1714 dau. William & Eliza: (b. p. 10)
Elizabeth, b. November 14, 1722 dau. William & Elizabeth (b. p. 26)
Joseph, b. September 5, 1707 son William & Eliza: (b. p. 7)
Mary, b. September 17, 1712 dau. William & Eliza: (b. p. 7)
Moses, b. June 11, 1717 son William & Eliza: (b. p. 14)
William, b. October 25, 1709 son William & Eliza. (b. p. 7)
William, b. April 17, 1726 son William & Elizabeth (b. p. 26)
CHAPMAN, James m. Mary Miles September 29, 1723 (m. p. 3)
James, b. January 5, 1702 son John & Alice (b. p. 2)
John, b. January 3, 1716 son John & Eliza. (b. p. 12)
Mary, b. May 21, 1726 dau. James & Mary (b. p. 19)
CHAPPELL, Henry, b. January 7, 1709 son Newman & Mary (b. p. 12)
CHEANY, Mary, b. April 2, 1735 dau. Saml. & Ann (b. p. 29)
Rebeckah, b. March 11, 173- dau. Greenbury & Elizh: (b. p. 28)
Charles, b. January 13, 1722/3 son Charles & Mary (b. p. 18)
Dorcas, b. February 15, 1725 dau. Charles & Mary (b. p. 21)
CHEENY, Ezekiel, b.May 25, 1727 son Charles & Mary (b. p. 23)
Eliza: m. Thomas Joice April 22, 1716 (m. p. 1)
CHEENY, Jeremiah, b. January 16, 1731/2 son Charles & Mary (b. p. 25)
Mary, b. ----6, 17-- dau. Charles & Mary (b. p. 24)
Rebekah m. John Chaplain September 19, 1758 (m. p. 7)
CHILD, Ann, b. January 13, 1733 (5?) dau. John & Elizh: (b. p. 30)
Elizabeth m. Thomas Webb November 19, 1734 (m. p. 6)
Elizabeth b. February 11, 1711/12 dau. John & Sarah (b. p. 7)
John m. Elizabeth DuMolin December 31, 1730 (m. p. 5)
John D'Million, b. November 25, 1732 son John & Elizabeth (b. p. 25)
CLARK, a dau. Joshua & Mary (b. p. 36)
Abraham, b. December 8, 1731 son Abraham & Margaret (b. p. 25)
Ann, b. August 20, 17--, dau. Gabl. & Rebecah (b. p. 34)
Ann, b. December 23, 1731 dau. William & Ann (b. p. 25)
Ann, b. March 6, 1736 dau. Wilm. & Ann (b. p. 30)
Benjamin, b. March 25, 1730 son Abraham & Margaret (b. p. 23)
Caleb, b. ----- son of Joshua & Mary (b. p. 33)
Daniel, b. February 14, 1733 son Willm. & An (b. p. 27)
Eliza: m. James Hill October 22, 1723 (m. p. 3)
Elizabeth, b. ---- 1728, dau. Abraham & Margaret (b. p. 22)
Elizabeth, b. January 7, 1743 dau. Joshua & Mary (b. p. 33)
Elizabeth, b. December 31, 1726 dau. William & Ann (b. p. 20)
Gabriel, b. September 8, 1724 son William & Ann (b. p. 19)
George, b. July --, ---- son Samuel & Sophia (b. p. 34)
Henry, b. December 30, 1737 son Abram: & Margrett (b. p. 31)

QUEEN ANNE PARISH

John Russel, b. July 26, 1735 son Abraham & Margret (b. p. 29)
Joshua, b. April 6, 174-, son Joshua & Mary (b. p. 33)
Joshua, b. November 3, 1720 son William & Ann (b. p. 16)
Mareen, b. August 11, 174-, son Joshua & Mary (b. p. 35)
Margret, b. January 6, 1733 dau. Abraham & Margret (b. p. 28)
Mary, b. October 28, 1727 dau. Abraham & Margaret (b. p. 22)
Mary, b. December 7, ----, dau. Joshua & Mary (b. p. 34)
Mary, b. September 20, 1729 dau. Wm. Clark & Ann (b. p. 23)
Priscilla, b. September 24, ----, dau. Gabril & Rebecah (b. p. 34)
Samuel, b. August 21, 174-, son Joshua & Mary (b. p. 35)
Samuel, b. August 1, 1722 son William & Ann (b. p. 18)
---- Thomas, b. August ---- son Joshua & Mary (b. p. 36)
William, b. September 24, 17--, son Samuel & Sophia (b. p. 34)
CLARKE, Daniel, b. September 23, 1773 son of Daniel & Marget (b. p. 46)
Elizabeth b. February 11, 1711/12 dau. Thomas & Eliza: (b. p. 6)
CODY, Hellen, b. September 8, 1716, dau. James & Mary (b. p. 13)
Katherine, b. March 24, 1719 dau. James & Mary (b. p. 16)
Mary, b. March 24, 1717, dau. James & Mary (b. p. 13)
COLBRON, Joseph m. Mary Stone December 21, 1710 (m. p. 1)
Joseph, b. March 14, 1707/8 son Francis & Deborah (b. p. 4)
COLLIER, William, b. September --, 17--, son William & Mary (b. p. 29)
COLLINS, Mary, b.November 12, 1714 dau. Morgan & Grace (b. p. 10)
COLVART, Charles, the Honoble. Esqr. Govr. of Maryland m. Rebecca Gerrard (dau. of Mr. John Gerrard late of Prince Georges Couty. deced and Eliza. his wife) - ye Revd. Jacob Henderson, Rector of St. Barnabas Church in Queen Anne Parish, November 21, 1722 (m. p. 2)
CONDAL, David m. Elizh. Warner December 30, 1733 (m. p. 6)
COODY, Edmund, b. April 7, 1724, son James & Mary (b. p. 20)
Margaret, b. June 4, 1726 dau. James & Mary (b. p. 20)
COOK, Edward, b. September 1, 1713, son Edward & Sarah (b. p. 10)
Eliza: m. Richard Bradcutt February 24, 1715 (m. p. 1)
George, b. June 17, 1702 son Edward & Sarah (b. p. 5)
George m. Elizabeth Reynolds January 31, 1726/7 (m. p. 4)
George, b. February 8, 1728/9 son George & Elizabeth (b. p. 22)
John, b. September 29, 1717 son Edward & Sarah (b. p. 13)
Joneacre, b. May 12, 1713 dau. William & Eliza: (b. p. 8)
Joneacre, m. Abel Adgate June 11, 1734 (m. p. 6)
Rebecca, b. February 13, 1714/5, dau. William & Eliza: (b. p. 10)
Sarah, b. April 18, 173-, dau. George & Elizh. (b. p. 28)
Sarah, b. March 31, 1710 dau. Edward & Sarah (b. p. 5)
Sarah, b. October 14, 1731, dau. Wm. & Mary (b. p. 25)
William, b. July 7, 1706, son Edward & Sarah (b. p. 5)
William, b. October 6, 1734, son William & Mary (b. p. 28)
William m. Eliza: Anderson August 12, 1712 (m. p. 1)
COOTS, Robert m. Mary ---- November 25, 1734 (m. p. 6)
COPLAND, John m. Mary Fowler November 10, 1726 (m. p. 4)
Sarah, b. April 12, 1727, dau. John & Mary (b. p. 20)
COSTER, Robert, b. March 10, 1732, son Robert & Elizabeth (b. p. 25)
COVER, Mary, b. August 6, 1758 dau. John & Elizh. (b. p. 37)
COVILL, Jacob, b. November 30, 1727 son Jonathan & Mary (b. p. 21)
Jeremiah, b. May 6, 1714 son Jonathan & Mary (b. p. 10)
Josias, b. July 28, 1717 son Jonathan & Mary (b. p. 13)
Leah, b. December 11, 1723 dau. Jonathan & Mary (b. p. 21)
Mary, b. May 5, 1710 dau. Jonathan & Mary (b. p. 6)
Sarah, b. July 25, 1720 dau. Jonathan & Mary (b. p. 16)

QUEEN ANNE PARISH

Susanna b. August 31, 1712 dau. Jonathan & Mary (b. p. 6)
COX, Jeremiah, b. October 12, 1712 son John & Ann (b. p. 9)
  John, b. May 1, 1714 son John & Ann (b. p. 9)
CRABB, Ellinor, b. September 20, 1726 dau. Ralph & Priscilla (b. p. 20)
  Henry Wright, b. January 16, 1722/3 son Ralph & Priscilla (b. p. 18)
  Jeremiah, b. October --, 1728 son Ralph & Priscilla (b. p. 21)
  John, b. June 15, 1731 son Ralph & Priscilla (b. p. 24)
  Margaret, b. August 13, 1720 son Ralph & Priscilla (b. p. 17)
  Ralph m. Priscilla Sprigg dau. Col. Thos. Sprigg August 22, 1716 (m. p. 2)
  Ralph, b. November 29, 1724 son Ralph & Priscilla (b. p. 19)
  Sarah, b. October 20, 1717 dau. Ralph & Priscilla (b. p. 17)
  Sarah m. Robert Magruder December 5, 1734 (m. p. 6)
  Thomas, b. April 21, 1719 son Ralph & Priscilla (b. p. 17)
CRAWFORD, Adam, b. August 8, 1724 son James & Mary (b. p. 19)
  Adam, b. August 8, 1731 son James & Mary (b. p. 29)
  Elizabeth, b. August 5, 1730 dau. James & Mary (b. p. 25)
  Eleanor, b. October 22, 1731 dau. James & Mary (b. p. 29)
  James m. Mary Anderson December 26, 1723 (m. p. 3)
  James, b. October 1, 1732 son James & Mary (b. p. 26)
  Mary, b. July 27, 1726 dau. James & Mary (b. p. 25)
  Nathaniel, b. August 31, 1728 son James & Mary (b. p. 25)
CROSS, --- b. November --- dau. William & Mary (b. p. 39)
  ---- b. November 8, 1759 child of John & Elizh. (b. p. 37)
  Ann, b. January 11, 1731 dau. Robert & Jane (b. p. 26)
  Catharine, b. March 27, 173- dau. Robt. & Jane (b. p. 28)
  George, b. May 29, 1706 son George & Eliza: (b. p. 13)
  Jacob, b. April 28, 1765 son Jeremiah & Ann (b. p. 38)
  Jeremiah, b. January 8, 1765 son Jeremiah & Ann (b. p. 39)
  John, b. January 9, 1732/3 son Robert & Jane (b. p. 26)
  Margaret, b. April 16, 1718 dau. George & Eliza: (b. p. 13)
  Robert, b. October 1, 1736 son Robt: & Jane (b. p. 30)
  Sarah m. Thomas Foster November 25, 1735 (m. p. 6)
  Sarah, b. December 18, 1763 dau. Jeremiah & Ann (b. p. 38)
  Sarah, b. October 16, 1716 dau. George & Eliza: (b. p. 13)
  Thomas, b. November 30, 1711 son George & Eliza: (b. p. 13)
DAINTREY, Richard m. Elizabeth Mason November 23, 1727 (m. p. 4)
DANIELSON, Ann, b. May 13, 1704 dau. Daniel & Elizabeth (b. p. 1)
  Eliza: m. John Moor November 7, 1706 (m. p. 1)
  Margaret m. Joseph Gold December 22, 1715 (m. p. 2)
DARBY, George, b. June 12, 1726 son Josias & Henrietta (b. p. 25)
  Joseph, b. April 1, 1730 son Josias & Henrietta (b. p. 25)
  Rebecca, b. February 12, 1727/8 dau. Josias & Henrietta (b. p. 25)
DAVIS, Ann m. Thomas Nicholls October 8, 1717 (m. p. 1)
  Ann, b. April 25, 1709 dau. Foulk & Katherine Davis (b. p. 10)
  David, b. October 25, 1714 son Faulk & Katherine Davis (b. p. 10)
  Leah m. John Goodman November 4, 1714 (m. p. 1)
  Mareen, b. June 6, 1734 son William & Mary (b. p. 30)
  Nathan, b. July 17, 1734 son of Saml. & Deborah (b. p. 30)
  Samuel, b. January 30, 1735 son of Saml. & Deborah (b. p. 30)
  Thomas m. Eliza: Ryder August 18, 1719 (m. p. 2)
  Thomas, b. June 18, 1719 son of Thomas & Elizabeth (b. p. 15)
  Vachel b. April 22, 1734 son of William & Mary (p. 28)
DAWSON, Edward, b. March 4, 1726 (?) son Edward & Margt. (b. p. 22)
  Edward, b. June 19, 1730 son Edward & Margaret (b. p. 26)
  Edward Junr. m. Margt. Allum January 24, 1720/1 (m. p. 2)

QUEEN ANNE PARISH

James, b. March 3, 1721/2 son Edward Junr. & Margt. (b. p. 17)
John, b. April 4, 1728 son Edward & Margt. (b. p. 22)
Margaret, b. July 19, 1732 dau. Edward & Margaret (b. p. 26)
Mary, b. February 27, 1723/4 dau. Edward & Margt. (b. p. 18)
DENES, William m. Sarah Bennet December 30, 1733 (m. p. 6)
DENUNE, -------am, b. January 14, 1744 son William & Elizh. (b. p. 33)
William had dau. b. March 10, 173- (page torn) (b. p. 28)
Alexander, b. January 28, 1730 son William & Elizabeth (b. p. 24)
Ann, b. December 26, 1737 dau. William & Elizh: (b. p. 32)
Catherine, b. May 8, 1743 dau. William & Elizh. (b. p. 33)
Elizabeth, b. September 18, 1729 dau. William & Elizabeth (b. p. 23)
Elizabeth, b. April 10, 1745 dau. William & Elizh. (b. p. 33)
---------, b. March 10, 173- dau. William & Elizth. (b. p. 28)
Jacob Henry, b. November 24, 174- son William & Elizh. (b. p. 35)
Jane, b. July 30, 1732 dau. William & Elizabeth (b. p. 26)
Martha, b. December 26, 1736 dau. William & Elizh. (b. p. 30)
Mary, b. March 3, 17-- dau. of Will: & Elizh. Denune (b. p. 34)
Susannah, b. June 18, 1739 dau. William & Elizh. (b. p. 32)
William m. Elizabeth Duvall, dau. of Maren Duvall at ye Western branch
    December 24, 1728 (m. p. 5)
DIXON, Mary, b. May 30, 1734 dau. Henry & Sabina (b. p. 28)
Morrice, b. December 20, 1731 son Henry & Sabina (b. p. 26)
DODD, Madm. Mary m. Mr. Robert Tyler June 10, 1718 (m. p. 2)
DOWDEN, Elizabeth b. August 29, 1716 dau. John & Ester (b. p. 12)
Rachel m. Henry Thickpenny January 5, 1715 (m. p. 1)
Thomas, b. January 2, 1712/13 son John & Ester (b. p. 8)
DOWNS, Katherine Goldsmith, b. June 10, 1733 dau. Isaac & Elizh. (b. p. 27)
DOWSET, ---- b. August 18, 1726 son Francis & Jane (b. p. 27)
Ann, b. August 2, 1730 dau. Francis & Jane (b. p. 27)
Henry, b. June 14, 1728 son Francis & Jane (b. p. 27)
Jane, b. December 10, 1732 dau. Francis & Jane (b. p. 27)
Rachel, b. January 30, 1724 dau. Francis & Jane (b. p. 27)
DRANE, ---- b. October 15, 1756 son James & Elizabeth (b. p. 37)
---- b. July 14, ----   James & Elizabeth (b. p. 38)
Anthony, ---------------- son of James & Elizh. (b. p. 36)
Elizabeth, b. ------ dau. James & Elizh. (b. p. 33)
James, b. August ------ son of James & Elizabeth (b. p. 36)
Thomas, b. -------- son of James Drane and Elizabeth (b. p. 33)
DRAYNE, Ann m. John Becket November 17, 1724 (m. p. 3)
DUCKER, Abraham, b. February 17, 1731/2 son of William & Mary (b. p. 25)
Ann, b. September 20, 1734 dau. William & Mary (b. p. 28)
John, b. September 23, 1722 son William & Mary (b. p. 18)
Mary, b. September 26, 1723 dau. William & Mary (b. p. 19)
Nathaniel, b. May 5, 1729 son William & Mary (b. p. 22)
Sarah, b. July 2, 1727 dau. William & Mary (b. p. 20)
William m. Mary Heild August 21, 1721 (m. p. 2)
William, b. July 5, 1725 son of William & Mary (b. p. 19)
DUCKET, Martha, b. March 17, 1736 dau. Richd. & Elizh. (b. p. 32)
Richard m. Elizh. Williams June 2, 1735 (m. p. 6)
a son born March 17, 1733 to Richard Ducket & Mary (b. p. 28)
DUCKETT, ---- b. October 23, 1751 son Richd. & Elizh. (b. p. 37
---- b. June 12, 1753 son Richard & Elizabeth (b. p. 37)
a daughter b. September 11, 174- to Richd. & Elizh. (b. p. 37)
----er, b. October 19, 1758 dau. Richd. & Elizh. (b. p. 37)
----nal, b. March 4, 1755, son Rich. & Elizh. (b. p. 37)

QUEEN ANNE PARISH

----uth, b. December ---- son Richard & Elizabeth (b. p. 37)
Ann, b. March 18, 1710/11 dau. Richard & Charity (b. p. 5)
Ann m. Robert Wheeler Junr. November 23, 1732 (m. p. 6)
Anne, b. June 5, 1770 dau. Richard & Martha (b. p. 46)
Basil, b. March 26, 1779 son Richard & Martha (b. p. 46)
Charity, b. March 26, 1703 dau. Richd. & Charity (b. p. 4)
Charity m. Larking Peirpoint November 18, 1725 (m. p. 4)
Charity, b.June 10, 174- dau. Richd. & Elizth. (b. p. 32)
Charity m. Thomas Boyde March 24, 1757 (m. p. 7)
Elenor, b. December 25, 1737 dau. Richd: & Elizh: (b. p. 31)
Elizabeth, b. December 28, 1700 dau. Richd. & Charity (b. p. 4)
Elizabeth, b. January 20, 1741 dau. Richd. & Elizh. (b. p. 33)
Elizabeth, b. July 12, 1767 dau. Richard & Martha (b. p. 46)
Jacob, b. November 11, 1714 son Richard & Charity (b. p. 10)
Jane, b. October 7, 1761 dau. Richard & Martha (b. p. 46)
John, b. October 31, 1706 son Richd. & Charity (b. p. 4)
John Jr., n. Ann Raitt, dau. of John Raitt and Ann his wife August 9, 1759 (m. p. 7)
Lucy, b. October 24, 176- dau. Richard & Martha (b. p. 46)
Martha, b. June 29, 17-- dau. Richard Junior & Martha (b. p. 46)
Martha m. Rignal Odell August 25, 1754 (m. p. 7)
Martha (twin) b. October 14, 1716 dau. Richd. & Charity (b. p. 12)
Mary, b. October 27, 1699 dau. Rd. & Charity (b. p. 4)
Mary m. Nathan Wells December 13, 1716 (m. p. 1)
Mary, b. January 6, 1756 dau. Richard Junr. & Martha (b. p. 36)
Rachell (twin) b. October 14, 1716 dau. Richd. & Charity (b. p. 12)
Richard, b. February 27, 1704/5 son Richd. & Charity (b. p. 4)
Richard, b. April 12, 1732 son Richard Junr. & Mary (b. p. 25)
Richd: Junr. m. Mary Nutwell November 13, 1729 (m. p. 5)
Sarah, b. July 30, 1718 dau. Richard & Charity (b. p. 14)
Susanna m. Thomas Wheeler March 6, 1732/3 (m. p. 6)
Susanna, b. October 30, 1712 dau. Richard & Charity (b. p. 8)
Thomas, b. March 26, 1744 son Richd. & Elizh. (b. p. 33)
Thomas Waring, b. October 9, 176- son Richard & Martha (b. p. 46)
William, b. May 2, 1748 dau. Richd. & Elizh. (b. p. 37)
DuMOLIN, Elizabeth m. John Child December 31, 1730 (m. p. 5)
DUVALL, ---- b. ------ dau. James & Sarah (b. p. 38)
DUVALL, ---- b. January 31, 17-- dau. Samuel & Elizh. (b. p. 32)
-----os, b. December ---- son Mareen & Ruth (b. p. 37)
DUVALL, Alexander, b. July 10, 1739 son of Mareen & Ruth (b. p. 33)
Ann, b. May 8, 1709 dau. Maren Junr. & Eliza: (b. p. 5)
Ann, b. January 25, 174- dau. Martha & Mareen Duvall (b. p. 35)
Benjamin, b. May 29, 1719 son Benjan. & Sophia (b. p. 15)
Benjamin, b. September 30, 1717 son Maren Duval ye younger & Sarah (b. p. 16)
Benjamin, b. April 4, 1711 son Maren Junr. & Eliza: (b. p. 5)
Benjamin (twin) b. November 5, 174- son Benjn. & Susanh. (b. p. 35)
Charity, b. ---- dau. Samuel Duval & Elizh. (b. p. 30)
Charity m. John Macdugil February 20, 1757 (m. p. 7)
Charles, b. July 20, 1729 son Benjamin & Sophia (b. p. 23)
Cornelius, b. February 23, 1731 son Mareen Junr. & Ruth (b. p. 29)
David, b. November 4, ---- son Joseph & Susannah (b. p. 36)
Delilah, b. ---- dau. Benjn. Duvall Junr. & Sush. (b. p. 34)
Edward, b. ---- son Benjamin & Susanh: (b. p. 36)
Elisha, b. January 18, 1737 son Saml. & Elizh. (b. p. 31)

QUEEN ANNE PARISH

Elizabeth, b. July 20, 1706 dau. Maren Junr. & Eliza: (b. p. 5)
Elizabeth, b. August 24, 1720 dau. Maren Duvall ye younger and Sarah his wife (b. p. 16)
Elizabeth, b. March 31, 1726 dau. Maren Duval Junr. & Ruth (b. p. 20)
Elizabeth, dau. of Maren Duvall at ye Western branch m. William Denune December 24, 1728 (m. p. 5)
Elizabeth, b. ---- 15, 1738 dau. Samuel & Elizh. (b. p. 32)
Elizabeth, b. August 28, 1739 dau. John & Ann (b. p. 33)
Elizabeth, b. December 14, 174- dau. Benjn. & Susanh: (b. p. 35)
Elizabeth m. John Gover December 15, 1757 (m. p. 7)
Elizabeth m. John Macgill December 4, 1759 (m. p. 7)
Elizabeth, b. September 27, 1773 dau. Joseph & Susanna (b. p.46)
Ephraim, b. July 12, 1742 son Mareen Duvall & Ruth (b. p. 33)
Ester b. October 4, 1705 dau. Samuel & Eliza: (b. p. 4)
Gabriel, b. September 13, 1724 son Maren & Eliza: (b. p. 19)
Gabriel, b. ---- son Benjn. Duvall Junr. & Susannah (b. p. 34)
Gabriel, b. October 2, ---- son Samuel & Elizabeth (b. p. 34)
Henry, b. February 7, 1733-4 son Maren Junr. & Ruth (b. p. 27)
Henry Howard, b. September ---- son Joseph & Susanna (b. p. 39)
Jacob, b. April 19, 1715 son Maren & Eliza: (b. p. 15)
Jacob, b. May 13, 174- son Saml. & Elizabeth (b. p. 35)
James, b. March 3, 1723/3 son Samuel & Elizabeth (b. p. 26)
James, b. May ---- son Saml. Duvall & Elizh. (b. p. 30)
Jeremiah, b. August 24, 1741 son Saml. Duvall & Elizh. (b. p. 35)
Jesse, b. ---- son Samuel & Elizabeth (b. p. 34)
John, b. July 21, 17-- son Benjamin & Mary (b. p. 36)
John, b. February 20, 1712/3 son Maren Junr. & Eliza: (b. p. 9)
John, b. February 22, 1745 son John & Ann (b. p. 33)
Joseph, b. January 16, 1733 son Maren Junr. & Ruth (b. p. 24)
Joseph, b. June 28, 1763 son Joseph & Susanna (b. p. 39)
Lewis m. Ellinor Farmer November 26, 1722 (m. p. 2)
Lewis, b. December 3, 1721 son Maren & Eliza: (b. p. 17)
Lewis, b. J ---- 174- son Martha & Mareen Duvall (b. p. 35)
Lucy m. William Forrest July 1, 1735 (m. p. 6)
Mareen Junr. (twin) b. June 22, 1714 son Mareen & Sarah (b. p. 35)
Maren, b. November 14, 1702 son Maren Junr. & Eliza: (b. p. 5)
Maren (twin) b. June 22, 1714 son Maren Duvall ye younger and Sarah his wife (b. p. 10)
Maren Howard, b. December 23, 1728 son Maren Duvall Junr. at ye Marsh & Ruth his wife (b. p. 21)
Margret, b. February 9, 1740 dau. Mareen & Ruth (b. p. 33)
Marsh Mareene, b. April 17, 1741 son John & Ann (b. p. 33)
Martha, b. June ---- dau. Benjamin & Mary (b. p. 36)
Mary b. November 2, 1711 dau. Maren Duvall ye younger and Sarah his wife (b. p. 6)
Mary, b. March 22, 1717 dau. Maren & Eliza: (b. p. 15)
Mary Stewart, b. ---- dau. Joseph & Susanna (b. p. 39)
Priscila, b. February 11, 1737 dau. Mareen Junr. & Ruth (b. p. 31)
Ruth, b. February ---- dau. James & Sarah (b. p. 36)
Ruth, b. July 31, 1703 dau. Samuel & Eliza: (b. p. 4)
Ruth, b. November 25, 1725 dau. Maren Junr. & Ruth (b. p. 19)
Samuel, b. ---- son James & Sarah (b. p. 36)
Samuel, b. November 27, 1707 son Maren Junr. & Eliza. (b. p. 5)
Samuel (twin) b. June 22, 1714 son Maren Junr. & Sarah (b. p. 10)
Samuel the third (twin) b. June 22, 1714 son Mareen & Sarah (b. p. 35)

QUEEN ANNE PARISH

Samuel m. Elizabeth Mulliken May 16, 1732 (m. p. 5)
Samuel, b. July 2, 174- son Samuel & Elizh. (b. p. 32)
Sarah, b. ---- dau. Benjn. Junr. & Susanh. (b. p. 34)
Sarah, b. August 28, 1708 dau. Samuel & Eliza: (b. p. 4)
Sarah, b. October 1, 1732 dau. Maren & Ruth (b. p. 26)
Sarah m. James Beck April 1, 1733 (m. p. 6)
Sophia, b. March 18, 1716 dau. Benjan: & Sophia (b. p. 15)
Susanna b. September 12, 1704 dau. Maren Junr. & Eliza: (b. p. 5)
Susanna, b. December 16, 1714 dau. Benjan. & Sophia (b. p. 14)
Susanna m. Alexander Falconar February 9, 1719 (m. p. 2)
Susanna m. William Fowler August 25, 1724 (m. p. 3)
Susanna m. Samuel Tyler July 11, 1734 (m. p. 6)
Susanna, b. November 14, 176- dau. Joseph & Susanna (b. p. 39)
Susannah (twin) b. November 5, 174- dau. Benjn. & Susanh: (b. p. 35)
Susannah, b. March 19, 1743 dau. John & Ann (b. p. 33)
Susannah m. Samuel Tyler February 21, 1762 (m. p. 7)
DUVALL, Thomas, b. August 15, 17-- son Benjamin & Mary (b. p. 36)
Zachariah b. February 10, 1743 son Mareen & Ruth (b. p. 33)
DYE, Mary b. July 28, 1734 dau. Henry & Ann (b. p. 28)
DYER, Santelo m. Margaret Ryley November 7, 1723 (m. p. 3)
EGLON, William, b. August 31, 1720 son John & Ellinor (b. p. 16)
ELLIS, Agniss, b. August 29, 1697 dau. Christopher & Mary (b. p. 1)
Christopher, b. June 29, 1698 son Christopher & Mary (b. p. 1)
Elizabeth, b. June 15, 1689 dau. Christopher & Mary (b. p. 1)
James, b. January 11, 1723/4 son Christopher & Eliza: (b. p. 18)
John, b. March 24, 1726 son Christopher & Elizabeth (b. p. 20)
ELLURBURTON, Elizabeth b. January 3, 1730/1 (no parents given) (b. p. 24)
ELSON, John m. Joanna Bradcutt February 1, 1728/9 (m. p. 5)
John, b. October 8, 1732 son John & Joanna (b. p. 26)
Sarah, b. December 15, 1729 dau. John & Johannah (b. p. 23)
William, b. September 4, 1734 son John & Johanna (b. p. 28)
EVANS, Ann m. Robert Pottinger December 2, 1718 (m. p. 2)
Ann, m. William Kitchen December 22, 1722 (m. p. 3)
Arden, b. March 15, 1720/1 son of David & Ann (b. p. 16)
Edward, b. March 26, 1734 son Samuel & Sarah (b. p. 27)
Eliza: m. Charles Lucas November 20, 1718 (m. p. 2)
Ellinor, b. December 5, 1714 dau. David & Ann (b. p. 13)
John, b. August 21, 1717 son David & Ann (b. p. 13)
John, b. November 2, 1728 son Samuel & Sarah (b. p. 21)
John m. Martha Evans (dau. of John Evans) January 1, 1722/3 (m. p. 3)
Mary, b. October 30, 1718 dau. Samuel & Sarah (b. p. 14)
Priscilla, b. December 26, 1726 dau. Samuel & Sarah (b. p. 20)
Sarah m. Edward Basinby September 4, 1720 (m. p. 2)
Sarah, b. April 5, 1725 dau. Samuel & Sarah (b. p. 19)
FALCONAR, Alexander m. Susanna Duvall February 9, 1719 (m. p. 2)
FALCONER, Alexander, b. February 11, 1719/20 son Alexander & Susanna (b. p. 15)
David, b. April 22, 1726 son Alexander & Susanna (b. p. 23)
Elenor, b. July 17, 1765 dau. Gilbert & Margery (b. p. 38)
Ellinor, b. November 26, 1726 dau. Alexander & Susanna (b. p. 23)
Gilbert, b. January 15, 1722/3 son Alexander & Susanna (b. p. 18)
Jane, b. July 31, 1729 dau. Alexr. & Susanna (b. p. 23)
John, b. August 13, 1721 son Alexander & Susanna (b. p. 18)
Lucy, b. January 15, 1730/1 dau. Alexander & Susanna (b. p. 28)
Margaret, b. August 20, 1724 dau. Alexander & Susanna (b. p. 19)

QUEEN ANNE PARISH

Rachel, b. April 25, 1737 dau. Alexr. & Susannah (b. p. 31)
Samuel, b. October 25, 1732 son Alexander & Susanna (b. p. 28)
Sarah, b. January 7, 1735 dau. Alexander & Susannah (b. p. 31)
FARMER, Eliza m. Samuel Sweringen February 14, 1715 (m. p. 1)
Ellinor m. Lewis Duvall November 26, 1722 (m. p. 2)
Mary, b. August 15, 1723 dau. William & Elizabeth (b. p. 26)
Mary, b. February 27, 1718/19 dau. Samuel & Sarah (b. p. 15)
Priscilla, b. June 30, 1724 dau. Samuel & Sarah (b. p. 18)
Rachel, b. February 10, 1728 dau. William & Elizabeth (b. p. 26)
William b. July 10, 1726 son William & Elizabeth (b. p. 26)
FERGUSON, John m. Mary Williams November 29, 1715 (m. p. 2)
FITCH, William b. November 19, 1709 son Henry & Mary (b. p. 5)
FITZGARRALD, Sarah Mills b. November 11, 1736 dau. Garrot & Sarah (b. p. 31)
FITZGERALD, Edward, b. November 19, 1731 son Gerard & Mary (b. p. 25)
Elizabeth, b. September 18, 1733 dau. Garret & Elizh. (b. p. 29)
Gerrard, b. June 2, 1730 son Gerard & Mary (b. p. 24)
Margaret, b. August 27, 1722 dau. Gerd. & Mary (b. p. 19)
Mary, b. September 13, 1725 dau. Gerd. & Mary (b. p. 19)
FITZGERALD, Sarah, b. April 11, 1727 dau. Gerd. & Mary (b. p. 22)
FLETCHER, George m. Elizabeth Stamp November 23, 1727 (m. p. 4)
Jane m. John Fossett November 19, 1723 (m. p. 3)
FLOWER, William m. Mary Brace December 10, 1732 (m. p. 6)
FORREST, Elizabeth, b. October 12, 1737 dau. William & Lucy (b. p. 31)
Lucy, b. F----- dau. William & Lucy (b. p. 34)
Rachel, b. October 16, 1735 dau. William & Lucy (b. p. 29)
William m. Lucy Duvall July 1, 1735 (m. p. 6)
FOSSETT, John m. Jane Fletcher November 19, 1723 (m. p. 3)
FOSTER, Eliza m. John Swan January 24, 1720/1 (m. p. 2)
Hugh, b. July 7, 1715 son John & Eliza: (b. p. 14)
John m. February 15, 1708 Eliz: Green (m. p. 1)
John, b. January 24, 1709 son John & Eliza: (b. p. 6)
Richard, b. August 14, 1710 son John & Eliza: (b. p. 6)
Richard, b. July 4, 1717 son John & Eliza: (b. p. 14)
Richard Lewis, b. September 16, 1770 son Basil & Priscilla (b. p. 8)
Thomas, b. February 4, 1711/12 son John & Eliza: (b. p. 6)
Thomas m. Sarah Cross November 25, 1735 (m. p. 6)
FOWLER, Ann, b. June 14, 1713 dau. Thomas & Susanna (b. p. 9)
Benjamin, b. May 30, 1705 son Thomas & Susanna (b. p. 3)
Benjamin, b. December 16, 1733 son William & Susanna (b. p. 28)
Benoni m. Kezia Isaac September 24, 1734 (m. p. 6)
Benony, b. November 15, 1714 son Thomas & Susanna (b. p. 11)
Elizabeth, b. June 14, 1697 dau. Thomas & Susanna (b. p. 3)
Elizabeth, b. November 17, 1725 dau. William & Susanna (b. p. 19)
Jeremiah, b. May 12, 1711 son Thomas & Susanna (b. p. 9)
John, b. September 12, 1703 son Thomas & Susanna (b. p. 3)
Maren, b. January 20, 1731/2 son William & Susanna (b. p. 25)
Mary, b. April 3, 1708 dau. Thomas & Susanna (b. p. 4)
Mary m. John Copland November 10, 1726 (m. p. 4)
Richard, b. October 6, 1709 son Thomas & Susanna (b. p. 4)
Samuel, b. October 19, 1706 son Thomas & Susanna (b. p. 3)
Susanna, b. March 22, 1702 dau. Thomas & Susanna (b. p. 3)
Susanna, b. January 25, 1726/7 dau. William & Susanna (b. p. 20)
Susanna m. Mark Brown November 8, 1716 (m. p. 1)
Thomas, b. September 11, 1709 son Thomas & Susanna (b. p. 3)
Thomas, b. February 24, 1728/9 son William & Susanna (b. p. 21)

QUEEN ANNE PARISH

William, b. February 16, 1699 son Thomas & Susanna (b. p. 3)
William m. Susanna Duvall August 25, 1724 (m. p. 3)
William, b. April 9, 1730 son William & Elizabeth (b. p. 24)
FRAQUEAR, Alexander m. Mary Cash December 1727 (m. p. 4)
GARING, Jeremiah b. ---- son Henry & Catherine (b. p. 36)
GATHER, Alexander m. Sarah Wells October 23, 1729 (m. p. 5)
GERRARD, Rebecca, b. October 9, 1706 dau. John & Elizabeth (b. p. 2)
 Rebecca dau. Mr. John Gerrard and Eliza. his wife, m. Charles Colvart,
  Gov. of Maryland November 21, 1722 (m. p. 2)
GILBERT, Martha, b. February 4, 1766 dau. Gilbert & Margery (b. p. 38)
GILBURN, Margaret, b. August 16, 1708 dau. William & Dorothea (b. p. 4)
GITTINGS, Philip, b. ---- 1715 son Phillip Junr. & Eliza: (b. p. 11)
GLADSTON, Elizabeth, b. May 10, 1706 dau. James & Joyce (b. p. 4)
 James, b. December 29, 1711 son James & Joice (b. p. 9)
 John, b. April 2, 1714 son James & Joice (b. p. 9)
 Joyce, b. February 5, 1709/10 dau. James & Joyce (b. p. 4)
 Thomas, b. December 19, 1707 son James & Joyce (b. p. 4)
GOAR, James b. November 7, 1707 son James & Mary (b. p. 3)
GODFRY, Sarah, b. May 28, 1727 dau. Joshua & Jane (b. p. 26)
GOE, Elenor, b. September 12, 1768 dau. William & Dorcas (b. p. 46)
 Henry Bateman, b. June 14, 1770 son William & Dorcas (b. p. 46)
 Margaret, b. August 19, 1727 dau. William & Mary (b. p. 20)
 Phillip, b. March 24, 1767 son William & Dorcas (b. p. 46)
 Turner, b. January 22, 1772 son William & Dorcas (b. p. 46)
 William m. Mary Bateman January 27, 1725 (m. p. 4)
 William m. Dorcas Turner ---- 1754 (m. p. 7)
 William, b. August 4, 1729 son William & Mary (b. p. 23)
GOLD, John m. Elizabeth Nush April 28, 1723 (m. p. 3)
 Joseph m. Margaret Danielson December 22, 1715 (m. p. 2)
GOODMAN, John m. Leah Davis November 4, 1714 (m. p. 1)
 John, b. March 28, 1717 son John & Leah (b. p. 12)
 Rachel, b. May 10, 1715 dau. John & Leah (b. p. 10)
GOODWIN, Ann, b. ---- dau. John & Tabitha (b. p. 36)
 Edward m. Sarah Beach June 30, 1735 (m. p. 6)
 Elizabeth, b. February 28, 1758 dau. John & Tabitha (b. p. 37)
 Elizabeth, b. September 14, 1739 dau. Edwd. & Sarah (b. p. 32)
 Gabriel (twin) b. March 10, 1743 son Edwd. & Sarah (b. p. 33)
 John, b. August 9, 1735 son Edwd. & Sarah (b. p. 31)
 Margret (twin) b. March 10, 1743 son Edwd. & Sarah (b. p. 33)
 Mary, b. February ---- dau. Edward & Sarah (b. p. 35)
 Sarah, b. November 8, 1737 dau. Edwd. & Sarah (b. p. 31)
 Sarah, b. ---- dau. John & Tabitha (b. p. 36)
GOVER, John m. Elizabeth Duvall December 15, 1757 (m. p. 7)
GRAY, Ellinor, b. November 5, 1728 dau. William & Sarah (b. p. 22)
 John, b. December 26, 1724 son William & Sarah (b. p. 22)
GREEN, Ann b. February 16, 1717 dau. Phillip & Sarah (b. p. 15)
 Comfort, b. April 20, 1720 dau. Phillip & Sarah (b. p. 15)
 Elijah, b. August 15, 1732 son of Philip & Elizabeth (b. p. 26)
 Eliz: m. John Foster February 15, 1708 (m. p. 1)
 Elizabeth, b. March 28, 1704 dau. of Eliza: (b. p. 6)
 Elizabeth, b. December 1, 1716 dau. Phillip & Sarah (b. p. 15)
 Hugh m. Susanna Holland July 18, 1717 (m. p. 1)
 Hugh, b. April 13, 1724 son Hugh & Susanna (b. p. 19)
 Indey, b. July 11, 1720 dau. Hugh & Susanna (b. p. 19)
 John, b. August 23, 1714 son Phillip & Sarah (b. p. 14)

QUEEN ANNE PARISH

Mary, b. February 23, 1717 dau. Hugh & Susanna (b. p. 13)
Mary, b. April 14, 1724 dau. Phillip & Eliza: (b. p. 19)
Phillip m. Eliza: Burrows November 7, 1723 (m. p. 3)
Sarah, b. April 23, 1712 dau. Phillip & Sarah (b. p. 6)
Sarah m. William Nichols November 10, 1737 (b. p. 7)
GREENFIELD, Martha m. Basil Waring January 31, 1709 (m. p. 1)
GREENUP, John, b. October 2, 1707 son William & Mary (b. p. 3)
Mary, b. August 18, 1701 dau. Wm. & Mary (b. p. 2)
GREENWOOD, Samuel, b. April 12, 1732 son of Samuel & Mary (b. p. 25)
William, b. September 13, 1733 son Samuel & Mary (b. p. 27)
GRIFFIN, Jane m. Ninian Mariarte May 8, 1735 (m. p. 6)
GRIMES, Elizabeth, b. November 18, 1721 dau. Edward & Martha (b. p. 17)
GRIMMET, Margaret, b. May 1, 1720 dau. Robert & Eliza: (b. p. 15)
GUTTRIDGE, Diana, b. February 2nd or Third, 1730 dau. Richard & Elizabeth (b. p. 24)
Elizabeth, b. November 2, 1717 dau. Richard & Eliza: (b. p. 13)
Johanna, b. October 8, 1723 dau. Richd. & Eliza: (b. p. 18)
Martha, b. March 23, 1726/7 dau. Richd. & Eliza: (b. p. 20)
Mary, b. November 14, 1715 daughter of Richard (b. p. 11)
Rebeckah, b. November 2, 1733 dau. Richard & Elizabeth (b. p. 27)
Sarah, b. October 6, 1719 dau. Richard & Eliza: (b. p. 15)
GUY, Jeremiah, b. June 8, 1704 son Jeremiah & Jane (b. p. 4)
GWIN, Elizabeth, b. August 11, 1729 dau. Edward & Ester (b. p. 23)
Sarah, b. October 9, 1732 dau. Edward & Ester (b. p. 26)
HALL, ---- b. ---- of Edward & Martha a son (b. p. 38)
---- b. ---- son of William & Ann (b. p. 39)
---- b. January 4, 1767 dau. of Edward & Martha (b. p. 39)
Benjamin m. Sophia Welsh December 9, 1731 (m. p. 5)
Benjamin, b. July 25, 1732 son Henry & Martha (b. p. 26)
Edward m. Martha Odell June 14, 1764 (m. p. 7)
Elizabeth, b. July 12, 1721 dau. Katherine (b. p. 17)
Elizabeth, b. May ---- dau. William & Ann (b. p. 39)
Henry m. Martha Bateman September 25, 1723 (m. p. 3)
Henry m. Elizabeth Lansdale (no date given) (m. p. 6)
Henry, b. May 26, 1727 son Henry & Martha (b. p. 20)
John, b. November 30, 1732 son Benjamin & Sophia (b. p. 26)
John, b. November 24, 1729 son Henry & Martha (b. p. 23)
Joseph m. Mary Tippin April 30, 1735 (m. p. 6)
Katherine m. John Cambden October 8, 1724 (m. p. 3)
Mary, b. January 31, 1724/5 dau. Henry & Martha (b. p. 19)
Rachel, b. May ---- dau. William & Ann (b. p. 39)
HARBEN, Johanna, b. March 30, 1716 dau. Wm. & Alice (b. p. 11)
John, b. August 20, 1711 son William Harben & Alice (b. p. 11)
Margaret, b. April 20, 1713 dau. William & Alice (b. p. 11)
William, b. May 30, 1718 son William & Alice (b. p. 14)
HARDESTY, Francis, b. December 26, 1734 son Francis & Elseh: (b. p. 28)
HARDING, Charles, b. November 26, 1711 son John & Eliza: (b. p. 5)
Elizabeth, b. October 28, 1713 dau. John & Eliza: (b. p. 9)
John, b. April 29, 1718 son John & ELiza: (b. p. 13)
Mary b. September 8, 1715 dau. John & Eliza: (b. p. 11)
HARDISTY, Elizabeth, b. March 26, 1737 dau. Thomas & Alice (b. p. 31)
HARPER, Elinor, b. December 22, 1721 dau. Nathl. & Jane (b. p. 16)
Elizabeth, b. November 11, 1714 dau. Nathanl: & Jane (b. p. 15)
Elizabeth m. John Brown April 24, 1732 (m. p. 5)
Francis, b. November 11, 1719 son Nathanl: & Jane (b. p. 15)

QUEEN ANNE PARISH

Jane, b. February 28, 1713 dau. Nathaniel & Jane (b. p. 15)
John, b. September 27, 1711 son Nathaniel & Jane (b. p. 15)
HARR, William m. Mary Cash dau. of John Cash February 7, 1726/7 (m. p. 4)
HARRIS, Ann, m. Rupert Butler July 3, 1711 (m. p. 1)
HARTLY, Elizabeth, b. July 30, 1720 dau. ---- & Susan (b. p. 27)
HARWOOD, Elizh. m. Benjamin Boyde October 30, 1733 (m. p. 6)
  Elizabeth, b. May 24, 1719 dau. Thomas & Sarah (b. p. 15)
  Jeremiah, b. December 23, 1732 son Thomas & Sarah (b. p. 26)
  John, b. September 10, 1724 son Thomas & Sarah (b. p. 19)
  John, b. January 31, 1728/9 son Thomas & Sarah (b. p. 21)
  Mary, b. January 23, 173- dau. Thomas & Sarah (b. p. 24)
  Richard, b. November 8, 1722 son Thomas & Sarah (b. p. 17)
  Thomas, b. October 28, 1720 son Thomas & Sarah (b. p. 16)
  Thomas, b. December 8, 1726 son Thomas & Sarah (b. p. 20)
HAWK, Ann, b. ---- dau. Willm. Hawk & ---- (b. p. 33)
HAY, Robert, b. November 5, 1725 son John & Sarah (b. p. 19)
HAYMOND, Hannah, b. March 21, 1726/7 dau. John & Margaret (b. p. 20)
  John m. Margaret Calder August 22, 1723 (m. p. 3)
  Mary, b. June 16, 1724 dau. John & Margt. (b. p. 18)
  Nicholas, b. January 4, 1729 son John & Margaret (b. p. 23)
HEAD, Ann, b. November 4, 1711 dau. William & Ann (b. p. 5)
  Charity, b. June 14, 1717 dau. William & Ann (b. p. 13)
  John, b. May 21, 1714 son William & Ann (b. p. 10)
  Katherine, b. January 14, 1712/13 dau. Wm. & Ann (b. p. 8)
  Heild, Mary m. William Ducker August 21, 1721 (m. p. 2)
HENNIS, Alice m. William Howerton September 24, 1724 (m. p. 3)
  Ann, b. July 1, 1707 dau. David & Alice (b. p. 3)
  David, b. September 27, 1701 son David & Mary (b. p. 1)
  David, b. February 14, 1728/9 son David & Sarah (b. p. 22)
  Martha, b. July 27, 1704 dau. David & Alice (b. p. 2)
  Martha, b. June 16, 1713 dau. David & Alice (b. p. 12)
  Mary, b. November 2, 1698 dau. David & Alice (b. p. 1)
  Samuel, b. March 16, 1710 son David & Alice (b. p. 11)
HENWOOD, John, b. May 29, 1712 son Mary (b. p. 16)
  Ruth, b. August 23, 1714 dau. Mary (b. p. 12)
  Ruth, b. August 31, 1714 dau. Mary (b. p. 16)
  Sarah, b. December 18, 1719 dau. Mary (b. p. 16)
HESSILIUS, Elizabeth, b. June 8, 1724 dau. Gustavus & Lydia (b. p. 18)
HESTER, Mary, b. September 20, 1729 dau. Wm. & Zipporah (b. p. 23)
HIGGINS, Ann, b. June 20, 1729 dau. John & Sarah (b. p. 23)
  James, b. November 17, 1733 son John & Sarah (b. p. 27)
HILL, Elizabeth, b. May 18, 1705 dau. Jonathan & Elizabeth (b. p. 2)
  James m. Eliza: Clark October 22, 1723 (m. p. 3)
HILLARY, Elizabeth, b. November 7, 1716 dau. Thomas & Ellinor (b. p. 12)
HILLEARY, Ellinor, b. September 20, 1728 dau. Thomas Junr. & Sarah (b. p. 21)
  Henry, b. February 15, 1726/7 son Thomas & Ellinor (b. p. 20)
  John m. Margret King December 18, 1735 (m. p. 6)
  Sarah, b. November 10, 1733 dau. Thomas & Sarah (b. p. 27)
  Mrs. Sarah m. Revd. Mr. James Magill October 8, 1730 (m. p. 5)
  Thomas, b. February 16, 1729/30 son Thomas & Sarah (b. p. 23)
  Thomas, b. August 9, 1731 son Thos. & Sarah (b. p. 29)
  Thomas Junr. m. Sarah Odill November 9, 1727 (m. p. 4)
  Virlinda, b. March 4, 1735 dau. Thos. Hilleary & Sarah (b. p. 29)
HILLIARD, Ann m. Benjamin White February 1, 1722/3 (m. p. 3)

QUEEN ANNE PARISH

HINTON, Francis, b. February 21, ---- son John & Mary (b. p. 26)
John, b. November 27, 1730 son John & Mary (b. p. 24)
HOBBS, ---- b. February 2, 1756 dau. Thomas & Ann (b. p. 37)
Ann, b. December 2, ---- dau. Thomas & Ann (b. p. 34)
John, b. November 1, 174- son Thos. Hobbs & Ann (b. p. 35)
Susannah, b. September 11, ---- dau. Thos. & Ann (b. p. 33)
HOCKER, Mary, b. February 19, 1713/14 dau. Nicholas & Sophia (b. p. 9)
Phillip, b. July 15, 1716 son Nicholas & Sophia (b. p. 12)
HODGES, Charity, b. August 5, 1707 dau. Thomas & Charity (b. p. 3)
Charles Ramsey, b. February 18, 1704 son Thomas & Charity (b. p. 2)
Elizabeth, b. May 7, 1710 dau. Thomas & Charity (b. p. 2)
John, b. September 30, 1702 son Thomas & Charity (b. p. 2)
Presotia, b. May 13, 1700 dau. Thomas & Charity (b. p. 2)
Sarah, b. March 22, 1713 dau. Thomas & Charity (b. p. 9)
Sarah m. John Veach September 29, 1731 (m. p. 5)
Thomas, b. November 3, 1697 son Thomas & Charity (b. p. 2)
HOLLAND, Elizabeth, b. August 25, 1730 dau. James & Amy (b. p. 24)
James m. Amy Simmons October 9, 1729 (m. p. 5)
John, b. December 23, 1731 son James & Amy (b. p. 25)
Josias, b. January 23, 1733-4 son James & Amy (b. p. 27)
Prudence, b. September 7, 1719 dau. Otho Holland & ---- (b. p. 15)
Sarah, m. Ryley Moore son of Wm. Moore August 16, 1726 (m. p. 4)
Sarah m. John Hughes November 20, 1710 (m. p. 1)
Susanna m. Hugh Green July 18, 1717 (m. p. 1)
HOLMES, Clara m. Peter Mackean August 5, 1736 (m. p. 7)
Edward, b. July 21, 1713 son William & Mary (b. p. 9)
Mary m. Otho Brashears January 6, 1736 (m. p. 7)
HOOK, Mary, b. September 17, 1708 dau. James & Margaret (b. p. 3)
HOWERTON, Alice m. Peter Hyat 1728 (m. p. 5)
William m. Alice Henniss September 24, 1724 (m. p. 3)
HUGHES, Elizabeth b. February 13, 1711/12 dau. John & Sarah (b. p. 8)
John m. Sarah Holland November 20, 1710 (m. p. 1)
HUNTLY, Mary m. Christopher Lakey September 15, 1724 (m. p. 3)
HUTCHINSON, Eliza: m. William Pile April 29, 1723 (m. p. 3)
Thomas m. Ann Bennet October 7, 1723 (m. p. 3)
HYATT, Ann, b. March 10, 1711/12 dau. Charles & Sarah (b. p. 6)
Ann m. Thomas Brushier February 1, 1728/9 (m. p. 5)
Ann, b. March 11, 1706 dau. Charles & Sarah (b. p. 2)
Elizabeth, b. March 22, 1714 dau. Charles & Sarah (b. p. 9)
Penelope, b. April 20, 1716 dau. Charles & Sarah (b. p. 11)
Peter, b. January 30, 1707 son Charles & Sarah (b. p. 3)
Peter m. Alice Howerton 1728 (m. p. 5)
Seth, b. October 5, 1718 son Seth & Alice (b. p. 17)
Shadrack, b. February 25, 1720/1 son Seth & Alice (b. p. 17)
William, b. February 18, 1717 son Charles & Sarah (b. p. 13)
HYDE, Ann, b. May 14, 1733 dau. Isaac & Mary (b. p. 26)
Elizabeth, b. March 24, 1731 dau. Isaac & Mary (b. p. 24)
Sarah, b. September 29, 1725 dau. Isaac & Mary (b. p. 19)
IGELHART, ---- b. August 28, 1765 ---- Sarah (b. p. 39)
IGELHEART, -----ha, b. July 21, 1764 dau. John & Mary (b. p. 38)
Jacob, b. March 30, 1774 son John & Mary (b. p. 8)
Jemima, b. May 31, 1776 dau. John & Mary (b. p. 8)
John, b. June 23, 1770 sonJohn & Mary (b. p. 8)
Richard, b. September 11, 1772 son John & Mary (b. p. 8)
ISAAC, Drusilla, b. April 5, 1723 dau. Richard & Sara (b. p. 18)

QUEEN ANNE PARISH

Jemima, b. May 21, 172- dau. Richard & Sarah (b. p. 20)
Jemima m. Mordecai Jacob December 7, 1745 (m. p. 7)
Kezia m. Benoni Fowler September 24, 1734 (m. p. 6)
Kezia, b. February 5, 1719 dau. Richd. & Sarah (b. p. 18)
Mary, b. May 4, 1712 dau. Richard & Sarah (b. p. 6)
Mary m. John Oliver April 9, 1715 (m. p. 1)
Mary dau. of Rd. Isaac m. Joseph Peach February 17, 1725/6 (m. p. 4)
Rachel, b. July 2, 1716 dau. Richard & Sarah (b. p. 12)
Richard, b. January 21, 1720/1 son Richard & Sarah (b. p. 16)
JACOB, ----- b. October 13, 1757 son Mordicai & Gemima (b. p. 38)
----- b. May 1, 1755 son Mordicai & Gemima (b. p. 38)
----- b. October 2, 1762 dau. Mordicai & Gemima (b. p. 38)
-------ma, b. December 1, 1759 dau. Mordicai & Gemima (b. p. 38)
Alice, b. May 31, 1752 dau. Mordicai & Gemima (b. p. 38)
Benjamin m. Elenor Odell April 21, 1771 (m. p. 7)
Benjamin, b. August 29, 1724 son Benjan. & Alice (b. p. 19)
Benjamin, b. ------ son Mordecai & Jemima (b. p. 33)
Benjamin, b. December 10, 1710 son Joseph & Eliza: (b. p. 5)
Benjamin, b. December 10, 1710 son Joseph & Eliza: (b. p. 9)
Elizabeth, b. January 13, 1712 dau. Joseph & Eliza: (b. p. 9)
John, b. May 19, 1723 son Joseph & Elizabeth (b. p. 18)
Joshua, b. January 27, 1720/1 son Joseph & Eliza: (b. p. 16)
Joshua, b. September 17, 1725 son Joseph & Eliza: (b. p. 19)
Mordecai, b. May 24, 1714 son Benjamin & Alice (b. p. 10)
Mordecai, m. Ruth Tyler September 10, 1741 (m. p. 7)
Mordecai m. Jemima Isaac December 7, 1745 (m. p. 7)
Mordicai, b. September 9, 1748 son Mordicai & Gemima (b. p. 38)
Rebecca, b. August 22, 1718 dau. Joseph & Eliza (b. p. 14)
Ruth, b. ----- dau. Mordecai & Ruth (b. p. 33)
Sarah, b. April 30, 1750 dau. Mordicai & Gemima (b. p. 38)
Sarah, b. May 17, 1719 dau. Benjn. & Alice (b. p. 15)
Shadrack, b. April 13, 1716 son Joseph & Eliza: (b. p. 12)
JAMES, Thomas m. Elizh. Lashle January 13, 1735 (m. p. 6)
Thomas, b. May 4, 1716 son Thomas Junr. & Mary (b. p. 11)
JENKINGS, Elizabeth, b. August 19, 1712 dau. John & Eliza: (b. p. 11)
Mary, b. October 22, 1713 dau. John & Eliza: (b. p. 11)
Priscilla, b. September 16, 1710 dau. John & Eliza: (b. p. 11)
JOHNSON, Randolph, b. May 17, 173- son of Randolph & Mary (b. p. 28)
Rebecca, b. December 3, 1728 dau. Randolph & Mary (b. p. 22)
JOICE, Cheeny, b. July 7, 1724 son Thomas & Eliza: (b. p. 18)
JOYCE, Elizabeth, b. September 27, 1722 dau. Thomas & Eliza: (b. p. 17)
James, b. July --, 1734(?) son John & Sarah (b. p. 34)
John m. Sarah Brooks July 3, 1721 (m. p. 2)
John, b. December 29, 1720 son Thomas & ELizabeth (b. p. 17)
John, b. December 13, 1731 son John & Sarah (b. p. 25)
Thomas m. Eliza: Cheeny April 22, 1716 (m. p. 1)
Thomas, b. February 1, 1718 son Thomas & Eliza: (b. p. 17)
JONES, Abraham, b. May 8, 1719 son Richd. & Eliza: (b. p. 14)
Benjamin, b. May 14, 1726 son Richard & Eliza: (b. p. 19)
Elizabeth, b. December 12, 1720 dau. Eliza: & Richard (b. p. 16)
Henry, b. August 14, 1733 son Richard & Elizabeth (b. p. 27)
Isaac, b. January 19, 1729 son Richard & Elizabeth (b. p. 23)
Jacob, b. November 30, 1731 son Richard & Elizabeth (b. p. 25)
Joseph, b. October 4, 1722 son Richard & Eliza: (b. p. 17)
Richard m. Ann Bivin November 26, 1734 (m. p. 6)

QUEEN ANNE PARISH

Richard m. Jane Sweringen February 18, 1717 (m. p. 1)
Richard, b. July 27, 1724 son Richard & Eliza: (b. p. 19)
Samuel, b. March 29, 1728 son Richard & Elizabeth (b. p. 21)
Sarah m. David McDaniel 1715 (m. p. 1)
Thomas, b. May 16, 1731 son Richard & Rachel (b. p. 24)
KING, Cave, b. June 1, 1722 dau. Francis & Margt. (b. p. 17)
Francis m. Margt. Sprigg dau. of Col. Thos. Sprigg September 26, 1717 (m. p. 2)
Francis, b. January 19, 1724/5 son Francis & Margt. (b. p. 19)
Margaret, b. August 28, 1718 dau. Francis & Margaret (b. p. 14)
Margret m. John Hilleary December 18, 1735 (m. p. 6)
Thomas, b. November 5, 1720 son Francis & Margaret (b. p. 16)
KITCHEN, William m. Ann Evans December 22, 1722 (m. p. 3)
KREWSTUB, Mary m. John Powell Junr. October 8, 1731 (m. p. 5)
LAKEY, Christopher m. Mary Huntly September 15, 1724 (m. p. 3)
LAKING, Abraham m. Martin Lee October 10, 1717 (m. p. 1)
LANE, John, b. ---- 1723 son John & Ann (b. p. 18)
LANSDALE, Elizabeth m. Henry Hall (no date given) (m. p. 6)
Thomas Lancaster, b. August 14, 1727 son Isaac & Margt. (b. p. 21)
LASHLE, Elizh. m. Thomas James January 13, 1735 (m. p. 6)
Robert m. Elizh. Soper January 16, 1735 (m. p. 6)
LASHLY, Elizabeth, b. March 26, 1716 dau. John & Alice (b. p. 11)
John, b. April 7, 1708 son John & Alice (b. p. 9)
Joseph, b. January 5, 1713/14 son John & Alice (b. p. 9)
Mary, b. March 25, 1711 dau. John & Alice (b. p. 9)
Mary m. Thomas Wood October 26, 1732 (m. p. 6)
Robert, b. September 25, 1705 son John & Alice (b. p. 2)
LEACHMAN, Andrew m. Ellinor Burk May 8, 1712 (m. p. 1)
Samuel, b. May 19, 1714 son Andrew & Ellinor (b. p. 10)
LEE, Ann, b. July 11, 1717 dau. John & Ellinor (b. p. 12)
Eleanor m. John Riddle May 31, 1735 (m. p. 6)
Elizabeth, b. March 3, 1693/4 son William & Ann (b. p. 1)
John, b. June 19, 1691 son William & Ann (b. p. 1)
Margaret, b. January 14, 1695/6 dau. Wm. & Ann (b. p. 1)
Martha m. Abraham Laking October 10, 1717 (m. p. 1)
Martha, b. June 20, 1699 dau. Wm. & Ann (b. p. 1)
Mellona, b. June 1, 1689 dau. Wm. Lee & Ann (b. p. 1)
LEMAR, John, b. April 22, 1713 son Thomas Junr. & Martha (b. p. 8)
LEMARR, John m. Susanna Tyler January 21, 1714 (m. p. 1)
LENTALL, Elizabeth m. John Riddle Junr. February 9, 1729 (m. p. 5)
LENTHAL, Mary, b. January 5, 1719/20 dau. William & Eliza: (b. p. 16)
Samuel, b. July 15, 1715 son Wm. & Eliza: (b. p. 11)
LENTON, George, b. December 14, 1703 son Wm. & Eliza: (b. p. 1)
Rebecca, b. January 14, 1698 dau. Wm. & Eliza: (b. p. 1)
William, b. April 29, 1701 son Wm. & Eliza: (b. p. 1)
LEWIS, Daniel, b. October 6, 1715 son Jonathan & Mary (b. p. 11)
David (twin) b. October 7, 1718 son Jonathan & Mary (b. p. 14)
John, b. November 30, 1713 son Jonathan & Mary (b. p. 8)
Jonathan, b. August 29, 1711 son Jonathan & Mary (b. p. 5)
Jonathan (twin) b. October 7, 1718 son Jonathan & Mary (b. p. 14)
Mary, b. September 28, 1720 dau. Jonathan & Mary (b. p. 16)
Thomas, b. September 11, 1706 son Jonathan & Mary (b. p. 2)
William, b. October 13, 1708 son Jonathan & Mary (b. p. 3)
LILES, Robert m. Priscilla Nutwell December 12, 1723 (m. p. 3)
LINTON, Margery, b. May 16, 173- dau. George & Mary (b. p. 28)

QUEEN ANNE PARISH

LITTON, Benjamin, b. Monday, April 17, 1732 of John & Elizabeth (b. p. 25)
Elizabeth, b. Friday, May 15, 173- dau. John & Elizabeth (b. p. 24)
John m. Elizabeth Pindel June 9, 1729 (m. p. 5)
John (twin), b. Wednesday, August 15, 1733 son of John & Elizabeth (b. p. 27)
Phillip (twin) the eldest b. Wednesday, August 15, 1733 son of John & Elizabeth (b. p. 27)
LOCKLEN, Jane, b. December 16, 1722 dau. John & Susan (b. p. 27)
Jeremiah (twin) b. September 27, 1727 son John & Susan (b. p.27)
John, b. April 16, 1725 son John & Susan (b. p. 27)
Mary (twin) b. September 27, 1727 dau. John & Susan (b. p. 27)
LOVE, Anne, b. August 1, 1769 dau. Aaron & Elizabeth (b. p. 8)
Sophia, b. September 4, 1773 dau. Aaron & Elizabeth (b. p. 8)
LUCAS, ---- b. July 19, 1730 son Charles & Elizh. (b. p. 31)
a daughter b. October 17, 1734 dau. Charles & Elizh. (b. p. 31)
Ann, b. ----- dau. Charles & Elizh. (b. p. 30)
Charles, b. July 1, 1721 son Charles & ELizh. (b. p. 30)
Charles, b. April 20, 1692 son Thomas & Dorothy (b. p. 1)
Charles m. Eliza: Evans November 20, 1718 (m. p. 2)
Elizabeth, b. March 1, 172- dau. Charles & Elizh. (b. p. 30)
James b. February 27, 1712/13 son Thomas Senr. & Dorothy (b. p. 8)
Jane, b. September 4, 1707 dau. Thomas & Dorothy (b. p. 3)
Mary, b. June 13, 17-- dau. Charles & Elizh. (b. p. 30)
Mary, b. September 12, 1712 dau. Thomas Senr. & Dorothy (b. p. 6)
Richard, b. July 29, 1732 son Charles & Elizabeth (b. p. 26)
Samuel, b. November 23, 1736 son Charles & Elizh. (b. p. 31)
Sarah, b. November 18, 1705 dau. Thomas & Dorothy (b. p. 2)
Sarah, b. ----- 1715 dau. Thomas & Ann (b. p. 11)
Susanna, b. December 3, 1703 dau. Thomas & Dorothy (b. p. 1)
Thomas, b. March 30, 1712 son Thomas & Ann (b. p. 6)
Thomas, b. April 12, 172- son Charles & Elizh. (b. p. 30)
William, b. March 15, 1713/14 son Thomas Junr. & Ann (b. p. 9)
LYLES, Robert (twin) b. September ---- son Zachariah & Margery (b. p. 36)
Thos. (twin) b. September ---- son Zachariah & Margery (b. p. 36)
MABURTON, a child born March --, 17-- to William & Lucrease (b. p. 28) page torn
MACCABE, Elizabeth Ann, b. April 9, 1731 dau. Lucy & Ann (b. p. 24)
MACCABY, Lacy, b. January 26, 1732/3 son Lacy & Ann (b. p. 26)
MAC DANIEL, David m. Sarah Jones 1715 (m. p. 1)
MACDUGEL, Samuel, b. ---- son John & Charity (b. p. 36)
MACDUGIL, John m. Charity Duvall February 20, 1757 (m. p. 7)
MACDUGLE, Alexander, b. October 6, 1727 son Hugh & Elizabeth (b. p. 21)
MACGILL, ---- b. ---- of Thomas & Ellinor (b. p. 38)
---- b. ---- of John & Elizabeth (b. p. 38)
Ann, b. November 15, 17-- dau. John & Elizabeth (b. p. 38)
James Hilleory b. September 8, 1773 son John & Elizabeth (p. b. 46)
John m. Elizabeth Duvall December 4, 1759 (m. p. 7)
Thomas, b. January 15, 1767 son Thomas & Elenor (b. p. 38)
MACKEAN, Peter m. Clara Holmes August 5, 1736 (m. p. 7)
MACKELLY, Rebecca, b. June 11, 1716 dau. Bryan & Mary (b. p. 12)
MACKLAN, John, b. August 3, 1712 son John & Margt: (b. p. 8)
MACKLEFISH, Susannah, b. November 13, 1734 dau. Thos. & Susannah (b. p. 29)
MACLAN, James b. November 6, 1717 son John & Margaret (b. p. 13)
Katherine, b. March 6, 1714 dau. John Maclan (b. p. 11)
MADDIN, John, b. February 6, 1691 son Dennis & Mary (b. p. 1)

QUEEN ANNE PARISH

Sophia, b. February 7, 1689 dau. Dennis & Mary (b. p. 1)
MAGILL, Revd: Mr. James m. Mrs. Sarah Hillary October 8, 1730 (m. p. 5)
MAGRUDER, Eleanor m. Thomas Pratt February 2, 1755 (m. p. 7)
  Elizabeth, b. November 4, 1717 dau. Ninian & Eliza: (b. p. 13)
  John, b. December 11, 1709 son Ninian & Eliza: (b. p. 6)
  John m. Susanna Smith December 1, 1715 (m. p. 1)
  Margaret, b. April 20, 1729 dau. Samuel Junr. & Jane (b. p. 23)
  Nathaniel b. November 30, 1721 son Ninian & Eliza: (b. p. 17)
  Ninian, b. April 5, 1711 son Ninian & Eliza: (b. p. 6)
  Rachel, b. January 23, 1726/7 dau. Ninian & Elizabeth (b. p. 21)
  Rebecca, b. February 7, 1725 dau. Ninian & Elizabeth (b. p. 21)
  Robert m. Sarah Crabb December 5, 1734 (m. p. 6)
  Robert, b. October 11, 1711 son Samuel & Ellinor (b. p. 5)
  Samuel, b. February 24, 1708 son Ninian & Eliza: (b. p. 6)
  Sarah, b. March 19, 1713/14 dau. Ninian & Eliza: (b. p. 9)
  Zachariah, b. July 24, 1714 son Samuel & Ellinor (b. p. 10)
MAHUE, Harrison, b. November 9, 1734 son James & Frances (b. p. 28)
MAID, Ann, b. June 11, 1728 dau. Thomas & Jane (b. p. 22)
  Thomas m. Jane Pope September 13, 1724 (m. p. 3)
  Thomas, b. June 14, 1726 son Thomas & Jane (b. p. 19)
MANCY (or Maney), Ann m. William Turner January 27, 1718 (m. p. 2)
MANY, William, b. September 12, 1716 son Richard & Ann (b. p. 16)
MARIARTE, Ninian m. Jane Griffin May 8, 1735 (m. p. 6)
MARSHALL, Martha m. Thomas Sankey May 21, 1723 (m. p. 3)
MASON, Elizabeth, b. June 15, 1708 dau. John & Eliza: (b. p. 5)
  Elizabeth m. William Smith August 3, 1727 (m. p. 4)
  Elizabeth m. Richard Daintrey November 23, 1727 (m. p. 4)
  James, b. August 1, 1705 son John & Eliza: (b. p. 5)
  James m. Susanna Tucker November 23, 1727 (m. p. 4)
  John, b. March 7, 1710 son John & Eliza: (b. p. 5)
MATTU, John, b. December 14, 1706 son Anthony & Hester (b. p. 14)
MCKINNON, ----h, b. March 10, 1752 son Daniel & Ruth (b. p. 37)
MEARS, Mary, b. July 2, 1734 dau. James & Marg: (b. p. 28)
MECONICA, Mary, b. March 16, 1709/10 dau. Daniel & Jane (b. p. 4)
MILES, Ann, b. April 6, 1721 dau. Maurice & Mary (b. p. 17)
  Elizabeth, b. October 3, 1710 dau. Maurice & Mary (b. p. 5)
  Ellinor, b. June 26, 1714 dau. Maurice & Mary (b. p. 10)
  Jonathan, b. January 6, 1722/3 son Thomas & Mary (b. p. 18)
  Joseph, b. March 26, 1726 son Thomas & Mary (b. p. 19)
  Margery, b. December 31, 1731/2 dau. Thomas & Mary (b. p. 25)
  Martha, b. January 27, 1706 dau. Morrice & Mary (b. p. 3)
  Mary m. James Chapman September 29, 1723 (m. p. 3)
  Mary, b. September 7, 1704 dau. Morrice & Mary (b. p. 3)
  Maurice, b. September 24, 1723 son Maurice & Mary (b. p. 18)
  Maurice, b. May 6, 1719 son Thomas & Mary (b. p. 15)
  Sabina, b. January 7, 1702 dau. Morrice & Mary (b. p. 3)
  Sarah, b. December 25, 1708 dau. Morrice & Mary (b. p. 3)
MILLS, Ann, b. March 12, 1717 dau. John & Sarah (b. p. 16)
  Rachel, b. May 1, 1714 dau. John & Sarah (b. p. 10)
  Sarah, b. September 18, 1720 dau. John & Sarah (b. p. 16)
MITCHEL, David, b. February 14, 1722/3 son John & Eliza: (b. p. 18)
MITCHELL, David, b. February 9, 1752 son John & Elizh. (b. p. 36)
  Elizabeth, b. January 10, 1731/2 dau. John & Elizabeth (b. p. 25)
  Elizabeth, b. December 9, 1744 dau. David & Mary (b. p. 33)
  Elizabeth, b. June 6, 1749 dau. John & Elizh. (b. p. 36)

QUEEN ANNE PARISH

George, b. February 7, 1728/9 son John & Elizabeth (b. p. 22)
Hugh, b. April 12, 1746 son John & Elizh. (b. p. 36)
James, b. February ---- son David & Mary (b. p. 36)
John, b. February 28, 1717 son John & Eliza: (b. p. 13)
John, b. June ---- son David & Mary (b. p. 34)
Keziah, b. March ---- dau. David & Mary (b. p. 36)
Margaret, b. January 29, 1754 dau. John & Elizh. (b. p. 36)
Mary, b. ---- dau. David & Mary (b. p. 33)
Mary m. William Callender January 26, 1724/5 (m. p. 4)
Michael, b. August 12, 1726 son John & Elizabeth (b. p. 20)
Sarah, b. ---- dau. David & Mary (b. p. 34)
Sarah, b. August 31, 1720 dau. John & Elizab. (b. p. 16)
Sarah, b. June 5, 1756 dau. John & Elizh. (b. p. 36)
Sarah m. Robert Yackley June 3, 1735 (m. p. 6)
MOBELY, Mary, b. November 2, 1733 dau. Thomas & Mary (b. p. 27)
MOBERLY/MOBBERLY/MOBBORLY, John, b. May 2, 1720 son John Junr. & Rachel (b. p. 16)
Ann, b. February 5, 1718/9 dau. John Senr. & Susanna (b. p. 14)
Edward, b. October 8, 1716 son John Junr. & Rachel (b. p. 12)
John (twin) b. January 31, 1717 son James & Eliza: (b. p. 13)
Samuel (twin) b. January 31, 1717 son James & Eliza: (b. p. 13)
John Junr. m. Rachel Pindell February 12, 1711/12 (m. p. 1)
John Senr. m. Susanna Scaggs widow of Aaron Scaggs February 28, 1716 (m. p. 2)
Susanna m. Henry Boulton November 6, 1728 (m. p. 5)
MOCKBEE, Brock m. Eliza Beckett December 22, 1715 (m. p. 1)
Brock, b. November 12, 1720 son Brock & Eliza: (b. p. 16)
Edward, b. May 23, 1716 son Brock & Eliza: (b. p. 11)
Elizabeth, b. August 9, 1723 dau. Brock & Eliza: (b. p. 18)
James, b. December 20, 1702 son Mathew & Jane (b. p. 6)
James Offert, b. August 11, 1725 son Brock & Eliza: (b. p. 19)
Lucy, b. January 5, 1727/8 dau. Brock & Elizabeth (b. p. 21)
Mary, b. September 22, 1732 dau. Brock & Elizabeth (b. p. 26)
Sarah, b. October 8, 1718 dau. Brock & Eliza: (b. p. 14)
William, b. April 22, 1730 son Brock & Elizabeth (b. p. 23)
William, b. December 22, 1704 son Mathew & Jane (b. p. 6)
MOCKBY, Mary m. Willian Nicholls September 9, 1711 (m. p. 1)
MOOR, Ann b. July 12, 1700 dau. William & Rachel (b. p. 7)
Dorcas, b. July 22, 1734 dau. John & Elizabeth (b. p. 28)
George, b. September 16, 1712 son William & Rachel (b. p. 7)
George, b. July 7, 1717 son George & Eliza: (b. p. 13)
John (twin) b. February 8, 1702/3 son William & Rachel (b. p. 7)
John m. Eliza: Danielson November 7, 1706 (m. p. 1)
John, b. March 29, 1708 son John & Eliza: (b. p. 6)
John, b. December 4, 1712 son John & ELiza: (b. p. 7)
Margaret, b. August 4, 1715 dau. John & Eliza: (b. p. 11)
Mary, b. March 22, 1710 dau. John & Eliza: (b. p. 6)
Mary, b. May 11, 1716 dau. George & Eliza: (b. p. 12)
Mordecai, b. December 17, 1722 son John & Eliza: (b. p. 18)
Phillip, b. March 3, 1727/8 son John & Elizabeth (b. p. 21)
Priscilla, b. July 3, 1720 dau. John & Eliza: (b. p. 17)
Rachell, b. May 18, 1710 dau. William & Rachel (b. p. 7)
Ryley (twin) b. February 8, 1702/3 son William & Rachel (b. p. 7)
Samuel, b. February 15, 1704/5 son William & Rachel (b. p. 7)
Thomas, b. August 20, 1724 son John & ELiza: (b. p. 19)

QUEEN ANNE PARISH

William, b. April 10, 1707 son William & Rachel (b. p. 7)
William, b. May 15, 1727 son Ryley & Sarah (b. p. 21)
MOORE, Ryley son of Wm. Moore m. Sarah Holland August 16, 1726 (m. p. 4)
MORDANT, William m. Ann Watts in Ann Arundel County. December 22, 1715 (m. p. 2)
MORRICE, Thomas, b. January 1, 1729 son James & Katherine (b. p. 23)
MORRISS, James m. Katherine Shaun July 7, 1728 (m. p. 5)
John, b. December 20, 1717 son James & Ann (b. p. 13)
MULLIKEN, Belt, b. February 8, 1725 son James & Charity (b. p. 22)
Benjamin, b. November 12, 1731 son James Senr. & Charity (b. p. 25)
Charity, b. February 6, 1727 dau. James & Charity (b. p. 22)
Elizabeth, b. September 25, 1711 dau. James & Charity (b. p. 8)
Elizabeth m. Samuel Duvall May 16, 1732 (m. p. 5)
Elizabeth, b. January 20, 1728/9 dau. Thomas & Elizabeth (b. p. 23)
James m. Mary Pottinger October 31, 1734 (m. p. 6)
James, b. March 5, 1709/10 son James Junr. & Charity (b. p. 4)
Jeremy, b. January 30, 1722 son James & Charity (b. p. 22)
John, b. March 29, 1716 son James & Charity (b. p. 11)
John, b. March 2, 1730/1 son John & Katherine (b. p. 24)
John, b. July 29, 1715 son Thomas & Eliza: (b. p. 11)
Katherine, b. August 24, 1727 dau. John & Katherine (b. p. 21)
Lewis, b. February 6, 1723 son John & Katherine (b. p. 18)
Margaret, b. November 30, 1719 dau. James & Charity (b. p. 22)
Margaret, b. March 1, 1728/9 dau. William & Margaret (b. p. 23)
Mary, b. April 27, 1714 dau. James & Charity (b. p. 22)
Mary, b. January 25, 1723/4 dau. Thomas & Elizabeth (b. p. 18)
Mary, b. January 22, 1728 dau. William & Margaret (b. p. 21)
Rachel, b. April 25, 1718 dau. Thomas & Eliza: (b. p. 13)
Thomas m. Eliza: Wilson October 25, 1714 (m. p. 1)
Thomas, b. May 24, 1729 son James & Charity (b. p. 23)
Thomas m. Elizabeth Williams February 4, 1761 (m. p. 7)
William m. Margaret Turner June 6, 1727 (m. p. 4)
MULLIKIN, Basil b. December 2 ---17-- son William & Margret (b. p. 29)
MURDOCK, Addison, b. July 31, 1731 son William & Ann (b. p. 27)
John, b. February 10, 1729 son William & Ann (b. p. 24)
John, b. May 16, 1733 son William & Ann (b. p. 27)
NATION, John, b. February 7, 1703/4 son George & Ann (b. p. 1)
Nathaniel, b. April 27, 1706 son George & Ann (b. p. 2)
NEWSTUBB, Elizabeth, b. December 21, 1707 dau. Robert & Hannah (b. p. 10)
Martha, b. January 1, 1712 dau. Robert & Hannah (b. p. 10)
Mary, b. July 15, 1708 dau. Robert & Hannah (b. p. 10)
Robert, b. ---- 1715 son Robert & Hannah (b. p. 11)
Sarah, b. July 10, 1721 dau. Robert & Hannah (b. p. 17)
NEWTON, Elizabeth, b. ---- 1732 dau. Robert & Ann (b. p. 26)
Robert m. Elizh. Smith August 28, 1735 (m. p. 6)
NICHOLS, Ann, b. December 24, 1731 dau. William & Mary (b. p. 30)
William m. Sarah Green November 10, 1737 (m. p. 7)
NICHOLLS, James, b. June 28, 1705 son Symon & Jane (b. p. 2)
Mary m. John Beckett November 18, 1723 (m. p. 3)
Sarah, b. February 10, 1718/19 dau. William & Mary (b. p. 14)
Thomas m. Ann Davis October 8, 1717 (m. p. 1)
William m. Mary Mockby September 9, 1711 (m. p. 1)
William m. Ann Burrows February 13, 1715 (m. p. 1)
William, b. March 24, 1718 son William & Ann (b. p. 13)
William, b. March 21, 1713/14 son William & Mary (b. p. 9)

QUEEN ANNE PARISH

NORTON, Katherine, b. January 14, 1730/1 dau. John & Jane (b. p. 25)
  Margery, b. January 2, 1735 (?) dau. John & Jane (b. p. 30)
  Nehemiah, b. May 2, 173- son John & Jane (b. p. 28)
NUSH, Elizabeth m. John Gold April 28, 1723 (m. p. 3)
NUTWELL, Elizabeth m. John Smith Prather February 17, 1725/6 (m. p. 4)
  Mary m. Richd. Duckett Junr. November 13, 1729 (m. p. 5)
  Priscilla m. Robert Liles December 12, 1723 (m. p. 3)
ODELL, Ann, b. November 18, 1703 dau. Thomas & Sarah (b. p. 4)
ODILL
  Elenor m. Benjamin Jacob April 21, 1771 (m. p. 7)
  Elizabeth, b. January 11, 17-- dau. Henry & Ann (b. p. 24)
  James, b. July 12, 1731 son Regnall & Sarah (b. p. 24)
  Martha m. Edward Hall June 14, 1764 (m. p. 7)
  Regnall, b. October 24, 1705 son Thomas & Sarah (b. p. 4)
  Rignall, b. May --, 17-- son of Rignal & Sarah (b. p. 29)
  Sarah, b. April 10, 1709 dau. Thomas & Sarah (b. p. 4)
  Thomas, b. July 28, 17-- son Henry & Ann (b. p. 23)
  Sarah m. Thomas Hillary Junr. November 9, 1727 (m. p. 4)
ODEN, ---- b. M ---- dau. Jonathan & Elizabeth (b. p. 39)
OLIVER, John m. Mary Isaac April 9, 1715 (m. p. 1)
ORFORD, Jane m. Thomas Warring December 12, 1734 (m. p. 6)
ORRICK, James Griniff, b. June 24, 1709 son William & Hannah (b. p. 8)
  John Griniff, b. July 22, 1712 son Wm. Orrick & Hannah (b. p. 8)
OUCHTERLONG, Margaret, b. January 30, 1731/2 dau. John & Priscilla (b. p. 25)
OWEN, Robert, b. February 1, 1729 son Edward & Elizabeth (b. p. 24)
PAGE, Mary, b. July 13, 1727 dau. Daniel & Mary (b. p. 20)
PAIN, Mary, b. November 17, 1704 dau. Robert & Ann (b. p. 7)
  Rachel, b. September 5, 1711 dau. Robert & Ann (b. p. 7)
  Susanna, b. October 3, 1708 dau. Robert & Ann (b. p.7)
PALMER, William m. Elizh. Vernon November 24, 1734 (m. p. 6)
PARKER, Margaret, b. December 8, 1713 dau. Peter & Susanna (b. p. 9)
  Sarah, b. February 14, 1722 dau. Richard & Sarah (b. p. 17)
PARLET, Martin m. Mary Burrows April 16, 1723 (m. p. 3)
PARLETT, William b. January 4, 1723/4 son Martin & Mary (b. p. 18)
PARSHFIELD, Margt. m. John Wells October 12, 1715 (m. p. 1)
PARSHFIELD, Sophia b. September 30, 1714 dau. Margaret Parshfield (b. p. 11)
PARSONS, George m. Sarah Vernon November 14, 1736 (m. p. 7)
PATRIDGE, Jane m. William Proctor April 12, 1726 (m. p. 4)
PEACH, ---- b. July 8, 1740 dau. Joseph & Mary (b. p. 32)
  Elizabeth, b. April 27, 173- dau. Joseph & Mary (b. p. 28)
  Isaac, b. January 2, 1728/9 son Joseph & Mary (b. p. 21)
  Joseph m. Mary Isaac dau. of Rd. Isaac February 17, 1725/6 (m. p. 4)
  Joseph, b. May 5, 1731 son Joseph & Mary (b. p. 27)
  Richard, b. December 25, 1738 son Joseph & Mary (b. p. 32)
  William, b. August 25, 173- son Joseph & Mary (b. p. 30)
PEIRPOINT, Jonathan, b. August 3, 1732 son Larkin & Sarah (b. p. 26)
  Larking m. Charity Duckett November 18, 1725 (m. p. 4)
  Larkin m. Sarah Simmons 1730 (m. p. 5)
  Larkin, b. September 24, 1726 son Larkin & Charity (b. p. 20)
PERRY, -----ah, b. April 5, 1755 son John & Priscilla (b. p. 37)
  -----ah, b. March 27, 1757 dau. John & Priscilla (b. p. 37)
  ----m, b. December 20, 1740 son Edward & Elizabeth (b. p. 37)
  Ann, b. April 9, 1743 dau. Edward & Elizabeth (b. p. 37)
  Ann, b. April 27, 1752 dau. John & Priscilla (b. p. 37)

QUEEN ANNE PARISH

Catherine, b. February 17, 1744 dau. John & Priscilla (b. p. 37)
Edward, b. June 19, 1751 son Edward & Elizabeth (b. p. 37)
Esther, b. January 27, 1748 dau. John & Priscilla (b. p. 37)
James, b. June 10, 1747 son John & Priscilla (b. p. 37)
Jennet, b. December 24, 1722 dau. John & Ann (b. p. 17)
John m. Eliza: Millman July 11, 1727 (m. p. 4)
John m. Priscilla Ray January 9, 1735 (m. p. 7)
John, b. September 19, 1737 son John & Priscilla (b. p. 37)
John, b. August 19, 1711 son John & Ann (b. p. 5)
Mary b. May 10, 1719 dau. Hannah (b. p. 17)
Mary, b. June 2, 1715 dau. John & Ann (b. p. 10)
Priscilla, b. March 12, 1746 dau. John & Priscilla (b. p. 37)
Rachel, b. October 17, 1753 dau. John & Priscilla (b. p. 37)
Richard, b. March 6, 1732/3 son John & Elizabeth (b. p. 27)
Robert, b. May 29, 1742 son John & Priscilla (b. p. 37)
Robert, b. August 24, 1713 son John & Ann (b. p. 8)
Sarah, b. March 12, 1746 dau. Edward (b. p. 37)
Sarah, b. August 21, 1740 dau. John & Priscilla (b. p. 37)
Zadock, b. November 10, 1750 son John & Priscilla (b. p. 37)
PERSON, Eliza: m. Samuel Warner August 15, 1715 (m. p. 1)
PILE, Eliza: dau. of Dr. Rbt. Pile m. Edward Sprigg April 26, 1720 (m. p. 2)
PILE, Richard, b. February 9, 1726/7 son William & Elizabeth (b. p. 20)
William m. Eliza: Hutchinson April 29, 1723 (m. p. 3)
William, b. April 3, 1729 son William & Elizabeth (b. p. 23)
PINDELL, Edward b. September 7, 1724 son Thomas & Jane (b. p. 19)
PINDEL
Elianor, b. April 22, 1732 dau. Phillip & Elizabeth (b. p. 25)
Elizabeth m. John Litton June 9, 1729 (m. p. 5)
Elizabeth b. January 17, 1709/10 dau. Phillip & Eliza: (b. p. 4)
Jacob, b. October 6, 1726 son Thomas & Jane (b. p. 20)
John, b. December 8, 1718 son Phillip & Eliza: (b. p. 14)
Mary, b. July 8, 1715 dau. Phillip & Eliza: (b. p. 11)
Mary, b. November 8, 1728 dau. Phillip & Elizabeth (b. p. 21)
Phillip, b. March 7, 1712/13 son Phillip & Eliza: (b. p. 8)
Phillip (twin) b. November 20, 1731 son Thomas & Jane (b. p. 25)
Priscilla, b. August 7, 1722 dau. Phillip & Eliza: (b. p. 18)
Rachel m. John Mobborly Junr. February 12, 1711/12 (m. p. 1)
Rachel (twin) b. November 20, 1731 dau. Thomas & Jane (b. p. 25)
Thomas, b. March 15, 1723/4 son Phillip & Elizabeth (b. p. 18)
Thomas, b. September 28, 1728 son Thomas & Jane (b. p. 21)
PLUMMER, Kezia b. January 4, 1728/9 dau. Philemon & Elizabeth (b. p. 22)
Sarah, b. September 28, 1730 dau. Philemon & Elizabeth (b. p. 24)
Thomas Junr. m. Sarah Wilson February 6, 1715 (m. p. 1)
POPE, Jane m. Thomas Maid September 13, 1724 (m. p. 3)
William, b. January 18, 1723/4 son of Jane (b. p.18)
POTTER, ---- b. ---- of William & Mary a son (b. p. 38)
POTTINGER, Elizh. m. John Bowe December 18, 1735 (m. p. 6)
Jemima b. October 2, 1702 dau. John & Mary (b. p. 3)
John, b. August 20, 1691 son John & Mary (b. p. 3)
Mary m. James Mullikin October 31, 1734 (m. p. 6)
Mary, b. October 22, 1689 dau. John & Mary (b. p. 3)
Rachel, b. June 20, 1700 dau. John & Mary (b. p. 3)
Robert, b. February 25, 1694/5 son John & Mary (b. p. 3)
Robert m. Ann Evans December 2, 1718 (m. p. 2)
Samuel, b. April 11, 1693 son John & Mary (b. p. 3)

QUEEN ANNE PARISH

Samuel m. Eliza: Tyler dau. of Mr. Robt. Tyler July 11, 1717 (m. p. 2)
Sarah, b. July 20, 1688 dau. John & Mary (b. p. 2)
Verlinda, b. October 18, 1706 dau. John & Mary (b. p. 3)
William, b. May 3, 1704 son John & Mary (b. p. 3)
POWEL, Hannah, b. June 9, 1736 dau. Jno. Powel & Mary (b. p. 30
POWELL
Mary, b. October 8, 1732 dau. Jno. & Mary (b. p. 30)
John Junr. m. Mary Krewstub October 8, 1731 (m. p. 5)
PRATHER, Aaron, b. ---- 173- son John Smith Prather & Elizh. (b. p. 27)
Basil, b. ---- 1731 son Thomas & Elizabeth (b. p. 24)
Charles, b. September 18, 1735 son Thos. Junr. & Elizh. (b. p. 29)
Elinor, b. April 2, 173- dau. Jno. Smith Prather & Elizh. (b. p. 32)
Elizabeth, b. July 27, 1718 dau. Jonan. Junr. & Jane (b. p. 14)
Elizabeth, b. September 23, 1740 dau. Jno. Smith Prather and Elizabeth (b. p. 32)
Ellinor (?) b. March 15, 173- dau. Thomas Junr. & Elizh. (b. p. 28)
Henry, b. September 1732 son Thomas & Elizabeth (b. p. 27)
James, b. January 27, 1735 son Thos: & Elizh. (b. p. 30)
Jane, b. September 12, 1703 dau. William & Ann (b. p. 7)
Jane m. William Ward December 27, 1723 (m. p. 3)
Jeremiah, b. July 7, 173- son Jon. Smith Prather & Elizh. (b. p. 24
John, b. last day of February 1707/8 son John & Katherine (p. 7)
John, b. June 12, 1715 son William & Ann (b. p. 11)
John Smith m. Elizabeth Nutwell February 17, 1725/6 (m. p. 4)
Joseph, b. July 11, 1711 son William & Ann (b. p. 7)
Josiah, b. December 21, 1727 son John Smith Prather & Elizh. (b. p. 21)
Lucy, b. May 29, 1710 dau. John & Katherine (b. p. 7)
Margaret, b. September 14, 1730 dau. Philemon & Katherine (p. 24)
Margaret, b. October 14, 1728 dau. Thomas & Elizabeth (b. p. 22)
Margaret, b. September 8, 1709 dau. William & Ann (b. p. 7)
Martha, b. April 20, 1730 dau. John Smith Prather & Elizh. (p. 23)
Martha, b. January 17, 1732/3 dau. Philemon & Katherine (b. p. 27)
Mary, b. September 20, 1729 dau. Jonathan & Mary (b.p. 23)
Mary, b. April 14, 1716 dau. Jonathan Junr. & Jane (b. p. 11)
Mary, b. September 28, 1705 dau. John & Katherine (b. p. 7)
Mary, b. January 6, 1729 dau. Thomas & Elizabeth (b. p. 23)
Priscilla, b. September 21, 1707 dau. William & Ann (b. p. 7)
Priscilla, m. William Brashear June 11, 1734 (m. p. 6)
Rachel, b. September 11, 1711 dau. Jonan: (b. p. 7)
Richard b. August 1, 1727 son Thomas & Elizabeth (b. p. 21)
Sarah b. October 31, 1731 dau. John & Mary (b. p. 25)
Sarah, b. March 23, 1716 son Wm. & Ann (b. p. 13)
Sarah b. February 2, 1739 dau. Thomas & Elizh. (b. p. 32)
Susanna, b. October 1, 1708 dau. Jonan: & Eliza: (b. p. 7)
Thomas Clagget b. May 9, 1726 son Thomas & Eliza: (b. p. 19)
William, b. September 12, 1712 son Jonathan Junr. & Jane (p. 7)
William, b. March 8, 1700 son William & Ann (b. p. 7)
PRATT, ---- b. ---- dau. of Thomas & Elinor (b. p. 38)
---- b. September ---- son Thomas & Elinor (b. p. 39)
John m. Ellinor Williams July 28, 1724 (m. p. 3)
John, b. July 19, 1725 son John & Ellinor (b. p. 19)
Elianor, b. October 13, 17-- dau. John & Elianor (b. p. 24)
Elizabeth, b. October 10, 1726 dau. John & Elianor (b. p. 23)
Thomas m. Eleanor Magruder February 2, 1755 (m. p. 7)
Thomas, b. March 8, 1730 son John & Elianor (b. p. 24)

QUEEN ANNE PARISH

PROCTOR, William m. Jane Patridge April 12, 1726 (m. p. 4)
QUEEN, Margret m. John Belt son of Col. Joseph Belt March 4, 1727/8 (m. p. 5)
RAITT, Ann dau. of John Raitt & Ann m. John Duckett Jr. August 9, 1759 (m. p. 7)
RAY, Cranby, b. September 7, 1718 son Joseph & Alice (b. p. 14)
Elizabeth, b. December 25, 1713 dau. William Junr. & Eliza: (p. 9)
Ellinor, b. December 16, 1715 dau. William & Eliza: (b. p. 12)
John, b. August 10, 1707 son William Junr. & Eliza: (b. p. 9)
John, b. August 6, 173- son William & Ann (b. p. 28)
Katherine, b. April 26, 1713 dau. Joseph & Alice (b. p. 8)
Luke, b. January 15, 1709 son William Junr. & Eliza: (b. p. 9)
Margaret, b. January 29, 1711/12 dau. Wm. Ray Junr. & Eliza: (p. 6)
Mary m. John Sweringen February 9, 1715 (m. p. 1)
Mary b. November 5, 1716 dau. Joseph & Alice (b. p. 12)
Mary b. September 14, 1718 dau. William & Eliza: (b. p. 14)
Priscilla b. March 16, 1714 dau. Joseph & Alice (b. p. 10)
Priscilla m. John Perry January 9, 1735 (m. p. 7)
Rachel, b. July 19, 1717 dau. Luke & Susanna (b. p. 13)
Rebecca, b. October 13, 1720 dau. William Junr. & Eliza: (b. p. 16)
Susanna m. Francis Baxter June 9, 1720 (m. p. 2)
Thomas, b. December 27, 1722/3 son Wm. Junr. & Eliza: (b. p. 17)
William, b. October 31, 1705 son Wm. Junr. & Eliza: (b. p. 9)
REAVER, Elizabeth m. Jonas Burley October 30, 1729 (m. p. 5)
REAVES, Thomas b. May 29, 1713 son John & Ellinor (b. p. 9)
REEVES, Ellinor b. March 1, 1708 dau. John & Ellinor (b. p. 6)
John b. June 19, 1710 dau. John & Ellinor (b. p. 6)
RESTING, Ann, b. March 4, 1714 dau. of Eliza: Resting (b. p. 11)
Edward m. Mary Chaffey March 18, 1715/16 (m. p. 1)
REYNOLDS, Elizabeth m. George Cook January 31, 1726/7 (m. p. 4)
RICE, Roger b. August 14, 1708 son Roger & Susanna (b. p. 7)
RICKETTS, Benjamin b. May 7, 1708 son Thomas & Rebecca (b. p. 3)
Edward b. September 15, 1706 son Thomas & Rebecca (b. p. 2)
John, b. July 11, 1705 son Thomas & Rebecca (b. p. 2)
Margaret, b. February 27, 1716 dau. Thomas & Rebecca (b. p. 12)
Nicholson, b. May 15, 1721 son Thomas & Rebecca (b. p. 17)
Rebecca, b. August 17, 1712 dau. Thomas & Rebecca (b. p. 8)
Richard, b. January 28, 1714/15 son Thomas & Rebecca (b. p. 10)
Susanna, b. April 15, 1720 dau. Thomas & Rebecca (b. p. 15)
Thomas, b. March 20, 1703 son Thomas & Rebecca (b. p. 2)
RIDDLE, a child b. August 15, 1739 and a child b. December 10, 1740 to John Riddle & Elizabeth (b. p. 32)
Basil b. ---- son John & Elizabeth (b. p. 36)
Charles Duvall b. March 13, 1765 son of Mary Riddle (b. p. 39)
Elizabeth b. ---- dau. John & Elizh. (b. p. 37)
Elizabeth, b. December 13, 1721 dau. John & Margaret (b. p. 16)
George, b. Jan. ye ----- son Jno. Riddle & Elizh. (b. p. 30)
George, b. September 10, 1710 son John & Eliza: (b. p. 5)
Jeremiah, b. ---- son John & Elizabeth (b. p. 36)
John, b. November 16, 1734 son John & Elizh. (b. p. 28)
John, b. July 25, 1708 son John & Elizabeth (b. p. 3)
John m. Eleanor Lee May 31, 1735 (m. p. 6)
John Junr. m. Elizabeth Lentall February 9, 1729 (m. p. 5)
-----nah b. ----- dau. John & Elizh. (b. p. 37)
Samuel, b. May 7, 1737 son John & Elizh. (b. p. 31)

QUEEN ANNE PARISH

RIDGLEY, William, b. ----- 17-- son Westal Ridgley & Sarah (b. p. 29)
RIDGWAY, Jonathan, b. March 16, 1717 son John & Eliza: (b. p. 13)
RIGDEN, Eliza: m. Thomas Smith February 2, 1715 (m. p. 1)
RIGHT, Ann, b. October 11, 1713 dau. Philbert & Ester (b. p. 9)
  Peter, b. March 31, 1717 son Philbert & Ester (b. p. 12)
  Philbert m. Ester Bycraft December 3, 1712 (m. p. 1)
  Philibert, b. September 4, 1719 son Philibert & Ester (b. p. 15)
  Rebecca, b. ---- 1722 dau. Philbert & Ester (b. p. 17)
ROACH, Katherine, b. October 23, 1716 dau. Richard & Deborah (b. p. 15)
  Mac Micajah, b. March 22, 1712 son Richard & Debora (b. p. 9)
  Mary, b. October 8, 1714 dau. Richard & Debora (b. p. 10)
  Richard, b. April 2, 1719 son Richd. & Deborah (b. p. 15)
ROBERTS, John m. Ann Swift January 9, 1734 (m. p. 6)
ROBINSON, William, b. January 27, 1716 son Richard & Eliza: (b. p. 12)
ROBSON, Ann, b. April 28, 1704 dau. Richard & Martha (b. p. 5)
  John b. September 5, 1712 son Richard & Eliza: (b. p. 6)
  Mary, b. August 26, 1714 dau. Richard & Eliza: (b. p. 10)
  Mathew, b. March 6, 1702 son Richard & Martha (b. p. 5)
  Richard, b. November 14, 1708 son Richard & Martha (b. p. 5)
RODRY, Elizabeth b. December 10, 1712 dau. John & Mary (b. p. 7)
  John, b. December 7, 1714 son John & Mary (b. p. 10)
  Sarah, b. January 19, 1716 dau. John & Mary (b. p. 12)
  Solomon, b. March 12, 1720/1 son John & Mary (b. p. 16)
ROGERS, Hugh m. Jane Anderson June 9, 1720 (m. p. 2)
ROSE, Sarah b. January 25, 1726/7 dau. Thomas & Susan (b. p.21)
  William, b. December 23, 1724 son Thomas & Susan (b. p. 21)
ROSS, Elizabeth, b. August 24, 1715 dau. Reuben & Eliza: (b. p. 11)
  John, b. December 19, 1718 son Reuben & Eliza: (b. p. 14)
  Thomas, b. June 15, 1721 son Reuben & Eliza: (b. p. 17)
RYDER, Eliza: m. Thomas Davis August 18, 1719 (m. p. 2)
RYLEY, Ellinor, b. January 5, 1714/15 dau. Eliphar & Eliza: (b. p. 10)
  Gemima m. John Sherwood October 19, 1724 (m. p. 4)
  Margaret m. Santelo Dyer November 7, 1723 (m. p. 3)
  Margaret, b. November 24, 1706 dau. Samuel & Elizabeth (b. p. 2)
SALLARS, Elizabeth m. John Cecill 1718 (m. p. 2)
SALLERS, Sarah b. February 2, 1729/30 dau. John & Mary (b. p. 23)
SANKEY, Thomas m. Martha Marshall May 21, 1723 (m. p. 3)
SCAGGS, Charles, b. December 9, 1709 son Aaron & Susanna (b. p. 11)
  Moses, b. July 10, 1714 son Aaron & Susanna (b. p. 11)
  Richard m. Mary Brushier December 1727 (m. p. 4)
  Susanna widow of Aaron Scaggs m. John Mobborly Senr. February 28, 1716 (p. 2)
  Susanna, b. August 11, 1716 dau. Aaron & Susanna (b. p. 12)
  Susanna, b. October 21, 1730 dau. Richd. & Mary (b. p. 24)
  Thomas, b. October 22, 1728 son Richard & Mary (b. p. 21)
SCHOMATER, Elizh. b. February 22, 1736 dau. Conrad & Susana: (b. p. 30)
SCOTT, Mary, b. November 4, 1698 dau. Thomas & Eliza (b. p. 2)
  Thomas, b. February 14, 1702 son Wm. & Mary (b. p. 1)
  William, b. December 10, 1704 son Wm. & Mary (b. p. 1)
SELBY, Samuel m. Sarah Smith dau. of Nathan Smith in Ann Arrundell County December 12, 1717 (m. p. 2)
SHAUN, Katherine m. James Morriss July 7, 1728 (m. p. 5)
SHERIFF, Jeremiah, b. July 31, 1740 son Thos. & Frances (b. p. 32)
SHREIFF, Elizabeth b. October 5, 1753 (?) dau. Samuel & Sarah (b. p. 39)
  Martha, b. September 16, 1757 dau. Samuel & Sarah (b. p. 39)

QUEEN ANNE PARISH

SHERWOOD, Elizabeth, b. November 20, 1728 dau. John & Jemima (b. p. 21)
  John m. Gemima Ryley October 19, 1724 (m. p. 4)
SHIRLY, Ann, b. February 15, 1721/2 dau. George & Mary (b. p. 17)
  Edward, b. December 28, 1719 son George & Mary (b. p. 16)
SHRIEVE, Benjamin, b. July 6, 1734 son Thomas & Frances (b. p. 28)
SHREVE, Martha, b. June 2, 17-- dau. Thomas & Frances (b. p. 31)
  Samuel, b. May 14, 1731 son Thomas & Frances (b. p. 26)
  Thomas, b. January 8, 1732/3 son Thomas & Frances (b. p. 26)
SIMMONS (see Symmons), b. March ---- (no name) of Jonathan & Mary (b. p. 38)
  Amy m. James Holland October 9, 1729 (m. p. 5)
  Ann, b. July 3, 1712 dau. Jonathan & Eliz: (b. p. 8)
  Isaac, b. October 3, 1705 son Jonathan & Elizabeth (b. p. 2)
  Jonathan m. Elizabeth Swearingen June 20, 1734 (m. p. 6)
  Jonathan, b. August 9, 1735 son of Jonathan & Elizabeth (b. p. 29)
  Joseph, b. February 5, 1717/18 son Joseph & Jane (b. p. 14)
  Rebecca m. Joseph Brown Junr. August 17, 1727 (m. p. 4)
  Samuel Jones b. May 3, 1716 son Joseph & Jane (b. p. 11)
  Sarah m. Larkin Peirpoint 1730 (m. p. 5)
SINCLER, Elizabeth, b. August 18, 1704 dau. Wm. & Eliza: (b. p. 1)
  Isabell, b. April 4, 1702 dau. Wm. & Eliza: (b. p. 1)
SINKLER, James, b. August 19, 1715 son William & Eliza: (b. p. 12)
  Nathaniel (twin) b. January 31, 1707 son William & ELiza: (b. p. 30)
  William (twin) b. January 31, 1707 son William & Eliza (b. p. 3)
SMITH, Anna m. Basil Burges February 8, 1759 (m. p. 7)
  Cassandra, b. January 3, 1716 dau. Thomas & Eliza: (b. p. 13)
  Eliza: m. John Ward November 6, 1711 (m. p. 1)
  Elizh. m. Robert Newton August 28, 1735 (m. p. 6)
  Joanna, b. August 3, 1712 dau. Nicholas & Mellona (b. p. 8)
  John b. June 3, 1732 son William & Elizabeth (b. p. 26)
  Nathan, b. March 9, 1714 son William & Jane (b. p. 12)
  Richard, b. July 15, 1728 son William & Elizabeth (b. p. 21)
  Sarah, b. April 18, 1717 dau. Nicholas & Mellona (b. p. 15)
  Sarah dau. of Nathan Smith in Ann Arrundell County m. Samuel Selby December 12, 1717 (m. p. 2)
  Susanna m. John Magruder December 1, 1715 (m. p. 1)
  Thomas m. Eliza: Rigden February 2, 1715 (m. p. 1)
  William, b. February 20, 1729 (?) son William & Elizabeth (b. p. 24)
  William, b. March 14, 1715 son Nicholas & Mellona (b. p. 15)
  William m. Elizabeth Mason August 3, 1727 (m. p. 4)
SOPER, Elizh. m. Robert Lashle January 16, 1735 (m. p. 6)
  Jane m. Joseph Story January 22, 1717 (m. p. 1)
  Jemima b. August 28, 1734 dau. John & Leah (b. p. 29)
  Mary, b. October 26, 1717 dau. Jane (b. p. 13)
SPRIGG, Edward m. Eliza: Pile dau. of Dr. Robt. Pile April 26, 1720 (m. p. 2)
  Edward, b. June 12, 1723 son Edward & Elizabeth (b. p. 17)
  Elizabeth, b. July 21, 1723(?) dau. Edward & Elizabeth (b. p. 26)
  Ester, b. February 6, 1730/1 dau. Osborn & Rachel (b. p. 24)
  Gilbert, b. August 11, 1730 (?) son Edward & Elizabeth (p. 26)
  James, b. January 27, 1724/5 son Edward & Eliza: (b. p. 19)
  John, b. November 26, 1716 son Thomas Junr. & Margery (b. p.14)
  Lucy, b. January 9, 1728/9 dau. Osborn & Rachel (b.p. 22)
  Margaret, b. March 20, 1726 dau. Osborn & Elizabeth (b. p. 22)
  Margt. dau. of Col. Thos. Sprigg m. Francis King September 26, 1717 (m. p. 2)

QUEEN ANNE PARISH

Mary, b. December 15, 1723 dau. Thos: Junr. & Margery (b. p. 18)
Mary, b. August 17, 1742 dau. Edward & Elizabeth (b. p. 26)
Mary m. Jeremiah Belt June 21, 1746 (m. p. 7)
Osborn m. Rachel Belt dau. to Col. Joseph Belt July 11, 1727 (m. p. 4)
Priscilla, b. September 26, 1735 dau. Osborn & Rachel (b. p. 29)
Priscilla, dau. Col. Thos. Sprigg m. Ralph Crabb August 22, 1716 (m. p. 2)
Rachel, b. June 1, 1733 dau. Osborn & Rachel (b. p. 29)
Richard, b. April 28, 1721 son Edward & Elizabeth (b. p. 17)
Thomas, b. February 21, 1726/7 son Edward & Elizabeth (b. p. 20)
STAMP, Elizabeth m. George Fletcher November 23, 1727 (m. p. 4)
STOCKETT, Susanna dau. of Thos. Stockett of Ann Arrdl County m. Benjamin West May 16, 1728 (m. p. 5)
STONE, Mary m. Joseph Colbron December 21, 1710 (m. p. 1)
STORY, Elizabeth, b. September 24, 1713 dau. Joseph & Ann (b. p. 10)
Francis, b. May 6, 1711 son Joseph & Ann (b. p. 10)
Jane, b. May 12, 1715 dau. Joseph & Ann (b. p. 10)
Joseph m. Jane Soper January 22, 1717 (m. p. 1)
William Marmaduke b. October 30, 1721 son Joseph & Mary (b. p. 17)
Nathaniel m. Mary ----- November 17, 1738 (m. p. 7)
STRONG, Nathaniel, b. September 21,1738 son Nathaniel & Mary (b. p. 32)
SWAN, Comfort, b. July 5, 1725 dau. John & Elizabeth (b. p. 19)
Elizabeth m. Robert Brown December 11, 1732 (m. p. 6)
John m. Eliza Foster January 24, 1720/1 (m. p. 2)
SWEANY, George Wells, b. July 31, 1735 son James & Frances (b. p. 29)
Susannah, b. May 8, 1737 dau. James & Frances (b. p. 30)
SWEARINGEN, Elizabeth m. Jonathan Simmons June 20, 1734 (m. p. 6)
Elizh. m. Samuel Butt August 1, 1734 (m. p. 6)
John b. August 6, 1735 son John & Mary (b. p. 29)
Mary, b. November 17, 1718 dau. Van & Eliza: (b. p. 14)
SWERINGEN, ---- b. May --, 1732 dau. Van & Elizabeth (b. p. 25)
Elizabeth, b. July 4, 1715 dau. Van & Eliza: (b. p. 14)
Jane m. Richard Jones February 18, 1717 (m. p. 1)
John m. Mary Ray February 9, 1715 (m. p. 1)
Laurana, b. October 15, 1713 dau. Thomas & Lydia (b. p. 10)
Lydia, b. September 7, 1726 dau. John & Mary (b. p. 20)
Margaret, b. February 17, 1716 dau. Thomas & Lydia (b. p. 15)
Mary, b. October 29, 1720 dau. John & Mary (b. p. 16)
Mary, b. August 11, 1710 dau. Thomas & Lydia (b. p. 7)
Rebecca, b. December 22, 1716 dau. Van & Eliza: (b. p. 14)
Samuel m. Eliza Farmer February 14, 1715 (m. p. 1)
Samuel b. September 6, 1728 son Van & Elizabeth (b. p. 23)
Thomas, b. April 8, 1708 son Thomas & Lydia (b. p. 7)
Thomas, b. November 23, 1728 son John & Mary (b. p. 21)
Van, b. May 22, 1719 son Thomas & Lydia (b. p. 15)
SWIFT, Ann m. John Roberts January 9, 1734 (m. p. 6)
SYMMONS, Sarah, b. March 3, 1714/5 dau. Jonathan & Eliza: (b. p. 10)
TAYLOR, Ann, b. February 23, 1710/11 dau. Roger & Mary (b. p. 6)
William, b. January 12, 1713/14 son Roger & Mary (b. p. 9)
THICKPENNY, Henry m. Rachel Dowden January 5, 1715 (m. p. 1)
Mary, b. October 14, 1716 dau. Henry & Rachel (b. p. 12)
THOMPSON, ----- b. ---- of Arthur & Comfort (b. p. 34)
Elizabeth, b. ---- dau. Arthur & Comfort (b. p. 34)
John, b. ---- son of Arthur & Comfort (b. p. 34)
Rachel, b. January 1722/3 dau. William & Sarah (b. p. 17)
Sarah, b. July 24, 1709 dau. Margaret Thompson (b. p. 4)

QUEEN ANNE PARISH

William, b. December 4, 1720 son William & Sarah (b. p. 16)
TILLEY, Thomas, m. Rebecca Bateman November 3, 1726 (m. p. 4)
TIPPIN, Mary m. Joseph Hall April 30, 1735 (m. p. 6)
TOMS, Thomas, b. February 14, 1729 son Robert & Sarah (b. p. 25)
Thomas, b. June 24, 1732 son Robert & Sarah (b. p. 26)
TRAVERS, Elizabeth b. August 28, 1715 dau. James & Mary (b. p. 11)
John b. January 15, 1710/11 son James & Mary (b. p. 5)
William Mills, b. April 16, 1713 son James & Mary (b. p. 9)
TRIGG, ------miah, b. November 13, 1727(?) son Clement & Sarah (p. 20)
TUCKER, Elizabeth, b. May 21, 1723 dau. William & Jane (b. p. 25)
Jane m. Peter Bromfield July 5, 1731 (m. p. 5)
Jemima, b. February 28, 1728 dau. William & Jane (b. p. 25)
Lucretia, b. December 3, 1722/3 dau. William & Jane (b. p. 25)
Mary, b. March 12, 1704 dau. William & Katherine (b. p. 2)
Susanna m. James Mason November 23, 1727 (m. p. 4)
William, b. July 11, 1730 son William & Jane (b. p. 25)
TURNER, ----rnett, b. June 10, 1728 son John & Elizabeth (b. p. 27)
Ann, b. May 16, 1705 dau. John & Sarah (b. p. 12)
Ann, b. October 15, 1725 dau. John & Elizabeth (b. p. 27)
Dorcas, b. May --, 17-- dau. John & Elizh. (b. p. 29)
Dorcas, b. March 1, 1708 dau. John & Sarah (b. p. 12)
Dorcas m. William Goe ---- 1754 (m. p. 7)
Edward, b. October 9, 1719 son Edward & Susanna (b. p. 16)
Elizabeth, b. March 17, 1723 dau. John& Elizabeth (b. p. 27)
Elizabeth, b. June 16, 1717 dau. Edward & Susanna (b. p. 13)
Frances, b. November 17, 1736 dau. John & Frances (b. p. 30)
Frances, b. November 17, 173- dau. Jno. Jur. & Frances (b. p. 30)
John, b. March 29, 1715 son Edward & Susanna (b. p. 11)
John, b. March 3, 1720/1 son John Junr. & Elizabeth (b. p. 16)
John Junr. m. Eliza: Brushier dau. Saml. Bruchier July 1, 1718 (m. p. 2)
Lydia, b. May 28, 1732 dau. Solomon & Jane (b. p. 26)
Margaret m. William Mulliken June 6, 1727 (m. p. 4)
Margaret, b. March 4, 1699 dau. John & Sarah (b. p. 12)
Mathew, b. January 1, 1706 son John & Sarah (b. p. 12)
Rachel, b. December 30, 1730 dau. John & Elizabeth (b. p. 27)
Sarah, b. November 1, 1702 dau. John & Sarah (b. p. 12)
Sarah, b. May 13, 1719 son John Junr. & Eliza: (b. p. 16)
Shadrac, b. December 28, 1732/3 son John & Elizabeth (b. p. 27)
Susanna, b. October 2, 1719 dau. William & Ann (b. p. 16)
William m. Ann Mancy (Maney?) January 27, 1718 (m. p. 2)
TYLER, ---- b. April 8, 1766 --- of ----- Tyler & Susanna (b. p. 38)
Christain, b. November 28, 1767 dau. Samuel & Susanna (b. p. 39)
Easther, b. April 5, 1761 dau. Robert & Mary (b. p. 39)
Edward, b. September 2, 1696 son Mr. Robert & Susanna (b. p. 1)
Edward, b. March 2, 175- son Robert & Mary (b. p. 39)
Edward, b. February 23, 1734 son Samuel & Susan (b. p. 28)
Edward, b. January 18, 1719/20 son Edward & Eliza: (b. p. 15)
Eliza: dau. of Mr. Robt. Tyler m. Samuel Pottinger July 11, 1717 (m. p. 2)
Elizabeth, b. November 22, 1701 dau. Robert & Susanna (b. p. 1)
Elizabeth, b. January 4, 1755 dau. Robert & Mary (b. p. 39)
Jane, b. May 20, 1709 dau. Robert & Susanna (b. p. 4)
John, b. August 19, 1759 son Robert & Mary (b. p. 39)
Maren, b. February 20, 1707 son Robert & Susanna (b. p. 4)
Mary, b. February 1, 1697 dau. Robert & Susanna (b. p. 1)
Mary m. James Baldwin January 20, 1714 (m. p. 1)

QUEEN ANNE PARISH

Mary, b. January 28, 1729 dau. Robert Junr. & Mary (b. p. 23)
Mary, b. October 15, 1757 dau. Robert & Mary (b. p. 39)
Millicent, b. October 13, ---- dau. Robt. & Elinor (b. p. 36)
Millicent, b. September 15, 1777 (?) dau. Samuel & Susannah (p. 8)
Priscilla m. Nathaniel Wickam December 19, 1723 (m. p. 3)
Priscilla, b. November 26, 1725 dau. Edward & Eliza: (b. p. 19)
Priscilla, b. June 12, 1703 dau. Robert & Susanna (b. p. 1)
Robert, b. January 30, 1751 son Robert & Mary (b. p. 39)
Robert, b. November 5, 1727 son Robert Junr. & Mary (b. p. 21)
Robert Bradly, b. July 1, 1759 son Robert Junr. & Elinor (p. 39)
Robert, Mr. m. Madm. Mary Dodd June 10, 1718 (m. p. 2)
Robert, b. August 9, 1704 son Robert & Susanna (b. p. 1)
Robert, b. December 8, 1723 son Edward & Eliza: (b. p. 18)
Robert Junr. m. Mary Wade January 7, 1724/5 (m. p. 4)
Ruth, b. February 15, 1725/6 dau. Robert Junr. & Mary (b. p. 19)
Ruth m. Mordecai Jacob September 10, 1741 (m. p. 7)
Samuel, b. November 18, 1714 son Edward & Eliza: (b. p. 10)
Samuel m. Susanna Duvall July 11, 1734 (m. p. 6)
Samuel (?) b. January 22, 1737 [1739?] son Samuel & Susannah (b. p. 33)
Samuel m. Susannah Duvall February 21, 1762 (m. p. 7)
Samuel, b. July 4, 1763 son Robert & Mary (b. p. 39)
Sarah, b. April 4, 1767 dau. Robert & Mary (b. p. 39)
Susanna, b. July 14, 1700 dau. Robert & Susanna (b. p. 1)
Susanna m. John Lemarr January 21, 1714 (m. p. 1)
Susanna, b. February 24, 1717 dau. Edward & Eliza: (b. p. 13)
Susanna, b. August 12, 172- dau. Robert Junr. & Mary (b. p. 25)
Susanna m. Samuel Duvall Beck March 29, 1767 (m. p. 7)
Thomas, b. October 3, 1749 son Robert & Mary (b. p. 39)
Trueman, b. September 9, 1772 son Samuel & Susanna (b. p. 46)
William, b. ---- son Samuel & Susanah (b. p. 34)
William, b. August 20, 1733 son Robert Junr. & Mary (b. p.27)
UPTON, Mary, b. February 4, 1738 dau. of Thomas Upton (b. p. 28)
Thomas, b. September 5, 1730 son of Thomas Upton (b. p. 28)
VEACH, John m. Sarah Hodges September 29, 1731 (m. p. 5)
John, b. June 21, 1732 son John & Sarah (b. p. 26)
VENSON, Sarah m. George Parsons November 14, 1736 (m. p. 7)
VERNON, Elizh. m. William Palmer November 24, 1734 (m. p. 6)
VONMAN, Ann m. Thomas Brushier September 11, 1711 (m. p. 1)
WADE, Mary m. Robert Tyler Junr. January 7, 1724/5 (m. p. 4)
WALKER, Ann b. April 10, 1708 dau. Charles & Rebecca (b. p. 4)
Charles, b. May 9, 1698 son Charles & Rebecca (b. p. 4)
Crecy, b. October 26, 1713 dau. Charles & Rebecca (b. p. 9)
Elizabeth, b. December 22, 1695 dau. Charles & Rebecca (b. p. 4)
Isaac, b. March 5, 1706 son Charles & Rebecca (b. p. 4)
Joseph, b. December 24, 1715 son Charles & Rebecca (b. p. 15)
Mary, b.May 11, 1702 (?) dau. Charles & Rebecca (b. p. 4)
Rachel, b. February 6, 1717 dau. Charles & Rebecca (b. p. 15)
Rebecca, dau. Chas. Walker m. Benjamin Brushier Junr. January 24, 1720/1 (m. p. 2)
Rebecca b. April 11, 1700 dau. Charles & Rebecca (b. p. 4)
Rebekah m. James Beck June 23, 1761 (m. p. 7)
Richard, b. March 4, 1709/10 son Charles & Rebecca (b. p. 4)
Ruth m. John Brushier August 13, 1723 (m. p. 3)
Ruth, b. April 11, 1704 dau. Charles & Rebecca (b. p. 4)
WALLEY, Deborah m. Abraham Boyd November 28, 1728 (m. p. 5)

QUEEN ANNE PARISH

WALLINSFORD, James b. May 29, 1717 son Benjn. & Eliza: (b. p. 13)
  Sarah b. October 24, 1714 dau. Benjm. & Eliza: (b. p. 13)
WARD, Catharine, b. ---- dau. William & Jane (b. p. 28)
  Frances, b. January 17, 1716 dau. James & Susanna (b. p. 22)
  John m. Eliza: Smith November 6, 1711 (m. p. 1)
  Nathan b. February 29, 1723/4 son William & Jane (b. p. 19)
  Nathan, b. February 12, 1713 son James & Susanna (b. p. 22)
  Susanna m. George Wells June 16, 1725 (m. p. 4)
  Wells, b. June 30, 1735 son Nathan & Margret (b. p. 29)
  William m. Jane Prather December 27, 1723 (m. p. 3)
WARINFORD, Benjamin b. May 6, 1706 son Benjan. & Eliza: (b. p. 3)
WARINGFORD
  Elizabeth, b. January 2, 1708/9 dau. Benjn. & ELiza: (b. p. 3)
  Mary b. March 26, 1732 dau. Benjamin & Mary (b. p. 26)
  Nicholas, b. August 22, 1703 son Benjamin & Eliza: (b. p. 3)
WARING, Basil, b. November 16, 1740 son Thos. & Jane (b. p. 33)
  Basil m. Martha Greenfield January 31, 1709 (m. p. 1)
  James Haddock b. May 5, 1713 son Basil & Martha (b. p. 9)
  Martha, b. January 20, 1735 dau. Thos: & Jane (b.p. 29)
  Mary, b. July 24, 1738 dau. Thos. & Jane (b. p. 33)
  Samuel, b. March 11, 1722/3 son Basil & Martha (b. p. 18)
  Sarah Haddock, b. April 11, 1721 dau. Basil & Martha (b. p. 16)
  Thomas m. Jane Orford December 12, 1734 (m. p. 6)
  Thomas, b. November 30, 1710 son Basil & Martha (b. p. 9)
WARNER, Elizh. m. David Condal December 30, 1733 (m. p. 6)
  Samuel m. Eliza: Person August 15, 1715 (m. p. 1)
  Samuel son Samuel & Eliza: September 17, 1719 (b. p. 15)
  Sarah, b. March 29, 1717 dau. Samuel & Eliza: (b. p. 15)
WARREN, Richard b. August 6, 1732 son Hugh & Margaret (b. p. 26)
WATERS, Deborah, b. March 4, 1713 dau. Samuel & Jane (b. p. 22)
  Elizabeth, b. February 12, 1729 dau. John & Charity (b. p. 24)
  Elizabeth, b. September 30, 1710 dau. Samuel & Jane (b. p. 6)
  John, b. December 11, 1734 son John & Charity (b. p. 30)
  John, b. December 10, 1698 son Samuel & Sarah (b. p. 6)
  Joseph, b. January 27, 1711 son Samuel & Jane (b. p. 7)
  Margaret, b. March 14, 1718 dau. Samuel & Jane (b. p. 22)
  Mary, b. January 15, ---- dau. John & Charity (b. p. 30)
  Mary, b. April 1, 1709 dau. Samuel & Jane (b. p. 6)
  Mordecai, b. March 7, 1722 son Samuel & Jane (b. p. 22)
  Rachel, b. March 16, 1720 dau. Samuel & Jane (b. p. 22)
  Richard, b. March 2, 1715 son Samuel & Jane (b. p. 22)
  Samuel, b. January 28, 1726 son John & Charity (b. p. 22)
  Samuel, b. September 15, 1707 son Samuel & Jane (b. p. 6)
  Susanna, b. August 7, 1705 dau. Samuel & Sarah (b. p. 6)
  Wm. Ellurburton, b. December 26, 1705 son of Jane Waters (b. p. 6)
  William, b. May 7, 1716 son Samuel & Jane (b. p. 22)
  William, b. September 25, ---- son John & Charity (b. p. 30)
WATSON, George, b. July 27, 1739 son David & Sarah (b. p. 32)
  Mary, b. February 24, 1730 dau. David & Sarah (b. p. 24)
WATTS, Ann m. William Mordant in Ann Arrundel County December 22, 1715 (m. p. 2)
WEAVER, Ann, b. September 12, 1730 (?) dau. Richd: & Rachel (b. p. 28)
WEBB, Mary m. James William January 24, 1720/1 (m. p. 2)
  Thomas m. Elizabeth Child November 19, 1734 (m. p. 6)
  Thomas, b. September 18, 1736 son Thomas & Elizh. (b. p. 31)

QUEEN ANNE PARISH

WEEMS, John Scot, b. May 20, 1766 son Thomas & Mary (b. p. 39)
  Walter, b. November 11, 1767 son Thomas & Mary (b. p. 39)
WELLS, Elizabeth, b. March 27, 1727 dau. Robert & Ann (b. p. 20)
  Elizabeth, b. May 11, 1699 dau. Thomas Senr. & Frances (b. p. 5)
  Elizabeth, b. November 14, 1717 dau. Nathan & Mary (b. p. 14)
  George m. Susanna Ward June 16, 1725 (m. p. 4)
  George, b. January 11, 1728/9 son Nathan & Mary (b. p. 21)
  Jacob, b. September 21, 1735 son Nathan & Mary (b. p. 31)
  Jemima, b. February 3, 1724/5 dau. Nathan & Mary (b. p. 19)
  Jeremiah, b. July 20, 1732 son Robert & Ann (b. p. 26)
  John m. Margt. Parsfield October 12, 1715 (m. p. 1)
  John, b. October 26, 1712 son Thomas Junr. & Martha (b. p. 8)
  John Ducket, b. January 2, 1733 son Nathan & Mary (b. p. 28)
  Joseph (twin) b. September 30, 1697 son Thomas Senr. & Frances (b. p. 5)
  Kezia, b. November 1, 1732 dau. Nathan & Mary (b. p. 26)
  Margret, b. August 13, 1734 dau. Robert & Ann (b. p. 28)
  Mary, b. August 27, 1719 dau. Nathan & Mary (b. p. 15)
  Mary, b. August 12, 1715 dau. Thomas Junr. & Martha (b. p. 11)
  Mary, b. January 29, 1718/19 dau. Robert & Ann (b. p. 14)
  Nathan m. Mary Duckett December 13, 1716 (m. p. 1)
  Nathan, b. December 27, 1722 son of Robert & Ann (b. p. 18)
  Nathan, b. April 8, 1723 son Nathan & Mary (b. p. 18)
  Richard, b. January 26, 1726/7 son Nathan & Mary (b. p. 20)
  Robert, b. February 7, 1728/9 son of Robert & Ann (b. p. 21)
  Robert, b. August 5, 1693 son Thomas Senr. & Frances (b. p. 5)
  Sarah, b. May 15, 1720 dau. of Robert & Ann (b. p. 15)
  Sarah (twin), b. September 30, 1697 dau. Thomas Senr. & Frances (b. p. 5)
  Sarah m. Alexander Gaither October 23, 1729 (m. p. 5)
  Susanna, b. December 9, 17-- dau. Nathan & Mary (b. p. 24)
  Thomas, b. December 2, 1717 son Robert & Ann (b. p. 14)
  Thomas, b. January 28, 1710/11 son Thomas Junr. & Martha (b. p. 5)
  William, b. January 7, 1730 son Robert & Ann (b. p. 24)
WELSH, Mary m. Osborn Beck September 8, 1763 (m. p. 7)
  Sophia m. Benjamin Hall December 9, 1731 (m. p. 5)
WEST, Benjamin m. Susanna Stockett dau. of Thos. Stockett of Anne Arrdl.
    County May 16, 1728 (m. p. 5)
  Benjamin, b. February 17, 1734 son Benjn. & Susan (b. p. 28)
  Joseph, b. November 28, 1731 son Benjamin & Susanna (b. p. 25)
WHEELER, Daniel, b. November 18, 1714 son Robert & Grace (b. p. 10)
  John, b. December 22, 1710 son Robert & Grace (b. p. 5)
  Mary, b. July 16, 1713 dau. Robert & Grace (b. p. 8)
  Robert, b. December 23, 1708 son Robert & Grace (b. p. 4)
  Robert Junr. m. Ann Duckett November 23, 1732 (m. p. 6)
  Samuel, b. January 9, --- (prob. 1718) son Robert & Grace (b. p. 22)
  Sarah, b. --- 17-- dau. Robert & Ann (b. p. 29)
  Thomas, b. November 5, 1706 son Robert & Grace (b. p. 4)
  Thomas m. Susanna Duckett March 6, 1732/3 (m. p. 6)
WHITE, Absalom, b. June ---- son Benjn. & Margery (b. p. 34)
  Ann, b. December ---- dau. Benjn. White & Mary: (b. p. 34)
  Ann, b. May 14, 1718 dau. Bernard & Ellinor (b. p. 13)
  Benjamin m. Ann Hilliard February 1, 1722/3 (m. p. 3)
  Benjamin, b. January 12, 174- son of Benjamin & Ann (b. p. 35)
  Cassandra, b. May 11, 1732 dau. Samuel & Elizabeth (b. p. 26)
  Elisabeth, b. November 25, ---- dau. Benjn. & Margery (b. p. 36)
  John, b. January 17, 1739 son Benjamin & Ann (b. p. 32)

QUEEN ANNE PARISH

John, b. December ---- son Benjamin & Margery (b. p. 36)
Lettice, b. December 12, 1726 dau. Benjamin & Ann (b. p. 24)
Margaret, b. July 29, 1729 dau. Benjamin & Ann (b. p. 24)
Mary Ann, b. May 24, 1733 dau. Benjamin & Ann (b. p. 27)
Rachel, b. February 25, 1730 dau. Benjamin & Ann (b. p. 24)
Rebecca, b. August 20, 1723 dau. Benjamin & Ann (b. p. 24)
Sabrina Frances, b. January 25, 1743 dau. Benjn. & Marjery (b. p. 35)
Sarah, b. October 5, 1741 dau. Benjn. & Ann (b. p. 32)
William, b. July 29, 1735 son Benjn. & Ann (b. p. 30)
WICKAM, Nathaniel m. Priscilla Tyler December 19, 1723 (m. p. 3)
WILLMAN, Eliza: m. John Perry July 11, 1727 (m. p. 4)
WILLIAMS, Basil, b. March 10, 1734 son David & Jane (b. p. 29)
Benjamin, b. January 18, 1712 son Jeremiah & Martha (b. p. 10)
Charles, b. September 20, 1711 son John & Susanna (b. p. 5)
Elinor m. Benjamin Boyd February 27, 1758 (m. p. 7)
Elisha, b. May 12, 1728 son Thomas & Ellinor (b. p. 21)
Elizabeth m. Thomas Mullikin February 4, 1761 (m. p. 7)
Elizh. m. Richard Ducket June 2, 1735 (m. p. 6)
Elizabeth, b. August 1, 1717 dau. John & Lucy (b. p. 13)
Elizabeth, b. July 31, 1717 dau. Mary Williams illegitimate (b. p. 13)
Ellinor m. John Pratt July 28, 1724 (m. p. 3)
Ellinor, b. May 3, 1721 dau. Thomas & Ellinor (b. p. 16)
Hillary, b. December 27, 1729 son Baruch & Elianor (b. p. 23)
James m. Mary Webb January 24, 1720/1 (m. p. 2)
James, b. August 22, 1723 son James & Mary (b. p. 18)
John, b. June 12, 1713 son John & Lucy (b. p. 9)
Mary m. John Ferguson November 29, 1715 (m. p. 2)
Mary, b. January 19, 1717 dau. Baruch & Elianor (b. p. 23)
Mary, b. June 27, 1732 dau. Thomas & Elianor (b. p. 26)
Mary, b. August 24, 1721 dau. James & Mary (b. p. 17)
Rachel, b. April 20, 173- dau. Thos: & Elinnor (b. p. 28)
Thomas, b. January 25, 1717 son Thomas & Ellinor (b. p. 13)
Walker, b. ---- 1726 son Thos. & Ellinor (b. p. 20)
William, b. January 4, 1711/12 son James & Sarah (b. p. 6)
William, b. August 22, 1714 son Jeremiah & Martha (b. p. 10)
WILSON, Ann, b. October 13, 1712 dau. Ralph & Alice Wilson (b. p. 8)
Eliza m. Thomas Mulliken October 25, 1714 (m. p. 1)
Elizabeth, b. January 10, 1709/10 dau. Ralph & Alice (b. p. 4)
Elizabeth, b. January 22, 1717 dau. Ralph & Alice (b. p. 15)
George (twin) b. April 24, 1720 son Ralph & Alice (b. p. 15)
Jane, b. November 6, 1706 dau. Ralph & Alice (b. p. 3)
Joseph, b. November 22, 1716 son Thomas & Priscilla (b. p. 12)
Martha, b. April 20, 1716 dau. Eglantine Wilson (b. p. 13)
Mary, b. July 17, 1715 dau. Ralph & Alice (b. p. 15)
Sarah m. Thomas Plummer Jnr. February 6, 1715 (m. p. 1)
Thomas, b. May 2, 1720 son Thomas & Priscilla (b. p, 16)
William (twin) b. April 24, 1720 son Ralph & Alice (b. p. 15)
WINNICUM, Rachel b. September 15, 1715 dau. Wm. & Jane (b. p. 12)
WOOD, Elizabeth, b. July 20, 1735 dau. Thomas & Mary (b. p. 29)
Ester m. John Camden December 28, 1718 (m. p. 2)
Johanna, b. March 10, 1720/1 dau. Thomas & Eglantine (b. p. 16)
Johannah, b. June 22, 1737 dau. Thos. & Mary (b. p. 31)
John, b. September 13, 1733 son Thos. & Mary (b. p. 29)
Thomas m. Mary Lashly October 26, 1732 (m. p. 6)
Thomas, b. February 5, 1717 son Thomas & Eglantine (b. p. 13)

QUEEN ANNE PARISH

WOOTTON, Mary, b. November 6, 1735 dau. Turner & Elizh: (b. p. 29)
WRIGHT, Margaret, b. April 25, 1733 dau. Henry & Ellinor (b. p. 21)
  Mary, b. December 9, 1728 dau. Henry & Ellinor (b. p. 21)
WYVILL, Edward Hale, b. ---- son William & Elinor (b. p. 34)
  Elizabeth, b. November ---- dau. William & Elinor (b. p. 34)
  Jane, b. December 26, 174- dau. William & Elinor (b. p. 34)
  Marmaduke, b. May 19, ---- son William & Elinor (b. p. 34)
  Mary, b. July 27, ---- dau. William & Elinor (b. p. 34)
  William m. Elinor Boyde February 14, 1736 (m. p. 6)
  William, b. September 17, 17-- son William & Elinor (b. p. 34)
YACKSLEY, John, b. January 23, 1735 son Robt. & Sarah (b. p. 34)
  Robert m. Sarah Mitchel June 3, 1735 (m. p. 6)
YOUNG, Jacob, b. November 20, 1697 son Richard & Judith (b. p. 2)
  Jonathan, b. March 1, 1686 son Richd. & Judith (b. p. 2)
  Mary, b. January 12, 1698 dau. Richard & Judith (b. p. 2)
  Richard, b. October 8, 1707 son Jonathan & Mary (b. p. 3)

www.ingramcontent.com/pod-product-compliance
Lightning Source LLC
Chambersburg PA
CBHW051053160426
43193CB00010B/1163